하나님을 기뻐할 수 없을 때

IVP(InterVarsity Press)는
캠퍼스와 세상 속의 하나님 나라 운동을 지향하는
IVF(InterVarsity Christian Fellowship)의 출판부로
생각하는 그리스도인을 위한 문서 운동을 실천합니다.

WHEN I DON'T DESIRE GOD
Copyright © 2004 by Desiring God Foundation
Published by Crossway Books
a publishing ministry of Good News Publishers
Wheaton, Illinois 60187, U. S. A.
This edition published by arrangement
with Good News Publishers
through rMaeng2.
All rights reserved.

Korean edition © 2005, 2020 by Korea InterVarsity Press
156-10 Donggyo-Ro, Mapo-Gu, Seoul 04031 Republic of Korea

본 저작물의 한국어판 저작권은 알맹2 에이전시를 통하여
Good News Publishers와 독점 계약한 한국기독학생회출판부에 있습니다.

하나님을 기뻐할 수 없을 때

존 파이퍼
전의우 옮김

IVP

헌사

한마음으로
"약속과 소망을 단단히 붙잡는"
카슨과 셸리에게 이 책을 바칩니다

차례

서문과 기도		9
제 1 장	이 책을 쓴 이유	13
제 2 장	갈망과 즐거움이 어떻게 다른가	29
제 3 장	하나님을 기뻐하기 위해 싸우라	45
제 4 장	기쁨은 하나님의 선물이다	67
제 5 장	기쁨을 위한 싸움은 보기 위한 싸움이다	83
제 6 장	의롭다 함을 얻은 죄인처럼 기쁨을 위해 싸우라	105
제 7 장	하나님 말씀의 가치를 알라	143
제 8 장	말씀으로 어떻게 싸울 것인가	177
제 9 장	기도에 집중하라	213
제 10 장	기도를 훈련하라	243
제 11 장	창조 세계를 활용하라	273
제 12 장	어둠이 걷히지 않을 때	325
주		367

서문과 기도

이 책은 당신을 위한 기도로 시작된다. 그렇다고 언짢아하지는 말기 바란다. 당신을 위한 기도로 이 책을 시작하는 데는 한 가지 이유가 있다. 누가 뭐래도 하나님만이 그분 안에서의 기쁨을 창조하실 수 있다. 옛 성도들이 기쁨을 추구했을 뿐 아니라 이 기쁨을 위해 기도했던 것도 바로 이 때문이다. "우리를 괴롭게 하신 날수대로와 우리가 화를 당한 연수대로 우리를 기쁘게 하소서"(시 90:15). 죄악된 인간이 하나님의 아름다움으로 만족을 얻는 일은 저절로 이루어지지 않는다. 본능적으로 우리는 하나님 자신보다 그분의 선물을 더 기뻐한다. 그러므로 이 책은 깊고도 철저한 변화, 오직 하나님만이 주실 수 있는 변화를 요구한다.

그러나 내가 믿기로 하나님은 그분을 기뻐하는 마음을 일깨우기 위해 여러 방법을 사용하신다. 그렇지 않다면, 내가 이 책을 쓰지도 않았을 것이다. 나는 이 책을 읽는 동안 당신 마음의 눈이 열려 무한히 아름다운 하나님의 인격을 볼 수 있기를 바란다. 하나님은 그분의 아들, 곧 "하나님의 영광의 광채시요 그 본체의 형상"이신 예수 그리스도 안에서 자신을 계시하셨으며(히 1:3), 이 영광을 보고 맛보는 것이야말로 끝없는 기쁨의 샘이다.

누군가 내게 "어둠이 걷히지 않을 때"라는 제목의 12장을 첫머리에 두고 문제를 풀어 가는 것이 더 좋지 않았겠느냐고 물었다. 내가 그렇게 하지 않은 것은 내게는 이 문제를 풀 능력이 없기 때문이었다. 그러나 하나님은 이 문제를 푸실 수 있다. 때가 되면, 하나님은 그분의 구원의 은혜를 맛본 모든 사람들을 위해 이 문제를 풀어 주실 것이다. "저녁에는 울음이 깃들일지라도 아침에는 기쁨이 오리로다"(시 30:5). 기쁨이 올 때, 그 기쁨은 이 책이 아니라 하나님으로부터 오는 것이다. 12장을 마지막에 둔 것은 내가 할 수 있는 것을 다 하더라도 어둠은 걷히지 않을 수 있기 때문이다. 이럴 때는 절망하지 말고 기도로 하나님께 나아가기를 바란다. 이제 나는 당신을 위해 이렇게 기도한다.

아버지, 이 책을 여기까지 읽은 모든 독자에게 적어도 그들의 신앙에 도움이 되는 한 이 책을 끝까지 읽을 수 있는 동기와 힘을 주소서. 그들에게 이해력을 주시고, 내가 실수를 했더라도 그들이 오류를 발견하여 틀린 길을 따르지 않도록 분별력을 가지고 읽게 하소서. 왜곡하고 속이려 하는 악의 세력에서 독자들을 지켜 주소서. 당신의 성령으로 크게 도우사 독자들이 나보다 더 많은 진리를 발견하게 하소서. 이 책에서 발견하는 그리스도의 영광을 통해 독자들의 마음의 눈이 밝아지게 하소서! 독자들의 눈을 가리는 모든 장애물을 제거하시고 당신의 영광을 보여 주소서! 그리하여 그들에게 세상이 줄 수 있는 그 어떤 기쁨보다 더 큰 기쁨을 주소서. 그리스도 안에서 누리는 기쁨으로 독자들이 사랑하고 섬기며 희생할 줄 알게 하소서. 그 기쁨으로 독자들이 자기 십자가를 지며, 당신이 정말 귀하게 여기시는 것이 무엇인지 세상에 알리게 하소서. 예수님의 이름으로 기도합니다. 아멘.

너희가 갇힌 자를 동정하고 너희 소유를 빼앗기는 것도
기쁘게 당한 것은 더 낫고 영구한 소유가 있는 줄 앎이라.
히브리서 10:34

믿음의 주요 또 온전하게 하시는 이인 예수를 바라보자.
그는 그 앞에 있는 기쁨을 위하여
십자가를 참으사 부끄러움을 개의치 아니하시더니
하나님 보좌 우편에 앉으셨느니라.
히브리서 12:2

우리가 천국을 갈망하지 않는다고 생각될 때가 종종 있었다.
그러나 마음 깊은 곳에서는 우리가 천국 외에 다른 것을
갈망한 적이라곤 없다는 생각이 들 때가 더 많다.…
이것은 모든 영혼의 은밀한 특징이며, 말로 표현할 수도 없고
그렇다고 억누를 수도 없는 욕구이며,
우리가 아내를 만나거나 친구를 사귀거나
직장을 선택하기도 전에 갈망했던 것이며,
우리가 임종의 순간에도, 다시 말해,
아내도 친구도 직장도 마음에 없을 때라도
여전히 갈망하고 있을 그 무엇이다.…
이를 수 없는 황홀함이 평생토록 당신의 의식 바로 너머에 맴돌고 있다.
당신이 깨어나 마침내 거기에 이르렀다는 것을 알게 될 날이 오고 있다.
C. S. 루이스(Lewis)
「고통의 문제」[1]

1 이 책을 쓴 이유

_희생하는 사랑을 지키기 위해

기독교 희락주의(Christian Hedonism)는 우리를 자유롭게 하는 동시에 당혹스럽게 하는 가르침이다. 기독교 희락주의는 하나님 안에서 가장 깊은 만족을 얻는 영혼 안에서 그분의 가치가 더 밝게 빛난다고 가르친다. 그러므로 기독교 희락주의가 우리를 자유롭게 하는 것은, 기쁨에 대한 갈망이 인간의 타고난 본능임을 인정하기 때문이다. 반면에 기독교 희락주의가 우리를 당혹스럽게 하는 것은, 어느 누구도 하나님이 요구하시는 열정으로 그분을 갈망할 수 없음을 보여 주기 때문이다. 역설적으로, 많은 사람들이 이 두 진리를 모두 경험한다. 나 자신도 예외가 아니다.

자유롭게 하는 발견, 당혹스럽게 하는 발견

우리가 하나님 안에서 가장 크게 만족할 때 하나님은 가장 큰 영광을 받으신다. 이 진리를 깨달았을 때, 나는 기쁨을 추구하는 것은 옳지 않다는 비성경적인 두려움에서 벗어났다. 이전에는 내 영혼의 만족을 추구하는 것이 불가피하면서도 엄연히 잘못된 것처럼 보였으나, 이제 이러한 추구는 허용될 뿐 아니라 꼭 필요한 것이 되었다. 이것은 하나님의 영광과 직결된 문제였다. 기쁨을 추구하는 것과 하나님을 영화롭게 해야 하는 의무가 모순된 것이 아니라니, 이 얼마나 놀라운가! 사실, 이 둘은 하나였다. 하나님을 기뻐하는 것은 하나님을 높이기 위해 절대 포기할 수 없는 본질적인 방법이었다("하나님을 기뻐한다"는 표현과 "하나님 안에서 기뻐한다"는 표현은 같은 것에 대한 번역이며 "하나님으로 만족한다"는 표현과 "하나님 안에서 만족한다"는 표현도 같은 것에 대한 번역이라는 점을 염두에 두고 이 책을 읽어 주기 바란다—역주). 이는 참으로 나를 자유롭게 하는 발견이었다. 이제까지 억눌려 있던 마음의 에너지가 분출했고, 그와 함께 나는 하나님이 예수님 안에 나를 위해 준비해 두신 모든 영혼의 기쁨을 추구하게 되었다.

그러나 자유와 동시에 당혹감도 찾아왔다. 나는 죄책감 없이 하나님에게서 온전한 기쁨을 자유롭게 추구할 수 있게 되었다. 사실, 나는 그 기쁨을 추구하라는 **명령을 받은** 것이다. 하나님을 기뻐하는 데 무관심한 것은 곧 하나님의 영광에 무관심한 것이며, 이것은 죄다. 그러므로 나는 전에는 상상할 수도 없었을 만큼 진지하고 뜨겁게 기쁨을 추구하기 시작했다. 그러나 나는 하나님을 온전히 기뻐하는 것을 내 속에 있는 죄가 방해하고 있다는 사실을 곧바로 깨닫게 되었다. 죄는 하나님에 대한 추구를 가로막고 왜곡했다. 다른 것들이 하나님보다 더 매력적으로 보이게 함으로써 그분에 대한 추구를 **가로막았으며**, 사실은 그분의 선물을 사랑하고 있으면서 그분을 기뻐하고 있다고 착각하게 함으로써 진정한 추구를 왜곡했다.

나는 나보다 더 훌륭한 성도들이 앞서 깨달은 것을 발견했다. 하나님을 온전히 기뻐하는 것이 나의 최종 목적지이지만, 목적지는 아직도 멀고 나는 그곳을 향해 가는 중일 뿐이라는 사실이다. 아우구스티누스는 언젠가 기도에서 이것을 이렇게 표현했다.

내가 비록 당신을 사랑하지만…나의 하나님을 지속적으로 기뻐하지 않는다는 사실에 깜짝 놀랐습니다. 당신의 아름다움 때문에 나는 당신에게 이끌렸습니다. 그러나 나는 곧 나 자신의 무게 때문에 당신에게서 멀어졌으며, 낙담하여 다시 이 세상 것들에 빠져들었습니다.…마치 음식의 냄새는 맡았으나 먹을 수는 없는 것처럼 말입니다.[2]

그리스도인의 삶이 불가능해지다

이러한 발견은 나를 당혹스럽게 했다. 지금도 마찬가지다. 나는 하나님을 알고 그분을 기뻐해야 했다. 기독교 희락주의는 하나님을 아는 지식을 온 마음으로 추구할 수 있도록 내게 자유를 주었다. 그런데 실망스럽게도, 나는 그것이 쉬운 가르침이 아니라는 것을 발견했다. 기독교 희락주의는 장애물을 낮추는 것이 아니었다. 말하자면 나는 갑자기 장애물이 높아진 것을 깨달았다. 오히려 이제는 다루기 쉽고 정해진 의무가 있으며 결심과 의지를 중요시하는 기독교가 편해 보였고, 진정한 기독교는 불가능해 보였다. 이제는 내가 누릴 자유가 있는 감정(emotions)—또는 이전 세대들이 정서(affections)라고 불렀던 것—이 손이 닿지 않는 곳에 있는 것으로 드러났다. 그리스도인의 삶이 불가능해졌다. 다시 말해, 그리스도인의 삶은 초자연적인 것이 되어 버렸다.

이제 희망은 단 하나, 곧 하나님의 주권적인 은혜뿐이었다. 하나님이 내 마음을 바꾸시고 내 마음이 스스로 할 수 없는 것을 하게 만드셔야 했다. 다시 말해, 내 마음이 마땅히 원해야 하는 것을 원하게 만드셔야 했다. 오직 하나님만이, 부패한 마음이 하나님을 갈망하도록 하실 수 있다. 한번은 제자들이 하나님보다 돈을 더 원했던 한 청년의 구원에 대해 궁금해했을 때, 예수님은 "사람으로는 할 수 없으되 하나님으로는 그렇지 아니하니 하나님으로서는 다 하실 수 있느니라"고 말씀하셨다(막 10:27). 우리가 원하는 것을 추구하기란 가능하고도 쉬운 일이다. 말하자면, 그것은 즐거운 자유다. 그러나 자신이 마땅히 원해야 하는 것을 원할 때 그것을 추구하는 것만이 유일하게 지속되는 자유다. 그러나 자신이 그것을 추구하지 않으며 추구할 능력도 없다는 사실을 발견하는 것은 당혹스러운 일이다.

가장 일반적인 질문

이 때문에 나는 지난 30년 동안 다음과 같은 가장 일반적이고도 절박한 질문을 받아 왔다. "제가 할 수 있는 게 무엇입니까? 어떻게 하면 제가 성경이 요구하는 그런 사람이 될 수 있습니까?" 이것은 큰 기쁨을 갈망하는 사람이 고통스러워하며 던지는 질문이다. 사람들은 기독교 희락주의의 성경적 근거에 귀를 기울이거나 나의 책『하나님을 기뻐하라』(Desiring God: Meditations of a Christian Hedonist, 생명의말씀사 역간)를 읽는다.[3] 그리고 많은 사람들이 이에 대해 동의한다. 이들은 사랑으로 인해 불평 없이 고난을 견딜 만큼 하나님으로 만족하는 성도들의 삶에서 하나님의 진리와 아름다움과 가치가 가장 빛을 발하는 것을 본다. 그러나 그들은 이렇게 말한다. "저는 그렇지 못해요. 저는 하나님 안에서 이처럼 자유롭게 하고, 사랑을 불러일으키며, 위험까지 감수하게 하는 만족을 발견하지 못하고 있어요. 저는 하나님보다 위로와 안전을 더 갈망해요." 많은 사람들이 눈물을 흘리고 떨면서 이렇게 말한다.

어떤 사람들은 아주 솔직하게 말한다. "제가 그런 갈망을 맛본 적이 있는지조차도 모르겠어요. 누구도 제게 기독교를 이런 식으로 제시해 준 적이 없었어요. 저는 하나님을 갈망하고 그분을 기뻐하는 것이 그렇게 중요한지 전혀 몰랐답니다. 저는 언제나 느낌은 중요하지 않다고 들었거든요. 그런데 이제는 하나님을 기뻐하는 것과 모든 종류의 영적 정서를 일깨우는 것이 거듭난 그리스도인의 마음에서 본질적인 부분이라는 증거를 성경 어디서나 발견하고 있어요. 이러한 발견에 흥분이 되기도 하고 무섭기도 해요. 하나님을 갈망하고 싶어요. 하지만 제게 이런 갈망이 없는 것 같아 두려워요. 사실 제가 아는 한, 이런 갈망을 갖는 것은 제 능력 밖이에요. 갖고 있지도 않고 만들어 낼 수도 없는 갈망을 어떻게 가질 수 있나요? 어떻게 내 안의 작은 불씨를 지펴 순수한 불꽃으로 바꿀 수 있나요?"

회심은 새로운 갈망의 창조다

나는 이 질문에 답하기 위해 이 책을 썼다. 나는 신자든 불신자든, 성경이 그리스도인의 삶에서 몇 가지 철저한 마음의 변화를 요구하고 있음을 발견한—특히 우리가 그 무엇보다 하나님을 갈망해야 한다는 것을 알고 있는—사람들을 돕고 싶다. 나는 바리새인들에게 너무나 능숙했던, 피상적이고 외적인 행동의 변화에는 전혀 관심이 없다. "너희 바리새인은 지금 잔과 대접의 겉은 깨끗이 하나 너희 속에는 탐욕과 악독이 가득하도다"(눅 11:39). 이러한 외적인 변화는 하나님의 은혜 없이도 가능한 것이다.

나는 구원이 하나님의 맛을 새롭게 깨닫는 것이며 그렇지 않으면 아무 의미도 없다는 사실을 깨닫기 시작한 사람들을 돕고 싶다. "너희는 여호와의 선하심을 **맛보아** 알지어다"(시 34:8). 나는 회심이란 단지 새로운 의무가 아니라 새로운 갈망의 창조이며, 단지 새로운 행동이 아니라 새로운 기쁨의 창조이며, 단지 새로운 과제가 아니라 새로운 보화의 창조라는 것을 깨닫기 시작한 사람들을 돕고 싶다.

사람들은 성경 여기저기서 이러한 진리를 확인하고 있다. 사람들은 기독교 희락주의가 전혀 새로운 것이 아니며, 단순하고 오래된, 역사적이고 성경적이고 철저한 기독교적 삶이라는 사실을 발견하고 있다. 기독교 희락주의는 하나님께 "주의 구원의 즐거움을 내게 회복시켜 주시고"(시 51:12) "아침에 주의 인자하심이 우리를 만족하게…하소서"(시 90:14)라고 말한 시편 기자들만큼이나 오래된 것이다.

기독교 희락주의는 박해받는 자들에게 "그날에 기뻐하고 뛰놀라. 하늘에서 너희 상이 큼이라"(눅 6:23)고 하며 사실상 불가능한 계명을 주신 예수님만큼이나 오래된 것이다.

기독교 희락주의는 "더 낫고 영구한 소유가 [있기]" 때문에 "소유를 빼앗기는 것도 **기쁘게** 당한"(히 10:34) 초대교회만큼이나 오래된 것이다.

기독교 희락주의는 회심을 주권적인 기쁨의 승리라고 표현한 아우구스티누스만큼이나 오래된 것이다.

한때는 잃을까 봐 두려워했던 **열매 없는 기쁨**들이 내게서 제거되어 너무나 즐거웠습니다…! 참되고 **주권적인 기쁨이신 당신**께서 이것들을 제게서 제거하시고 친히 그 자리를 대신하셨습니다. 당신은 혈과 육의 즐거움은 아니더라도 **모든 즐거움보다 더 매혹적인 분**이시며, 우리의 마음에서 그 어떤 비밀보다 깊이 감춰져 있지만 모든 빛보다 밝은 분이시며, 모든 존귀를 자신에게만 돌리는 자들의 눈에는 그렇지 않지만 모든 존귀를 초월하는 분이십니다.…주님은 나의 하나님, 나의 빛, 나의 부(富), 나의 구원이십니다.[4]

기독교 희락주의는, 1559년 『기독교 강요』에서 하나님과의 연합 안에서 행복을 갈망하는 것은 "영혼의 주된 활동"이라고 말한 제네바의 위대한 종교개혁자 칼뱅만큼이나 오래된 것이다.

인간의 행복은 하나님과 연합할 때 완전해지는데, 이해력을 제대로 사용하지 않는 인간에게는 감춰져 있다. 그리고 영혼의 주된 활동은 행복을 갈망하는 것이다. 그러므로 누구든지 하나님께 나아가려고 더욱 노력할수록 하나님이 그에게 이성을 주셨음을 더 확실히 입증하는 것이다.[5]

기독교 희락주의는, 1672년 우리가 하나님의 구원에서 더 많은 행복을 발견할 때 하나님은 더 큰 영광을 받으신다고 말한 토머스 왓슨(Thomas Watson) 같은 청교도들만큼이나 오래된 것이다.

왕이 신하에게 "금광에 가서 그대가 가져갈 수 있는 만큼 많은 금을 캔다면 그대가 짐을 크게 높이며 짐에게 큰 기쁨을 주는 것으로 알겠노라"고 한다면 그 신하는 힘을 얻지 않겠는가? 마찬가지로 하나님도 이렇게 말씀하신다. "의식에 참여하여 너희가 얻을 수 있는 만큼 많은 은혜를 받고, 너희가 얻을 수 있는 만큼 많은 구원을 얻으라. 너희가 더 큰 행복을 취할수록 내가 더 큰 영광을 받는 것으로 여기겠노라."[6]

기독교 희락주의는, 1729년 모든 지적 능력을 동원하여 "인간은 자신의 영적이며 은혜로운 욕구에 아무 제한도 둘 필요가 없고 두어서도 안 된다"고 주장했던 조나단 에드워즈(Jonathan Edwards)만큼이나 오래된 것이다.

인간은 가능한 모든 방법을 사용하여, 갈망을 불타게 하고 더 많은 영적 즐거움을 얻도록 노력해야 한다.…하나님과 예수 그리스도와 거룩함에 대해 아무리 주리고 목마르더라도 그것이 결코 지나치지 않은 이유는 이러한 것들의 가치가 무한하기 때문이다.…[그러므로] 자신을 끊임없이 유혹함으로써 영적 욕구를 조장하려고 노력하라.…[7] 신령한 음식을 먹는 일에서 과식이란 없다. 신령한 잔치에서 절제라는 미덕은 없다.[8]

기독교 희락주의는, 19세기에 그리스도를 아는 참된 지식은 그리스도 안에서 얻는 기쁨을 포함한다고 주장했던 프린스턴의 신학자 찰스 하지(Charles Hodge)만큼이나 오래된 것이다. 이러한 지식은 "그분이 누구인지를 단순히 지적으로 이해하는 데 불과한 것이 아니다.…그 이해에 걸맞는 존경과 **기쁨**과 **갈망**과 **만족**이라는 느낌은 단지 그 지식의 결과가 아니라 그 요소 가운데 하나다."[9]

기독교 희락주의는, 20세기 초에 사도 바울의 저작에는 "영화(靈化)된 형태의 희락주의"가 있다고 인정했던 개혁주의 신약학자 게할더스 보스(Geerhardus Vos)만큼이나 오래된 것이다.

물론 바울이 말하는 **영화된 형태**의 '**희락주의**'가, 후에 이런 이름의(쾌락주의-역주) 헬라 철학이 취한 구체적인 삶의 태도와 달랐다는 것을 부정하려는 것은 아니다. 하지만 이것 없이는 그 무엇도, 가장 세밀한 그리스도인의 경험과 종교의 발전조차도 불가능하다.…아우구스티누스는 자신의 『고백록』에서 이렇게 말한다. "악인들에게는 주어지지 않지만, 상급을 바라지 않고 하나님 당신을 높이는 자들에게는 **기쁨이 있습니다**. 그들의 기쁨은 바로 당신 자신이십니다! 당신을 향해, 당신에 관해, 당신 때문에 기뻐하는 것이야말로 복된 삶입니다"(Conf. X, 32.).[10]

기독교 희락주의는, 존 케네디와 같은 날에 죽었으며 내가 예배하는 마음으로 자연을 대하는 데 큰 영향을 미친 C. S. 루이스만큼이나 오래된 것이다.[11]

우리의 감각에 꽂힐 때, 즐거움은 영광의 화살이라네.…그러나 나쁘고 불법적인 즐거움도 분명히 있지. 그러나 이것들을 '나쁜 즐거움'이라고 부를 때, 우리는 속기법을 사용하고 있는 것이네. 정확한 의미는 '불법적인 행동으로 얻는 즐거움'이지. 사과를 훔치는 것이 나쁘지 사과의 달콤함이 나쁜 건 아닐세. 달콤함은 여전히 영광에서 나오는 한 줄기 빛이라네.…나는…모든 즐거움이 경배의 통로가 되게 하려고 노력해 왔네. 내 말은 단순히 그 즐거움 때문에 감사한다는 뜻이 아니라네. 물론 감사해야 하지만, 내가 의미하는 것은 다른 것이라네.…감사는 이렇게 외치지. "우리에게 이것을 주신 하나님은 매우 좋으신 분입니다." 그러나 경배는 이렇게 말한다네. "멀리서 순간적으로 비취는 광휘가 이 정도니 그분은 얼마나 놀라운 존재이신가!" 햇빛을 보면서 그 뒤에 있는 해를 생각하는 것이지.…이것이 **희락주의**라면, 이것은 힘든 훈련이기도 할 걸세. 그러나 그만한 수고의 가치가 있다네.¹²

루이스는 내가 기쁨과 갈망과 의무와 예배를 이해하는 방식에 아주 큰 영향을 미쳤다. 그래서 그의 위대한 지혜에 경의를 표하는 의미에서 그의 글을 하나 더 인용해 보겠다. 아직 루이스의 책을 읽어 보지 않았다면 그에 대한 나의 열정에 힘입어 읽기를 시도해 보기를 바란다. 물론 그에게도 흠이 있지만, 20세기에 그가 본 것을 볼 수 있었던 사람은 거의 없었다. 예를 들면, 루이스처럼 의무와 기쁨의 적절한 위치를 보았던 사람은 거의 없었다.

어떤 행동이 그 자체로 옳다면, 그것을 좋아할수록 그리고 "착해지려고 노력할" 필요가 적을수록 좋은 것이란다. **완벽한** 사람은 결코 의무감에서 행동하지는 않을 거야. 그 사람은 항상 옳지 않은 것보다 옳은 것을 더 **원할** 테니까. 목발이 다리의 대체물에 불과하듯이 의무는 사랑(하나님과 다른 사람들을 향한 사랑)의 대체물일 뿐이란다. 대부분의 사람들에게 때로 목발이 필요하겠지만, 우리 다리가(우리 자신의 사랑과 취향과 습관 등이) 그 자체로 역할을 할 수 있는데도 목발을 사용하는 것은 바보 같은 짓이겠지!¹³

내가 이 모든 증인들을 인용하면서 말하고자 하는 것은, 많은 사람들이 기독교 희락주의가 새로운 영성의 기술이 아니라 단순하고 오래된, 역사적이고 성경적이고 철저한 그리스도인의 삶이라는 것을 자연스럽게 인정하고 있다는 것이다. 이들은 우리가 **하나님 안에서 가장 크게 만족할 때 하나님이 우리 안에서 가장 큰 영광을 받으신다**는 것을 발견하고 있다. 이것은 그들이 단지 자신의 결심이 아니라 자신의 갈망이 정말 중요하다는 것을 깨닫고 있음을 의미한다. 여기서 중요한 것은 하나님의 영광이다. 많은 사람들이 눈물을 흘리며 묻는다. "하나님을 갈망하지 않을 때 어떻게 해야 합니까?" 하나님이 원하신다면, 내가 돕고 싶다.

기쁨에 이르는 길은 쉽지 않을 것이다

나는 심각하게 이 책을 썼다. 이 책을 읽는 당신의 여정이 결코 편하지는 않을 것이다. 사방에 위험이 도사리고 있다. 영적 갈망과 기쁨은 사고파는 물건이 아니며 다룰 수 있는 대상도 아니다. 영적 갈망과 기쁨은 영혼에서 일어나는 사건이며, 마음의 체험이다. 그것은 수많은 것과 관계되어 있으며 다양한 현상을 일으킨다. 그것은 몸과 뇌와 얽혀 있지만 그렇다고 신체적인 것이나 정신적인 것에 국한되지 않는다. 몸도 없고 뇌도 없으신 하나님 그분은 모든 영적 정서—사랑, 미움, 기쁨, 분노, 열정 등—를 경험하신다. 그러나 우리의 정서는 몸과 뇌의 영향을 받는다. 하나님 외에 그 누구도 이러한 정서를 완전히 이해할 수 없다. "각 사람의 속 뜻과 마음이 깊도다"(시 64:6). 그리고 그것은 깊을 뿐 아니라 부패했다. "만물보다 거짓되고 심히 부패한 것은 마음이라. 누가 능히 이를 알리요"(렘 17:9).

그러므로 "하나님을 갈망하지 않을 때 어떻게 해야 합니까?"라는 질문의 해답은 간단하지 않다. 그러나 이것은 정말 중요한 문제다. 사도 바울은 "만일 누구든지 주를 사랑하지 아니하거든 저주를 받을지어다"라고 했다(고전 16:22). 사랑은 몸이나 뇌를 움직이기로 선택하는 것이 아니라 마음의 경험이다. 그러므로 문제가 그리 단순하지 않다. 우리는 단지 그리스도를 선택하는 것이 아니라 소중히 여겨야 하며, 다른 대안은 가증스럽게 여겨야 한다. 그러므로 삶은 심각한 것이다. 따라서 이 책도 심각할 수밖에 없다.

이 책의 목적은 편안함이 아니라 지속적인 희생이다

이 책과 관련해서 가장 피하고 싶은 오해가 있다면, 마치 이미 피상적인 종교가 되어 버린 기독교라는 케이크 위에 심리학이라는 크림을 얹는 것이 내가 생각하는 기쁨이기라도 하다는 듯이, 내가 부유한 서구 그리스도인들을 편안하게 해주려고 이 책을 쓰는 것처럼 비치는 것이다. 그러므로 이 책을 시작하면서 분명히 말하고 싶은 것은, 내가 이 책을 쓰면서 일깨우고 싶은 기쁨은 자비와 선교와 순교를 가능케 하는 힘이라는 점이다.

이 부분을 쓰고 있는 바로 이 순간에도 나이지리아의 카노 외곽에서는 그리스도인들이 순교를 당하고 있다. 어제는 26세의 미국인 사업가가 이라크에서 테러리스트들에게 참수를 당했다. 왜 하필 그 사람인가? 그는 어쩌다가 잘못된 시간에 잘못된 장소에 있었을 뿐이다. 이러한 죽음은 특히 그리스도인들 사이에서 늘어날 것이다. 아프리카 수단에서는 그리스도인들이 수돗물을 공급받지 못해 갈증과 영양실조로 죽어 가고 있으며, 물을 구하러 우물에 갔다가 살인이나 강간이나 납치를 당하고 있다. 중국에서는 교회가 폐쇄되고 목회자들이 체포되었다는 소식이 매달 들려온다. 인도네시아에서는 지난 10년 동안 500곳이 넘는 교회가 파괴되었다. 세계 도처에서 선교사들이 위험에 처해 있다.

"하나님을 갈망하지 않을 때 어떻게 해야 합니까?"라는 질문에는 다음과 같은 의미가 포함되어 있다. "어떻게 하면 서구 세계의 편안함과 안전의 속박으로부터 저를 자유롭게 하고, 자비와 선교의 희생으로 나아가게 하며, 순교의 순간에도 저를 지켜 줄 만큼 깊고 강한 기쁨을 그리스도 안에서 얻거나 회복할 수 있습니까?" 핍박은 그리스도인에게 당연한 것이다. "무릇 그리스도 예수 안에서 경건하게 살고자 하는 자는 박해를 받으리라"(딤후 3:12). "사랑하는 자들아, 너희를 연단하려고 오는 불 시험을 이상한 일 당하는 것같이 이상히 여기지 말고"(벧전 4:12). "우리가 하나님의 나라에 들어가려면 많은 환난을 겪어야 할 것이라"(행 14:22).

그런데 신약성경을 보면 이러한 엄연한 사실이 기쁨에 맞춰진 초점을 흐리지는 않는다. 오히려 이 주제를 더 선명하게 한다. "우리가 환난 중에도 즐거워하나니 이는 환난은 인내를 [이루는 줄 앎이로다]"(롬 5:3). "나로 말미암아 너희를…박해…할 때에는 너희에게 복이 있나니 기뻐하고 즐거워하라. 하늘에서 너희의 상이 큼이라"(마 5:11-12). "내 형제들아 너희가 여러 가지 시험을 당하거든 온전히 기쁘게 여기라. 이는 너희 믿음의 시련이 인내를 만들어 내는 줄 너희가 앎이라"(약 1:2-3). "사도들은 그 이름을 위하여 능욕받는 일에 합당한 자로 여기심을 기뻐하면서 공회 앞을 떠나니라"(행 5:41).

그리스도 안에서 기쁨을 얻기 위한 싸움은 서구인들을 편안하게 해 주려는 싸움이 아니다. 그것은 자신을 희생하며 살 수 있는 힘을 얻기 위한 싸움이다. 어떤 일이 있더라도 예수님과 함께 갈보리 언덕 길을 오르며 그분 곁을 떠나지 않기 위한 싸움이다. 그분이 어떻게 그 길을 지키셨는가? 히브리서 12:2은 "그는 그 앞에 있는 기쁨을 위하여 십자가를 참으[셨다]"고 대답한다. 자신을 희생하는 사랑을 하면서 인내할 수 있는 것은 영웅적인 의지력 때문이 아니라 그리스도와 교제하면서 맛본 그 기쁨이 죽음 가운데서도 우리를 실망시키지 않으리라는 깊고도 흔들리지 않는 확신 때문이다. 신약성경에서 말하는 사랑이 인내와 희생을 감내할 수 있는 것은 의지력 때문이 아니라 기쁨에 찬 소망 때문이다. "너희가 갇힌 자를 동정하고 너희 소유를 빼앗기는 것도 기쁘게 당한 것은 더 낫고 영구한 소유가 있는 줄 앎이라"(히 10:34).

이 책의 목적은 부유한 서구인들의 양심에 아첨하고자 하는 것이 아니다. 이 책의 목적은, 재산과 안전과 삶을 잃어버리는 희생을 감내하는 사랑의 능력을 기쁨의 힘을 통해 지켜 가는 것이다. 이 책의 목적은, 예수 그리스도가 더없이 강하고 지혜로우며 더없이 의롭고 자비로우며 더없는 만족을 주시는 우주의 보화이심을 온 세상에 알리는 것이다.

이런 일은, 그리스도인들이 단지 그리스도께서 존귀하다고 **말하거나 노래하는** 데 그치지 않고, "모든 것을 해로 여김은 내 주 그리스도 예수를 아는 지식이 가장 고상하기 때문이라"(빌 3:8)고 말할 수 있을 만큼 그리스도의 무한한 가치를 마음으로 경험하며 크게 기뻐할 때 일어날 것이다. 그리스도인들이 자비와 선교, 필요하다면 순교를 통해 다른 사람들을 위해 자신의 소유와 가족을 포기하고 생명까지 내려놓을 만큼 그리스도 안에서 만족할 때, 그리스도는 세상에서 영광을 받으실 것이다. 그리스도인이 세상의 모든 것을 잃는 순간 "내게 사는 것이 그리스도니 죽는 것도 유익함이라"(빌 1:21)고 말할 때 그리스도는 열방 가운데 크게 높임을 받으실 것이다.

"그런즉 우리도 그의 치욕을 짊어지고 영문 밖으로 그에게 나아가자. 우리가 여기에는 영구한 도성이 없으므로 장차 올 것을 찾나니"(히 13:13-14). 우리는 우리 앞에 있는 기쁨을 위해 이렇게 할 것이다. 그리고 우리가 이러한 기쁨을 맛보았고 이러한 기쁨이 우리 삶에서 최고의 경험이 되도록 싸웠다면, 이러한 기쁨이 우리를 지탱시켜 줄 것이다. 그리스도는 지극히 영화로우시며 지극히 존귀하시다. 그러므로 그분을 위한 우리의 싸움은 그만한 가치가 있다.

내게 가장 큰 갈구가 있었을 때는 바로 가장 행복했을 때였다.…내 삶에서
가장 달콤했던 경험은…모든 아름다움의 근원을 찾고자…갈구하는 것이었다.
C. S. 루이스
『우리가 얼굴을 가질 때까지』[1]

기쁨의 본질은 소유하는 것(having)과 바라는 것(wanting)에 대한 일반적인 구
분을 무의미하게 한다. 여기서는 소유하는 것이 곧 바라는 것이며 바라는 것이
곧 소유하는 것이다. 따라서 내가 다시 [기쁨에] 찔리기를 바라는 바로 그 순
간에 기쁨은 나를 강하게 쩌른다.
C. S. 루이스
『예기치 못한 기쁨』[2]

하나님이여 주는 나의 하나님이시라.
내가 간절히 주를 찾되
물이 없어 마르고 황폐한 땅에서
내 영혼이 주를 갈망하며
내 육체가 주를 앙모하나이다.
시편 63:1

그런즉 내가 하나님의 제단에 나아가
나의 큰 기쁨의 하나님께 이르리이다.
시편 43:4

2 갈망과 즐거움이 어떻게 다른가

_그 어느 쪽도 우리의 목적이 아닌 이유

나는 이 책에서 기쁨(joy)을 표현할 때 행복(happiness), 즐거움(delight), 유쾌함(pleasure), 흡족(contentment), 만족(satisfaction), 갈망(desire), 갈구(longing), 목마름(thirsting), 열정(passion) 등의 단어를 엄격하게 구분하지 않고 사용할 것이다. 이 단어들이 독자에 따라 서로 다른 의미를 함축한다는 것은 알고 있다. 어떤 사람들은 **행복**은 피상적이고 기쁨은 깊이가 있다고 생각한다. 어떤 사람들은 **유쾌함**은 육체적이며 즐거움은 심미적이라고 생각한다. 어떤 사람들은 **열정**은 성적이며 갈구는 인격적이라고 말한다. 그래서 나는 처음부터 성경은 감정의 언어를 이렇게 구분하지는 않는다는 것을 말해 두고 싶다. 똑같은 단어들이 긍정적일 수도 있고 부정적일 수도 있으며, 육체적일 수도 있고 영적일 수도 있다. 이것이 내가 취하는 접근법이다. 이 단어들 가운데 어느 것이든 마음에서 경건한 것으로 경험될 수 있으며, 동시에 세속적인 것으로 경험될 수 있다. 나는 주어진 문맥에서 이 단어들을 어떤 의미로 해석해야 하는지를 분명히 밝히려고 노력할 것이다.

그러나 이 책의 제목과 부제에 뒤따르는 가장 긴급한 질문 가운데 하나는 **갈망**과 **기쁨**, 또는 갈망과 즐거움이 어떻게 다르냐는 것이다. 이 책의 제목(*When I Don't Desire God*)은 갈망을 말한다. 그러나 부제 (*How to Fight for Joy*)는 기쁨을 말한다. 둘은 어떻게 다르며 어떤 관련이 있는가? 성경은 우리에게 하나님을 **갈망하며** 하나님을 **기뻐하라**고 말하며 둘 모두에 대한 예를 제시한다. 경건한 사람들은 하나님을 사모하며 갈구하고, 하나님께 주리고 목말라 있으며, 수척해져 있다. 그러나 이들은 또한 하나님을 즐거워하고 기뻐하며 하나님 안에서 만족한다. 그러므로 우리는 먼저 성경이 이러한 종류의 감정-갈망과 기쁨-을 어떻게 표현하는지 살펴본 후 그 차이가 무엇인지 이야기해 보기로 하겠다.

하나님을 갈망하는 것에 대한 예들

하나님께 심취한 시인 아삽은 이렇게 노래한다. "하늘에서는 주 외에 누가 내게 있으리요. 땅에서는 주밖에 내가 사모할 이 없나이다. 내 육체와 마음은 쇠약하나 하나님은 내 마음의 반석이시요 영원한 분깃이시라"(시 73:25-26). 하나님을 향한 강력한 갈망은 다른 모든 것들을 무의미하게 만든다. 아삽은 땅과 하늘이 줄 수 있는 모든 분깃에서 돌아서서 "하나님은 내 영원한 분깃이시라"고 말한다. 예레미야도 똑같이 말했다. "내 심령에 이르기를, 여호와는 나의 기업이시니 그러므로 내가 그를 바라리라 하도다"(애 3:24). 다윗왕도 이와 같았다.

"여호와여 내가 주께 부르짖어 말하기를, 주는…살아 있는 사람들의 땅에서 나의 분깃이시라 하였나이다"(시 142:5). "내가 여호와께 아뢰되 주는 나의 주님이시오니 주밖에는 나의 복이 없다 하였나이다.…여호와는 나의 산업과 나의 잔의 소득이시니"(시 16:2, 5).

갈구하는 시편 기자는 하나님을 향한 갈망을 갈급한 사슴의 이미지로 표현한다. "하나님이여, 사슴이 시냇물을 찾기에 갈급함같이 내 영혼이 주를 찾기에 갈급하니이다"(시 42:1). 다윗은 비슷한 언어로 자신의 마음을 쏟아낸다. "하나님이여, 주는 나의 하나님이시라. 내가 간절히 주를 찾되 물이 없어 마르고 황폐한 땅에서 내 영혼이 주를 갈망하며 내 육체가 주를 앙모하나이다.…주의 인자하심이 생명보다 나으므로 내 입술이 주를 찬양할 것이라"(시 63:1, 3).

때때로 선지자 이사야는 여호와를 갈구하는 간절한 고백을 쏟아냈다. "밤에 내 영혼이 주를 사모하였사온즉 내 중심이 주를 간절히 구하오리니, 이는 주께서 땅에서 심판하시는 때에 세계의 거민이 의를 배움이니이다"(사 26:9). 사도 바울은 빌립보서에서 그리스도를 향한 자신의 깊은 갈망을 다른 어느 곳에서보다 분명하게 드러냈다. "내가 그 두 사이에 끼였으니 떠나서 그리스도와 함께 있을 욕망[갈망]을 가진 이것이 더욱 좋으나.…그러나 무엇이든지 내게 유익하던 것을 내가 그리스도를 위하여 다 해로 여길뿐더러 또한 모든 것을 해로 여김은 내 주 그리스도 예수를 아는 지식이 가장 고상함을 인함이라. 내가 그를 위하여 모든 것을 잃어버리고 배설물로 여김은, 그리스도를 얻고 그 안에서 발견되려 함이니"(빌 1:23; 3:7-9상, 개역한글).

하나님을 기뻐하는 것에 대한 예들

하나님을 기뻐하는 것에 관한 가장 두드러진 표현 가운데 하나를 하박국 3:17-18에서 찾아볼 수 있다. 아내 노엘과 나는 결혼식에서 이 구절을 가지고 비록 삶이 힘들지라도 하나님은 모든 것을 만족시키는 우리의 기업이 되시리라는 기대를 표현했었다. "비록 무화과나무가 무성하지 못하며 포도나무에 열매가 없으며 감람나무에 소출이 없으며 밭에 먹을 것이 없으며 우리에 양이 없으며 외양간에 소가 없을지라도, 나는 여호와로 말미암아 즐거워하며 나의 구원의 하나님으로 말미암아 기뻐하리로다." 바꾸어 말하자면, 인간의 삶과 이 세상의 행복을 지탱시켜 주는 모든 것이 사라질 때에도 하나님은 우리의 즐거움, 우리의 기쁨이 되실 것이다. 이러한 경험은 인간적으로는 불가능하다. 평범한 인간이라면 결코 이렇게 말할 수 없다. 다른 모든 것을 잃었을 때 하나님만으로 기쁨을 누린다면, 이것이야말로 기적 같은 은혜다.

시편 기자들은 자신이 하나님 안에서 맛보는 기쁨과 즐거움과 만족에 대해 거듭 말한다. "내가 하나님의 제단에 나아가 나의 큰 **기쁨**의 하나님께 이르리이다"(시 43:4). "나의 의를 **즐거워하는** 자들이 기꺼이 노래 부르고 즐거워하게 하시며"(시 35:27). "여호와께서 행하시는 일이 크시오니 이를 **즐거워하는** 자들이 다 기리는도다"(시 111:2). "나는 의로운 중에 주의 얼굴을 뵈오리니 깰 때에 주의 형상으로 **만족하리이다**"(시 17:15).

구약과 신약 모두에서 주님을 기뻐하라는 명령을 발견할 수 있다. "여호와를 기뻐하라"(시 37:4). "주 안에서 항상 기뻐하라. 내가 다시 말하노니 기뻐하라"(빌 4:4). 구약성경에 따르면, 세속에서 경건으로 돌이킨다는 것의 의미는 "주께서 생명의 길을 내게 보이시리니…주의 오른쪽에는 영원한 즐거움이 있나이다"라는 시편 16:11의 진리를 발견하는 것이다. 신약성경을 보면, 회심이란 새 제자가 기쁨에 겨워 모든 것을 버려 두고 그분을 따를 만큼 예수님이 최고의 보화임을 발견하는 것을 의미한다. "천국은 마치 밭에 감추인 보화와 같으니, 사람이 이를 발견한 후 숨겨 두고 **기뻐하며** 돌아가서 자기의 소유를 다 팔아 그 밭을 사느니라"(마 13:44).

갈망과 기쁨은 어떻게 다른가?

이제 이 두 감정을 함께 생각해 보자. 한편으로 우리에게는 갈망, 동경, 소원, 열망, 고대, 목마름 같은 것들이 있다. 다른 한편으로 우리는 기쁨, 즐거움, 유쾌함, 행복, 만족 등을 느낀다. 둘은 어떻게 다른가?

우리 대부분의 마음에 가장 먼저 떠오르는 생각은 무엇일까(나는 이것을 여덟 살 된 딸에게 물어 보았다)? 바로 **기쁨**(그리고 그 동의어들)은 미래가 아닌 현재에 존재하는 것을 누릴 때 경험하는 그 무엇이고, **갈망**(그리고 그 동의어들)은 지금은 존재하지 않지만 미래에 주어지리라고 소망하는 것에 대해 경험하는 것이다.

맞는 것 같기는 한데, 몇 가지 이유에서 지나치게 단순화된 것이라는 생각이 든다. 한 가지 이유를 들자면, 대부분의 갈망이 그 자체로 즐겁다는 것이다. 다시 말해, 갈망은 단지 즐거움을 갈구하는 것에 불과한 것이 아니라 그 자체가 즐거움이다. 누가 성적 갈망의 힘과 성적 즐거움을 구분할 수 있겠는가? 갈망은 만족의 한 부분이다. 절정이 있는 이유는 절정이 유일한 즐거움이기 때문이 아니라, 정확히 말하자면 절정이 유일한 즐거움이 아니기 때문이다. 절정에 이르기 전과 후의 모든 갈망은 하나의 큰 즐거움을 이루는 일부분이다.

아빠가 집에 돌아오기 직전에 아이가 느끼는 흥분된 갈망과 아빠가 현관을 들어설 때 아이가 느끼는 즐거움을 누가 분명하게 구분할 수 있겠는가? 갈망은 아빠가 집에 돌아오고, 집에 들어서며, 집에 함께 있는 것으로 인한 즐거움을 구성하는 한 부분이다. 그러므로 갈망은 즐거움과 분리될 수 없다. 갈망은 즐거움의 한 부분이다.

즐거움은 지금 존재하는 것을 누리는 것이고 **갈망**은 지금은 존재하지 않는 것을 누리는 것이라는 말이 지나친 단순화인 또 다른 이유는, 그 누리는 대상을 예전에 이미 맛본 적이 없다면 갈망이라는 것도 존재하지 않으리라는 것이다. 경험을 통해 마음은 어떤 것에 대해 그것이 갈망할 만하다고 느끼게 된다. 이미 맛본 즐거움이 갈망을 불러오는 것이다. 물론 그 맛이 지금까지 아주 미미했을 수도 있다. 그러나 어떤 것을 맛보고 전혀 갈망할 만하다고 느낀 적이 없다면 결코 그것을 갈망하지 않을 것이다. 바꾸어 말하자면, 갈망은 갈망하는 대상이 실현될 것을 기대하는 즐거움의 한 형태다. 갈망이란 말하자면 기대라는 형태로 경험되는 즐거움 그 자체라고 할 수 있을 것이다.

이런 생각이 옳은가?

성경에는 이러한 생각이 타당함을 암시하는 말씀들이 있다. 예를 들면, 성경은 "주 안에서 기뻐하라"(빌 3:1)고 말할 뿐 아니라 "우리가…하나님의 영광을 **바라고** 즐거워하느니라"(롬 5:2)고도 말한다. 한편으로, 우리 기쁨의 대상은 지금 여기서 경험할 수 있는 주님이다. "우리에게 주신 성령으로 말미암아 하나님의 사랑이 우리 마음에 부은 바 됨이니"(롬 5:5). 다른 한편으로, 우리 기쁨의 대상은 아직 완전히 경험할 수는 없는 미래다. 그럼에도 불구하고 우리는 그것을 소망하며—다시 말해, 확신을 가지고 그것을 갈망하며—이러한 갈망은 우리를 즐겁게 한다. "우리는 소망 중에 **즐거워한다**." 우리는 하나님의 영광을 보고 그 영광에 잠기는 최종적인 기쁨을 이미 맛보았으며, 그에 대한 갈망이 바로 미래의 기쁨을 기대라는 형태로 현재 경험하는 즐거움이다. 이것이 바로 바울이 "소망 중에 즐거워하[라]"는 명령에서 의미하는 것이다(롬 12:12).

시편 1:2과 19:10을 비교해 보면 갈망과 기쁨에 대한 우리의 이해가 옳음을 보여 주는 또 다른 증거를 찾을 수 있다. 시편 1:2은 복 있는 사람, 즉 "여호와의 율법을 **즐거워하여** 그의 율법을 주야로 묵상하는" 자에 대해 말한다. 시편 19:10은 여호와의 말씀, 곧 "금 곧 많은 순금보다 더 **사모할**(desired) 것이며 꿀과 송이꿀보다 더 [단]" 말씀에 대해 말한다. 한편으로 시인은 하나님의 말씀을 즐거워하면서도 다른 한편으로 하나님의 말씀을 갈망한다.

그렇다. 우리가 하나님의 말씀을 갈망하는 것은, 그 말씀을 읽거나 듣고 싶지만 현재 그 말씀을 들을 수 없기 때문이다. 그러나 하나님의 말씀을 듣고 누리는 바로 그 순간에도 더 많은 말씀과 그 말씀에 대한 더욱 완전한 이해와 누림을 갈망하는 것도 사실이다. 하나님의 말씀이 없을 때라도, 그 말씀에 대한 갈망은 그것을 즐거워하는 한 형태다. 말씀을 기억하고 갈구하는 중에 기쁨이 있는 것이다. 그러므로 하나님의 말씀에 대한 갈망과 기쁨은 분리될 수 없다.

하나님에 대해 누려야 할 것은 끝이 없다

이 모든 이유로, 나는 갈망과 기쁨, 또는 갈구와 즐거움 사이에 경계를 두지 않을 것이다. 때로는 하나님을 갈망하는 것을, 그리고 때로는 하나님을 기뻐하는 것을 말할 것이다. 때로는 하나님을 향한 억제할 수 없는 열망을 말하고 때로는 그분의 오른편에 있는 즐거움을 말할 것이다. 하나님을 향한 갈망과 하나님을 기뻐하는 것을 구별하는 이유는, 그것이 하나님의 영광을 영적으로 맛본 우리 같은 유한한 피조물은 항상—영원에서조차—하나님에 대해 현재 경험하는 것보다 더 많은 것을 원하리라는 것을 분명히 보여 주기 때문이다. 하나님에 대해 누려야 할 것은 끝이 없다. 이것은 거룩한 갈망이 언제나, 영원히 있으리라는 뜻이다.

현세에서는 이런 사실이 우리를 좌절시킨다. 우리는 영혼의 만족을 위해 더 못한 것을 열망하면서 그것과 하나님을 비교하는 자신의 모습에 실망한다. 이 실망은 옳은 것이며, 경건한 슬픔이다. 우리는 당연히 죄를 깨닫고 회개해야 한다. 우리는 자신이 그분 곁에서 즐거움을 맛보았다는 것과, 그 즐거움에 대한 갈망이 그 즐거움의 진정한 가치에 비하면 초라할 만큼 작다는 것을 알고 있다. 이 시점에서, 우리에게 갈망이 있는 것은—그것이 아무리 작더라도—우리가 하나님의 임재를 영적으로 맛본 적이 있기 때문임을 기억하는 것이 도움이 될 것이다. 우리에게 이런 갈망이 있다는 것은 우리가 맛본 적이 있다는 증거다. 그리고 우리의 갈망은 장차 올 것의 극히 작은 부분에 불과하다는 사실을 기억하는 것도 도움이 될 것이다. 우리의 갈망이 얼마나 강한가에 따라 마지막에 누릴 즐거움의 크기가 결정되는 것이 아니다. 이러한 진리를 통해 우리는 절망으로부터 벗어나며, 하나님 안에서 누릴 수 있는 가능한 모든 기쁨을 위해 타락한 이 세상에서 끊임없이 싸울 수 있다.

그러나 장차 올 세상에서는, 유한한 영혼이 항상 하나님에 대해 현재 경험하는 것보다 더 많은 것을 원할 것이라는 진실이 우리를 좌절시키지 않을 것이다. 우리가 완전해지고 부활한 몸을 입을 그때에도 열망이 남아 있겠지만, 이것은 죄가 우리 안에서 하나님과 경쟁하기 때문이 아니라, 오히려 유한한 마음이 무한한 위대함과 영광을 완전히 받아들일 수 없기 때문일 것이다. 우리에게 주어지는 그 위대함과 영광은, 분명 우리가 감당할 수 있도록 영원에 걸쳐 매일 조금씩 늘어날 것이다.

그때에는, 하나님에 관해 더 많은 것을 바라는 갈망이 결코 초조함이나 실망이나 좌절을 수반하지는 않을 것이다. 모든 갈망은 점점 커지는 기쁨에 대한 기억과 계속 쌓이는 감사에 대한 즐거움에 늘 더 깊이 뿌리를 내리는 가장 달콤한 기대가 될 것이다. 하나님은 즐거움을 기대하는 즐거움을 우리에게서 빼앗지 않으실 것이며 오히려 그 즐거움을 더 크게 하실 것이다. 하나님은 현재의 즐거움과 미래의 즐거움에 대한 기대가 거의 완벽하게 조화된 모습을 영원토록 우리에게 허락하실 것이다. 기대는 결코 좌절로 이어지지 않을 것이며, 혹 그것으로 인한 아픔이 있다 하더라도 그것은 전적으로 유쾌한 아픔일 것이다.

우리가 지금 그분의 아름다움에서 강렬한 기쁨을 느끼고 그분의 온전하심이 더 많이 계시되기를 강렬하게 갈망할 때 하나님은 영광을 받으실 것이다. 현재의 즐거움은 항상 새로운 갈망을 일으킬 것이며, 갈망은 항상 더 큰 미래의 즐거움을 암시할 것이다. 우리는 즐거움을 완벽하게 갈망할 것이며, 갈망은 완벽하게 즐거울 것이다.

우리가 이 타락한 세대에서 경험하는 것은 미래의 부분적인 투영일 뿐이다. 우리는 아직 오지 않은 미래를 향해 나아가고 있다. 우리는 모든 것이 너무나 고통스럽다는 것을 안다. 그러나 이곳에서 우리의 소명은 기쁨―예수 그리스도를 통한 우리의 기쁨과 모든 열방의 기쁨―을 위해 싸우는 것이다. 목적은 하나님의 말씀―그분은 우리가 무한히 갈망할 만한 분이시라는 것―이 온 세상에 선포되고 높아지며 찬송받는 것이다. 이것이 하나님이 영광을 받으신다는 말이 의미하는 바다. 하나님은 우리가 그분 안에서 가장 크게 만족할 때, 그분의 백성 가운데서 그리고 그분의 백성을 통해 가장 큰 영광을 받으신다. 우리의 강렬한 즐거움과 갈망은 그분의 가치를 세상에 증거하는데, 그 증거는 우리가 이 즐거움을 통해 자유를 얻고 다른 사람들을 위해 희생과 사랑의 삶을 살기 위해 이 세상의 즐거움을 버릴 때 특히 강력해진다.

갈망도 기쁨도 우리가 최종적으로 원하는 것은 아니다

이렇게 볼 때, 갈망과 기쁨은 다음과 같은 공통점을 가질 수 있다. 바로 갈망도 기쁨도 갈망이나 기쁨의 대상이 아니라는 점이다. 갈망이나 기쁨의 대상은 오직 하나님이다. 내가 이 점을 분명히 하는 것은 모두들 **기쁨**이 자신의 목표라고, 혹은 행복해지고 싶다고 모호하게 말하기 때문이다. 이런 말은 거짓도 악한 것도 아니다. 그 말의 의미는 이런 것이다. '내 목적은 무한한 가치를 지니시며 객관적 실재이신 우주의 하나님이 내 삶에서 가능한 한 모든 영광을 얻으시도록 **하나님 안에서** 기쁨을 추구하는 것이다.' 그리스도인이 "행복해지고 싶어요"라고 말하는 것은 "내가 행복을 갈망할 때마다 바라보았던 분, 오직 그분을 알고 싶어요"라는 말의 축약적 표현일 것이다.

그러나 이런 모호한 표현은 오해를 불러일으킬 수 있다. 둘 중 어떤 식으로 표현하든 이런 의미로 받아들여질 수 있다. '우리가 원하는 것은, 우리를 행복하게 하는 것이 무엇이든 상관없이 궁극적인 심리적 행복을 경험하는 것이다.' 바꾸어 말하자면, 이들의 말은 이런 뜻이다. '우리가 최종적으로 추구하는 것은 아름다움 안에서 발견하는 기쁨이 아니라 기쁨 그 자체다.' 이것은 매우 흔한 실수다. 조나단 에드워즈는 이것을 경고하면서 이렇게 말했다. "이해(understanding)의 빛으로부터 나오지 않은 정서들이 많다. 이것은 이러한 정서들이 아무리 고상하더라도 영적이지 않다는 확실한 증거다."[3] 우리의 목적은 고상한 정서 그 자체가 아니다. 우리의 목적은 "하나님의 형상"이신 "그리스도의 영광의 복음의 광채"를 보며 맛보는 것이다(고후 4:4). 이러한 빛에서 나오는 정서는 **영적**이다. 그리스도를 계시하는 이 빛을 통해, 우리는 그리스도가 아닌 단순한 기쁨을 추구하는 실수를 면한다.

C. S. 루이스는 『예기치 못한 기쁨』이라는 자서전에서 자신의 실수를 이야기하면서 이러한 오류를 드러내는 데 대부분의 분량을 할애했다.

소망하는 동시에 소망에 관해 생각할 수는 없다. 왜냐하면 소망할 때는 소망의 대상을 바라보지만, 소망 자체에 눈을 돌릴 때는 (말하자면) 소망의 대상이 차단되기 때문이다.…분노나 욕망을 제거하는 가장 확실한 방법은, 모욕이나 여자로부터 주의를 돌리고 흥분 자체를 검사하기 시작하는 것이다. 즐거움을 망치는 가장 확실한 방법은 당신의 만족을 검사하기 시작하는 것이다.…

나는 기쁨 자체를 갈망함으로써 똑같은 잘못을 범했다는 것을 깨달았다(그리고 이것은 너무나도 놀라운 일이었다). 기쁨 그 자체는 내 마음에서 일어나는 사건일 뿐 아무 가치도 없는 것으로 드러났다. 모든 가치는 기쁨이 갈망하는 대상에 있었던 것이다. 그 대상은 아주 분명하게도, 내 마음이나 몸이 어떤 상태가 되는 것이 결코 아니었다.…나는 기쁨 그 자체가 내가 원하는 것인지 물었다. 그리고 거기에 '심미적 경험'이라는 꼬리표를 붙여 놓고는 그렇다고 대답할 수 있는 척했다. 그러나 그 대답도 무너졌다. 기쁨은 냉정하게 외쳤다. "네가 바라는 것은—내가 바로 네가 원하는 것이다—너도 아니고 너의 어떤 상태도 아닌 다른 것, 외부의 그 무엇이다."[4]

그렇다면 왜 그렇게 기쁨을 위해 싸우는가?

어떤 사람은 이러한 위험을 보면서, 나더러 왜 그리스도인의 삶에서 기쁨을 그렇게 강조하느냐고 물을 것이다. 왜 그냥 하나님을 말하고 기쁨의 대상을 강조하며 알아서 기쁨을 경험하도록 내버려 두지 않는가? 세 가지 대답이 있다.

첫 번째 대답은 이렇다. 하나님을 기뻐하라고 명령하는 것은 존 파이뻐가 아니라 하나님이다. 이러한 마음의 경험을 명령의 수준까지 끌어올리는 것은 내가 아니라 하나님이다. 게다가 하나님은 간절한 심정으로 이렇게 말씀하신다. "네가 모든 것이 풍족하여도 기쁨과 즐거운 마음으로 네 하나님 여호와를 섬기지 아니함으로 말미암아…여호와께서 보내사 너를 치게 하실 적군을 섬기게 될 것이니"(신 28:47-48). "우리가 행복해하지 않으면 하나님은 무서운 것들로 위협하신다."[5] 기쁨을 위한 싸움은 내가 정한 싸움이 아니다. 하나님이 정하신 싸움이다.

두 번째 대답은 우리가 하나님 안에서 가장 크게 만족할 때 하나님이 우리 안에서 가장 큰 영광을 받으신다는 것이다. 그러므로 사람들에게 오직 하나님 안에서 영혼에 자유를 주는 가장 철저한 만족을 찾으라고 요구하지 않으면서 그분을 높이는 척하는 것은 그 자체가 모순이다. 이런 일은 있을 수 없다. 하나님은 단순히 우리가 그분을 생각하는 방식이 아니라 우리가 그분을 **경험하는** 방식을 통해 그분의 백성 가운데서 영광을 받으신다. 실제로 마귀가 하루 동안 하나님에 관해 하는 참된 생각이 성도가 평생 하는 것보다 많지만, 하나님은 이러한 그의 생각을 통해 높임을 받지는 않으신다. 마귀의 문제는 그의 신학이 아니라 그의 갈망이다. 우리의 주 목적은 하나님, 곧 위대한 분을 영화롭게 하는 것이다. 우리가 가장 완전하게 그분을 영화롭게 하는 것은, 재물과 친족을 버리고 가난한 자들과 잃어버린 자들에게 그분의 사랑을 드러내면서 살 만큼 그분을 소중히 여기며 그분을 몹시 갈망하고 기뻐할 때다.

우리가 기쁨과 그것에 대한 추구를 강조해야 하는 세 번째 이유는, 기독교 희락주의—또는 당신이 뭐라고 부르든 간에—라는 잣대로 자신의 마음을 재 보기 전에는 자신의 상태가 얼마나 절망적인지 깨닫지 못하기 때문이다. 내가 지난 30년 동안 발견한 사실은, 그 무엇보다 하나님을 기뻐해야 한다는 그분의 요구에 관해 설교하고 가르칠 때 사람들이 깨지고 겸손해지며 진정한 회심과 진정한 기독교를 필사적으로 원하게 된다는 것이다. 감정이 무시될 때, 지금 우리의 모습이 우리가 마땅히 되어야 하는 모습이라는 생각에 쉽게 빠질 수 있다. 생각과 행동은 인간의 종교적 지성으로 다스릴 수 있다. 그러나 감정은 다르다. 감정은 마음의 풍향계다. 하나님 안에서 죄를 무너뜨리며 그리스도를 높이는 철저한 기쁨을 찾으라는 요구처럼 영혼의 깊은 풍향을 보여 주는 것은 없다.

이제 나를 변호하기 위해 다시 한번 말하겠다. 하나님, 오직 하나님만이 우리가 추구하는 최종적이며 궁극적인 목적이다. 하나님이 우리를 위해 예수 안에 두신 것은 우리가 추구하는 기쁨의 대상뿐이다. 내가 기쁨을 위한 싸움을 말할 때 의미하는 것은 하나님과 관계없는 기쁨이 아니라 하나님을 기뻐하는 기쁨이다. 내가 행복에 대한 열망을 말할 때 의미하는 것은 하나님과 관계없는 신체적·심리적 경험으로서의 행복이 아니라 하나님이 우리를 위해 예수 안에 두신 모든 것에서 누리는 행복이다. 우리가 갈망하든 기뻐하든 간에, 그 경험의 목적은 하나님이다.

이 책은 예수 그리스도를 통해 하나님을 이렇게 경험하고자 하는 싸움에 관한 것이다.

당신은 항상 더 큰 선을 위해 더 작은 선을 포기한다. 그 반대는 죄다.…
복종하려는 싸움은…복종하려는 싸움이 아니라 '열정적으로' 받아들이려는
싸움이다.
이는 '기쁨으로' 받아들인다는 뜻일 수도 있다. 기쁨을 추구하는 것은
매우 위험하기 때문에, 이를 악물고 완전 무장을 하고 임해야 한다.
플래너리 오코너(Flannery O'Connor)
『존재의 습관』

우리가 너희 믿음을 주관하려는 것이 아니요, 오직 너희 기쁨을 돕는 자가
되려 함이니.
고린도후서 1:24

3   하나님을 기뻐하기 위해 싸우라

_기뻐하라는 하나님의 명령을 진지하게 받으라

싸움과 기쁨, 이 둘이 실제로 어울리는가? 싸움은 너무나 강제적이고 폭력적인 것으로 들린다. 기쁨은 좀더 여유 있고 평화로운 것으로 들린다. 기쁨을 위한 **싸움**을 이야기하는 것 자체가 이상하게 보인다. 초콜릿 아이스크림을 좋아하기 위한 싸움에 대해 이야기해 보자. 당신은 초콜릿 아이스크림을 좋아할 수도 있고 싫어할 수도 있다. 여기서 무슨 싸움이 필요하겠는가? 그러나 문제는 그렇게 간단하지 않다. 아이스크림이냐 캐러멜이냐 같은 물리적인 취향은 도덕적으로 중립적이다. 하나를 다른 어떤 것보다 좋아하는 것은 옳은 것도 아니고 잘못된 것도 아니다. 그러나 그리스도의 영광에 관한 영적인 취향은 도덕적으로 중립적이지 않다. 영적 취향이 없는 것은 악하며 치명적이다. 그리스도를 보며 맛보지 않는 것은 그분 성품의 아름다움과 가치에 대한 모독이다. 그리스도보다 다른 것을 더 좋아하는 것이 죄의 본질이다. 이것은 우리가 싸워야 할 대상이다.

악의 본질

하나님은 다음과 같이 악을 규정하신다. "내 백성이 두 가지 악을 행하였나니, 곧 그들이 생수의 근원 되는 나를 버린 것과 스스로 웅덩이를 판 것인데 그것은 물을 가두지 못할 터진 웅덩이들이니라"(렘 2:13). 하나님은 자신을 깨끗하고 시원하며 생명을 주는 샘으로 묘사하신다. 이와 같은 샘을 영화롭게 하는 방법은, 그 물을 마시고 찬양하며, 그 물을 계속 찾아오며, 다른 사람들을 그 물로 인도하며, 그 물을 통해 사랑할 힘을 얻으며, 무슨 일이 있어도 절대로 세상의 그 어떤 음료를 그 물보다 더 좋아하지 않는 것이다. 이렇게 할 때, 이 샘은 값지게 보인다. 이것이 생수의 근원이신 하나님을 영화롭게 하는 방법이다.

그러나 예레미야 시대의 사람들은 하나님의 은혜의 샘을 맛보았을 뿐 그 샘을 좋아하지는 않았다. 그래서 이들은 더 좋은 물, 더 큰 만족을 주는 물을 찾는 데 힘을 쏟았다. 하나님은 이러한 노력이 헛될 뿐 아니라("그것은 물을 가두지 못할 터진 웅덩이들이니라") 악하다고 하셨다. "내 백성이 두 가지 악을 행하였나니." 이들은 영혼의 혀로 하나님의 완전하심을 맛보았으나 그 맛을 싫어했고 결국 돌아서서 세상의 자멸적인 웅덩이를 열망했다. 하나님에 대한 이러한 이중적 모독이 악의 본질이다.

그러므로 돈이나 권력이나 명예나 성의 즐거움을 "주의 오른쪽에…[있는] 즐거움"(시 16:11)보다 더 좋아하는 것은, 아이스크림보다 캐러멜을 더 좋아하는 것과는 다르다. 이것은 큰 악이다. 실제로 이것이 악의 궁극적인 의미다. 하나님을 다른 그 무엇보다 낮게 평가하는 것이 악의 본질이다.

천국은 하나님 안에서 기쁨을 맛보는 것이다

그러므로 기쁨을 위한 **싸움**이라는 개념이 그렇게 이상하지 않을 것이다. 우리의 영원한 삶이 여기에 달려 있다. 그리스도를 기뻐하지 않는 사람은 천국에 들어가지 못할 것이다. "만일 누구든지 주를 사랑하지 아니하면 저주를 받을지어다"(고전 16:22). "아버지나 어머니를 나보다 더 사랑하는 자는 내게 합당하지 아니하고 아들이나 딸을 나보다 더 사랑하는 자도 내게 합당하지 아니하며"(마 10:37). "예수를 너희가 보지 못하였으나 사랑하는도다. 이제도 보지 못하나 믿고 말할 수 없는 영광스러운 즐거움으로 기뻐하니"(벧전 1:8). 단지 예수님을 위해 '결단하거나', '그분에게 헌신하거나' 그분에 관한 모든 바른 교리를 인정하는 것이 아니라, 그분을 사랑하는 것이 진정한 하나님의 자녀라는 증거다. 예수님은 "하나님이 너희 아버지였으면 너희가 나를 사랑하였으리니"(요 8:42)라고 말씀하셨다.

그렇다. 나는 예수님을 사랑하는 데는 그분 안에서 기쁨을 맛보는 것이 포함된다고 생각한다. 나는 그리스도를 사랑하는 것이 그분의 말씀에 순종하여 행하는 정신적·신체적 행동과 동일한 것이라는 개념을 거부한다. 예수님이 "너희가 나를 사랑하면 나의 계명을 지키리라"고 말씀하셨을 때(요 14:15) 그분이 묘사하신 것은 사랑의 본질이 아니라 사랑의 **결과**였다. 먼저 사랑이 있고, 그런 후에 결과 즉 순종이 있다. 순종은 사랑과 동일하지 않다.

예수님은 자신이 세상에 오신 것을 이렇게 묘사하셨다. "빛이 세상에 왔으되, 사람들이 자기 행위가 악하므로 빛보다 어둠을 더 사랑한 것이니라"(요 3:19). 여기서 구원의 문제는 빛을 사랑하느냐 미워하느냐 하는 것이다. 어둠을 사랑하거나 빛을 사랑하거나 둘 중의 하나다. 이것이 영혼의 갈림길이다. 어둠을 사랑한다는 것이 무엇인가? 어둠을 더 좋아하는 것, 어둠을 원하는 것, 어둠에게로 달려가는 것, 어둠과 함께 기뻐하는 것이다. 그러나 예수님은 이렇게 요구하신다. "내 빛을 더 좋아하라. 나와의 교제를 좋아하라. 내 지혜를 원하라. 나의 피난처로 달려오라. 나의 은혜 가운데 기뻐하라. 무엇보다도, 한 인격체로서 나를 기뻐하라." 세상이 줄 수 있는 모든 것을 둘러보라. 그런 후에 사도 바울처럼 말하라. "떠나서 그리스도와 함께 있는 것이 훨씬 더 좋은 일이라"(빌 1:23). 그리스도를 사랑한다는 것은 바로 이런 것을 의미한다. 그분을 사랑하지 않는다는 것은 저주를 받는다는 뜻이다.

그렇다면 이 싸움은 싸울 만한 가치가 있음이 확실하다. 처음에는 이상하게 느껴지겠지만 무엇이 걸려 있는지 알면 그 어떤 싸움보다 중요하게 보일 것이다. 그리스도를 사랑한다는 것에는 그분 자신을 기뻐하는 것이 포함된다. 이러한 사랑이 없다면 그 누구도 천국에 가지 못한다. 그러므로 이 우주에서 그리스도를 보고 맛보려는 싸움보다 더 중요한 싸움은 없다. 이것은 기쁨을 위한 싸움이다.

하나님 안에서 기쁨을 맛보려면 사랑뿐 아니라 믿음도 필요하다

이 싸움이 훨씬 더 중요하고 긴급한 것으로 느껴지도록, 그리스도 안에 있는 기쁨을 맛보는 데는 그분에 대한 **사랑**뿐 아니라 그분을 믿는 **믿음**도 포함된다는 것을 말하고 싶다. 내 말은 믿음과 기쁨이 동등하다거나 동일하다는 뜻이 아니다. 그리스도를 믿는 믿음은 그리스도를 기뻐하는 것 그 이상을 포함한다. 우리는 그분을 우리의 의(義)요, 우리 죄를 위한 희생 제물이요, 하나님의 진노를 달래시는 자요, 아버지와 우리 사이의 중보자로 신뢰한다. 믿음은 이 모든 것과 그 이상의 것들에 관해 오직 그리스도만 의지한다. 그러나 믿음은 그리스도 바로 그분 안에서 기쁨을 맛보는 것 그 이하의 것에는 관계하지 않는다.

구원에 이르는 믿음에는 필수적인 요소가 있는데, 그것은 바로 그리스도의 영광을 즐겁게 맛보는 것이다. 바울은 회심 때 일어나는 일을 "하나님의 형상이신 그리스도의 영광을 선포하는 복음의 빛을 보[는]" 것으로 묘사한다(고후 4:4, 새번역). 복음에 나타난 그리스도의 영광의 영적 차원이야말로 우리 마음의 눈이 보지 못하도록 사탄이 필사적으로 숨기려는 것이다. 사탄은 우리가 사실뿐 아니라 사실의 아름다움까지도 보지 못하게 하려 한다. 그리스도의 십자가에 나타난 영광의 영적 차원에 올바로 반응하고 구원에 이르기 위해서는 그리스도의 아름다움을 느끼는 유쾌한 감각이 반드시 필요하다. 믿음이 그리스도를 무미건조한 대상으로 받아들인다고는 생각할 수 없다. 거듭난 마음이 복음에 나타난 그리스도의 영광을 무관심이나 부정적인 정서로 대할 수 있다고는 생각할 수 없다.

"나는 생명의 떡이니…나를 믿는 자는 영원히 목마르지 아니하리라"(요 6:35)고 말씀하실 때, 예수님은 자신을 '믿는' 것에는 모든 것을 만족시키는 그분의 영광의 생수를 맛보는 것이 포함되며 따라서 믿는 자의 마음이 다시는 목마르지 않으리라고 말씀하고 계시는 것이다. 다시 말해, 모든 것을 만족시키는 살아 계신 그리스도의 달콤함을 맛본 믿음은, 세상의 썩은 웅덩이를 더 좋아하여 그분을 저버리는 일이 결코 없을 것이다. 일시적으로 곁길로 나가거나 후퇴하는 일은 있을 수 있다. 큰 영적 갈등도 있을 것이다. 그러나 생명의 물과 하늘의 떡을 진정으로 맛본 영혼이라면 끝내 주님을 저버리는 일은 결코 없을 것이다.

믿는다는 것은 예수님을 모든 것을 주관하시는 우리의 주님으로, 모든 것을 만족시키시는 우리의 구세주로 믿을 뿐 아니라 모든 것을 초월하시는 우리의 보화로 믿는다는 뜻이기도 하다. 그리스도를 우리의 보화로 믿는다는 것은 그분을 보화로 보고 맛본다는 뜻이다. 우리가 그리스도를 보화로 여기지 않는다면 그분은 우리의 보화가 아니다. 무엇인가를 보화로 여긴다는 것은 그것을 소유하기를 기뻐한다는 뜻이다. 그러므로 구원에 이르는 믿음에는 다름 아닌 예수님 바로 그분을 그분 그대로 소유하기를 기뻐하는 것이 포함된다.

하나님의 목적이 그분의 아들을 영화롭게 하는 것이라면, 이것 외에 다른 방법은 없을 것이다. 그리스도를 따르는 이유가 단지 그분이 주시는 선물이 훌륭하고 그분의 위협이 무섭기 때문이라면, 그리스도를 따르는 자들은 그분을 영화롭게 하는 것이 아니다. 불완전한 주인도 멋진 선물을 주며 무섭게 위협할 수 있다. 그리고 선물을 원하기 때문에 그 선물을 받고, 위협이 두려워 자신이 경멸하거나 불쌍하게 여기거나 따분하게 생각하거나 곤혹스러워하는 주인을 따를 수도 있다. 그러나 그리스도가 그분의 백성 가운데 영광을 받으시기 위해서는, 그들이 단지 그분이 약속하신 선물이나 위협적인 벌 때문이 아니라 영광스러운 그분 자신 때문에 그분을 따라야 한다. 물론 "여호와께서 행하시는 일들이 크시오니 이를 즐거워하는 자들이 다 기리는도다"(시 111:2)라는 말씀은 진리다. 그리고 주님이 하시는 일들을 보는 즐거움을 과소평가할 의도도 전혀 없다. 그러나 주님 하시는 일들이 위대한 것은 그분 자신이 위대하시기 때문이다. 주님이 하시는 일들을 보면서 주님을 우리의 가장 큰 기쁨으로 발견하지 못한다면 도리어 그분이 하시는 일들이 기쁨의 우상이 될 것이다. 그리스도를 높이는 믿음은 그분이 하시는 모든 일에서, 특히 복음에서 그분의 영광을 보고 맛보는 믿음이다.

이것을 위해 싸우라

이는 믿음의 싸움을 말하는 성경 구절들이 기쁨을 위한 싸움에도 적용된다는 것을 의미한다. 바울은 디모데에게 보낸 첫 번째 편지에서 "믿음의 선한 싸움을 싸우라. 영생을 취하라. 이를 위하여 네가 부르심을 받았고"(딤전 6:12)라고 말한다. 믿음이 성장하고 유지되기 위해서는, 믿음을 위해 싸워야 한다. 우리는 믿음과 그리스도 안에 있는 기쁨을 지키려고 싸움으로써 영생을 얻는다. 사탄은 우리의 믿음을 무너뜨리려고 혈안이 되어 있다. 데살로니가전서 3:5에서 이것을 확인할 수 있는데, 바울은 여기서 이렇게 말한다. "이러므로 나도 참다 못하여 너희 믿음을 알기 위하여 그를 보내었노니 이는 혹 **시험하는 자가 너희를 시험하여** 우리 수고를 헛되게 할까 함이니." 바꾸어 말하자면, 사탄은 바로 그들의 **믿음**을 겨냥하고 있다. 우리는 믿음과, 하나님 안에 있는 기쁨을 지키기 위해 싸우지 않으면 안 된다.

서구 교회가 잃어버린 것들

오늘날의 서구 교회에서 기쁨이 그렇게도 메말라 버린 이유 가운데 하나는, 기쁨을 위한 끈질긴 싸움을 통해서만 영생을 얻을 수 있다는 진리를 거의 알지 못하기 때문이다. 기쁨을 위해 싸우겠다는 결의가 없다면 기쁨이 고난을 통해 커지거나 지속되거나 깊어지지 못할 것이다. 그러나 오늘날의 사람들은 개인적으로 그리스도 안에서 지속적인 기쁨을 누리는 데 대체적으로 무관심하고 오만하며 피상적인 태도를 취한다. 자신들의 영생이 여기에 달려 있다고 믿지 않기 때문이다.

지난 200년 동안 기쁨을 위한 싸움이 거의 믿을 수 없을 만큼 평가절하되었다. 우리는 그리스도인이 천성에서 맛볼 "그 앞에 있는 기쁨을 위하여"(히 12:2) 평생 수고하며 노력하며 싸우는 '천로역정'에서 너무나 멀리 벗어나 있다. 성경이 말하는 그리스도인의 삶과 서구 교회가 보여 주는 그리스도인의 삶은 얼마나 다른가! 이것은 처음부터 끝까지 중요한 전쟁이다. 그리고 이 전쟁은 하나님 안에 있는 기쁨의 옥토를 지키고 튼튼하게 하기 위한 것이다.

야고보서 1:12은 "시험을 참는 자는 복이 있나니 이는 시련을 견디어 낸 자가 주께서 자기를 사랑하는 자들에게 약속하신 생명의 면류관을 얻을 것이기 때문이라"고 말한다. 시험을 잘 참는 자가 영생의 면류관을 얻을 자다. 다시 말해, 상실의 아픔 가운데서 기쁨을 위해 싸우며 분노와 비통과 절망이라는 불신앙을 이기는 자가 영생의 면류관을 얻을 것이다.

요한계시록 2:10은 믿음 때문에 갇힌 자들에게 "네가 죽도록 충성하라. 그리하면 내가 생명의 관을 네게 주리라"고 말한다. 이것은 서구 기독교의 분위기와는 매우 다르다. 여기서는 그리스도인들이 감옥에 있는 동안 믿음의 기쁨을 굳게 붙잡느냐 그렇지 않느냐에 무한하고 영원한 것이 달려 있다. 그러나 오늘날 많은 교회에서 이루어지는 예배와 성경 공부와 기도회와 교제의 모임에는 진지함과 강렬함과 뜨거움과 깊이가 결여되어 있는데, 이것은 기쁨을 위한 싸움에 영생이 달려 있다고 믿지 않기 때문이다. 이런 교회에서는 그저 밝고 명랑한 것만이 최우선시 되는 것 같다.

교회가 현재 일어나는 전쟁을 깨닫고 기쁨을 위한 싸움이 얼마나 긴급한지 느낄 수만 있다면…. 이것이야말로 영생을 굳게 취하는 방법이기 때문이다. "믿음의 선한 싸움을 싸우라. 영생을 취하라"(딤전 6:12). 믿음은 그리스도의 영광 가운데 기쁨을 맛보는 것을 포함한다. 그러므로 믿음의 선한 싸움은 기쁨을 위한 싸움이다.

선한 싸움

바울이 기쁨을 위한 싸움을 가리켜 **선한 싸움**이라고 한 이유를 안다면 기쁨을 위해 싸우는 데 도움을 얻을 수 있을 것이다. 첫째, 기쁨을 위한 싸움이 선한 싸움인 것은 우리의 기쁨을 막는 원수가 악하기 때문이다. 원수는 바로 불신앙과 그 배후에 있는 사탄의 세력 그리고 거기서 비롯되는 죄다. 따라서 자신이나 자신의 성취나 자신의 소유를 하나님보다 더 기쁘하게 하려는 세력과 싸우는 것은 매우 악한 원수와 맞서는 것이다. 그러므로 이것은 선한 싸움이다.

둘째, 기쁨을 위한 싸움이 선한 싸움인 것은 우리가 자신의 힘으로 싸우지 않기 때문이다. 자신의 힘으로 싸운다면 마르틴 루터의 말처럼 "우리는 패배할 것이다." 바꾸어 말하자면, 하나님의 자녀가 하나님을 기뻐하려고 싸울 때, 하나님이 친히 뒤에 서서 기쁨의 원수를 물리칠 의지와 힘을 주신다(빌 2:12-13). 우리는 믿음의 기쁨을 지키기 위해 혼자 싸울 필요가 없다. 하나님이 우리를 위해, 우리 안에서 싸우신다. 그러므로 믿음의 싸움은 선한 싸움이다.

셋째, 기쁨을 위한 싸움이 선한 것은 짐을 지려는 싸움이 아니라 내려놓으려는 싸움이기 때문이다. 하나님을 기뻐하는 삶은 짐을 지는 삶이 아니다. 짐을 벗어 버리는 삶이다. 기쁨을 위한 싸움은 사람의 짐을 하나님께 맡기려는 싸움이다. 염려에서 자유하려는 싸움이다. 하나님의 약속에 대한 불신앙과 의심에 의해 위협받는 소망과 평안과 기쁨을 지키려는 싸움이다. 그리고 자유와 소망과 평안과 기쁨이 선한 것이기 때문에 이것들을 지키려는 싸움은 선한 싸움이다.

넷째, 믿음의 싸움이 선한 것은 대부분의 싸움과는 달리 자기 과시가 아니라 겸손을 포함하기 때문이다. 대부분의 싸움이 선하지 못한 것은 누군가를 희생시켜 자신의 힘을 증명하려는 교만한 시도이기 때문이다. 그러나 기쁨을 위한 싸움은 정반대다. 기쁨을 위한 싸움은, 우리는 약하며 하나님의 자비가 절대적으로 필요하다고 말하는 한 방식이다. 본능적으로 우리는 자신의 무력함을 인정하기 싫어한다. 우리는 "그리스도를 떠나서는 아무것도 할 수 없고 기뻐할 수조차 없습니다"(요 15:5을 보라)라고 말하고 싶어 하지 않는다. 그러나 믿음의 본질은 우리가 죄악되고 무능하여 영원한 기쁨을 추구할 수 없음을 인정하고, 자신에게서 눈을 돌려 그리스도를 통해 하나님을 바라보면서 그분에게 도움을 구하고 오직 그분 안에서 기쁨을 구하는 것이다.

다섯째, 기쁨을 위한 싸움이 선한 것은 하나님이 이 싸움을 통해 큰 영광을 받으시기 때문이다. 우리가 하나님이 아닌 모든 열망과 모든 갈망과 모든 즐거움의 우상을 물리치는 데 몰두할 때, 하나님은 우리 삶의 더 귀한 보화로서 높임을 받으신다. 우리가 하나님 이외의 모든 기쁨과 맞서 싸운다는 것은 하나님의 무한한 가치를 안다는 뜻이다. 그러므로 기쁨을 위한 싸움은 선한 싸움이다.

바울은 말년에 이르러 "나는 선한 싸움을 싸우고 나의 달려갈 길을 마치고 믿음을 지켰으니"라고 말했다(딤후 4:7). 평생 믿음을 지키는 것은 평생 선한 싸움을 싸운 결과다. 믿음이 적어도 그리스도의 영광 가운데 맛보는 기쁨을 포함한다면, 이러한 평생의 싸움은 기쁨을 위한 싸움이며, 매우 선한 싸움이다.

바울의 사역: 우리의 기쁨을 위해 일하는 것

그러므로 바울이 자신의 사역 전체를, 사람들이 기쁨을 위해 싸우도록 돕는 것으로 생각했다는 것은 놀라운 일이 아니다. 그는 두 번씩이나 이런 말을 한다. 고린도후서 1:24에서는 "우리가 너희 **믿음을** 주관하려는 것이 아니요, 오직 너희 **기쁨을** 돕는 자가 되려 함이니"라고 말한다. 두 가지를 주목하라. 하나는 기쁨과 믿음이라는 단어를 서로 바꿔 써도 거의 무방하다는 것이다. 당신은 바울이 "우리가 너희의 믿음을 위해 일한다"고 말하리라 기대했을 것이다. 그러나 바울은 자신이 이들의 **기쁨을** 위해 일한다고 말한다. 이것이 바로 내가 이 책에서 하려고 애쓰는 일이며 매 주일 강단에서 하려고 노력하는 일이다. 이것이 바로 우리가 매일 서로를 위해 해야 하는 일이다(히 3:12-13). 하나님 안에서 계속 기쁘기 위해서는 노력이 필요하다. 다시 말해, 이것은 다른 종류의 기쁨에 대한 모든 충동과 싸우며 그리스도를 보고 맛보지 못하게 하는 모든 장애물에 대항하는 싸움이다.

바울이 자신의 소명을 이런 식으로 말하는 곳이 또 있다. 빌립보서 1:25에서 바울은 서로 경쟁하는 두 갈망, 곧 이생을 떠나 그리스도와 함께하고 싶은 갈망과, 남아서 교회를 보살피고 싶은 갈망과 씨름하고 있다. 그는 "내가 살 것과 너희 믿음의 진보와 기쁨을 위하여 너희 무리와 함께 거할 이것을 확실히 아노니"라고 결론짓는다. 바꾸어 말하자면, 그는 자신이 이 땅에서 하는 사역을 그들의 기쁨이 커지게 하는 일로 요약하는데, 사실 이것은 매우 주목할 만한 일이다. 그러므로 우리는 하나님 안에서 기뻐하기 위해 일하고 싸우라는 부르심 앞에서 뒷걸음질쳐서는 안 된다.

다시 싸움과 기쁨의 긴장으로

이제 처음에 다루었던 문제로 돌아가 보자. 싸움과 기쁨이 어울리는가? 나는 한 가지 논점을 다루려고 애썼다. 바로 너무나 중요한 문제가 결부되어 있기 때문에 반드시 싸워야 한다는 것이다. 우리의 영혼은 지금 긴장 상태에 놓여 있다. 그러므로 내가 바라는 것은, "무기를 들고 하나님을 기뻐하기 위해 싸우라"는 부르심이 들려오는 이 순간을 가장 적절하고 결정적인 순간으로 받아들였으면 하는 것이다. 이 책의 목표는 바로 이러한 전쟁의 지침서가 되는 것이다.

그러나 싸움과 기쁨이 양립할 수 없는 것처럼 보이는 또 한 가지 이유가 있다. 바로 기쁨은 자발적이고 싸움은 계획적이라는 점이다. 기쁨은 마음에서 자발적으로 일어난다. 아침에 일어나서 기분이 좋지 않을 때 단지 기뻐하겠다고 결정한다고 해서 곧바로 마음이 기뻐지는 것은 아니다. 아침에 일어나 피곤을 느낄 때 억지로 침대에서 나올 수는 있다. 그러나 일어났을 때 침울하고 낙담이 된다면 간단하게 행복을 느끼기 시작할 수는 없다. 기쁨은 신체를 움직이는 것과는 달리 의지의 힘에 좌우되지 않기 때문이다.

그렇다면 싸움의 의도성과 기쁨의 자발성 사이에는 어떤 관련이 있는가? 이것은 앞 장에서 제기했으며 여기서 대답해 보겠다고 약속했던 문제와 사실상 같은 것이다. 기쁨이 하나님이 거저 주신 선물이라는 사실은 우리가 기뻐해야 한다는 책임과 어떤 관련이 있는가?[2] 우리가 하나님을 자발적으로 기뻐하는 이유 가운데 하나는 그 기쁨이 선물이기 때문이다. 우리가 기쁨을 위해 싸워야 하는 이유 가운데 하나는 우리에게 기쁨을 누릴 책임이 있기 때문이다. 그러므로 다음의 두 질문은 사실상 같은 것이다. 우리는 자발적인 기쁨을 위해 어떻게 싸우는가? 온전히 공짜로 주어지는 선물을 얻기 위해 우리가 할 수 있는 것은 무엇인가?

이 책 전체가 이 질문에 대한 답변이기는 하지만, 여기서 그 답변을 세 부분으로 간략하게 제시해 보기로 하겠다.

싸움 자체가 선물이다

첫째, 우리는 하나님 안에서의 기쁨뿐만 아니라 기쁨을 위한 싸움

자체가 하나님의 선물이라는 진리를 인정한다. 바꾸어 말하자면, 하나님이 우리 안에서 일하시면서 우리에게 싸울 힘을 주신다. 이 진리를 인정하면 우리가 싸워서 얻는 기쁨이 궁극적으로 우리의 성취물이라고 생각할 수 없을 것이다. 비록 우리가 기쁨을 얻는 과정에 참여했다 하더라도 기쁨은 계속해서 하나의 선물이자 자발적인 것으로 남는다.

성경에는 이것을 뒷받침해 주는 증거가 수없이 많다. 예를 들면, 바울은 고린도전서 15:10에서 이렇게 말한다. "내가 나 된 것은 하나님의 은혜로 된 것이니, 내게 주신 그의 은혜가 헛되지 아니하여 내가 모든 사도보다 더 많이 수고하였으나, 내가 한 것이 아니요 오직 나와 함께하신 하나님의 은혜로라." 바울은 열심히 일했다. 바울은 하나님의 은혜 때문에 자신의 수고가 필요 없게 되었다고 말하지 않았다. 오히려 바울은 하나님의 은혜가 자신의 수고를 가능하게 했다고 말했다. 바울은 수고했으나 그것은 "내가 한 것이 아니요 오직 나와 함께하신 하나님의 은혜"였다. 그러므로 기쁨을 위한 싸움은 우리의 싸움이며 우리는 그 싸움에 임할 책임이 있다. 그러나 우리는 힘을 다해 기쁨을 위해 싸우고 나서, 사도 바울처럼 "내가 한 것이 아니요 오직 나와 함께하신 하나님의 은혜로라"고 말해야 한다. 싸움은 선물이다.

빌립보서 2:12-13은 하나님이 우리 안에서 일하심으로써 그리스도인들의 수고가 어떻게 가능해지는지를 보여 준다. "항상 복종하여 두렵고 떨림으로 너희 구원을 이루라. 너희 안에서 행하시는 이는 하나님이시니 자기의 기쁘신 뜻을 위하여 너희에게 소원을 두고 행하게 하시나니." 하나님이 우리 안에서 일하신다고 해서 우리가 일할 필요가 없어지는 것은 아니다. 오히려 하나님이 우리 안에서 일하시기 **때문에** 우리가 일할 수 있다. 그러므로 기쁨을 위한 싸움이 가능한 것은 하나님이 우리를 위해, 우리를 통해 싸우고 계시기 때문이다. 우리의 모든 노력이 가능한 것은 하나님이 우리 의지와 노력 안에서, 그리고 그것을 통해서 더욱 깊이 일하고 계시기 때문이다. 기쁨을 위한 우리의 싸움이 하나님의 선물이라고 말하는 것도 바로 이 때문이다.

히브리서 13:20-21에서도 똑같은 것을 확인할 수 있다. "양들의 큰 목자이신 우리 주 예수를 영원한 언약의 피로 죽은 자 가운데서 이끌어 내신 평강의 하나님이, 모든 선한 일에 너희를 온전하게 하사 자기 뜻을 행하게 하시고 그 앞에 즐거운 것을 예수 그리스도로 말미암아 우리 가운데서 이루시기를 원하노라. 영광이 그에게 세세무궁토록 있을지어다. 아멘." 하나님은 우리 안에서 그분이 보시기에 기쁜 일을 하신다. 기쁨을 위한 싸움이 가능한 것은 하나님이 우리 안에서 일하시기 때문이다. 바울은 결론적으로 "그리스도께서…나를 통하여…역사하신 것 외에는 내가 감히 말하지 아니하노라"고 말한다(롬 15:18). 이런 식으로, 비록 우리가 기쁨을 위해 싸운다 하더라도 기쁨은 선물로, 자발적인 것으로 남는다. 우리의 모든 싸움은 하나님의 일이며, 그것이 우리로 하여금 하나님을 기뻐하게 할 때 그 기쁨은 분명히 선물이다.

우리가 싸우는 것은 하나님이 정하신 축복의 길을 가기 위해서다

둘째, 우리는 기쁨을 위한 싸움이 하나님께 기쁨의 선물을 달라고 강요하는 것이 아니라, 하나님이 축복을 두신 길로 우리를 인도한다는 것을 안다. 나는 이런 말을 하면서, 마치 전능자에게 기쁨을 요구할 수 있는 것처럼 들리지 않도록 매우 조심하고 있다. 기쁨은 믿음의 나무에서 자라는 성령의 열매다(갈 5:22). 기쁨은 하나님이 우리의 일이나 싸움에 대해 지불하셔야 하는 삯이 아니다. 우리가 어떤 길을 걸을 때 보통 하나님은 우리에게 기쁨을 주시는데, 그렇다고 해서 이 사실이, 하나님이 우리 시간표에 따라 일하시리라는 것을 보장해 주는 것은 아니다.

우리는 농부와 같다. 농부는 밭을 갈고 씨를 뿌리고 김을 매고 까마귀 떼를 쫓지만, 곡식이 자라게 하지는 않는다. 곡식이 자라게 하시는 분은 하나님이시다. 하나님이 비와 햇빛을 주시고 씨앗의 숨은 생명이 자라게 하신다. 우리에게는 우리의 역할이 있다. 그러나 우리의 역할은 강요하거나 통제하는 것이 아니다. 농사가 실패로 돌아갈 때도 있을 것이다. 그럴 때도 하나님에게는 농부를 먹이시고 농부가 흉년을 나게 하는 그분만의 방법이 있다.

우리는 하나님을 기다리는 법을 배우지 않으면 안 된다. 다윗왕은 시편 40편에서 하나님을 어떻게 기다려야 하는지 본을 보여 주었다. "내가 여호와를 기다리고 기다렸더니, 귀를 기울이사 나의 부르짖음을 들으셨도다. 나를 기가 막힐 웅덩이와 수렁에서 끌어올리시고 내 발을 반석 위에 두사 내 걸음을 견고하게 하셨도다. 새 노래 곧 우리 하나님께 올릴 찬송을 내 입에 두셨으니"(1-3절). 하나님의 마음에 합한 사람(삼상 13:14)이 여기 있다. 그는 "기가 막힐 웅덩이와 수렁"(그의 입술에 노래가 없었던 곳)에 갇혔다. 얼마나 갇혀 있었는가? 알 수 없다.

중요한 것은 그가 거기서 무엇을 했느냐는 것이다. 그는 여호와를 기다렸다. 그는 여호와를 오시게 할 수 없었다. 그는 여호와께서 오실 것을 바라고 믿으면서 기다릴 수 있었다. 그리고 마침내 그분은 오셨다. 그분은 다윗의 발을 반석 위에 세우시고 그의 입술에 새 노래를 두셨다.

게오르그 노이마르크(Georg Neumark, 1621-1681)라는 독일의 찬송가 작사자는 "너 하나님께 이끌리어"(새찬송가 312장)라는 위대한 찬송에서 이러한 겸손한 태도를 다음과 같이 표현했다(이 부분이 한글 찬송가에는 빠져 있다 — 역주).

하나님은 기쁨의 때를 아시고 참으로
그가 보시기에 적합할 때 네게 기쁨 주시리.
너를 연단하시고 정결케 하신 후
네가 모든 속임수에서 자유할 때에.
아무도 모르게 네게 오셔서
너를 사랑으로 보살피시리.[3]

200년 후, 650편의 찬송을 썼으며 스웨덴의 패니 크로스비(Fanny Crosby)로 알려진 카롤리나 산델베르그(Karolina Wilhelmina Sandell-Berg, 1832-1903)는 하나님의 강한 손 아래서 겸손한 모습을 표현했다. 그녀는 가장 잘 알려진 찬송 가운데 하나인 "날마다 숨 쉬는 순간마다"(Day by Day)라는 찬송에서 이렇게 썼다.

주님의 그 자비로운 손길 항상 좋은 것 주시도다.
사랑스레 아픔과 기쁨을 수고와 평화와 안식을.[4]

우리는 하나님의 말씀에 순종함으로써 그분이 복을 약속하신 길을 걷기 위해 싸워야 한다. 그러나 그 축복이 언제 어떻게 찾아오느냐는 우리에게 달린 것이 아니라 하나님께 달렸다. 축복이 늦어지면, 우리는 아버지의 타이밍이 지혜롭다는 것을 믿고 기다린다. 이렇게 해서 기쁨은 선물이 되고, 반면 우리는 순종의 들판에서 인내하며 일하고 잡초와 까마귀 등 밭을 망치는 짐승들과 싸운다. 이곳에 기쁨이 찾아올 것이다. 이곳에 그리스도께서 자신을 계시하실 것이다(요 14:21). 그러나 그 계시와 기쁨은 그리스도가 선택하시는 때에 그분이 선택하시는 방법으로 주어질 것이다. 그것은 선물로 올 것이다.

우리가 싸우는 것은 보기 위해서다

셋째, 우리는 기쁨을 위한 싸움이 무엇보다도 보기 위한 싸움이라는 것을 안다. 복음에 나타난 예수 그리스도의 영광을 보면 기쁨이 깨어난다. 그리고 우리가 그리스도를 기뻐할 때 그분은 높임을 받으신다. 사탄이 우리의 눈을 가려 그리스도를 그 모습 그대로 보지 못하게 하는 데 주력하는 이유도 바로 이 때문이다. 그는 그리스도가 높임 받으시는 것을 원치 않는다. 우리가 그리스도의 영광을 보고 기쁨에 젖어 죄를 향한 욕망을 잘라 버리고 복음을 위해 철저히 희생할 때 그리스도는 크게 높임을 받으신다.

바울은 고린도후서 4:4에서 이러한 사탄의 계획을 들려준다. "그

중에 이 세상 신이 믿지 아니하는 자들의 마음을 혼미하게 하여 그리스도의 영광의 복음의 광채가 비치지 못하게 함이니 그리스도는 하나님의 형상이니라." 그리스도 안에서 기쁨이 사라지고 위험을 감내하는 사랑마저 그쳐 버린다면 그리스도의 영광도 보지 못할 것이 분명하다. 이것이 사탄의 주된 전략이다.

그리스도를 보면 그분을 기뻐하게 되며, 따라서 기쁨을 위한 싸움은 무엇보다도 보기 위한 싸움이다. 이것을 이해한다면, 이러한 싸움이 기쁨은 선물이고 자발적인 경험이라는 사실을 훼손하지 않는다는 것을 알 것이다. 보기 위해 아무리 힘들게 싸우더라도 아름다움을 보는 데서 오는 기쁨은 자발적이다. 싸움이 기쁨을 낳는 것은 아니다. 기쁨은 보는 데서 온다. 이것은 매우 자연스럽게 이루어진다. 어떤 강제도 없다. 아름다운 일출을 보면서 "내가 일찍 일어나려고 열심히 노력했으니 너는 아름다운 색조로 내게 행복을 줘야 해!"라고 말하는 사람은 없다. 우리는 거기 서서 겸손하게 받는다. 기쁨이 온다면, 그것은 선물이다.

그리스도인의 삶의 본질은 은혜를 대신하지 않으면서 기쁨을 위해 싸우는 법을 배우는 것이다. 우리는 삶이 끝날 때 "나는 선한 싸움을 싸웠습니다"라고 고백할 수 있어야 하지만, "내가 한 것이 아니요 오직 나와 함께하신 하나님의 은혜로라"고 고백할 수도 있어야 한다. 나는 온 힘을 다해 그리스도 안에서 기쁨을 누리고자 했다. 그러나 그것은 그분이 내게 주신 힘으로 가능한 것이었다. 우리가 기쁨을 위해 싸우는 것은, "내 멍에는 쉽고 내 짐은 가벼움이라"(마 11:30)는 예수님의 말씀이 진리임을 증명하는 것이어야 한다. 바울이 골로새서 1:29에서 말했듯이, 우리도 "나도 내 속에서 능력으로 역사하시는 이의 역사를 따라 힘을 다하여 수고하노라"고 말할 수 있을 때 이 싸움에서 승리할 것이다. 우리는 짐을 지고 멍에를 끌려고 애쓴다. 그러나 그분이 힘을 주신다. 그분에게는 모든 짐이 가볍다. 그분에게는 모든 멍에가 쉽다. 이것도 우리가 그분에게서 볼 수 있는 영광스러운 측면이며 이는 우리를 매우 기쁘게 한다. 그분을 신뢰하라. 우리는 그분이 우리에게 기쁨을 주실 뿐 아니라 그 기쁨을 위해 싸울 힘까지 주시는 분임을 알게 될 것이며, 그로 인해 우리 기쁨은 더욱 커질 것이다.

기쁨은 결코 우리의 힘에 달려 있지 않지만, 즐거움은 그럴 때가 많다.
C. S. 루이스
『예기치 못한 기쁨』[1]

성령의 열매는…희락과…
갈라디아서 5:22

누가 너를 남달리 구별하였느냐. 네게 있는 것 중에 받지 아니한 것이 무엇이냐.
네가 받았은즉 어찌하여 받지 아니한 것같이 자랑하느냐.
고린도전서 4:7

4 기쁨은 하나님의 선물이다

_당신에게 이루어져야 할 일을 스스로 행하라

이 장의 제목은 소망이 없는 사람들에게는 좋은 소식이지만, 자신을 믿는 사람들에게는 나쁜 소식이다. 달리 표현하자면, 이 제목은 자유롭게 하는 동시에 당혹스럽게 한다. 이 제목은, 자신이 갈망하지 않는 것을 스스로의 힘으로 갈망할 수 없음을 아는 사람에게는 자유롭게 하는 진리다. 그런가 하면, 자신의 모든 의무는 자신의 능력에 달렸다고 생각하는 사람에게는 당혹스러운 진리다.

반만 옳은 부정

사람들이 하나님을 반드시 기뻐해야 한다는 것을 부정하는 이유 가운데 하나, 이러한 기쁨이 자기 능력 밖이라는 것을 직관적으로 알고 있으며 자기 능력 밖의 것을 요구할 수는 없다고 느끼기 때문이다. 이 말의 반은 옳다. 결국, 하나님을 기뻐하는 것은 인간의 성취물이 아니라 값없이 주어지는 선물이다. 이것은 옳다. 그러나 하나님이 내게 요구하실 수 있는 덕목은 내가 행할 수 있는 덕목뿐이라고 말하는 것은 성경적이지 않다. 내가 너무 악해서 선한 것을 기뻐할 수 없더라도, 이 사실이 하나님이 내게 선한 것을 사랑하라고 명령하실 수 없는 이유가 되지는 못한다. 내가 너무 부패해서 무한히 아름다운 것을 누릴 수 없더라도, 이 때문에 하나님을 기뻐하라는 명령에 불순종할 때 죄가 가벼워지는 것은 아니다(시 37:4). 이것은 오히려 죄를 더 무겁게 한다.

하나님을 기뻐하는 것은 의무다

하나님을 기뻐하는 것은 의무이며, 성경이 이것을 분명히 명령한다는 사실이 이것을 증명해 준다. "주 안에서 항상 기뻐하라. 내가 다시 말하노니 기뻐하라"(빌 4:4; 또한 시 32:11; 37:4; 97:12; 100:1; 욜 2:23도 보라). 17세기에 매튜 헨리(Matthew Henry)는 2,000년간 이어져 온 묵상들을 정리하면서 이렇게 말했다.

주 안에서 항상 기뻐하라. 내가 다시 말하노니 기뻐하라(4절). 우리의 모든 기쁨은 하나님께 귀결되어야 한다. 그리고 하나님에 대한 우리의 생각은 기쁨이 넘치는 생각이어야 한다. **여호와를 기뻐하라**(시 37:4).… 하나님을 항상 어떤 상황에서든 기뻐하는 것은 우리의 의무요 특권임을 기억하라. 우리는 그분을 섬기는 중에 부딪치는 어려움 때문에 그분과 그분의 길을 결코 나쁘게 생각해서는 안 된다. 하나님 안에는 세상에서 가장 좋지 않은 환경에서도 우리에게 기쁨을 주고도 남을 만큼 많은 것이 있다.…하나님을 기뻐하는 것은 그리스도인의 삶에서 놀

라운 결과가 따르는 의무다. 그리스도인들은 하나님을 기뻐하라는 요청을 계속해서 받을 필요가 있다.²

어떤 사람은 하나님을 기뻐하는 것은 의무이기 때문에 선물일 수 없다고 말한다. 그러나 이제 나는 성경이 하나님을 기뻐하는 것에 대해 무엇이라고 하는지 살펴볼 것이며, 하나님을 기뻐하는 것이 왜 중요한지에 대해 질문을 던지며 이 장을 끝맺을 것이다.

우리는 단지 죄를 짓는 사람이 아니라 죄인이다

성경을 하나님의 말씀으로 믿는 사람들은 "모든 사람이 죄를 범하였으매 하나님의 영광에 이르지 못하더니"(롬 3:23)라는 말씀이 꽤 익숙할 것이다. 이것은 매우 심오하고 중요한 진리다. 그러나 이것이 전부는 아니다. 문제는 우리 모두가 죄악된 **행동**을 했을 뿐 아니라 우리가 **죄악되다**는 것이다. N. P. 윌리엄스(Williams)는 이것을 이렇게 표현했다. "보통 사람은 잘못된 행동을 부끄러워하지만, 훨씬 정교한 도덕적 감성과 좀더 섬세한 내적 성찰 능력을 부여받은 성도는 자신이 잘못된 행동을 쉽게 하는 사람이라는 점을 부끄러워한다."³ 죄는 단지 우리가 행하는 그 무엇이 아니다. 죄는 우리의 본성 깊이 뿌리내린 힘이다. 우리가 회심하여 그리스도를 믿을 때, 성령이 우리에게 임하시고 우리는 성령의 능력으로 타락하고 죄악된 본성을 이기기 시작한다.

그러나 우리는 천성적으로 하나님을 거역하고, 그분에게 불순종하며, 완악한 마음으로 그분을 거스른다. 그러므로 시편 기자는 이렇게 외친다. "주의 종에게 심판을 행하지 마소서. **주의 눈앞에는 의로운 인생이 하나도 없나이다**"(시 143:2). 예레미야 선지자는 이렇게 한탄한다. "만물보다 거짓되고 심히 부패한 것은 마음이라. 누가 능히 이를 알리요"(렘 17:9). 다윗왕은 자신이 태어날 때부터 이와 같았다고 말한다. "내가 죄악 중에서 출생하였음이여, 어머니가 죄 중에서 나를 잉태하였나이다"(시 51:5). 이러한 타고난 부패가 너무나 심해, 바울은 "내 속 곧 내 육신에 선한 것이 거하지 아니하는 줄을 아노니"라고 말한다(롬 7:18).

바울이 "육신"이라는 말에서 의미하는 것은 그의 껍데기가 아니라 그리스도의 구속과 무관하며 변화를 일으키시는 성령의 역사와도 무관한 자연적 자아(natural self)다. 바울이 "육신"을 말하는 또 다른 방식은 "육에 속한 사람"(natural person, 그리스도가 없는 인간으로 타고난 우리의 모습)이라고 부르는 것이다. 그러므로 바울은, 예를 들면 고린도 전서 2:14에서 이렇게 말한다. "**육에 속한 사람**은 하나님의 성령의 일들을 받지 아니하나니 이는 그것들이 그에게는 어리석게 보임이요 또 그는 그것들을 알 수도 없나니 그러한 일은 영적인 것으로 분별하느니라." 바꾸어 말하자면, "육에 속한 사람"이나 "육신"은 영적 진리를 너무나 강하게 거부하기 때문에 하나님의 일을 이해하거나 받아들일 수 없다. 육에 속한 사람은 하나님을 기뻐하지 않는다. 육에 속한 마음은 그 갈망이 몹시 부패해서 그리스도의 아름다움을 보거나 맛볼 수 없다.

이것이 바울이 로마서 8:7-8에서 "육신의 생각은 하나님과 원수가 되나니 이는 하나님의 법에 굴복하지 아니할 뿐 아니라 할 수도 없음이라. 육신에 있는 자들은 하나님을 기쁘시게 할 수 없느니라"고 말할 때 의미하는 것이다. **할 수 없다**는 말에 주목하라. 이 단어는 두 번이나 사용되고 있다. 육에 속한 사람, 육신으로 정의될 뿐 아직 그리스도를 통해 변화되지 못한 사람은 마음으로 하나님의 영광스러운 권세를 심하게 적대시하기 때문에(그분의 법에 순복하지 않고) 하나님과 그분의 길을 기뻐할 수 없다. 그는 종교적이고 도덕적인 일을 많이 할 수는 있지만 그의 마음은 하나님과 멀어져 있으며(마 15:8), 하나님의 크심과 그분의 권세를 하찮게 여긴다.

그렇다면 우리가 죽었다는 말은 무슨 뜻인가?

그러므로 바울이 이처럼 타락하고 육적인 상태에 있는 우리를 가리켜 "죽었다"고 묘사하는 것은 놀라운 것이 아니다. 이것이 바울이 에베소서 2:4-5에서 말하는 바다. "긍휼이 풍성하신 하나님이 우리를 사랑하신 그 큰 사랑을 인하여, 허물로 **죽은** 우리를 그리스도와 함께 살리셨고(너희는 은혜로 구원을 받은 것이라)." 우리가 하나님을 기뻐할 수 없는 가장 큰 이유는 우리가 본래 죽었기 때문이다. 다시 말해, 우리에게는 그리스도 복음의 진리와 아름다움을 느낄 수 있는 영적 감각이 전혀 없다. 우리는 천상의 미술관에 서 있는 맹인과 같다. 우리가 죽었다는 것은 몸이 죽었다는 뜻이 아니며 지성이나 의지가 죽었다는 뜻도 아니다. 바로 진리를 있는 그대로 보는 영적 능력이 죽었다는 뜻이다.

바울은 우리가 하나님의 아름다움에 대해 죽은 것을 묘사하면서 "마음의 허망한 것", "총명이 어두워지고", "그들 가운데 있는 무지함"

과 같은 표현을 사용한다. 그러면서 "마음이 굳어짐"에서 그 원인을 찾는다. 에베소서 4:17-18에서 이것을 확인할 수 있다. "이제부터 너희는 이방인이 그 마음의 **허망한** 것으로 행함같이 행하지 말라. 그들의 총명이 **어두워지고** 그들 가운데 있는 **무지함**과 그들의 마음이 **굳어짐**으로 말미암아 하나님의 생명에서 떠나 있도다." 굳어짐이 무지함보다 더 본질적이라는 데 주목하라. 무지함이 굳어짐에 뿌리를 두고 있는 것이지 그 반대가 아니다. 그러므로 우리는 변명할 수 없다. 하나님의 아름다움에 대한 무지가 문제가 되는 것은, 이것이 순수한 무지가 아니라 고의적인 굳어짐이기 때문이다. 굳어짐은 죽음을 뜻하며, 죽음은 우리가 마음을 다하여 하나님을 사랑하라는 계명에 순종할 수 없게 만든다.

우리의 마음이 이처럼 타락하고, 죄악되고, 완고하고, 반역적이고, 허망하고, 죽은 상태이기 때문에 하나님을 기뻐하는 것은 불가능하다. 게다가 이 불가능한 상황에서 우리의 죄는 가벼워지는 것이 아니라 더욱 무거워진다. 부자 관원이 그리스도를 따르는 것보다 자신의 재물을 더 좋아하여 예수님에게서 떠나갔을 때, 예수님은 "낙타가 바늘귀로 들어가는 것이 부자가 하나님의 나라에 들어가는 것보다 쉬우니라"고 말씀하셨다(마 19:24). 제자들은 이 말씀에 깜짝 놀랐다. 제자들은 낙타가 바늘귀로 들어갈 수 **없다**는 것을 알고 있었다. 이것은 사실이다. 인간 스스로는 돈보다 그리스도를 더 기뻐할 수 없다. 그래서 예수님은 "사람으로는 할 수 없으되 하나님으로서는 다 하실 수 있느니라"고 대답하셨다(26절).

기쁨을 위해 예수님께 나아가는 것은 하나님의 선물이다

예수님은 이런 방식으로, 하나님을 기뻐하는 것은 선물이라고 말씀하셨다. 예수님을 돈보다 더 좋아하는 것은 하나님의 선물이다. 우리 스스로는 결코 그렇게 될 수 없으며, 그 힘은 외부에서 주어져야 한다. 예수님이 우주에서 가장 큰 갈망의 대상으로, 주님으로, 구원자로 우리에게 주어질 때, 우리는 자신의 힘으로 그분께 나아가는 것이 아니다. 예수님은 이렇게 말씀하셨다. "나를 보내신 아버지께서 이끌지 아니하시면 아무도 내게 올 수 없으니…내 아버지께서 오게 하여 주지 아니하시면 누구든지 내게 올 수 없다 하였노라"(요 6:44, 65). 우리가 예수님을 삶의 보화요 즐거움으로 알고 그분께 나아가는 것은 "아버지께서 오게 하여 주[신]" 것이다. 그렇지 않다면 우리는 너무나 강퍅하고 반항적이어서, 모든 것을 버려두고 모든 만족을 주시며 우리의 기쁨이신 그분께 나아가기는 고사하고 예수님을 매력적인 분으로 보지도 못할 것이다.

예수님은 이것을 이렇게도 말씀하셨다. "육으로 난 것은 육이요 영으로 난 것은 영이니, 내가 네게 거듭나야 하겠다 하는 말을 놀랍게 여기지 말라"(요 3:6-7). 하나님의 성령으로 거듭날 때까지 우리의 모든 존재는 "육", 즉 영적 생명도 없고, 영혼 속에 그리스도의 달콤함을 맛보는 살아 있는 미뢰(味蕾)도 없는 육에 속한 사람이다. 그렇다면 우리는 어떻게 살아나는가? 예수님은 뒤이어 이렇게 말씀하셨다. "바람이 임의로 불매 네가 그 소리는 들어도 어디서 오며 어디로 가는지 알지 못하나니 성령으로 난 사람도 다 그러하니라"(8절). 요점은 성령은 자유롭다는 것이다. 그분은 자신이 원하는 곳에 임하신다. 우리는 성령을 제어할 수 없다. 성령이 우리를 제어하신다. 생명을 주는 성령의 역사는 순전히 선물이다. 예수님을 당신의 보화로 보게 되었다면, 성령께서 당신의 마음에 임하신 것이다. 당신이 예수님을 기뻐하는 것은 선물이다.

회개도 선물인가?

어떤 사람은 이렇게 말할 것이다. "꼭 회개를 말하는 것처럼 들리네요. 하지만 회개는 우리가 하는 것 아닙니까? 지금 회개도 선물이라고 말하고 있는 건가요?" 좋은 질문이다. 우리가 묘사한 변화는 실제로 회개다. 회개는 변화된 마음의 경험을 말한다. 전에는 마음이 하나님과 원수 되었으나, 이제는 하나님과 사랑에 빠졌다. 전에는 그리스도의 십자가가 어리석어 보였으나, 이제는 매우 소중하다. 십자가는 하나님의 지혜요 능력이다(고전 1:23-24). 전에는 행복과 안전을 성취하는 인간의 능력을 신뢰했으나, 이제는 자신에게 절망하고 소망과 기쁨을 위해 그리스도를 바라본다. 그리스도께서 —그리고 하나님이 그분 안에서 우리에게 주시는 모든 것이— 우리의 행복과 안전이 되었다.

그렇다. 이것이 회개다. 그리고 회개는 선물이다. 우리는 스스로 그리스도를 흠모하는 사람이 될 수 없다. 우리는 스스로 사탄의 속임수라는 올무에서 풀려나기 위해 인간의 지혜나 힘이나 의지력을 결집할 수 없다. 이 모든 것은 하나님의 귀중한 선물이다. 물론 그분은 인간적 수단을 사용하여 회개를 일으키신다. 그렇지 않다면 내가 이 책을 쓰고 있지도 않을 것이다. 그러나 궁극적으로 회개의 기적을 일으키는 것은 인간의 수단이 아니다. 디모데후서 2:24-26은 수단과 기적을 모두 보여 준다. "주의 종은 마땅히 다투지 아니하고 모든 사람에 대하여 온유하며, 가르치기를 잘하며, 참으며, 거역하는 자를 온유함으로 훈계할지니[이것이 수단이다. 이제부터가 기적이다]. 혹 하나님이 그들에게 **회개함을 주사** 진리를 알게 하실까 하며 그들로 깨어 마귀의 올무에서 벗어나 하나님께 사로잡힌 바 되어 그 뜻을 따르게 하실까 함이라." 우리가 가르치고 사랑하지만, 회개하게 하시는 분은 하나님이시다.

나는 하나님이 이 책을 "회개함을 주시는" 그분의 여러 방법 가운데 하나로 사용하시길 기도한다. 그러나 결국 한 사람을 마귀의 속임수라는 올무에서 구해 내며 그의 눈을 열어 예수 그리스도의 더 높은 가치를 보게 만드는 것은 이 책이나 다른 어떤 책이 아니라 하나님이실 것이다. 그리고 하나님은 사람에게 회개를 허락하실 때, 그가 그리스도를 모든 보화보다 더 값지게 여기며 모든 즐거움보다 더 좋아하게 하실 것이다. 이것이 선물이다. 나는 이것이 필요한 모든 독자를 위해 기도한다. "주님, 이들에게 회개를 주십시오."

그리스도인의 삶의 핵심적인 신비

그러나 앞에서 했던 질문은 이것이다. "회개는 우리가 하는 것 아닙니까? 회개가 하나님의 선물이라면 우리가 어떻게 회개합니까?" 그렇다. 회개는 우리가 하는 것이다. 베드로가 오순절에 죄를 깨닫게 하는 메시지를 전했을 때 무리는 "형제들아 우리가 **어찌할꼬?**"라고 외쳤다. 이 말에 베드로는 "**회개하[라]**"고 대답했다(행 2:37-38). 물론 다른 말도 있었지만 핵심은 회개다. 회개는 우리가 순종할 책임이 있는 명령이다.

여기서 우리는 그리스도인의 삶의 핵심적인 신비를 만난다. 그리스도가 우리 죄를 위해 죽으시고 죽은 자 가운데서 다시 살아나셨다. 우리는 그분의 피와 의 때문에 용서받았으며 하나님은 그리스도 안에서 우리를 의롭다고 여기신다(고후 5:21; 빌 3:9; 롬 5:19). 그러므로 그리스도가 하나님의 모든 약속을 빠짐없이 이루셨다(고후 1:20). 선지자들이 새 언약에서 이루어지리라고 약속했던 모든 것이 그리스도를 통해 우리에게 완전하게 이루어졌다. 이러한 새 언약의 내용에는 다음과 같은 것들이 포함된다. "네 하나님 여호와께서 네 마음과 네 자손의 마음에 할례를 베푸사 너로 마음을 다하며 뜻을 다하여 네 하나님 여호와를 사랑하게 하사"(신 30:6). "내가 나의 법을 그들의 속에 두며 그들의 마음에 기록하여"(렘 31:33). "내가…그 몸에서 돌 같은 마음을 제하고 살처럼 부드러운 마음을 주어"(겔 11:19). "내 영을 너희 속에 두어 너희로 내 율례를 행하게 하리니"(겔 36:27).

이 모든 새 언약의 내용이, 최후의 만찬에서 "이 잔은 내 피로 세우는 새 언약이니 곧 너희를 위하여 붓는 것이라"(눅 22:20)고 말씀하신 그리스도를 통해 우리에게 이루어졌다. 그리스도의 피가 우리에게 새 언약의 모든 약속을 이루어 주었다. 그러나 이러한 약속들을 다시 한번 보라. 새 언약이 옛 언약과 다른 것은 **능력을 주기 위한 약속**이라는 것이다. 새 언약의 약속들은 우리가 스스로 할 수 없는 것을 하나님이 우리를 위해 하시리라는 약속이다. 우리는 하나님을 기뻐하는 새로운 마음이 필요하다. 우리는 하나님에 대한 기쁨을 열매 맺는 하나님의 성령이 필요하다. 우리는 "마음을 다해 여호와를 사랑하라"는 말씀 자체가 우리 안에서 현실이 되도록, 단지 돌에 새겨진 법이 아니라 마음에 새겨진 법이 필요하다. 바꾸어 말하자면, 우리는 하나님에 대한 기쁨이라는 선물이 필요하다. 우리 스스로는 결코 그 기쁨을 얻지 못할 것이다. 이것이 바로 그리스도가 죽으시고 새 언약의 피를 흘리실 때 우리에게 가져다 주신 것이다. 그분은 우리에게 기쁨이라는 선물을 주셨다.

신비의 나머지 절반

이것이 그리스도인의 삶의 신비를 이루는 핵심적인 절반이다. 그리고 나머지 절반은, 우리가 스스로 할 수 없는 것을 하라는 명령을 받았다는 것이다. 우리는 그 명령을 이행해야 하며 그렇지 않으면 죽는다. 우리가 무능력하다고 해서 우리의 죄책이 없어지는 것은 아니다. 오히려 더 커진다. 우리는 너무 악해서 하나님을 사랑할 수 없다. 우리는 하나님을 다른 그 무엇보다 더 기뻐할 수 없다. 우리는 그리스도를 돈보다 소중하게 여길 수 없다. 그러나 우리가 이처럼 악하다고 해서 하나님이 우리에게 선한 존재가 되라고 명령하시는 것이 잘못은 아니다. 우리는 하나님을 그 무엇보다 더 기뻐해야 한다. 그러므로 하나님이 우리에게 하나님을 그 무엇보다 더 기뻐하라고 명령하시는 것은 옳다. 만약 우리가 하나님을 기뻐한다면, 우리가 이 계명에 순종했기 때문일 것이다.

신비는 이것이다. 우리는 하나님을 기뻐하라는 명령에 순종해야 한다. 그러나 우리는 강퍅하고 죄악되며 부패했기 때문에 순종할 수 없다. 그러므로 순종이 이루어진다면, 그 순종은 선물이다. 4세기에 펠라기우스는 이 진리를 거부했으며, 아우구스티누스가 『고백록』에서 다음과 같이 기도한 것을 보고 충격과 분노를 느꼈다. "오 주님, 당신이 명령하실 때, 내게 당신의 뜻을 행하라고 명령하실 때 그대로 행할 수 있는 은혜를 주소서!…오 거룩하신 하나님…우리가 당신의 명령에 순종하는 것은 당신이 순종할 힘을 우리에게 주셨기 때문입니다."[4]

그리스도인의 삶 전체가 은혜다

위와 같은 기도는 매우 성경적인 것이며, 우리는 이런 기도를 앞으로 여러 장에서 살펴볼 것이다(예를 들면, 시 51:12; 90:14; 롬 15:13). 이것은 그리스도인의 삶의 신비와 일치한다. 우리는 하나님을 기뻐해야 하며, 오직 하나님만이 우리가 그분을 기뻐하도록 우리 마음을 바꾸실 수 있다. 우리의 모든 것은 철저히 하나님께 달려 있다. 그리스도인의 삶 전체가 은혜다. "만물이 주에게서 나오고 주로 말미암고 주에게로 돌아감이라. 그에게 영광이 세세에 있을지어다"(롬 11:36).

다음 장에서는 이러한 기쁨 자체가 선물임을 인정하는 가운데, 기뻐하라는 명령에 순종하기 위한 의지와 행위는 무엇인지 살펴보겠다. 우리는 기쁨이 선물이라는 말을 들을 때 행동을 멈추고 수동적이 되어서는 안 된다. 우리는 행동해야 한다. 어떻게, 왜 행동해야 하느냐 하는 문제는 다음 장에서 살펴보기로 하겠다. 그러기에 앞서 이 장의 진리가 왜 중요한지를 살펴보는 것이 좋을 것 같다.

이것을 믿는 것이 왜 중요한가?

첫째, 이것은 진리이며, 따라서 이 진리가 우리에게 유익한지 아닌지와 상관없이 이 진리를 믿고 받아들여야 하기 때문이다. 성경은 우리에 관해, 그리고 하나님을 기뻐하는 것에 관해 이렇게 말한다. '우리는 그 기쁨을 만들어 낼 수 없다. 오직 하나님이 주셔야 한다.' 이것은 진리이며, 따라서 우리는 이 진리를 믿고 사랑해야 한다.

둘째, 이 진리를 믿을 때 하나님에 대한 우리의 기쁨은 감사와 결합되어 배가된다. 우리는 크게 기뻐하며, 자신이 하나님을 기뻐하는 것에 대해 그 기쁨을 주신 하나님께 감사한다.

셋째, 이 진리를 믿을 때 기쁨이 우리 능력에 달렸다고 생각할 때보다 더 절박하게 하나님께 우리의 기쁨을 구할 것이다. 이 진리는 우리로 하여금 그 어느 때보다 더 기도하게 만든다.

넷째, 이 진리를 믿을 때 기쁨을 위한 싸움에서 우리의 전략이 기교와 율법주의로 전락하지 않을 것이다. 하나님이 주권자이시기 때문에, 기교는 핵심적 위치에 놓일 수 없다. 물론 우리가 기쁨을 위한 싸움에서 반드시 해야 하는 것들이 있다. 그러나 기쁨이 선물이라면 그것은 결코 노력으로 얻을 수 있는 것이 아니다. 그러므로 노력을 통해 하나님께 무엇인가를 얻어 내려는 율법주의는 배제된다. 그뿐 아니라 기쁨이 단순히 인간의 성취물이 아니라 궁극적으로 선물이라는 것을 알 때 기교와 의지를 지나치게 높이지 않을 수 있다. "여호와께서 선히 여기시는 대로 행하시기를 원하노라"고 말하면서 겸손하게 그분을 의지하는 것이 우리의 전략이어야 한다(삼하 10:12). 기쁨을 위한 싸움에서 우리의 전략은 하나님의 은혜의 수단일 뿐이다. 그리고 은혜의 수단은 언제나 겸손하다.

성경은 이 수단이 겸손하다는 것을 여러 방법으로 보여 준다. "싸울 날을 위하여 마병을 예비하거니와 이김은 여호와께 있느니라"(잠 21:31). "여호와께서 집을 세우지 아니하시면 세우는 자의 수고가 헛되며, 여호와께서 성을 지키지 아니하시면 파수꾼의 깨어 있음이 헛되도다"(시 127:1). "사람의 마음에는 많은 계획이 있어도 오직 여호와의 뜻만이 완전히 서리라"(잠 19:21). 기쁨이 하나님의 선물이라면, 우리는 그분이 정하신 모든 방법을 사용하면서도 수단이 아니라 하나님을 의지할 것이다.

다섯째, 하나님을 기뻐하는 것이 하나님의 선물임을 믿을 때 모든 영광이 하나님께 돌아갈 것이다. 하나님이 가장 놀라운 분이심을 보여 주는 삶을 사는 것이야말로 그리스도인의 삶의 목적이다. 사도 베드로는 베드로전서 4:11에서 이런 삶의 원칙을 제시한다. "누가 봉사하려면 하나님이 공급하시는 힘으로 하는 것같이 하라. 이는 범사에 예수 그리스도로 말미암아 하나님이 영광을 받으시게 하려 함이니." 섬길 수 있는 힘은 선물이다. 하나님이 이런 힘을 주신다. 이것을 믿고 의식적으로 의지할 때, 우리는 하나님이 힘을 주시는 영광스러운 분이라는 것을 보여 주는 것이다. 주시는 분이 영광을 받으신다.

이 구절을 이렇게 풀어서 쓸 수 있을 것이다. "주를 기뻐하는 자는 하나님이 주시는 기쁨 가운데 기뻐하라. 이는 범사에—우리의 기쁨을 포함하여—예수 그리스도로 말미암아 하나님이 영광을 받으시게 하려 함이니." 그러므로 하나님을 기뻐하는 것이 하나님의 선물이라는 믿음이야말로 하나님의 영광을 위해 살라는 우리의 소명에 필수적이다. 이러한 믿음이 우리의 다른 모든 전략의 토대다. 이러한 믿음은 다른 모든 전략을 낮추고 그것들을 믿음의 행위로 바꾼다. 우리는 기쁨을 향한 모든 추구 가운데서, 기도하고 그분의 은혜를 신뢰함으로써 선물을 구한다. 이 진리를 통해, 절망에 빠진 영혼이 자유를 얻고 교만한 자가 겸손해지기를 바란다.

인간의 올바른 행복은 하나님을 즐거워하는 데 있다.
그러나 인간은 자신 속에 있는 것,
즉 처음 태어날 때 받은 것만으로는 하나님을 기뻐할 수 없다.
그러므로 인간은 반드시 거듭나야 한다.
조나단 에드워즈
"거듭남", 『조나단 에드워즈 전집』.¹

이 세상의 신이 믿지 아니하는 자들의 마음을 혼미하게 하여
그리스도의 영광의 복음의 광채가 비치지 못하게 함이니,
그리스도는 하나님의 형상이니라.
고린도후서 4:4

너희는 여호와의 선하심을 맛보아 알지어다.
시편 34:8

5 기쁨을 위한 싸움은 보기 위한 싸움이다

_마음의 눈과 육체의 귀를 통해 하나님을 알라

보는 것에는 여러 가지가 있다. 그렇지 않다면 예수님이 "그들이 보아도 보지 못하며"(마 13:13)라고 말씀하지 않으셨을 것이다. 한편으로는 보지만 다른 한편으로는 보지 못할 수 있다. 성경은 두 종류의 눈이 있다고 말한다. 마음의 눈이 있고 육체의 눈이 있다. 사도 바울은 "너희 마음의 눈을 밝히사, 그의 부르심의 소망이 무엇이며 성도 안에서 그 기업의 영광의 풍성함이 무엇이며…너희로 알게 하시기를 구하노라"고 기도했다(엡 1:18-19). 그러므로 마음의 눈이 존재한다. 그리고 마음의 눈을 통해 알거나 보는 것은 육체의 눈을 통해 보는 것과는 다르다.

다른 성경 구절들도 마음과 마음의 눈을 관련시킨다. 모세는 "깨닫는 **마음과** 보는 **눈과** 듣는 **귀는** 오늘 여호와께서 너희에게 주지 아니하셨느니라"고 한탄했다(신 29:4). 물론 이스라엘은 육체의 눈으로는 여전히 볼 수 있었다. 하나님이 모든 이스라엘의 눈을 멀게 하신 것은 아니었다. 그러나 마음의 눈으로는 결코 볼 수 없었다. 이들은 보아도 보지 못했다. 이것은 에스겔 시대에도 마찬가지였다. "인자야 네가 반역하는 족속 중에 거주하는도다. 그들은 볼 눈이 있어도 보지 아니하고"(겔 12:2). 예레미야도 이처럼 영이 눈먼 상태를 슬퍼했다. "어리석고 지각이 없으며 눈이 있어도 보지 못하며"(렘 5:21).

그것을 만든 자와 의지하는 자가 다 그것과 같으리라

시편 기자는 내적인 몽매와 우상 숭배의 관계를 이렇게 묘사했다. "열국의 우상은…사람의 손으로 만든 것이라.…눈이 있어도 보지 못하며…그것을 만든 자와 그것을 의지하는 자가 다 그것과 같으리로다"(시 135:15-18). 보지 못하는 우상을 만들어 놓고 의지하라. 그러면 당신도 보지 못하는 자가 될 것이다. 이 원리를 현대 세계에 적용하고, 우리 시대의 우상들을 생각해 보라. 우리는 무엇을 만들고 무엇을 의지하는가? 우리는 물건과 장난감, 기술을 만들고, 이런 것들은 다시 우리의 마음과 정서를 형성한다. 이런 것들은 우리 공허한 마음을 장난감 모양의 틀로 만들어 버린다. 이제 컴퓨터, 자동차, 각종 기기, 오락 매체 등이 우리를 쉽게 움직이고 흥분시키게 된다. 그리고 이것들은 우리 마음의 형태에 잘 들어맞는 것처럼 보인다. 사람들은 자신이 만들어 놓은 좁은 공간에서 편안함을 느낀다. 그러나 이러한 것들에서 쉽게 즐거움을 얻을 때 우리는 그리스도에게서 멀어진다. 그분은 비현실적으로 보이며 매력적이지도 않다. 마음의 눈은 이렇게 둔해진다.

바울은 이사야 선지자를 인용하면서 자신이 살던 시대의 이스라엘 사람들에 관해서도 똑같이 말했다. "이 백성들의 마음이 우둔하여 져서…그 눈은 감았으니, 이는 눈으로 보고…마음으로 깨달아 돌아오면 내가 고쳐 줄까 함이라"(행 28:27). 바꾸어 말하자면, 마음과 마음의 눈이 제 역할을 못하고 있다. 요한계시록에서 예수님은 스스로 부족한 것이 없다고 생각하는 라오디게아 교회에 이런 일이 일어나고 있는 것을 보시고 이렇게 말씀하셨다. "네 곤고한 것과 가련한 것과 가난한 것과 **눈먼** 것과 벌거벗은 것을 알지 못하는도다." 그리고 이렇게 권하셨다. "내게서…안약을 사서 눈에 발라 보게 하라"(계 3:17-18).

이러한 하나님의 "안약"은, 바울이 에베소서 1:18에서 우리 마음의 눈을 밝혀 우리의 소망과 기업과 능력을 알게 해 달라고 기도할 때 구한 것임이 분명하다. 우리 마음의 눈을 치료하시는 전능하신 의사가 일하지 않으시면, 우리는 여전히 볼 수 없을 것이다. 우리에게는 영적 시력이라는 선물이 절실히 필요하다! 우리가 영적 시력 없이 얻는 그 어떤 기쁨도 영적 기쁨은 아닐 것이다. 이러한 기쁨은 그리스도의 아름다움에 대한 자발적인 반응이 아니기 때문이다. 그러므로 이러한 기쁨은 그리스도를 높이지 못하는, 피상적이며 덧없는 기쁨에 불과할 것이다.

왜 보는 것이 그토록 필수적인가?

왜 영적으로 보는 것이 하나님을 기뻐하는 데 그렇게 필수적인가? 하나님의 영광이 계시된 것은 그분의 백성을 즐겁게 하기 위해서인데, 영적으로 보는 것은 이러한 계시에 부응하는 마음의 행동이기 때문이다. 바꾸어 말하자면, 하나님이 우주를 창조하시고 구속의 역사를 주관하시는 궁극적인 목적은 구속받은 백성이 영원히 즐거워하도록 그분의 영광을 나타내는 것이다. 성경 밖의 인물 가운데 내게 그 누구보다도 많은 가르침을 준 조나단 에드워즈는 『하나님의 천지창조 목적』(The End for Which God Created the World, 부흥과개혁사에서 출간한 『하나님의 열심』 제2권에 번역되어 있다-역주)이라는 명저에서 이렇게 말했다. "하나님이 하시는 일의 궁극적인 목적이라고 성경이 말하는 모든 것이 하나님의 영광이라는 한마디에 포함되는 것 같다."[2] 하나님의 영광을 보고 기뻐하며 그 가치를 드러내는 것이야말로 우리가 존재하는 이유다.[3] "내 아들들을 먼 곳에서 이끌며 내 딸들을 땅 끝에서 오게 하라…내가 내 영광을 위하여 창조한 자를 오게 하라. 그를 내가 지었고 그를 내가 만들었느니라"(사 43:6-7). "너희가 먹든지 마시든지 무엇을 하든지 다 하나님의 영광을 위하여 하라"(고전 10:31).

우리가 보고 기뻐할 때 하나님은 영광을 받으신다

내가 읽은 가장 중요한 글 가운데 하나에서, 에드워즈는 이것을 이렇게 말했다.

하나님은 피조물을 향해 두 가지 방법으로 자신을 영화롭게 하신다.
1. 피조물의 지각에…자신을 드러내심으로써 자신을 영화롭게 하신다.
2. 피조물의 마음에 자신을 전달하고, 그분이 자신에 관해 드러내신 것들을 피조물이 기뻐하고 즐거워하며 누릴 때 영화롭게 되신다.…하나님은 우리가 그분의 영광을 볼 때뿐 아니라 그분의 영광을 기뻐할 때 영광을 받으신다. 하나님의 영광을 보는 사람들이 그분의 영광을

기뻐할 때, 하나님은 사람들이 단순히 그분의 영광을 볼 때보다 더 큰 영광을 받으신다.[4]

하나님이 하시는 모든 일에서 그분의 목적은 자신을 영화롭게 하는 것이다. 여기에는 그분에게서 나오는 광휘와 피조물로부터 나오는 반응이 모두 포함된다. 하나님의 영광은 바로 그분에게서 흘러나오며, 많은 방법으로 특히 그분의 백성이 그분을 보화로 여기고 즐거워할 때 다시 그분에게로 흘러 들어간다. 에드워즈는 이렇게 말한다. "찬란한 빛이 피조물을 비추며, 피조물 속으로 뚫고 들어가며, 다시 빛의 근원으로 되돌아온다. 영광의 빛줄기는 하나님에게서 나오며, 하나님을 드러내며, 그 근원으로 되돌아간다. 그러므로 모든 것이 하나님의 것이며, 하나님 **안**에 있으며, 하나님을 **향해** 있다. 하나님은 시작이요, 중간이며, 끝이다."[5]

영광을 보는 것은 영광을 맛보는 것의 기초다

하나님의 백성이 즐거워하는 데 가장 중요한 것은 그리스도 안에 계시된 하나님의 영광이다. 그러므로 이 영광을 제대로 **보는** 것이 얼마나 중요한지는 아무리 강조해도 지나치지 않다. 이 영광을 보는 것이 이 영광을 기뻐하는 것의 기초이기 때문이다. 그리고 이러한 기쁨은 그리스도의 가치를 세상에 드러내기 위한 기초이며, 사랑과 희생과 고난의 삶을 떠받치는 기초다.

그러므로 그리스도 안에서 만족을 추구할 때—이러한 만족이 그리스도를 위한 희생의 삶을 가능하게 한다—그리스도의 영광을 보려는 추구가 항상 그 바탕에 있다. 기쁨을 위한 싸움에서, 모든 전략은 직간접적으로 그리스도를 더욱 온전히 보기 위한 전략이다.

완전한 영광은 아직 보지 못했다

하나님의 영광과 보는 것이 이처럼 관련이 있기 때문에 우리는 앞에서 말한 두 종류의 보는 것을 이해해야 한다. 하나님의 영광은 어떤 의미에서는 아직 보이지 않지만 어떤 의미에서는 보인다. 바울은 로마서 8:18에서 이렇게 말한다. "생각하건대 현재의 고난은 장차 우리에게 나타날 영광과 비교할 수 없도다." 이것은 영광이 아직은 나타나지 않았다는 뜻이다. 그러므로 그는 로마서 8:24-25에서 이렇게 말한다. "보는 것을 누가 바라리요. 만일 우리가 보지 못하는 것을 바라면 참음으로 기다릴지니라." 우리는 이러한 소망 가운데 기뻐한다. "그[그리스도]로 말미암아 우리가 믿음으로 서 있는 이 은혜에 들어감을 얻었으며 **하나님의 영광을 바라고 즐거워하느니라**"(롬 5:2).

이것은 모든 선지자들이 한결같이 가졌던 큰 소망이다. "**여호와의 영광이 나타나고 모든 육체가 그것을 함께 보리라**. 이는 여호와의 입이 말씀하셨느니라"(사 40:5). "때가 이르면 뭇 나라와 언어가 다른 민족들을 모으리니 그들이 와서 **나의 영광을 볼 것이며**"(사 66:18). 그들이 여호와의 영광을 볼 것임을 주목하라. 보는 행위가 하나님의 영광의 크고 최종적인 계시와 연결된다. 우리가 소망하지만 아직은 보지 못하는 하나님의 영광이 있다.

이미 본 영광이 영광의 소망을 지탱시켜 준다

그러나 이것이 전부는 아니다. 우리가 하나님의 영광의 계시를 소망하는 이유는, 실제로 그 영광이 우리 마음을 영원히 사로잡을 만큼 그리스도와 자연 안에서 그 영광을 많이 보았기 때문이다. 사도 베드로는 어떤 의미에서 우리가 지금 그리스도를 보지 못한다는 것을 인정한다. 그러나 다음의 말씀을 보라. "예수를 너희가 보지 못하였으나 사랑하는도다. 이제도 보지 못하나 믿고 말할 수 없는 영광스러운 즐거움으로 기뻐하니"(벧전 1:8). 우리는 지금 보는 것이 너무나 불완전해서 때로 괴로워할 수도 있다(롬 8:23). 그러나 베드로에게 이미 본 것의 기쁨과 장차 볼 것에 대한 소망은 말로 표현할 수 없으며 영광으로 가득하다.

그러므로 베드로는 그리스도인들에게 그리스도를 알고 드러내기 위해 현재의 어떤 희생도 기꺼이 감수할 만큼 영광의 소망에 깊이 빠지라고 요구했다. "오히려 너희가 그리스도의 고난에 참여하는 것으로 즐거워하라. **이는 그의 영광을 나타내실 때에** 너희로 즐거워하고 기뻐하게 하려 함이라"(벧전 4:13). 그리스도의 영광이 최종적으로 계시될 때 우리의 기쁨도 절정에 이를 것이다. 모든 희생은 그만한 가치가 있을 것이다. 실제로 그리스도를 위해 가장 많은 고난을 겪은 사람들은 진심으로 이렇게 말할 것이다. "우리는 결코 희생하지 않았습니다. 지금 우리가 겪는 일시적인 가벼운 고난은, 비교할 수 없을 정도로 영원하고 크나큰 영광을 우리에게 가져다 줄 것입니다"(고후 4:17을 보라).

자연이 계시하는 하나님의 영광

우리가 이미 본 영광과 그것을 장차 더 많이 보리라는 소망이 지금 우리의 소망을 낳으며 유지해 준다. 자연은 이것을 장엄하게 계시한다(비록 그리스도와 비교하면 초라할지라도). "하늘이 하나님의 영광을 선포하고 궁창이 그의 손으로 하신 일을 나타내는도다. 날은 날에게 말하고 밤은 밤에게 지식을 전하니"(시 19:1-2). 우리는 바울이 로마서 1:20에서 강한 어조로 한 말을 통해, 하나님의 영광을 드러내는 우주 속에서 "보이지 아니하는" 그분의 속성을 우리가 이미 "보았다"는 것을 안다. "창세로부터 그의 보이지 아니하는 것들 곧 그의 영원하신 능력과 신성이 그가 만드신 만물에 분명히 보여(헬라어 *kathoratai*) 알려졌나니." 이 얼마나 놀라운가! 바울은 자연이 (원자에서 초신성에 이르기까지) 하나님의 영광을 드러낼 때 모두가 그분의 영광을 분명하게 본다고 말한다. 그러나 우리는 보아도 보지 못한다.

왜 그런가? 바울은 "불의로 **진리를 막는** 사람들의 모든 경건하지 않음과 불의" 때문이라고 말한다(1:18). 우리는 보지만 막아 버린다. 우리는 생각 없고, 도덕도 없고, 사랑도 없는 자연주의의 진화론을 하나님의 영광보다 더 좋아한다. 우리는 얼마나 부패했는지 모른다! 비극적이기 이를 데 없다. 우리는 진리를 막는 한 번의 교만한 행동으로 스스로 하나님과 기쁨으로부터 단절된다. 하나님은 그분의 자녀들이 자연의 아름다움에서 얼마나 큰 기쁨을 누리길 원하시는가! 자연 그 자체가 목적은 아니지만 무한할 정도로 다양하고 경이로운 장관들이 항상 하나님의 위엄을 보여 준다.

"여호와여 주께서 하신 일이 어찌 그리 많은지요. 주께서 지혜로 그들을 다 지으셨으니 주께서 지으신 것들이 땅에 가득하니이다. 거기에는 크고 넓은 바다가 있고 그 속에는 생물 곧 크고 작은 동물들이 무수하니이다. 그곳에는 배들이 다니며 주께서 지으신 리워야단이 그 속에서 노나이다"(시 104:24-26). 하나님은 창조 세계에서 충만하게 드러나신다. 그분 영광의 아름다움과 다양함과 위대함이 실로 무한하기 때문이다. 그러나 우리가 보아도 보지 못하니 이 얼마나 슬픈 일인가! 우리는 인간이라는 정교한 동물 안에서 일어나는 화학 작용으로 느낄 수 있는 즐거움에 의지할 뿐이다.

기쁨을 죽이는 눈먼 상태는 치유될 수 있다

이런 성향은 바뀔 수 있으며, 우리는 이것을 바꾸기 위해 온 힘을 다해 싸워야 한다. 우리 마음은 사막이 백합화처럼 필 때 "여호와의 영광 곧 우리 하나님의 아름다움을 보[도록]"(사 35:2) 바뀔 수 있다. 이러한 변화는 우리가 하나님께 돌이킬 때 일어난다. 그때 비로소 어두운 마음에서 수건이 벗겨진다. 우리가 성경을 읽든 자연의 책을 읽든 간에, 바울이 유대인들에게 한 말은 우리 모두에게 적용된다. "그들의 마음이 완고하여…그 수건이 벗겨지지 아니하고 있으니, 그 수건은 그리스도 안에서 없어질 것이라…언제든지 주께로 돌아가면 그 수건이 벗겨지리라"(고후 3:14-16).

구원은 보지 못하는 자들이 보게 하는 것이다. 하나님이 그리스도를 이 세상에 보내신 것은 영적으로 눈먼 우리를 위해 죽으시고, 우리의 죗값을 지불하시며, 우리가 받아 마땅한 진노를 대신 받으시고, 모든 믿는 자들에게 완벽하게 전가된 의를 주시기 위해서다. 이것이 지금까지 나타났고 앞으로 나타날 하나님의 영광 중에서 가장 아름다운 것이다. 우리가 구속받은 후 바라볼 수 있게 된 하나님의 영광은 구속 그 자체에서 가장 아름답게 나타난다. 영광스럽기 이를 데 없는 그리스도는 우리를 영적으로 눈먼 상태에서 구원하는 수단이요 목적이다. 그리스도의 삶과 죽음과 부활과 천국에서의 다스리심이, 우리 죄인들이 다시 보게 되는 수단인 동시에 구원받은 우리가 보는 가장 고귀한 영광이다.

왜 그리스도가 계신 곳에서만 해결되는가?

바로 이 때문에 하나님은, 그리스도께 돌이키는 것이 우리 눈을 회복하는 길이 되게 하셨다. 회복의 핵심은 그리스도의 영광을 보고 누릴 수 있게 된다는 것이다. 우리에게 눈 — 육체의 눈과 영혼의 눈 — 이 있는 것도 바로 이 때문이다. 그러므로 하나님이 그리스도의 영광의 계시가 아닌 다른 수단을 통해 보게 하신다면, 본다는 것의 목적 자체와 모순될 것이다. 보는 눈을 받았는데 볼 그리스도가 없다면, 봄으로써 얻는 기쁨이 그리스도를 영화롭게 하지 못할 것이다. 그러나 하나님은 그리스도를 영화롭게 하시려고 우리의 내적인 시력을 회복시키시는 성령을 보내셨다. 예수님은 이렇게 말씀하셨다. "진리의 성령이 오시면 그가…내 영광을 나타내리니"(요 16:13-14). 그러므로 성령은 그리스도의 영광이 임하는 곳에서만, 눈먼 자들의 눈을 여실 것이다.

어떻게 그리스도의 영광이 볼 수 있게 임하는가?

그러나 그리스도는 하늘에 계시고 그분의 영광스러운 구속 사역은 수천 년 전에 일어난 사건인데 어떻게 그분의 영광이 볼 수 있게 임할 수 있는가? 사도 바울은 성경에서 복음을 이야기하는 가장 중요한 단락 중 하나에서 그 해답을 제시한다.

우리의 복음이 가려 있다면, 그것은 멸망하는 자들에게 가려 있는 것입니다. 그들의 경우를 두고 말하면, 이 세상의 신이 믿지 않는 자들의 마음을 어둡게 하여서, 하나님의 형상이신 그리스도의 영광을 선포하는 복음의 빛을 보지 못하게 한 것입니다. 우리는 우리 자신을 전하는 것이 아니라, 예수 그리스도를 주님으로 선포합니다. 우리는 예수로 말미암아 우리 자신을 여러분의 종으로 내세웁니다. "어둠 속에 빛이 비쳐라" 하고 말씀하신 하나님께서, 우리의 마음속을 비추셔서, [예수] 그리스도의 얼굴에 나타난 하나님의 영광을 아는 지식의 빛을 우리에게 주셨습니다. (고후 4:3-6, 새번역)

여기서 바울은 회심—사탄이 온갖 수단을 동원하여 막으려 하는—이란 "그리스도의 영광을 선포하는 복음의 빛을 보는 것"이라고 정의한다(4절). 그리고 6절에서는 "예수 그리스도의 얼굴에 나타난 하나님의 영광을 아는 지식의 빛을 우리에게 주신 것"이라고 다르게 표현한다. 회심에 대한 이러한 설명은 두 가지를 암시한다. 첫째, 복음은 그리스도를 아는 "지식"을 마음의 눈이 그분의 영광을 볼 수 있는 방식으로 선포하는 것이다. 둘째, 이처럼 우리가 "보는 것"은 하나님의 일이며, "우리의 마음속을 비추는" 일도 그분이 창조의 첫날에 "빛이 비쳐라" 하고 말씀하셨을 때와 똑같은 방식으로 하신 것이다. 바꾸어 말하자면, 복음에서 그리스도의 영광을 보는 것은 선물이다.

그러므로 내가 앞에서 성령께서 그리스도의 영광이 임한 곳에서만 보지 못하는 자들의 눈을 여실 것이라고 했을 때 의미한 것은, 하나님은 그리스도의 복음을 듣는 곳에서만 그 마음에 "빛이 비쳐라" 하고 말씀하신다는 것이다. 하나님은 복음에 나타난 그리스도의 영광을 **수단**으로, 복음에 나타난 그리스도의 영광을 **위해**, 복음에 나타난 그리스도의 임재 가운데서만 우리 눈을 회복해 주신다. 이런 식으로 우리의 눈이 열리고 빛이 비칠 때, 우리는 그리스도 자신을 보고 누리며 영화롭게 한다.

그리스도가 우리 죄를 위해 죽으시고 부활하셨다는 복음을 전하는 것은(고전 15:1-4) 역사에 계시된 그리스도의 영광을 재현하는 것이다. 사도 요한은 그의 시대에 이렇게 말했다. "말씀이 육신이 되어 우리 가운데 거하시매 우리가 그의 영광을 보니, 아버지의 독생자의 영광이요 은혜와 진리가 충만하더라"(요 1:14). 바꾸어 말하자면, 영원한 "말씀"—하나님의 아들—이 역사에 들어오셔서 "예수 그리스도의 얼굴에 나타난 하나님의 영광"을 계시하셨다. 그러므로 이제 하나님의 말씀("그리스도의 영광을 선포하는 복음")이 똑같은 영광("예수 그리스도의 얼굴에 나타난 하나님의 영광을 아는 지식의 빛")을 비춘다. 그리스도인이 된다는 것은 복음을 들을 때 이러한 영광을 본다는 뜻이다.

하나님은 말씀을 통해 자신을 계시하신다

하나님의 말씀과 하나님의 영광—듣는 것과 보는 것—사이의 이러한 관계는 새로운 것이 아니다. 출애굽기 33:18에서, 모세는 시내 산에서 하나님께 "원하건대 주의 영광을 내게 보이소서"라고 했다. 그는 하나님의 영광을 **보기를** 원했다. 모세의 요청에, 하나님은 말씀을 통해 자신을 계시하시면서 이렇게 말씀하셨다. "내가 내 모든 선한 것을 네 앞으로 지나게 하고 여호와의 이름을 네 앞에 선포하리라"(19절). 그런 후, 하나님은 산에서 이 말씀대로 하시면서 그분의 이름의 의미를 온전히 선포하셨다. "여호와께서 그의 앞으로 지나시며 선포하시되 여호와라 여호와라. 자비롭고 은혜롭고 노하기를 더디 하고 인자와 진실이 많은 하나님이라. 인자를 천대까지 베풀며 악과 과실과 죄를 용서하리라. 그러나 벌을 면제하지는 아니하고 아버지의 악행을 자손 삼사 대까지 보응하리라"(출 34:6-7). 이것이 "주의 영광을 내게 보이소서"라고 했던 모세의 요청에 대한 하나님의 가장 깊은 대답이었다. 하나님은 그분의 은혜로운 이름의 본질을 말씀으로 선포하셨다.

이와 비슷하게, 하나님은 선지자 사무엘에게도 말씀으로 자신을 계시하셨다. 사무엘상 3:21은 이렇게 말한다. "여호와께서 실로에서 다시 나타나시되 여호와께서 실로에서 여호와의 말씀으로 사무엘에게 자기를 나타내시니라." 우리가 인간으로서 원하는 것은 바로 이것이다. 우리는 하나님이 직접 계시를 주시기를 원한다. 우리도 모세처럼 "주의 영광을 내게 보이소서"라고 말하고 싶다. 그리고 "우리에게 나타날 영광"이 "현재의 고난"을 아무것도 아닌 것으로 보이게 할 날이 정말로 오고 있다(롬 8:18). 그러나 지금 이 세대에서는, 하나님은 주로 "여호와의 말씀으로" 그분의 영광을 계시하기로 하셨다. 듣기는 이 세대에서의 주된 방법이다.

듣기에 성공할 때 영광을 볼 수 있다

하나님의 말씀과 하나님의 영광의 이러한 관계는 매우 독특한 것이며, 따라서 우리는 이 관계를 확실히 알아야 한다. 하나님은 영적으로 보는 것이 주로 듣는 것을 통해 이루어지도록 하셨다. 그리스도는 볼 수 있게 임하시지 않는다. 그분은 지금 하나님의 말씀으로, 특히 복음으로 임하여 계신다. 바울은 "믿음은 들음에서 나며 들음은 그리스도의 말씀으로 말미암았느니라"(롬 10:17)고 했다. 그러나 우리는 고린도후서 4:4을 통해 믿음이 "그리스도의 영광을 선포하는 복음의 빛을 보[는]"데서 생긴다는 것을 알고 있다. 그러므로 성령의 역사로 복음을 들을 수 있게 될 때 그리스도의 영광을 보는 일이 마음에서 일어난다고 말할 수 있다. 다시 말해, 복음을 통해 전능하신 창조의 하나님이 "이 어두운 마음에 빛이 비쳐라"라고 말씀하실 때 복음은 믿음을 낳는다. 진리를 듣고서 은혜로 보게 될 때 믿음이 생긴다.

이것이 중요한 이유는 하나님의 영광이 궁극적인 실재이기 때문이다. 하나님의 영광이 하나님의 말씀보다 더 궁극적이다. 그러므로 보는 것이 듣는 것보다 더 궁극적이다. 그럼에도 불구하고, 하나님의 영광은 하나님의 말씀을 통하지 않고는 구원의 방법이 될 수 없다. 그러므로 복음을 듣지 않고는 영광을 볼 수 없다. 말씀은 듣기에 해당하며 영광은 보기에 해당한다. 하나님이 말씀을 주시는 궁극적인 목적은 그분의 백성이 누리도록 그분의 영광을 계시하는 것이다. 그러므로 우리는 그분이 계시하시는 것을 보기 위해 그분이 말씀하시는 것을 들어야 한다. 성경은 하나님의 영광은 듣는 것이 아니라 보는 것이라고 말한다. 듣기는 수단이며, 보는 것은 목적이다. 우리가 하나님의 진리를 듣는 목적은 하나님의 영광을 보기 위해서다.

우리는 그리스도를 맛보고 드러내기 위해 본다

그렇다. 하나님의 영광을 보는 것이 그분의 진리를 듣는 목적이다. 그러나 하나님의 영광을 보는 것이 우리의 궁극적인 목적은 아니다. 우리의 궁극적인 목적은 하나님을 영원히 기뻐함으로써 그분을 영화롭게 하는 것이다. 하나님을 맛보지 않는다면, 그분은 단순히 보는 행위를 통해 영광을 받지 않으실 것이다. 그러므로 **우리 마음의 최종 목적**은 단지 하나님의 영광을 보는 것이 아니라 누리는 것이다. 그리고 **우주의 최종 목적**은 하나님의 영광을 가능한 한 충만하게 드러내는 것이다. 이러한 충만은, 반드시 그런 것은 아니지만 그분의 백성이 그분 아들의 영광 가운데 즐거워하면서 드리는 뜨겁고 기쁨에 찬 예배를 통해서 주로 이루어진다.

"반드시 그런 것은 아니다"라고 한 것은, 불신앙에 대한 하나님의 진노도 그분의 공의와 지혜를 영화롭게 할 것이기 때문이다. 내가 "주로"라고 한 것은, 심판은 하나님이 자기 이름의 영광을 드러내기 위해 세우신 최고의 계획이 아니기 때문이다. 오히려 최고의 계획은 "이방인들도 그 **긍휼하심으로 말미암아** 하나님께 영광을 돌리게" 하는 것이다(롬 15:9). 하나님의 백성이 즐거이 기뻐하는 가운데 그분의 은혜의 영광이 계시되는 것이야말로 하나님이 세상을 창조하신 가장 크고 궁극적인 목적이다. "창세 전에 그리스도 안에서 우리를 택하사…그의 은혜의 영광을 찬송하게 하려는 것이라"(엡 1:4, 6).

영광을 본다는 것은 그 영광에 빠진다는 뜻이다

우리가 하나님의 영광을 보기 위해 싸운다면 이런 일이 일어날 것이며, 우리의 마음은 그분의 영광 가운데서 기쁨으로 가득할 것이다. 고린도후서 3:18은 하나님의 영광을 기뻐하고 그 영광을 나타내기 위해서는 그 영광을 반드시 보아야 한다고 분명하게 말한다. "우리가 다 수건을 벗은 얼굴로 거울을 보는 것같이 **주의 영광을 보매** 그와 같은 형상으로 변화하여 영광에서 영광에 이르니 곧 주의 영으로 말미암음이니라." 우리는 복음에서 그리스도의 영광을 봄으로써 변화된다. 어떤 방법으로 변화되는가? 외적인 변화가 아니라 내적인 변화가 먼저 일어난다. 그렇다면 "주의 영광을 봄으로써" 일어나는 내적인 변화는 무엇인가?

바로 그리스도 그분과, 하나님이 그분 안에서 우리에게 주시는 모든 것을 기뻐하게 된다는 것이다. 우리는 그리스도 안에 있는 영적인 실재들을 새롭게 맛보고 하나님의 말씀 안에서 하나님의 영광을 새롭게 맛보고 누릴 수 있게 된다. 그러므로 우리의 삶에서 "주의 영광을 보는 것"보다 중요한 것은 없다. 바울이 뒤에서 말하듯이(고후 4:4), 사탄은 우리가 "그리스도의 영광을 선포하는 복음의 빛"을 보지 못하게 하려고 온갖 수단을 동원한다. 기쁨을 위한 싸움에서 가장 기본적인 전략은 보기 위한 전략이다. 이 책이 추천하는, 기쁨을 위한 싸움의 모든 전략의 목적은 언제나 보는 것이다. 직접적이든 간접적이든 간에, 모든 전략은 그리스도의 영광을 보고 무엇보다도 그분의 아름다움에 빠지게 되는 것이다.

마지막 기도에 나타난 그리스도의 사랑

사랑하는 제자 요한은 예수님이 십자가에 달리시기 전날 밤 "세상에 있는 자기 사람들을 사랑하시되 끝까지 사랑"하셨다(요 13:1)고 말한다. 그분 사랑의 증거 가운데 하나는 예수님이 제자들을 위해, 이들의 말을 통해 그분을 믿게 될 우리를 위해 해주신 놀라운 기도였다(요 17:20). 기도가 절정에 이르렀을 때, 주님은 이렇게 말씀하셨다. "아버지여 내게 주신 자도 나 있는 곳에 나와 함께 있어, 아버지께서 창세 전부터 나를 사랑하시므로 내게 주신 **나의 영광을 그들로 보게** 하시기를 원하옵나이다"(24절). 왜 이 세상에 산 사람들 중 가장 사랑 많은 분이 그분의 삶에서 가장 사랑이 넘치는 순간에, 우리가 그분의 **영광을 보면서** 영원을 보낼 수 있게 해 달라고 기도하셨을까?

그 대답은 어렵지 않다. 그렇게 되면 우리의 마음이 만족하고 그분이 영화롭게 되실 것이기 때문이다. 그리스도의 사랑을 받는다는 것은 바로 이런 뜻이다. 그분은 영원히 우리를 만족시키고 영원히 그분을 영화롭게 할 것을 위해 기도하신다. 그분의 영광을 영원히 보는 것이야말로 그분이 우리에게 주실 수 있는 가장 큰 선물이다. 그러므로 그분이 우리가 이 선물을 가질 수 있도록 기도하고 죽으신 것 자체가 선물이다. 그리고 그분이 죽음을 통해 우리에게 보여 주시려고 한 것을 볼 수 있도록 힘을 다해 싸우기로 결심하는 것이야말로 그리스도를 크게 높이는 것이다. 앞으로의 내용은 당신이 이렇게 하도록 돕기 위한 것이다. 물론 나는 여전히 배우는 중이다. 부디 주님이, 사도 바울을 본받아 "보이는 것이 아니요 보이지 않는 것"을 보도록 우리에게 은혜를, 점점 더 많은 은혜를 베풀어 주시길 원한다(고후 4:18). 이처럼 보이지 않는 것을 봄으로써, 보이는 것만 볼 때보다 그리스도를 더 많이 볼 수 있게 하소서!

마음의 눈으로 그리스도를 본다는 것은 무슨 뜻인가?

그렇다면 이처럼 마음의 눈으로 본다는 것은 무엇인가? 바로 그리스도의 참된 진리와 아름다움과 가치를 영적으로 지각하는 것이다. 조나단 에드워즈의 표현을 빌리자면, "하나님의 말씀에 계시된 것들에서 그분의 탁월하심을 느끼는 정확한 감각이며, 이것들이 보여 주는 진리에 대한 확신이다."[6] 여기서 핵심 단어는 "감각"(sense)이다. 마음의 눈으로 보는 사람은 "하나님이 영화롭다는 것을 단순히 이성적으로 믿는 데 그치지 않고 그분의 영화로움을 느끼는 **감각**을 마음에 지니고 있다. 그에게는 하나님은 거룩하시며 그 거룩은 선하다는 이성적 믿음뿐 아니라 하나님의 거룩하신 아름다움에 대한 감각도 있다."[7]

이러한 "감각"이나 지각이 물리적인 지각과는 다르지만 그것과 완전히 동떨어진 것은 아니다. 복음이 제시되고 그리스도의 완전과 그분의 사역이 객관적으로 묘사될 때, 이러한 것들에 대한 물리적인 지각은 수용이나 거부로 이어질 수 있다. 그러나 영적 지각은 수용으로만 이어진다. 실제로 영적 지각과 수용은 너무나 긴밀하게 엮여 있기 때문에 둘을 구별하기란 불가능하다. 실제로 어떤 것을 무한한 갈망의 대상으로 지각하는 것과 그것에 대한 갈망에 눈뜨는 것을 구별할 수 있는가? 그리스도에 대한 갈망에 눈뜨는 것이 곧 그분을 갈망의 대상으로 인식하는 것이 아닌가?

다윗이 시편 34:8에서 한 말이 이것을 암시하는 것 같다. "너희는 여호와의 선하심을 **맛보아 알지어다**." 어느 것이 먼저인가? 여호와의 선하심을 맛보는 것인가, 아니면 여호와의 선하심을 아는 것인가? 아니면 맛본다는 것이 곧 안다는 것인가? 이 말씀에 대한 토머스 비니(Thomas Binney)의 묵상에 귀를 기울여 보라.

> 경험을 통해서만 이해할 수 있고 그럴 때조차도 말로는 정확히 표현할 수 없는 것들이 있는데, 특히 신앙 생활의 깊은 곳에 이런 것들이 있다. "너희는 여호와의 선하심을 맛보아 알지어다." 누림(enjoyment)이 조명(illumination)보다 앞선다. 더 **정확히 말하면 누림이 곧 조명이다**. 먼저 사랑해 봐야만 사랑할 가치가 있는지 알 수 있는 것들이 있다.[8]

이것이 신체적 지각과 영적 지각의 차이점이다. 영적 지각은 영혼에 새로운 입맛을 만들어 내는 것이다. 회심하기 전에는 그리스도라는 꿀이 시거나 텁텁해서 영혼이 갈망할 만한 것이 아니었다. 그런데 은혜로 달콤함을 아는 새로운 능력이 우리에게 주어졌고, 우리는 그리스도라는 꿀을 있는 그대로—달콤하고 매력적인 것으로—맛보았다. 이렇게 보는 것은 그리스도에 대한 즐거움을 가져온다. 보는 것과 누리는 것은 분리될 수 없다. 실제로, 누리는 것이 곧 보는 것인 것 같다. 또는 조나단 에드워즈가 말하듯이 마음이 어떤 사람을 사랑스럽게 본다는 것은 그 사람이 영혼에 즐거움을 준다는 것을 뜻한다.

> 꿀이 달다는 이성적 판단과 꿀의 단맛을 느끼는 것은 다르다…그러므로 어떤 사람이 아름답다고 믿는 것과 그의 아름다움을 느끼는 것은 다르다. 전자는 소문으로도 가능하지만 후자는 실제로 봐야만 가능하다.…마음이 어떤 것이 아름답고 추구할 가치가 있다고 느낄 때는 필연적으로 거기서 즐거움을 느낀다. 어떤 것에 대해 마음으로 사랑을 느낀다는 것은 그것에 대한 생각이 영혼에 달콤함과 즐거움을 준다는 것을 뜻한다.⁹

그리스도를 보고 기뻐하는 것이 그분을 아는 것과 어떤 관련이 있는가?

이처럼 그리스도를 영적으로 보는 것과 누리는 것―또는 그분의 아름다움에 대한 이러한 영적 감각과 그에 상응하는 영혼의 즐거움―이 합해져 바울이 그리스도를 "아는 것"이라고 말하는 것을 형성한다. 바울은 에베소서 3:19에서 우리가 "**지식을 초월하는 그리스도의 사랑을 알게 되기를**"(새번역)이라고 기도한다. 그리고 빌립보서 3:8에서는 "모든 것을 해로 여김은 **내 주 그리스도 예수를 아는 지식이 가장 고상하기 때문이라**"고 말한다. 이러한 지식은 단순한 지적 지식이 아니다. 이 지식을 너무나 잘 아는 마귀들은 두려워 떤다(약 2:19). 이러한 지식은 "가장 고상한" 지식이다. 이러한 지식은 맛보는 것과 보는 것을 포함한다. 이것은 꿀을 직접 혀에 대 보고 그 달콤함을 맛볼 때만 알 수 있는 지식이다. 그러므로 이렇게 그리스도를 안다는 것은 그분을 있는 그대로 보며, 그 무엇보다 그분을 더 기뻐한다는 뜻이다.

그러므로 "우리가 여호와를 **알자**. 힘써 여호와를 **알자**"(호 6:3)는 선지자의 도전은, 보기 위해 싸우며 그 싸움에서 그리스도의 영광을 보고 누리는 데 집중하라는 이 책의 도전과 같은 것이다.

나는 또한 내 선한 마음이 내 의를 더 낫게 만드는 게 아니며 나의 악한 마음이 내 의를 더 나쁘게 만드는 것도 아니라는 것을 깨달았다. "어제나 오늘이나 영원토록 동일하신" 예수 그리스도 바로 그분이 나의 의이시기 때문이었다. 이제 내 발목에서 사슬이 풀어졌다. 나는 고통과 사슬에서 해방되었다. 나를 유혹하던 것들도 도망쳤다. 그래서 그때부터 〔용서받을 수 없는 죄에 관한〕 무서운 성경 구절들이 더 이상 나를 괴롭히지 않았다. 이제 나도 하나님의 은혜와 사랑을 기뻐하면서 집으로 돌아갔다.

존 버니언(John Buyan)
『죄인의 괴수에게 넘치는 은혜』¹

믿음의 주요 또 온전하게 하시는 이인 예수를 바라보자. 그는 그 앞에 있는 기쁨을 위하여 십자가를 참으사 부끄러움을 개의치 아니하시더니, 하나님 보좌 우편에 앉으셨느니라.
히브리서 12:2

나의 대적이여 나로 말미암아 기뻐하지 말지어다. 나는 엎드러질지라도 일어날 것이요 어두운 데에 앉을지라도 여호와께서 나의 빛이 되실 것임이로다.
내가 여호와께 범죄하였으니 그의 진노를 당하려니와
마침내 주께서 나를 위하여 논쟁하시고 심판하시며
주께서 나를 인도하사 광명에 이르게 하시리니,
내가 그의 공의를 보리로다.
미가 7:8-9

6 의롭다 함을 얻은 죄인처럼 기쁨을 위해 싸우라

_당당한 죄책감의 비밀을 발견하라

자격 없는 사람이 기쁨을 느낄 때 가장 본질적인 것은 예수 그리스도의 십자가다. 기쁨을 위한 싸움은 그리스도의 죽음에서 일어난 일—그리고 그 일이 고난당하신 우리의 구원자에 관해 계시하는 것—을 이해하고 그것을 놀라워하기 위한 싸움이다. 그리스도가 우리 대신 죽지 않으셨다면, 우리에게 가능한 기쁨이란 타이타닉 호가 빙산과 충돌하기 직전에 승객들이 누렸던 기쁨처럼 망상에 불과할 것이다. 십자가가 없다면, 피할 수 없는 하나님의 심판을 (의식적 또는 무의식적으로) 부인함으로써 기쁨을 지킬 수밖에 없을 것이다. 사실, 이러한 기쁨이 대부분의 세상을 움직이고 있다. 바로 앞에 놓인 위험을 알아차리지 못함으로써 그 유쾌함을 유지하는 기쁨인 것이다. 그들이 차가운 바다에 빠져 죽는 것은 시간문제일 뿐이라는 것을 갑자기 알게 된다면, 승객들의 모든 흥겨움은 순식간에 사라질 것이다. 그들의 기쁨은 그들의 무지에 달려 있다.

그러나 승객들이 호화 여객선이 침몰하리라는 것을 알지만, 한편으로 아주 믿을 만한 배와 선원들로 구성된 함대가 이미 오는 중이며 그들의 지시에 따르는 모든 승객을 구조하리라는 것을 안다면 전혀 다른 일이 벌어질 것이다. 틀림없이, 흥겨운 파티는 중단되고 배 전체에 진지한 분위기가 퍼질 것이다. 그러나 또 다른 종류의 기쁨이 있을 것이다. 구조 대원들에 대한 깊은 감사, 많은 것을 잃겠지만 생명만은 구할 것이라는 깊은 소망이 있을 것이다. 어떤 사람들은 구조 약속을 믿지 못하고 의심하면서 공포에 질릴 것이다. 그러나 어떤 사람들은 소망의 힘을 얻고 일어나, 다가오는 침몰을 준비하면서 놀라운 사랑의 행동을 보여 줄 것이다.

타이타닉: 우리는 부패했으며 정죄받았다

예수 그리스도는 우리 죄를 위해 죽으시고 우리를 하나님의 진노에서, 죄의 짐에서, 공의의 심판에서, 죄의 결박에서, 지옥의 고통에서, 모든 상실에서-특히 하나님을 상실하는 데서-구하려고 하나님의 아들로 세상에 오셨다. 우리의 문제는 단지 우리가 부패했다는 것이 아니다. 더 심각한 문제는 하나님의 심판이다. 틀림없이 우리는 부패했으며 옛 신학자들의 말처럼 타락했다. 바울은 이것을 가리켜 "다 **죄 아래에 있다**:…의인은 없나니 하나도 없으며"라는 말로 표현한다 (롬 3:9-10).

이러한 부패는 영원한 즐거움을 가로막는 거대한 장애물이다. 우리는 잘못된 것을 갈망하며, 옳은 것을 잘못된 방법으로 갈망한다. 두 경우 모두 달콤한 독을 먹는 것처럼 치명적이다. 그러나 우리의 기쁨을 가로막는 주된 장애물은 부패가 아니다. 하나님의 진노가 더 크다. 하나님은 무한히 가치 있는 분이지만 우리는 다른 것을 그분보다 더 가치 있게 여김으로써 그분을 무한히 저버렸다. 우리는 "하나님의 영광을…바꾸었[다]"(롬 1:23). 또는 바울이 말하듯이 우리 모두는 "하나님의 영광에 이르지 못[한다]"(롬 3:23).

그러므로 거룩하고 공의로운 하나님은 우리에 대한 진노를 해결하셔야 한다. "아들을 믿는 자에게는 영생이 있고, 아들에게 순종하지 아니하는 자는 영생을 보지 못하고 도리어 **하나님의 진노가 그 위에 머물러 있느니라**"(요 3:36). "누구든지 율법책에 기록된 대로 모든 일을 항상 행하지 아니하는 자는 **저주 아래에 있는** 자라 하였음이라"(갈 3:10). 이러한 저주와 진노의 결과는 하나님의 영광에서의 단절이라는 영원한 비극이다. "우리 주 예수의 복음에 복종하지 않는 자들에게 형벌을 내리시리니 이런 자들은 주의 얼굴과 그의 힘의 영광을 떠나 영원한 멸망의 형벌을 받으리로다"(살후 1:8-9). 눈앞에 닥친 빙산은 영원한 행복이 아니라 비극일 뿐이다.

우리는 죄 때문에 타이타닉 호와 같은 운명에 처해 있다. 한 사람도 예외는 없다. "모든 입을 막고 온 세상으로 하나님의 심판 아래 있게 하려 함이니라"(롬 3:19). 죄로 가득한 우리 인생의 배는 하나님의 의와 진노 때문에 영원한 멸망을 향해 가고 있다. 구원자가 없다면, 세상이라는 타이타닉 호에서 행복하기 위해 이러한 사실을 외면할 수밖에 없다.

예수 그리스도: 기쁨을 파괴하는 모든 것에서 구하시는 위대한 구원자

그러나 우리에게는 구원자가 있다. 예수 그리스도가 오셨다. 그분은 위대한 구원자시며 우리의 모든 필요를 채우신다. 그분의 십자가 죽음은 깊고 영원한 기쁨을 주는 모든 선물을 살 수 있을 만큼 값지다.

진노와 저주가 우리 위에 머물러 있는가?

그리스도께서 우리를 위하여 저주를 받은 바 되사 율법의 저주에서 우리를 속량하셨으니 기록된 바 나무에 달린 자마다 저주 아래에 있는 자라 하였음이라. (갈 3:13)

우리가 천국의 법정에서 정죄를 받는가?

누가 능히 하나님의 택하신 자들을 고발하리요. 의롭다 하신 이는 하나님이시니 누가 정죄하리요. 죽으실 뿐 아니라 다시 살아나신 이는 그리스도 예수시니. (롬 8:33-34)

우리에게 불리하게 작용할 수많은 죄가 쌓이고 있는가?

우리는 그리스도 안에서 그의 은혜의 풍성함을 따라 그의 피로 말미암아 속량 곧 죄 사함을 받았느니라. (엡 1:7)

우리는 불가능한 의를 요구받고 있는가?

한 사람이 순종하지 아니함으로 많은 사람이 죄인 된 것같이, 한 사람이 순종하심으로 많은 사람이 의인이 되리라. (롬 5:19)

우리는 영생에서 끊어졌는가?

하나님이 세상을 이처럼 사랑하사 독생자를 주셨으니, 이는 그를 믿는 자마다 멸망하지 않고 영생을 얻게 하려 하심이니라. (요 3:16)

우리는 삶을 망치는 죄의 지배에 갇혀 있는가?

친히 나무에 달려 그 몸으로 우리 죄를 담당하셨으니 이는 우리로 죄에 대하여 죽고 의에 대하여 살게 하려 하심이라(벧전 2:24). 그가 모든 사람을 대신하여 죽으심은, 살아 있는 자들로 하여금 다시는 그들 자신을 위하여 살지 않고 오직 그들을 대신하여 죽었다가 다시 살아나신 이를 위하여 살게 하려 함이라. (고후 5:15)

우리의 과거 모든 어리석은 행위와 실패가 회복할 수 없는 파멸로 우리를 끌어가는가?

우리가 알거니와 하나님을 사랑하는 자 곧 그의 뜻대로 부르심을 입은 자들에게는 모든 것이 합력하여 선을 이루느니라. (롬 8:28)

우리는 하나님이 그분의 자녀들을 위해 계획하신 좋은 것들을 모두 잃어버렸는가?

> 자기 아들을 아끼지 아니하시고 우리 모든 사람을 위하여 내주신 이가 어찌 그 아들과 함께 모든 것을 우리에게 주시지 아니하겠느냐. (롬 8:32)

우리 같은 죄인에게, 충만한 만족을 주는 영생을 하나님과 함께 누릴 소망이 있는가? 도대체 내가 어떻게 하나님 곁으로 갈 수 있는가?

> 그리스도께서도 단번에 죄를 위하여 죽으사 의인으로서 불의한 자를 대신하셨으니 이는 우리를 하나님 앞으로 인도하려 하심이라. (벧전 3:18)

예수 그리스도가 죽으시고 부활하심으로써 얼마나 큰 구원을 이루셨는가! 이 모든 것을, 아니 그 이상을, 그리스도는 그분의 죽음으로 사셨다. 그러므로 십자가에 달리신 그리스도는 정직하고 영원한 모든 기쁨의 기초이시다. 이 기쁨을 누리기 위해 자신을 기만할 필요는 없다. 사실 이 기쁨을 온전히 누리기 위해서는 모든 기만을 버려야 한다.

그리스도가 모든 고난을 견디신 것은 기쁨의 맛과 소망 때문이었다

그리스도는 그분의 영혼 안에서 기쁨과 십자가를 친히 연결하셨다. 히브리서 12:2은 "그는 그 앞에 있는 기쁨을 위하여 십자가를 참으사 부끄러움을 개의치 아니하시더니"라고 말한다. 그러므로 그리스도가 마지막 고난을 이기실 수 있었던 것은 아버지와 함께 나눌 흔들릴 수 없는 기쁨의 소망 때문이었다. 그리스도는 그분이 창조 전에 아버지와 함께 나누었던 기쁨을 경험을 통해 알고 계셨다. 그분은 죽으시기 전날 밤 이렇게 기도하셨다. "아버지여, 창세 전에 내가 아버지와 함께 가졌던 영화로써 지금도 아버지와 함께 나를 영화롭게 하옵소서"(요 17:5).

그러나 예수님은 또한 이것이 아버지께 대한 자신의 순종에 달려 있다는 것도 알고 계셨다. 예수님은 자발적인 죽음을 통해 구원의 큰 역사를 완성하셔야 했다. 바울은 예수님이 "죽기까지 복종하셨으니 곧 십자가에 죽으심이라. 이러므로 하나님이 그를 지극히 높여 모든 이름 위에 뛰어난 이름을" 주셨다고 했다(빌 2:8-9). "이러므로"라는 단어는 하나님이 그리스도를 높이시고 그분이 창조 전에 아버지와 함께 가졌던 영광을 그분에게 주신 것은 그분이 죽기까지 순종하셨기 때문이라는 것을 의미한다. 그분은 죄인들을 구원하러 오셨다. 값이 지불되었을 때, 구원 사역은 결정적으로 완성되었다. 그분은 "다 이루었다"고 외치셨다(요 19:30). 그리고 하나님은 그분에게 큰 영광으로 보답하셨다.

그리스도는 그분과 우리의 기쁨을 위해 죽으셨다

그러므로 어떤 의미에서 그리스도는 그분의 영원한 삶과 기쁨을 위해 죽으셨다. 그분은 전혀 죄를 짓지 않으셨으며 따라서 죄책으로부터 구원받으실 필요도 없었다. 그분은 아무 죄도 짓지 않으셨다. 그러나 아버지께서는 죽음을 향해 그분을 보내셨으며, 따라서 죽지 않는 것은 불순종이었을 것이다. 그리스도가 하나님께 불순종했다면, 그분의 영원한 삶뿐 아니라 우리의 영원한 삶도 성취되지 않았을 것이다. 그러므로 예수님의 죽음은 그분이 아버지와 함께하는 영광의 자리를 되찾고 자신의 영원한 기쁨에 완전히 들어가는 수단이었다. 그분의 기쁨은 순종적인 죽음이라는 피로 산 것이었다.

이것이 우리에게 중요한 이유는, 예수님은 그분의 기쁨이 우리의 기쁨이 되도록 계획해 놓으셨기 때문이다. 예수님은 요한복음 15:11에서 이렇게 말씀하셨다. "내가 이것을 너희에게 이름은 내 **기쁨이 너희 안에 있어 너희 기쁨을 충만하게 하려 함이라**." 예수님이 순종적인 죽음이라는 값을 주고 자신의 기쁨을 사셨을 때 우리의 기쁨도 사셨다. 예수님은 다시 요한복음 17:13에서 이렇게 말씀하셨다. "지금 내가 아버지께로 가오니 내가 세상에서 이 말을 하옵는 것은 그들로 **내 기쁨을 그들 안에 충만히 가지게 하려 함이니이다**." 예수님이 우리를 위해 죽으신 것은 그분이 아버지 앞에서 누리실 바로 그 기쁨을 우리도 누리게 하기 위해서였다.

달란트 비유에서, 주인이신 예수님은 충성스러운 종에게 "잘하였도다. 착하고 충성된 종아…네 **주인의 즐거움에 참여할지어다**"라고 말씀하신다(마 25:23). 일단 즐거움은 그분의 것이다. 그 후에 그분은 우리를 그 즐거움에 초대하신다. 예수님이 세상에 계시는 동안 고난을 견디신 것은 자신의 기쁨이 곧 충만해지리라는 흔들리지 않는 확신 때문이었다. 예수님은 순종을 통해 자신과 우리를 위한 영원한 기쁨을 획득하셨다.

그분의 기쁨과 우리 기쁨의 충만함은 그분의 영광에서 흘러나온다

그리스도가 죽음을 통해 얻고 우리에게 주려 하신 기쁨은 하나님의 영광을 기뻐하는 기쁨이었다. 우리가 이것을 아는 것은, 그리스도가 자신의 기쁨이 제자들 속에 충만하기를 기도하신 후에(요 17:13), "아버지여, 내게 주신 자도 나 있는 곳에 나와 함께 있어 **아버지께서…내게 주신 나의 영광을 그들로 보게 하시기를 원하옵나이다**"라고 기도하셨기 때문이다(24절). 예수님의 순종 때문에, 하나님은 하나님이자 인간이신 예수님을 그분의 우편까지 높이셨고, 그분을 하나님이자 구원자로—승리의 사자요 죽임 당한 어린양으로, 전능한 주요 순종하는 종으로—선포하셨다. 이렇게 해서 그리스도는 태초부터 하나님과 공유하셨던 신적인 영광을 완전히 회복하셨다. 그러나 그 영광은 이제 그분이 보이신 구속적 순종과 죽음을 통해 더 완전히 나타났다. 아버지로부터 오는 이 영광이 예수님의 기쁨의 궁극적인 근거였다.

예수님은 우리가 그분과 함께 있어 이 영광을 보게 해 달라고 기도하셨다. 이것은 우리가 "주인의 즐거움에 참여하는" 것을 의미할 것이다. 그리고 우리의 기쁨이 그분의 기쁨 가운데 충만해지는 것을 의미할 것이다. 그리스도가 십자가에서 죽으신 목적과 그 죽음을 통해 이루신 것은 영원하고 끊임없이 커지는[2] 기쁨, 곧 그리스도의 백성이 그분의 영광을 보고 맛볼 때 누리는 기쁨이다. 예수님은 우리에게 바로 이것을 얻어 주시려고 우리가 아직 죄인 되었을 때에 죽으셨다. 그러므로 자격이 없는 사람들의 기쁨에서 가장 본질적인 것은 예수 그리스도의 십자가다.

복음: 기쁨을 위한 싸움의 중심

그러므로 우리는 기쁨을 위한 싸움에서 이 진리를 깨닫고 자신에게 전해야 한다. 십자가에서 죽으시고 부활하신 그리스도의 복음을 영혼에 전해야 한다. 매주 공동 예배에서 이 복음을 들어야 할 뿐 아니라 기쁨을 위한 일상의 싸움 속에서 자신에게 이 복음을 전해야 한다. 십자가의 메시지는 기쁨을 위한 싸움의 중심이며, 이 싸움에서 특별한 위치를 차지한다. 바울은 "내게는 우리 주 예수 그리스도의 십자가 외에 결코 자랑할 것이 없으니"(갈 6:14), "내가 너희 중에서 예수 그리스도와 그가 십자가에 못 박히신 것 외에는 아무것도 알지 아니하기로 작정하였음이라"고 말하면서(고전 2:2) 복음을 그 무엇과도 비교할 수 없는 특별한 위치에 둔다.

정말 강렬한 외침이다. 십자가 외에는 아무것도 자랑하지 않겠다! 그리스도와 그분의 십자가 외에는 아무것도 알지 않겠다! 우리는 좋은 것을 자랑할 때마다, 만약 십자가가 없으면 우리가 지옥에 갈 뿐 그 좋은 것도 의미가 없음을 반드시 자랑해야 한다. 우리는 어떤 것을 알 때마다 그 지식이 십자가에 죽으신 그리스도와 관계가 없다면 바른 지식이 아님을 반드시 알아야 한다.

신자들도 십자가 설교를 들어야 하는가?

그러므로 십자가는 기쁨을 위한 싸움의 중심이어야 한다. 우리는 주일에 십자가 설교를 들어야 할 뿐 아니라 매일 자신에게 십자가를 전해야 한다. 함께 십자가 설교를 듣는 것을 게을리하지 말라. 내가 **설교**라는 말을 강조하는 것은 십자가의 말씀—그리고 십자가와 관련된 모든 것—을 단지 가르치거나 논하는 데 그치지 않고 전파하는 것이 하나님의 계획이라고 믿기 때문이다.

진정한 설교를 거의 경험하지 못해서 십자가 설교가 그다지 큰 의미로 다가오지 않는 사람들이 있을 것이다. 제임스 패커(J. I. Packer)는 스물두 살이던 1948-1949년 학기에 웨스트민스터 채플에서 마틴 로이드 존스(Martyn Lloyd-Jones)의 설교를 듣기 전까지는 자신도 그러했다고 말한다. 패커는 로이드 존스의 설교를 주일 저녁마다 들었다. 그는 "그런 설교는 전혀 들어 본 적이 없다"고 했다. 로이드 존스의 설교는 "감전과 같은 충격으로 다가왔으며, 그의 청중 가운데 적어도 한 명은 그 누구보다 하나님을 깊이 느꼈다." 패커는 바로 로이드 존스의 설교를 통해 "하나님의 위대함과 영혼의 위대함"을 배웠다고 했다. 그는 또한 이렇게 말했다. "마틴 로이드 존스 목사님의 설교를 듣는 것은 마치 피아노 솔로 연주 뒤에 오케스트라의 연주를 듣는 것과 같았다."[3]

내 말은 매 주일 예배마다 마틴 로이드 존스와 같은 사람을 찾아 설교를 들어야 한다는 뜻이 아니다. 로이드 존스는 한 사람뿐이다. 중요한 것은 사람이 아니다. 중요한 것은 깊이와 열심 그리고 영광의 무게를 느끼는 감각이다. 중요한 것은 성경 말씀이 선포되고(단지 논의되거나 분석되는 게 아니라) 하나님의 아름다운 진리에 대한 깊은 환희가 일어날 때 가슴으로 느끼는 엄숙함이다.

바울이 디모데에게 "말씀을 전파하라"(딤후 4:2)고 할 때, 두 가지 면에서 전체 예배에서 선포되는 말씀에 귀를 기울이라고 독려하는 것 같다. 하나는 이 구절의 문맥이 일차적으로 불신자에 대한 전도가 아니라 "의로 교육"받는(딤후 3:16) 교회와 관련이 있다는 것이다. 바꾸어 말하자면, 바울이 말하려는 것은 "신자들에게 말씀을 전파하라"는 것이다. 다른 하나는, "전파하라"로 번역된 단어(kēruxon)는 "포고하다"(herald)라는 뜻이라는 점이다. 이것은 라디오나 텔레비전이나 인쇄 매체가 없던 시절에 정부 관리들을 대신해서 공식적으로 발표하는 사람이 하는 일이었다. 이러한 종류의 연설에는 환희와 진지함이 있었다. 이것은 예배의 한 부분이다. 성령의 능력 가운데 이루어질 때, 이것은 **예배**다. 이것은 해석을 통한 환희다. 설교자는 자신이 선포하는 말씀으로 예배한다. 여기에는 성령이 주시는 진리가 있으며, 성령이 주시는 열정이 있다. 이것이 하나님의 백성에게 미치는 영향은, 다른 방법으로는 깨달을 수 없는 그리스도 안에 있는 기쁨의 여러 면을 깨닫게 한다는 것이다.

참나무 의자와 하얀 강단, 멋진 조명을 갖춘 예배당을 머릿속에 그리지 말라. 카펫이 깔려 있고 그 위에 의자들이 놓여 있으며 키보드까지 갖춘 다목적 홀을 머릿속에 그리지 말라. 양철 지붕에 흙벽돌로 된 공간이나 횃불이 켜진 동굴이나 벽도 없이 풀로 지붕만 얹은 공간이나 모든 가구를 들어낸 거실이나 나무 아래 풀밭을 그려 보라. 수천 명의 청중과 최고의 음향 시스템을 그리지 말라. 8명이나 20명 혹은 40명 정도 모여 예배하는 광경을 그리라. 적은 인원이 모인 작은 공간에서도 설교는 이루어질 수 있다. 설교자의 목소리는 다르겠지만 열정과 진지함과 해석을 통한 환희 같은 본질적인 것들은 여기에도 있을 수 있다. 이것들은 마땅히 있어야 한다. 겨우 10여 명의 성도들을 향한 것이라 하더라도, 반드시 선포되어야 하는 그 십자가의 말씀은 그 무엇과도 비교할 수 없는 복된 소식이다.

진정한 설교를 들을 수 없다면 어떻게 해야 하는가?

당연히 이런 의문이 들 것이다. 내가 사는 지역에서 이런 예배를 찾을 수 없다면 기쁨을 위한 싸움에서 어떻게 이 무기를 활용해야 하는가? 설교자들이 성경을 믿지 않는다면 어떻게 해야 하는가? 설교자들이 십자가의 말씀을 전하지 않고 인간의 경험만 전한다면 어떻게 해야 하는가? 모든 무게와 진지함이 사라지고 인도자들이 청중을 웃기는 데만 열중한다면 어떻게 해야 하는가? 집 밖으로 나갈 수 없어 예배에 참석할 수 없다면 어떻게 해야 하는가? 이에 대한 내 대답은, 십자가 설교를 듣는 것이 당신의 화살통에 있는 유일한 화살이라는 뜻이 아님을 유념하라는 것이다. 어쨌든 십자가 설교는 좋은 것이다. 십자가 설교는 중요하다. 하나님이 교회를 두신 목적 가운데 하나는 십자가를 전하는 것이다. 오랫동안 십자가 설교를 듣지 못하면 우리 삶은 큰 곤란에 처한다.

그러나 하나님은 자비로우시며, 우리가 십자가를 전하는 교회를 찾지 못할 때 우리의 필요를 채우실 수 있다. 하나님은 말씀 묵상 가운데서, 그리고 가정 예배 가운데서 당신을 찾아오실 것이다. 하나님은 설교자로 부름받거나 설교의 은사가 있는 사람이 없더라도 단지 말씀을 나누고 적용하는 소그룹 모임 가운데서도 당신을 찾아오실 것이다. 하나님은 라디오 설교나 텔레비전 설교, 인터넷 설교나 설교 테이프나 CD를 통해서 당신을 찾아오실 것이다. 이런 것들은 함께 드리는 예배에서 실제 음성을 듣는 것과는 다르다. 그러나 이것들은 유익하며, 하나님은 이것들을 통해서도 자신을 강력하게 나타내실 수 있다.

그럼에도 불구하고, 십자가가 선포되는 예배에 참여하는 것이 그리스도인에게는 성경적인 목적이요 규범이다. 하나님이 이러한 예배를 두신 것은 우리의 기쁨을 위해서다. 하나님의 말씀을 연구하거나 묵상하는 것, 말씀을 토론하는 것은 유익하다. 말씀을 분석하고 설명하는 것은 좋은 일이다. 그러나 설교도 좋은 것이며, 하나님은 우리에게 십자가의 메시지가 경건한 설교자의 가슴에 밀려들고 환희 가운데서 예배자들의 머리와 가슴으로 흘러넘칠 때 주어지는 축복을 누리라고 요구하신다. 선포되는 복음을 정기적으로 듣지 못할 때, 우리는 기쁨을 위한 싸움에서 무기 하나를 잃어버린다. 물론 하나님은 다른 방법으로 보충해 주실 수 있다. 그러나 설교는 하나님이 교회에 주시는 귀중한 선물 가운데 하나다. "십자가"를 높일 때, 설교는 "구원을 받는 우리에게는 하나님의 능력"이다(고전 1:18).

떡과 잔으로써 기쁨을 위해 싸우라

하나님의 백성과 더불어 주의 만찬을 나누는 것도 일종의 설교이며 그리스도의 백성을 기쁘게 하기 위한 것이라는 사실을 간과하지 말라. "너희가 이 떡을 먹으며 이 잔을 마실 때마다, 주의 죽으심을 그가 오실 때까지 전하는 것이니라"(고전 11:26). 그리스도의 죽음과 부활이 성찬을 나누고 먹는 행위에서 선포된다. 이러한 선포는 우리가 떡과 잔으로 영양을 공급받는 수단이다.

그리스도는 우리가 떡을 떼고 잔을 마실 때 십자가의 유익을 영적으로 누리게 하셨다. "우리가 축복하는 바 축복의 잔은 그리스도의 피에 **참여함**이 아니며 우리가 떼는 떡은 그리스도의 몸에 **참여함**이 아니냐"(고전 10:16). 우리는 그리스도가 죽으실 때 그분의 피와 몸이 우리를 위해 성취하신 것을 누림으로써, 특히 죄 용서와 의의 선물과, 그리스도는 물론 그분의 아버지와의 무한한 사귐을 누림으로써 잔과 떡에 참여한다. 성찬에 정기적으로 참여하는 것이 기쁨을 위한 싸움에서 큰 무기가 되는 것도 바로 이 때문이다.

기쁨을 위한 설교와 하나님의 영광을 위한 설교

십자가를 전하는 것은 우리의 기쁨을 위한 것이다. 왜냐하면 그것은 하나님의 영광을 위해 계획된 것이기 때문이다. 조나단 에드워즈는 하나님의 영광을 위한 설교가 기쁨을 위한 싸움에서의 설교와 큰 관계가 있다는 것을 누구보다도 분명하게 알았다. 그의 큰 통찰 가운데 하나는 "하나님은 우리가 그분의 영광을 볼 때뿐 아니라 그 영광 가운데 기뻐할 때 영광을 받으신다"는 것이었다.[4] 그러므로 그는 하나님의 영광 가운데 기뻐하는 것이 설교의 목적이어야 한다고 결론내렸다. 그래서 그는 자신의 설교를 이렇게 묘사했다. "나는 청중이 무엇보다 진리에 감동되고, 그들이 감동을 느끼는 대상의 본질과 모순되지 않은 감동을 느끼는 한에서, 최선을 다해 그들 안에 감동을 일으키는 것이 내 의무라고 생각한다."[5] 진리와 감동 그리고 교리와 기쁨은 모두 필수적이다. 십자가가 이렇게 선포될 때, 하나님의 백성에게 있는 무미함은 큰 타격을 입을 것이다. 이것은 하나님의 영광을 위한 타격이다.

자신에게 복음을 전하라

그러나 이제 앞에서 말했던 또 다른 설교로 돌아가야 한다. 우리는 설교를 들어야 할 뿐 아니라 설교자가 되어 매일 자신에게 십자가를 전해야 한다. 우리는 설교를 듣는 데 그쳐서는 안 되며, 자신의 영혼에게 훌륭한 설교자가 되어야 한다. **우리가 자신에게 복음을 전파한다면,** 복음은 우리를 최종적 구원으로 기쁘게 인도하는 하나님의 능력이 된다. 마틴 로이드 존스는 이 진리를 강조했다. 그는 1943년부터 1968년까지 런던의 웨스트민스터 채플을 담임하면서 수많은 메시지를 전했는데, 1964년에 그 메시지를 모아 출판한 『영적 침체』 (Spiritual Depression: Its Cause and Cures, 복있는사람 역간)는 가장 유익한 저서 가운데 하나다. 내가 적극 추천하는 이 책에서, 그는 자신의 확신을 이렇게 표현한다.

우리 시대에 가장 필요한 것은 기쁨이 넘치고 부흥하는 교회입니다.…우리를 보는 사람들이 그리스도인은 불행하고 슬프며 우울하고, '기쁨을 경멸하고 하루하루 고되게 살아가는' 사람이라는 인상을 갖지 않게 하는 것보다 중요한 것은 없습니다.…그리스도인은 항상 우울해 보이고 불행하고 자유와 기쁨이 없어 보일 때가 너무나 많습니다. 이것이 많은 사람들이 기독교에 더 이상 관심을 갖지 않는 주된 이유라는 데는 의심의 여지가 없습니다.[6]

이 책은 시편 42편, 그 중에서도 특히 5절에 대한 상세한 주해다. "내 영혼아, 네가 어찌하여 낙심하며 어찌하여 내 속에서 불안해하는가. 너는 하나님께 소망을 두라. 그가 나타나 도우심으로 말미암아 내가 여전히 찬송하리로다." 그가 이 구절에서 본 많은 것들 가운데 하나는 시편 기자가 자신에게 설교를 하고 있다는 것이다. 그는 이것을 우리에게 적용한다.

여러분 대부분의 삶이 불행한 것은 여러분이 자신에게 말하는 대신 자신의 말을 듣고 있기 때문이라는 것을 아십니까? 아침에 일어날 때 드는 생각들을 예로 들어 봅시다. 여러분이 그런 생각들을 해낸 것이 아니고 그 생각들이 여러분에게 말을 하고 있으며, 어제의 문제들을 끄집어 내고 있습니다. 누군가 말을 하고 있습니다. 그는 누구입니까? 바로 여러분의 자아입니다. [시 42편에서] 시인은 어떻게 합니까? 그는 자아가 자신에게 말하도록 하는 대신에 자신이 직접 자아에게 말하기 시작합니다. 그는 "내 영혼아, 네가 어찌하여 낙심하느냐?"라고 묻습니다. 지금까지 그의 영혼이 그를 낙심시키고, 그를 무너뜨리고 있었습니다. 그래서 그는 일어나 말합니다. "내 자아야, 잠시만 들어라. 내가 네게 말하겠다."[7]

패배주의에 굴복하지 말고 자신에게 도전하라

이것은 심오한 교훈이다. 기쁨을 위한 싸움에서 수동적인 자세를 취하는 그리스도인들이 매우 많다. 이들은 내게 자신들에게는 기쁨이 없다고 말한다. 나는 이들에게 도대체 원수를 물리치기 위해 어떤 전략을 사용했느냐고 묻는다. 그 대답은 이들이 무기력한 희생자라는 인상을 준다. "기쁨이 없어요. 제가 뭘 할 수 있겠어요?" 하나님은 우리가 수동적이기를 원치 않으신다. 그분은 우리가 믿음의 싸움을, 기쁨을 위한 싸움을 싸우기를 원하신다. 이 싸움의 주된 전략은 자신에게 복음을 전하는 것이다. 이것은 전쟁이다. 사탄은 확실하게 전하고 있다. 우리가 수동적인 자세를 버리지 않는다면 싸움터에서 그에게 항복하는 것이다.

그래서 로이드 존스는 구체적이고도 완강하게 말한다.

영적인 삶에서 중요한 기술은 어떻게 자신을 다루어야 하는지 아는 것입니다. 여러분은 자신을 제어하고, 자신을 다루며, 자신에게 설교하고, 자신에게 물어야 합니다.…여러분은 자신을 자극하고, 자신을 비판하며, 자신을 꾸짖고, 자신을 권고하며, 자신에게 말해야 합니다. "너는 하나님께 소망을 두라." 낙심하여 투덜거리고 불행해하는 대신에 여러분 자신에게 하나님을, 하나님이 누구신지를…그분이 무엇을 하셨는지를, 그분이 무엇을 하시겠다고 약속하셨는지를 상기시켜야 합니다. 그렇게 한 후에는 마지막으로 여러분 자신과, 다른 사람들에게, 마귀와 온 세상에게도 전하면서 이 시편 기자처럼 말하십시오. "그가 나타나 도우심으로 말미암아 내가 여전히 찬송하리로다."[8]

십자가 설교("그리스도의 영광의 복음")는 "하나님이 누구시며", "하나님이 무엇을 하셨으며", "하나님이 무엇을 하시겠다고 약속하셨는지"에 관한 진리를 알 수 있는 주된 근원이다. 이들은 절망을 강력하게 파괴한다. 이것들 모두가 복음 안에 있다. 결국 우리의 삶에서 기쁨의 살해자들을 죽일 수 있는 것은 그리스도의 십자가뿐이다.

물론, 우리의 머리에 말하는 것은 "자아"만이 아니다. 마귀도 그렇게 하며, 다른 사람들의 말을 기억 속에서 상기할 때 그들도 우리에게 말한다. 그러므로 로이드 존스는 우리 자신에게 설교하라고 말할 때 우리가 기쁨을 죽이는 이 모든 메시지를 반드시 해결해야 한다는 것을 알고 있었다. 그가 자기 자신과 마귀에게, 다른 사람들에게 **도전하라**고 말하는 것도 바로 이 때문이다. 우리는 자신에게 복음을 전할 때 온갖 원수의 온갖 말들을 다루고 있는 것이다.

칭의 교리와 기쁨을 위한 싸움

이제 숱한 어두운 시절을 헤쳐 나오도록 나를 도와준 설교 가운데 좋은 예를 살펴보기로 하겠다. 나는 이런 설교를 뜻하지 않은 곳에서 접했다. 미가 선지자는 그리스도가 오시기 700년 전에 하나님의 말씀을 전했으며 성경에서 오직 믿음으로 의롭다 함을 얻는다는 위대한 진리를 가장 실제적으로 적용한 사람 가운데 하나다. 이신칭의는 복음의 중심이고 십자가의 본질이다. 그러므로 미가가 암울하고 비극적인 상황에서 이신칭의 교리를 어떻게 적용했는지 살펴보기 전에 칭의가 무엇인지 명확히 하고, 그런 후에 다시 미가를 살펴보기로 하겠다.

칭의 교리는 우리와 하나님의 분리에 대한 해결책은 먼저 법적인 것이고, 그런 후에야 도덕적인 것이라고 말한다. 첫째, 우리는 죄에 대한 책임을 법적으로 해결받아야 하며 자신에게 없는 의를 빌려 와야 한다. 다시 말해, 우리는 하나님이 재판관으로 앉아 계시며 우리가 그분의 법에 따라 유죄 판결을 받고 서 있는 천국의 법정에서 의롭다고 선언되어야 한다. 이것이 **의롭게 하다**(justify)라는 단어가 의미하는 것이다. 의롭게 **만드는** 것이 아니라 의롭다고 **선언하는** 것이다. 사람들이 "**하나님을 의롭다 하되**"라고 말하는 누가복음 7:29에서 이것을 확인할 수 있다. 다시 말해, 사람들은 하나님이 의롭다고 선언했다. 사람들이 하나님을 의롭게 **만든** 게 아니었다. 차이라면 우리는 죄인이며 우리에게는 자신의 의가 없다는 것이다. 우리는 의가 있어야 하지만 없다. 우리가 유죄이며 영원한 형벌을 받아야 하는 것도 바로 이 때문이다.

우리를 구원하는 길을 내려고, 하나님은 그리스도를 보내어 완전한 신인(神人)의 삶을 살고 순종적인 죽음을 맞게 하셨다. 이렇게 해서 그리스도는 우리 죄를 대신하여 형벌을 받으셨을 뿐 아니라(마 26:28; 고전 15:3; 벧전 3:18) 우리를 대신하여 의를 이루셨다(롬 5:19; 10:4; 고후 5:21; 빌 3:9). 그러므로 하나님의 법정에서, 죄에 대한 나의 책임은 그리스도의 피로 제거되었고["우리는 그리스도 안에서 그의 은혜의 풍성함을 따라 그의 피로 말미암아 속량 곧 죄 사함을 받았으니"(엡 1:7)], 나는 그리스도의 순종을 통해 천국에 들어갈 자격을 얻었다["한 사람이 순종하심으로 많은 사람이 의인이 되리라"(롬 5:19)]. 나는 의롭다고 선언되었다. 죄의 형벌로부터 자유롭게 되어 이제 천국에 들어갈 자격이 있다고 선포되었다. 이것이 우리가 칭의라고 할 때 의미하는 것이다.

'오직 믿음으로 의롭다 함을 얻는다'는 것을 아는 기쁨

칭의에서 가장 기쁘고 영광스러운 사실은 율법의 행위와는 상관

없이 오직 믿음으로 의롭다 함을 얻는다는 것이다. 바울은 이렇게 말했다. "사람이 의롭다 하심을 얻는 것은 율법의 행위에 있지 않고 믿음으로 되는 줄 우리가 인정하노라"(롬 3:28). 그런 후에 그는 죄인들이 하나님과의 바른 관계를 회복하려고 사용하는 두 가지 방법을 대비시킨다. 하나는 하나님께 받아들여질 만한 행위를 하는 것이다. 다른 하나는 단순히 귀중한 선물로 받아들이는 자들에게 완전히 공짜로 주어지는 은혜의 행위를 의지하는 것이다. "일하는 자에게는 그 삯이 은혜로 여겨지지 아니하고 보수로 여겨지거니와, 일을 아니할지라도 **경건하지 아니한 자를 의롭다 하시는 이를 믿는 자에게는 그의 믿음을 의로 여기시나니**"(롬 4:4-5).

"경건하지 아니한 자", 즉 자신이 침몰해 가는 타이타닉 호를 타고 있다는 것을 아는 사람들에게 세상에서 가장 좋은 소식은 하나님이 그리스도 때문에, 오직 믿음으로 이들을 의롭게 여기시리라는 것이다. 십자가 기쁨의 큰 기초가 되는 사실은 칭의는 **오직 은혜**에 의해(우리의 공로와 혼합되지 않은), **오직 믿음**을 통해(우리의 행위와 혼합되지 않은), **오직 그리스도**의 토대 위에서(그분의 의와 우리 의를 섞지 않은), **오직 하나님의 영광을 위해**(우리의 영광이 아니라) 이루어진다는 것이다.

칭의와 성화를 혼동할 때 기쁨이 사라진다

하나님은 오직 이러한 용서와 의롭다는 선포를 토대로, 우리를 도덕적으로 그리고 점진적으로 그분 아들의 형상으로 바꾸시려고 성령을 주신다. 이러한 점진적인 변화가 칭의는 **아니다**. 그러나 그것은 칭의를 토대로 이루어진다. 우리는 이러한 변화를 가리켜 **성화**(聖化)라고 한다. "그러나 이제는 너희가 죄에게서 해방되고 하나님께 종이 되어 거룩함에 이르는 열매를 맺었으니 그 마지막은 영생이라"(롬 6:22). 먼저 법적인 문제가 해결되어야 한다. 천국의 법정에서, 경건하지 못한 죄인이 오직 믿음으로 의롭다고 선언된다! 그리스도의 의가 그에게 전가된다. 하나님이 그를 받으실 때 그에게 자신의 의라고는 하나도 없다(빌 3:9). 받아들여지는 것은 그의 믿음뿐이다. 물론 아직 사랑스러운 존재가 되지는 못했다. 그리스도의 충성스러운 사랑의 삶, 곧 하나님의 법을 완전히 성취한 삶이 경건하지 못한 자에게 전가된다. 이것이 칭의다. 이렇게 해서 법적인 문제가 먼저 해결된다.

법적인 문제가—그것도 눈 깜짝할 사이에—해결되고 나면 도덕적 진보(성화)가 이루어진다. 칭의와 성화 둘 다 선물이며, 둘 다 그리스도의 피로 산 것이다. 둘은 분리될 수는 없지만 서로 다르다. 둘 다 오직 믿음으로 이루어진다. 칭의가 오직 믿음으로 이루어지는 것은 오직 믿음으로 경건하지 못한 자가 의롭다고 선언되기 때문이다. 성화가 오직 믿음으로 이루어지는 것은 오직 믿음으로 사랑의 열매를 맺는 능력을 얻기 때문이다. 기쁨을 위한 싸움에서 칭의와 성화를 혼동하거나 섞지 않는 것이 아주 중요하다. 이 둘을 혼동하면, 결국 복음이 훼손되고 **믿음**에 의한 칭의가 **행위**에 의한 칭의로 바뀌게 된다. 이런 일이 일어나면, 기쁨을 위한 싸움에서 놀라운 복음의 무기를 잃게 된다.

진정한 자신이 되라

성경은 우리의 **행위**를 그리스도 안에서 우리의 **위치**와 연결해서 말하는데, 그 방식 가운데 하나는 우리에게 진정한 자신이 되라고 명령하는 것이다. 예를 들면, 바울은 구약의 의식과 관련된 용어를 사용하면서 "너희는 누룩 없는 자인데 새 덩어리가 되기 위하여 묵은 누룩을 내버리라"고 말한다(고전 5:7). 바꾸어 말하자면, 진정한 자신이 되라고 말한다. 너희는 누룩 없는(그리스도 안에서 죄 없는) 자이다. 그러므로 누룩 없는(행위에서 죄 없는) 자가 **되어라**.

세상에서 전혀 죄를 짓지 않고 살 수는 없다. 그러나 우리는 이를 위해 한 걸음씩 나아간다. 바울은 이런 사실을 분명히 한다. "내가 이미 얻었다 함도 아니요 온전히 이루었다 함도 아니라. 오직 내가 그리스도 예수께 잡힌 바 된 그것을 잡으려고 달려가노라"(빌 3:12). "내 자신이 마음으로는 하나님의 법을, 육신으로는 죄의 법을 섬기노라"(롬 7:25). 그러나 원칙은 분명하다. 기쁨을 위해 싸우라. 당신과 하나님이 하나가 될 수 있는 일들을 하는 것이 아니라, 이미 그리스도 안에서 하나님과 하나인 진정한 자신이 됨으로써 싸우라. 진정한 자신이 되라.

우리가 오직 믿음을 통해 은혜로 의롭다 함을 얻는 것은 우리가 그리스도와 연합하고 그분의 의가 우리의 의로 여겨지기 때문이다. 이러한 그리스도와의 연합 때문에, 우리는 이미 죽었다가 살아났으며, 거룩한 존재이자 빛이 되었다. 죄와의 싸움에서 큰 기쁨을 얻는 비결은 그리스도 안에서 진정한 자신이 되려고 싸우는 것이다. 당신은 이미 그리스도와 함께 **죽었다**(롬 6:5-6). 그러므로 "너희 자신을 죄에 대하여는 죽은 자요, 그리스도 예수 안에서 하나님께 대하여는 살아 있는 자로 여길지어다"(롬 6:11). 당신은 이미 그리스도와 함께 **살아났다**(엡 2:5). 그러므로 "위의 것을 찾으라"(골 3:1). 당신은 이미 그리스도 안에서 **거룩하다**(골 3:12). 그러므로 "모든 행실에 거룩한 자가 되라"(벧전 1:15). 당신은 **이미** 그리스도 안에서 세상의 빛이다(마 5:14). 그러므로 "너희 빛이 사람 앞에 비치게…하라"(마 5:16).

이 모든 것은 의롭다 함을 얻은 죄인으로 살라고 말하는 또 다른 방식이다. 삶에서 죄와 타협하지 말라. 죄와 타협하고 죄를 오랜 동역자로 받아들인다면, 이것은 당신이 그리스도와 연합하지 못했다는 뜻이다. 우리가 그리스도와 연합할 때 두 가지가 일어난다. 그분의 의가 우리에게 전가되며, 이 때문에 진정한 자신이 되려는 새로운 자극이 주어진다. 기쁨을 위한 싸움에서 놀라운 복음의 무기는 우리가 그리스도 안에서 오직 믿음으로 의롭다고 여김을 받는다는 확고한 진리다. 이렇게 우리에게 의가 전가되는 것은 우리의 행위 때문이 아니라 그분의 행위 때문이다. 그런 다음 우리는 행위를 통해, 그분 안에서 그분 때문에 변화된 진정한 자신이 되어 간다.

복음의 무기는 칭의가 우리의 행위와는 무관하다는 기본적인 진리를 확고히 견지하는 만큼만 힘을 발휘한다. 하나님이 우리를 받아들이시는 것은 우리의 의가 아니라 그리스도의 의 때문이다. 우리의 점진적인 성화-아주 느리지만 그리스도를 닮아 가는 것-는 분명히 중요하다. 이것은 우리 믿음의 진정성에 대한 필수적인 증거다.[9] 그러나 우리 자신이 불완전하다는 절망스러운 어둠 속에서 우리에게 완전한 의-즉 그리스도의 의-가 있음을 확신할 때 모든 것이 완전히 달라진다.

존 버니언: "이제 나도 기뻐하며 집으로 돌아갔다"

이것은 존 버니언의 경험이다. 그는 칭의 교리를-우리의 것이 아닌 그리스도의 것으로 우리에게 전가된, 완전하고 객관적인 외부의 의가 있다는 사실을—기뻐하도록 독려하기 위해 자신의 이야기를 들려준다. 버니언은 성경 다음으로 많이 팔린 『천로역정』의 저자인데, 17세기의 목회자였으나 십자가 설교를 중단하기를 거부했다는 이유로 12년을 감옥에서 보냈다. 가장 위대한 청교도 신학자이자 버니언과 동시대 인물인 존 오웬(John Owen)은, 찰스 2세가 그에게 왜 무식한 사상가의 설교를 들으러 가느냐고 물었을 때 이렇게 대답했다. "폐하, 그 사상가처럼 설교할 수만 있다면 제 모든 학식을 기꺼이 포기하겠습니다."[10]

그러나 버니언이 항상 그렇게 담대하고 복음의 능력으로 충만했던 것은 아니다. 20대의 버니언은 엄청나게 번민하는 사람이었다.

> 하나님과 그리스도와 성경에 대한 불온한 회의가 참담한 홍수처럼 내 영혼에 밀어닥쳤고 큰 혼란과 놀라움을 일으켰다.…때로 내 마음은 너무나 강퍅했다. 눈물 한 방울에 1,000파운드를 준다 해도 나는 한 방울의 눈물도 흘릴 수 없었을 것이다.…오, 절망적인 인간의 마음이여.…나는 이러한 악독한 죄를 용서받을 수 없을까 봐 두려웠다.…그 시절의 공포를 나 외에 또 누가 알리요.[11]

그런 후 절망과 무미함을 극복하는 결정적인 순간이 찾아왔다. 그리스도의 의가 전가된다는 놀라운 진리를 깨닫게 된 것이다.

어느 날 들판을 지나고 있을 때…내 영혼에 이런 소리가 들렸다. '네

의는 천국에 있도다.' 그와 동시에, 내 영혼의 눈은 예수 그리스도가 하나님 우편에 계신 것을 보았다. 거기에 의가 있었다. 내가 어디에 있든, 무엇을 하든, 하나님은 나에 대해 말씀하실 수 없었고 나의 의를 찾으실 수 없었다. 의는 바로 그분 앞에 있기 때문이었다. 또한 나의 선한 마음이 내 의를 더 낫게 만드는 것이 아니며 나의 악한 마음이 내 의를 더 나쁘게 만드는 것도 아니라는 것을 깨달았다. "어제나 오늘이나 영원토록 동일하[신]"(히 13:8) 예수 그리스도 바로 그분이 나의 의이시기 때문이었다. 이제 내 발목에서 사슬이 풀어졌다. 나는 고통과 사슬에서 해방되었다. 나를 유혹하던 것들도 도망쳐 버렸다. 그래서 그 순간부터 그 무서웠던 성경 구절들이 [용서받을 수 없는 죄에 관한] 더 이상 나를 괴롭히지 않았다. 이제 나도 하나님의 은혜와 사랑을 기뻐하며 집으로 돌아갔다.[12]

그는 기뻐하며 집으로 돌아갔다. 이것이 마음의 눈으로 칭의에서 하나님의 은혜의 영광을 볼 때 십자가의 말씀이 낳는 결과다. 들판에서 걸어오던 버니언의 기분은, 수도원에서 똑같은 발견을 했던 마르틴 루터와 비슷한 기분이었다. 날이 밝자, 루터는 이렇게 말했다.

나는 하나님의 의는 의인이 하나님의 선물로 살게 하는, 즉 믿음으로 살게 하는 그 무엇이라는 것을 이해하기 시작했다. 이것은 이런 뜻이다. 하나님의 의가 복음에 의해, 다시 말해 자비로운 하나님이 믿음으로 우리를 의롭게 하시는 데 사용하시는 수동적 의에 의해 계시된다.…여기서 나는 내가 완전히 거듭났으며 열린 문을 통해 낙원에 들

어갔다는 것을 느꼈다.[13]

미가는 죄를 범한 후 어떻게 기쁨을 위해 싸웠는가?

버니언과 루터는 오직 믿음으로 의롭다 함을 얻는다는 진리를 발견했을 때의 기쁨을 묘사한다. 그러나 미가 선지자는 **이미 이신칭의 교리를 믿는 사람**이 원수(자아든 사탄이든 다른 사람들이든 간에) 앞에서 이것을 어떻게 전할 수 있으며 기쁨을 위해 싸우는 데 어떻게 활용할 수 있는지 보여 준다. 이제 내가 앞에서 약속했던 미가의 예를 살펴보도록 하자. 그는 칭의 교리를 구약의 형태로 알았을 뿐이지만, 그렇다고 하더라도 그의 적용은 우리가 이것을 자신에게나 수많은 절망으로 우리의 기쁨을 죽이려는 원수에게 어떻게 선포할 수 있는지 보여 주는 강력한 예다. 다음은 숱한 어둠의 시기에 내게 큰 도움이 되었던 구절이다.

미가는 이렇게 말했다.

> 나의 대적이여, 나로 말미암아 기뻐하지 말지어다. 나는 엎드러질지라도 일어날 것이요, 어두운 데에 앉을지라도 여호와께서 나의 빛이 되실 것임이로다. 내가 여호와께 범죄하였으니 그의 진노를 당하려니와 마침내 주께서 나를 위하여 논쟁하시고 심판하시며 주께서 나를 인도하사 광명에 이르게 하시리니 내가 그의 공의를 보리로다. (미 7:8-9)

나는 미가의 태도를 **당당한 죄책감**(gutsy guilt)이라고 부르고 싶다. 그는 한편으로는 실제로 죄를 지은 죄인이었다. 미가는 9절에서 "내가 여호와께 범죄하였으니"라고 단순하게 말한다. 미가는 이것을 알고 있으며 숨기려 하지 않는다. 그는 슬프고 마음이 상했으며 그 무엇도 감추려 하지 않는다. "내가…그의 진노를 당하려니와." 그러므로 진짜 죄책감이 있을 뿐 아니라 하나님의 분노도 있다. 하나님은 미가가 한 일을 좋아하지 않으신다. 그분은 분노하신다. 미가는 이럴 수는 없다고―하나님은 그분의 자녀에게 화내지 않으신다고―항변하지 않는다. 그는 하나님의 자비를 감성적으로 말함으로써 하나님의 징계를 축소하려 하지도 않는다. 자비가 곧 나타날 것이다.

미가는 부끄러워하며 하나님의 진노를 받아들인다. "[내가] 어두운 데에 앉을지라도." 그는 손으로 입을 가리고 자기 위에 드리운 슬픔과 검은 그림자를 받아들인다. 여기에 임기응변 같은 것은 없다. 그리스도인의 삶에는 이와 같은 순간들이 많다. 우리가 이러한 순간들을 가볍게 여기거나 하찮게 여기거나 이러한 순간들이 있다는 것 자체를 부정하려는 것은 어리석은 짓이다. 하나님은 거룩하시며 자신이 사랑하시는 자녀들을 징계하신다. 이것은 더 이상 심판자의 진노가 아니라 아버지의 진노다(히 12:5-11).

미가는 어떻게 죄책감을 가지고 당당할 수 있었는가?

그러나 놀랍게도, 미가는 하나님의 진노 아래서 회개하고 슬퍼하면서도 원수의 앞에서는 "나의 대적이여, 나로 말미암아 기뻐하지 말지어다. 나는 엎드러질지라도 일어날 것이요"라고 말한다. 원수는 미가의 죄가 그를 하나님에게서 떼어 놓는다고 말하고 있다. 원수는 빈정거리며 거짓말을 하면서 미가의 소망을 꺾으려 하고 있다. 미가는 기쁨을 빼앗으려 하는 대적과 큰 싸움을 벌여야 한다. 그는 이신칭의의 복음을 전하며 전투를 훌륭하게 수행한다. 그는 어떻게 복음의 무기로 기쁨을 위해 싸울 수 있는지 그 예를 보여 준다.

그는 "[내가] 어두운 데에 앉을지라도 여호와께서 나의 빛이 되실 것임이로다"라고 말한다. 기억하라. 이 어둠은 하나님의 징계이며, 하나님은 분노하신다. 미가는 하나님이 주신 어둠 가운데서 "여호와께서 나의 빛이 되실 것임이로다"라고 말한다. 그는 하나님 자신이 주신 어둠 가운데서 하나님의 빛을 의지한다. 이것이 당당함이다. 이것이 우리가 어둠 속에서—설령 그것이 우리의 죄 때문에 우리를 뒤덮는 어둠이라고 하더라도—행하도록 배워야 할 것이다. 그렇다. 나는 실패의 그림자 밑에 있다. 그렇다. 하나님이 노하셔서 나를 이 곳에 두셨다. 그러나 나는 버려진 것이 아니며, 하나님이 나를 대적하고 계신 것도 아니다. 그분은 나의 대적이 **아니다**. 그분은 내 편이다. 하나님은 그분이 주신 어둠 속에서도 나를 지키실 것이다. 그분은 나를 버리지 않으실 것이다. 그분은 나를 죽이실지라도 나를 구원하실 것이다. 우리는 기쁨을 위한 싸움에서 자신에게 이렇게 전하는 법을 배워야 한다.

그런 후에 더욱 놀랍게도, 미가는 이렇게 말한다. "내가 여호와께 범죄하였으니 그의 진노를 당하려니와 마침내 **주께서 나를 위하여 논쟁하시고 심판하시며**." 미가는 자신의 죄책과 그 죄책의 암울한 결과 속에서, 어둠에는 한계가 정해져 있음을 알고 있다. 하나님이 오실 것이다. "주께서 **나를 위하여 논쟁하[실 것이다]**." 그분은 그를 심문하는 검사가 아니라 그를 변호하는 변호사가 되실 것이다. 그를 어두운 감옥에 던진 분이 그를 위해 보석금을 내고 법정에서 그를 변호하며 그가 다시 기쁨의 삶을 살도록 그에게 자유를 주실 것이다.

미가는 한 걸음 더 나아가 하나님이 어둠 속에서 그에게 오실 때 그를 위해 "심판하[실]" 것이라고 말한다. 미가의 원수들은 그가 타락했으며 이것은 하나님이 그와 **반대편이라**는 뜻이라고 말하고 있다. "선지자 양반, 당연하지 않소? 당신 입으로 당신이 범죄했다고 인정하고 있소. 당신 입으로 하나님이 진노하셨다고 말하고 있소. 당신 입으로 이 어둠과 슬픔이 하나님에게서 왔다고 말하고 있소. 합리적인 설명은 하나뿐이오. 하나님이 당신을 **저버리고** 심판하고 계시는 거요. 당신은 전에 그분을 아버지라고 불렀을지 모르지만 더 이상은 아니오. 이제 그분은 심판자시란 말이오. 당신은 유죄이며, 심판이 이루어지고 있는 거요. 당신을 거스르는 심판 말이오." 이것이 바로 원수가 하는 말이다.

미가는 이 모든 '합리적인' 비난을(자아나 사탄이나 다른 사람들의 비난을) 거스르면서 이신칭의 교리를 전한다. 그가 그리스도의 십자가 이후 시대를 살았다면 하나님의 자비의 근거를, 다시 말해 예수 그리스도의 의를 분명하게 드러냈을 것이다. 그는 이렇게 말한다. "그렇게 지껄이는 모든 자들이여 조심하라! 나의 하나님이―행위가 아니라 믿음으로 나를 의롭다 선언하시는 내 언약의 하나님이―나를 위해 이제 곧 심판하실 것이다. 이것은 너희 곧 내 원수들이 심판을 받으리라는 뜻이다. 조심하라. 그리고 솟구치는 나의 소망과 당당한 죄책감에서, 오직 믿음으로 의롭다 함을 얻는다는 가르침을 배우라." 이것을 배우지 못한다면 이생에서 당신의 기쁨은 모두 착각―당신의 배는 침몰할 리 없다는 착각―에 불과할 것이다.

미가의 말은 절망과 어둠이 우리 그리스도인들을 삼키려고 위협할 때 어떻게 자신에게 복음을 전할 수 있는지를 보여 주는 정말 중요한 예다. 미가의 방법, 즉 성경의 방법은 죄의 심각성과 하나님의 징계에 따르는 고통을 부인하려는 미봉책과는 매우 다르다. 하나님이 우리를 이러한 고통의 학교에 보내시는 것이 뻔뻔스러운 죄 때문이라고만 생각해서는 안 된다. 바울은 삶의 모든 재난을, 연단하시는 하나님의 손에서 오는 것으로 받아들였다. 바울은 "[우리가] 힘에 겹도록 심한 고생을 당하여 살 소망까지 끊어지고"라고 고백할 수밖에 없던 재난조차도 하나님의 주권적인 손에서 나온 것으로 받아들였다. 그는 이 모든 것에서 하나님의 목적은 선하다고, 다시 말해 "우리로 자기를 의지하지 말고 오직 죽은 자를 다시 살리시는 하나님만 의지하게 하심"이 하나님의 목적이라고 했다(고후 1:8-9).

당당한 죄책감은 값싼 은혜와 반대되는 것이다

생명을 지탱하고 사랑을 유지시키는 기쁨을 위한 싸움에서, 우리는 당당한 죄책감을 가지고 자신에게 전하는 법을 반드시 배워야 한다. 이것은 "값싼 은혜"와는 매우 다르다. 젊은 독일 신학자 디트리히 본회퍼(Dietrich Bonhoeffer)를 기억하는가? 그는 힘러(Himmler)의 특별 명령으로 1945년 4월 9일 부헨발트 집단 수용소에서 교수형을 당했다. 그가 쓴 작은 책이 하나 있는데, 내가 대학에 다니던 1960년대 말의 급진적인 시대에 많은 사람들이 그 책을 읽었다. 그 책의 제목은 『나를 따르라』(The Cost of Discipleship, 대한기독교서회 역간)이다. 나는 대학교 2학년이던 1967년에 1달러 45센트를 주고 이 책을 샀다. 삶을 바칠 만한 가치가 있는 것을 찾던 스물한 살의 젊은이가 그어 놓은 밑줄을 볼 때면, 나는 하나님께 감사한다.

본회퍼가 이 책에서 공격한 것은 미가의 행동과 정반대되는 것이다. 사람들은 미가와 함께 어둠 속으로 들어가 하나님의 질책을 감내하기를 거부한다. 본회퍼는 이러한 거부를 "값싼 은혜"라고 부른다. 그는 값싼 은혜를 다음과 같이 묘사한다. 우리는 기쁨을 위한 싸움과 값싼 은혜를 혼동하지 않도록 그의 말을 들을 필요가 있다. 기쁨을 위한 싸움은 값싼 은혜가 아니다. 그것은 미가의 당당한 죄책감이다. 그것은 실제로 분노하시는 하나님이 주신 어둠 속에서 이신칭의를 전하는 능력이다.

> 값싼 은혜는 회개가 없는 용서, 교회의 징계가 없는 세례, 죄의 고백이 없는 성찬, 개인적인 고백이 없는 죄 사함을 전하는 것이다. 값싼 은혜는 제자의 삶이 없는 은혜이며, 십자가가 없는 은혜이며, 살아 계시고 성육신한 예수 그리스도가 없는 은혜다.…자신이 오직 은혜로 의롭다 함을 얻었다고 말할 권리가 있는 유일한 사람은 그리스도를 따르기 위해 모든 것을 버린 사람뿐이다.…우리는…독수리들처럼 값싼 은혜의 시체들 주위에 모여들었으며, 거기서 그리스도를 따르는 삶을 죽여 버린 독을 마셨다.[14]

본회퍼의 시대 이후 서구 교회의 상황은 좋아지지 않았다. 오늘날 값싼 은혜는 핍박받지 않는 교회의 복음주의자들 사이에서 일반적인 것이 되어 버렸다. 이것은 기쁨을 추구할 때 은혜에 기대는 잘못된 방법이다. 이에, 기쁨을 위해 싸우는 또 다른 방법이 있다. 미가의 방법이며, 담대히 상한 심령이 되는 방법이며 당당한 죄책감의 방법이다.

기쁨을 위한 싸움에서, 미가의 당당한 죄책감과 "값싼 은혜"의 차이는, 미가는 죄를 아주 심각하게 받아들인다는 것이다. 비난받을 만한 타락의 사건이 있었다. 생생하고 무서운 하나님의 진노가 있다. 무서운 어둠의 순간이 있다. 우리가 하나님의 징계를 인내하며 견딜 때 여기에는 상함과 통회와 가책이 있다. 그러나 후회의 잿더미 속에서도 담대함의 불꽃은 결코 꺼지지 않는다. 작아지고 흔들릴 수는 있다. 그러나 자아나 사탄이 우리는 이제 끝났다며 조롱할 때, 우리는 미가의 믿음을 굳게 잡고—실은 그리스도와 그분의 의를 붙잡는 것이다—이렇게 말한다. "나의 대적이여, 나로 말미암아 기뻐하지 말지어다. 나는 엎드러질지라도 일어날 것이요, 어두운 데에 앉을지라도 여호와께서 나의 빛이 되실 것임이로다. 내가 여호와께 범죄하였으니 그의 진노를 당하려니와 마침내 주께서 나를 위하여 논쟁하시고 심판하시며 주께서 나를 인도하사 광명에 이르게 하시리니 내가 그의 공의를 보리로다."

기쁨을 위한 싸움의 핵심

십자가의 말씀을 듣고 십자가를 자신에게 전하는 것은 기쁨을 위한 죄인의 싸움에서 핵심을 이루는 전략이다. 이것 없이는 아무것도 되지 않는다. 우리는 여기서 시작한다. 그리고 여기에 머문다. 우리는 결코 복음을 벗어나지 않는다. 우리는 그 어느 곳보다 십자가에서 그리스도의 영광을 분명하게 본다. 실제로 복음은 "하나님의 형상이신 **그리스도의 영광**을 선포하는 복음"이다(고후 4:4, 새번역). 그리스도를 보는 것이 그리스도를 맛보는 것의 열쇠라면—정말 그렇다!—십자가를 떠나서는 안 된다. 십자가는 그리스도의 영광의 계시다.

십자가에서 모든 기쁨의 원수가 정복된다. 그리스도가 우리를 위하여 저주가 되시기에 하나님의 진노가 정복된다. 그리스도가 우리를 위하여 용서가 되시기에 진짜 죄책이 정복된다. 그리스도가 우리를 위하여 의가 되시기에 범법이 정복된다. 그리스도가 우리를 위하여 구속이 되시기에 사탄의 종이라는 신분이 정복된다. 그리스도가 우리를 위하여 자유가 되시기에 죄에 대한 결박이 정복된다. 그리스도가 우리를 위하여 깨끗함이 되시기에 양심의 가책이 정복된다. 그리스도께서 우리를 위하여 부활이 되시기에 죽음이 정복된다. 그리스도께서 우리를 위하여 영원한 생명이 되시기에 지옥이 정복된다. 이 외에도 십자가가 우리의 기쁨을 가로막는 원수들을 물리치는 수십 가지 방법을 더 소개하고 싶은 마음이 간절하지만 그 마음을 억제해야겠다. 대신에 내가 50가지 방법을 모아 놓은 책 『더 패션 오브 지저스 크라이스트: 예수가 못박힌 50가지 이유』(*The Passion of Jesus Christ: Fifty Reasons Why Jesus Came to Die*, 규장 역간)를 소개하고 싶다.[15]

십자가를 통해, 하나님은 우리를 영원히 행복하게 하는 데 필요한 가능한 모든 축복을 사시고 안전하게 확보하셨다. "자기 아들을 아끼지 아니하시고 우리 모든 사람을 위하여 내주신 이가 어찌 그 아들과 함께 모든 것을 우리에게 주시지 아니하겠느냐"(롬 8:32). 이 질문에 대한 답은 매우 확실하다. 하나님이 그분의 아들의 죽음 때문에 그리스도와 함께 모든 것을 우리에게 **반드시** 주실 것임을 피로 서명하셨다. 다시 말해, 하나님이 우리에게 참으로 좋은 모든 것을 주실 것이다. 사탄이 이와 반대로 전하고 있기 때문에 우리는 이것을 매일 자신에게 전해야 한다. 우리가 하나님 안에서 만족하는 데 필요한 모든 것이 십자가 안에서 이미 확보되었다. 우리가 이 진리를 정말로 믿는다면 그 무엇이 우리의 기쁨을 막을 수 있겠는가? 이 진리는 무너질 수 없다.

십자가, 기쁨, 사랑의 희생, 하나님의 영광

예수님은 순종적 죽음을 통해 하나님과의 관계에서 우리의 의가 되셨다. 그러므로 그분은 흔들릴 수 없는 우리 기쁨의 토대가 되셨다. 그러므로 그분은 우리가 행하는 가장 철저하며 위험까지 감수하는 사랑의 행위의 토대가 되셨다. 1956년 다섯 명의 에콰도르 선교사들―짐 엘리엇(Jim Eliot), 피트 플레밍(Pete Fleming), 에드 맥컬리(Ed McCully), 네이트 세인트(Nate Saint), 로저 유드리안(Roger Youderian)―이 하나님의 사랑을 와오라니족에게 전하려는 마지막 시도를 할 때였다. 이들은 강변에서 순교하기 직전 마지막을 준비하면서 에디스 체리(Edith Cherry)의 "주님을 의지하리"(We Rest on Thee)를 불렀다. 이 찬송의 중심에는 복음의 핵심―전가된 그리스도의 의―을 노래하는 구절이 있다.

당신의 이름 의지하네, 구원의 대장이시여!
당신의 귀한 이름 의지하네, 모든 이름보다 높은 이름.

예수 우리의 의, 우리의 견고한 반석.

우리 기쁨의 왕, 우리 사랑의 왕.

선교사들(그들도 우리 모두처럼 죄인이다)이 손에 든 무기를 사용하는 대신, 자신들이 사랑하는 사람들의 창에 죽을 수 있는 용기가 어디서 나왔는가? 이들은 그리스도 안에서 누리는 이 세상이 줄 수 있는 어떤 것보다 큰 만족에서 이러한 용기를 얻었다. "잃어버릴 수 없는 것을 얻기 위해 붙잡을 수 없는 것을 포기하는 자는 바보가 아니다."[16] 그렇다. 우리가 잃어버릴 수 없는 것이 모든 만족을 주는 그리스도의 영광이라면 더욱더 그렇다.

그리스도 안에 있는 이러한 더 큰 만족 이면에는 오직 믿음으로 의롭다 함을 얻는다는 복음이 있다. 그리스도가 이들의 의였다. 그리스도가 이들의 견고한 반석이었다. 그러므로 이들의 기쁨은 꺾일 수 없었다. 사람들을 향한 이들의 사랑은 자신의 생명에 대한 사랑보다 컸다. 우리가 당당한 죄책감의 비밀과 의롭다 함을 얻은 죄인들처럼 기쁨을 위해 싸우는 법을 배울 수 있다면! 그리스도의 복음이 이러한 결과를 낳을 때, 우리의 기쁨이 충만해지고 그분의 영광이 밝게 빛날 것이다.

여호와께서 실로에서 여호와의 말씀으로 사무엘에게 자기를 나타내시니라.
사무엘상 3:21

금 곧 많은 순금보다 더 사모할 것이며
꿀과 송이꿀보다 더 달도다.
또 주의 종이 이것으로 경고를 받고
이것을 지킴으로 상이 크니이다.
시편 19:10-11

그는 그리스도의 십자가를 영화롭게 하고 그 안에서 기뻐했다. 그의 마음은
십자가 위에 있었다. 그 결과 십자가가 그의 위에 세상을 못박았으며,
따라서 세상은 죽었고 더 이상 갈망의 대상이 되지 못했다.
죄의 모든 유혹과 즐거움이 세상에서 사라졌다.…
마음이 그리스도의 십자가로 채워지면, 이 모든 것들에 대해 죽고
이것들을 바라지 않게 된다. 더 이상 이것들이 아름다워 보이거나
즐거워 보이거나 멋있어 보이지 않는다.
존 오웬
『신자 안에 내재하는 죄』[1]

7 　　하나님 말씀의 가치를 알라

_놀랍도록 강력한 말씀의 무기

하나님의 말씀이 하나님을 기뻐하는 데 반드시 필요한 근본적인 이유는, 하나님이 주로 그분의 말씀을 통해 **자신을** 계시하시기 때문이다. 이러한 하나님의 계시를 보는 것이 우리가 누리는 기쁨의 기초다. 이 점은 사무엘 시대처럼 오늘날도 마찬가지다. "여호와께서…**나타나시되** 여호와께서 실로에서 **여호와의 말씀으로** 사무엘에게 **자기를 나타내시니라**"(삼상 3:21). "여호와께서…**나타나시되**"라는 말은 놀라운 것이다. 하나님은 육신의 눈에 나타나신 것이 아니라 마음의 눈에 나타나셨다. 왜냐하면 하나님은 "영원하신 왕 곧 썩지 아니하고 **보이지 아니하고** 홀로 하나이신 하나님"이시기 때문이다(딤전 1:17). 이상하게 보일지 모르지만, 사무엘이 실로에서 하나님을 **본** 것은 "여호와의 **말씀**"을 통해서였다. 말씀이 들릴 때, 여호와께서 나타나셨다. 듣는 가운데 본다. 하나님의 말씀을 영적으로 듣는 것이 하나님의 영광을 영적으로 보는 것이다.

오늘날에는 하나님이 어떻게 보이시는가?

그러므로 오늘날에는 하나님이 복음 가운데 보이신다. 바울은 그리스도인이 된다는 것은 "하나님의 형상이신 그리스도의 영광을 선포하는 복음의 빛을 보는 것"이라고 말한다(고후 4:4, 새번역). 복음은 예수님의 죽음과 부활에 관한 소식이다(고전 15:1-4). 복음은 들어야 하는 말씀이며, 이러한 들음 가운데서 "그리스도의 영광을 선포하는 복음의 빛"을 본다. 듣는 가운데 본다. 하나님이 마음의 눈을 열어 말씀 속에서 그리스도의 영광을 보게 하신다. 하나님은 주로 성육하신 말씀, 곧 예수 그리스도를 통해 기록된 말씀, 곧 성경을 수단으로 이 세대에 자신을 계시하기로 선택하셨다.[2]

이것이 기쁨을 위한 싸움에서 그렇게도 중요한 이유는 하나님 그분이 우리가 누리는 즐거움의 궁극적인 대상이시기 때문이다. 그러나 하나님은 "**말씀으로**…자기를 나타내신다." 그러니 성경이 얼마나 소중한가! 성경에서 우리는 하나님을 가장 분명하고도 확실하게 본다. 성령께서 우리의 눈을 여시고 그리스도의 아름다움을 보게 하신다(마 16:17; 행 16:14). 성경이 없다면 지속적인 기쁨도 없을 것이다. 아직 모국어로 된 성경이 없는 사람들까지도, 그리스도를 계시하고 구원을 주는 하나님에 관한 지식을 얻는 데 성경에 의존한다.

하나님은 다른 방법으로, 특히 믿는 자들의 행실을 통해 자신을 나타내실 수 있으며 실제로 그렇게 하신다(마 5:16; 벧전 2:12; 고전 12:7). 그러나 이것들 가운데 어느 하나도 성경만큼 분명하고 완전하게 하나님을 계시하지는 못한다. 이 모든 것들은 기록된 하나님의 말씀이라는 태양의 주위를 돌 뿐이다. 만약 중심을 이루는 태양의 중력을 부정한다면 모든 행성은 제멋대로 날아다닐 것이다.

확실한 것은, 우리가 기쁨을 위한 싸움을 하면서 성경 앞에 무릎을 영원히 꿇고 앉아 있지는 않으리라는 것이다. 우리는 일어나 예수님과 함께 갈보리 언덕길을 오를 것이다. 우리는 거기서, 다시 말해 사랑의 위험과 고통 가운데서, 말씀이신 예수님이 능력으로 나타나시는 것을 볼 것이다. 이것 또한 우리가 누리는 기쁨의 일부다. 때로는 특별하고 기적적인 능력으로 나타나겠지만, 자기를 부인하는 희생이라는 초자연적 은혜, 흔들리지 않는 믿음, 그리고 죄인들이 그리스도를 사랑하는 자로 바뀌는 회심으로 나타날 때가 더 많을 것이다. 우리는 이 모든 것들을 통해 주님을 발견하고 기뻐할 것이다. 그런데 우리의 이해를 도우며 우리 마음을 지켜 주는 기록된 말씀이 없다면, 이러한 그리스도의 나타나심이 모두 모호하고 흐릿할 것이다. 우리는 말씀 속에서 하나님을 볼 뿐 아니라 다른 어느 곳에서라도 그분을 바로 보기 위해 하나님의 말씀이 필요하다.

성경 읽기를 꺼린 죄를 인정하라

수천 가지 재미있는 것들이 우리의 관심을 얻으려고 하나님의 말씀과 경쟁한다. 고백하건대, 나는 50년 동안 성경을 사랑하고 읽고 암송해 왔지만 지금도 새로운 컴퓨터 장비 같은 사소한 것에 유혹되어 정해진 말씀 묵상 시간을 놓칠 수 있다. 새로운 것이 주는 거짓 즐거움이 하나님의 말씀과의 약속을 지키는 데서 오는 훨씬 더 큰 유익을 일시적으로 압도할 수 있다.

이것은 바울이 "내 속에 거하는 죄"라고 부르는 것이 내 안에 있다는 증거다(롬 7:17, 20, 23). 이것은 옛사람이 죽은 후에도 끈질기게 남아 있는 부패의 한 부분이다(롬 6:6). 나는 이것을 자랑스러워하지 않는다. 이것은 나를 슬프게 하고 때로 나를 위협한다. 내가 기쁨을 위한 싸움을 그렇게 강조하는 데는 이런 이유도 있다. 나는 이러한 죄악된 경향과 싸워 이것을 죽여야 한다는 것을 알고 있다. 바울이 "땅에 있는 지체를 죽이라"(골 3:5)고 말할 때 염두에 두고 있는 것도 바로 이런 싸움이다. 우리가 이렇게 하는 데 말씀이 어떻게 도움이 되는지 간단하게 살펴볼 것이다. 그러나 우리는 먼저 말씀과의 약속을 지키기 위해 싸워야 한다.

우리를 유혹하여 컴퓨터나 텔레비전이나 다른 즐거움으로 끌어가는 힘과 맞서 싸울 수 있는 방법 가운데 하나는, 하나님의 말씀이 우리 삶에 가져다 주는 유익들, 수적·질적으로 비교가 되지 않는 유익들을 자신에게 자주 상기시키는 것이다. 우리는 성경을 읽고 묵상하고 암송하고 공부하는 것이, 우리를 유혹하는 모든 것보다 이생과 내세에 더 많은 기쁨을 준다는 증거를 자신에게 제시해야 한다.

성경이 이러한 기쁨을 낳는 데는 여러 가지 이유가 있다. 나는 이러한 다양성을 경시하거나 성경이 우리 삶에 가져다 주는 유익의 범위를 축소하고 싶지는 않다. 그 다양성과 유익의 범위는 그 누구도 깨닫지 못할 만큼 넓다. 나는 성경이 그 모든 유익을 통해, 그리스도의 영광을 보며 그분과의 교제를 누릴 수 있도록 우리를 그리스도께 인도함으로써 궁극적으로 차원 높고 지속적인 기쁨으로 인도한다는 것을 강조하고 싶다. 다양한 이 모든 유익이 최종적으로 유익이 되는 것은, 우리가 누려야 할 그리스도를 더 많이 보여 주며 더 많이 누리게 해 주기 때문이다.

성경의 가치를 보라

이제 성경이 주는 유익들 가운데 열 가지를 함께 살펴보기로 하겠다. 이러한 열 가지 유익들을 읽으면서 성경의 가치를 보는 눈을 달라고 기도하고 당신 속에 하나님의 말씀을 향한 꺼지지 않는 갈망을 일깨워 달라고 기도하라. 이것은 기쁨을 위한 싸움이며, 이 장에서 그 무기는 하나님 말씀의 가치가 이 땅의 모든 것보다 얼마나 뛰어난지를 보는 새로운 눈이다.

1. 하나님의 말씀은 믿음을 일깨워 주고 강하게 해 준다.

성령은 하나님의 말씀과 상관없이 믿음을 일깨우고 강하게 하지는 않으신다. "믿음은 들음에서 나며 들음은 그리스도의 말씀으로 말미암았느니라"(롬 10:17). 그 이유는 성령이 그리스도를 영화롭게 하라고 세상에 보내심을 받으셨기 때문이다. 그러나 성령이 복음에 나타난 그리스도의 영광의 계시와 무관하게 믿음을 일깨우신다면 그리스도는 영광을 받지 못하실 것이다.

예수님은 "진리의 성령이 오시면…내 영광을 나타내리니"라고 말씀하셨다(요 16:13-14). 성령께서 그리스도의 말씀 가운데 나타난 그리스도의 선포와 무관하게 우리를 믿음으로 이끄신다면 우리의 믿음은 그리스도를 향하지 못할 것이며 그리스도도 높임을 받지 않으실 것이다. 그러므로 성령은 믿음을 일깨우는 사역을 그리스도를 높이는 말씀과 결합시키신다. 이것은 우리가 그리스도의 말씀 앞에 나아갈 때 그리스도를 우리에게 계시하고 우리의 믿음을 강하게 하려는 성령의 의지에 자신을 맡긴다는 뜻이다. 이 믿음 속에 우리 모든 기쁨의 맛과 씨앗이 있다. 그러므로 말씀이 우리 믿음을 일깨우시는 것은 우리의 기쁨을 위해서다.

2. 하나님은 말씀을 듣는 행위를 통해, 성령을 공급하신다.

하나님의 성령은 우리를 믿음으로 인도하는 무의식적인 영향력을 발휘하실 뿐 아니라 그 믿음을 통해 오는 능력과 인격적 교제에 대한 의식적인 체험도 가능하게 하신다. 이것은 두 가지를 설명해 준다.[1] 성경은 성령께서 그분이 원하시는 대로 다니시며, 우리가 선택할 수 있기도 전에 우리 삶에 자비로운 영향을 미치신다고 말한다(요 3:6-8; 6:36, 44, 65). 바꾸어 말하자면, 성령은 그분의 무의식적인 영향력으로 우리 안에서 일하시면서 우리가 말씀을 듣고 받아들일 수 있게 하신다.[2] 성경은 우리가 하나님의 말씀을 들을 때 성령께서 그 듣는 행위를 통해 오신다고 말한다. 바꾸어 말하자면, 우리가 믿음으로 하나님의 말씀을 들을 때 성령과의 의식적인 교제가 이루어진다.

그러므로 바울은 갈라디아서 3:5에서 이렇게 말한다. "너희에게 성령을 주시고 너희 가운데서 능력을 행하시는 이의 일이 율법의 행위에서냐 혹은 듣고 믿음에서냐?" 물론 그 대답은 "듣고 믿음에서"다. 들음(hearing)이라는 단어에 주목하라. 이것은 말씀이 선포되었다는 것을 암시한다. 바울은 하나님의 말씀을 전했다. 이제 그는 이렇게 상기시킨다. "믿음으로 말씀을 듣는 것이 너희가 성령을 받는 수단이다." 그러므로 성령은 우리가 그분을 믿기 **전에** (무의식적으로) 오셔서 우리로 하여금 하나님의 말씀을 믿을 수 있게 하신다. 그리고 성령은 그분을 믿는 우리의 믿음에 **반응하여** (의식적으로) 오셔서 하나님의 말씀을 통한 그분과의 교제를 의식적으로 경험하게 하신다. 바울은 이런 경험을 "성령의 기쁨"이라고 부른다. "너희는…성령의 기쁨으로 말씀을 받아"(살전 1:6).

이것은 우리가 그리스도인이 되고 우리 안에 성령이 거하신 후에도 똑같이 적용된다. 하나님의 성령을 더 많이 원한다면 믿음으로 하나님의 말씀을 더 많이 들어야 한다. 우리는 하나님의 약속을 듣고, 피로 산 그 약속의 확실성을 보며, 그 선한 약속을 소중히 여기며, 그 약속을 의지해야 한다. 이것이 하나님이 그분의 성령을 더 많이 공급하시는 방법이다. "오직 성령으로 충만함을 받으라. 시와 찬송과 신령한 노래들로 서로 화답하[라]"는 에베소서 5:18-19의 명령은 "그리스도의 말씀이 너희 속에 풍성히 거하여 모든 지혜로 피차 가르치며 권면하고 시와 찬송과 신령한 노래를 부르[라]"는 골로새서 3:16의 명령과 같은 것이다. 그리스도의 말씀으로 충만해지는 것과 그리스도의 성령으로 충만해지는 것은 거의 같다. 왜냐하면 믿음으로 말씀을 받아들이는 곳에는 성령께서 기쁨으로 임하시기 때문이다.

바꾸어 말하자면, 믿음의 첫 행위만 들음에서 나는 것이 아니라 뒤이은 모든 믿음의 행위도 들음에서 난다. 그리고 하나님이 이러한 "듣고 믿음"을 통해 그분의 성령을 주시기 때문에 성령 충만은 하나님의 말씀을 지속적으로 들을 때 이루어진다. 성령이 오시는 것은 예수님을 높이기 위해서다. 이것은 성령이 오시는 것은 예수님의 영광에 대한 기쁨을 우리 마음에 일으키기 위해서라는 뜻이다. 이것은 하나님의 말씀이 세상이 줄 수 있는 그 어떤 것보다 가치가 있다는 뜻이다.

3. 하나님의 말씀은 생명을 창조하고 유지한다.

예수님은 "내가 온 것은 양으로 생명을 얻게 하고 더 풍성히 얻게 하려는 것이라"고 말씀하셨다(요 10:10). 이를 위해, 예수님은 많은 것을 가르치셨고, 그런 후에는 우리가 영원하고 풍성한 생명을 얻도록 자신의 생명을 주셨다. "너희가 **거듭난** 것은 썩어질 씨로 된 것이 아니요 썩지 아니할 씨로 된 것이니, 살아 있고 항상 있는 하나님의 말씀으로 되었느니라…너희에게 전한 복음이 곧 이 말씀이니라"(벧전 1:23-25). 하나님은 복음 전파를 인간의 영혼에 새로운 생명을 창조하는 기회로 삼으신다. 예수님은 "내가 너희에게 이른 말은 영이요 **생명**이라"고 말씀하셨다(요 6:63). 그러므로 요한은 자신의 복음서에서 예수님의 말씀과 사역에 관한 기록을 끝내면서 "오직 이것을 기록함은…너희로 믿고 그 이름을 힘입어 **생명**을 얻게 하려 함이니라"고 했다(요 20:31). 요한복음의 말씀은—그리고 모든 성경이—우리를 생명으로 인도한다.

예수님은 "사람이 떡으로만 살 것이 아니요, 하나님의 입으로부터 나오는 모든 **말씀**으로 살 것이라"고 말씀하셨다(마 4:4). 우리는 너무나 쉽게 속는 탓에, 우리를 말씀으로부터 꾀어내는 것들로부터 더 나은 삶 또는 더 풍성한 삶이 온다고 생각한다. 그러나 사실 우리에게 생명을 풍성하게 주는 것은 말씀 그 자체다. 우리가 떡으로 얻는 생명은 연약하고 짧지만 말씀으로 얻는 생명은 견고하며 영원하다. 하나님의 말씀이 이러한 생명을 창조하고 유지해 주는 것이다. 이러한 생명과 함께 생명의 빛이 온다. 우리는 이 빛을 통해 그리스도의 영광을 본다. "진실로 **생명**의 원천이 주께 있사오니 주의 **빛** 안에서 우리가 빛을 보리이다"(시 36:9). 또는 예수님이 말씀하신 것처럼 "나를 따르는 자는…**생명의 빛**을 얻으리라"(요 8:12). 바꾸어 말하자면, 말씀으로부터 오는 생명은 기쁨의 생명이다. 왜냐하면 말씀은 우리를 절박한 슬픔의 어둠에서 끌어내어 그리스도의 영광의 빛으로 인도하기 때문이다.

4. 하나님의 말씀은 소망을 준다.

우리가 상상할 수 있는 것보다 더 많은 방법으로, 하나님의 말씀은 우리에게 소망을 주며 그 소망을 강하게 해 준다. 우리는 구약성경에 대한 바울의 놀라운 평가 하나만으로도 성경이 얼마나 많은 방법으로 소망을 주는지 어렴풋이 알 수 있다. "무엇이든지 전에 기록된 바는 우리의 교훈을 위하여 기록된 것이니, 우리로 하여금 인내로 또는 성경의 위로로 **소망**을 가지게 함이니라"(롬 15:4). 구약의 한 부분뿐 아니라 구약 전체가—"무엇이든지 전에 기록된 바는"—우리에게 소망을 주려는 하나님의 목적에서 기록되었다.

이것이 우리에게 가르쳐 주는 것 가운데 하나는, 우리가 소망을 얻는 것은 가능한 모든 방법을 다 알고 난 후가 아니라는 것이다. 하나님의 지혜에 비하면, 우리가 삶에서 경험하는 것은 매우 적다. 하나님이 우리에게 소망을 주려고 계획하신 방법은 수없이 많다. 우리는 그 가운데 대부분을 아직 맛보지 못했거나 생각조차 하지 못했다. 그런데도 우리는 소망을 얻게 하는 몇 안 되는 증명된 방법이 우리를 외면한다고 투덜거릴 때가 얼마나 많은가! 우리는 소망을 얻는 데는 우리가 생각지도 못한 방법이 있다는 것을 깨닫지 못한다. 성경을 덮어 놓은 채 소망 없이 "내게 필요한 것은 이것인데, 성경에는 없어!"라고 말하는 우리는 얼마나 속이 좁은지…. 자신이 정한 무엇인가는 필요하고, 믿음으로 성경을 읽을 때 성경이 우리 안에 일깨워 줄 뜻밖의 소망은 필요하지 않다는 것을 우리가 어떻게 아는가?

실제로 우리에게 소망이 없는 것은 우리에게 필요하지도 않은 것을 필요하다고 생각하기 때문이다. 우리에게 정말 필요한 것이 무엇인지 알고 그런 후에 그것을 얻을 수 있는 힘을 갖기 위해서는 하나님의 말씀이 있어야 할 것이다. 결국 우리에게 정말 필요한 것은 그리스도다. 그분은 우리 모든 소망의 총합이다. 바울은 데살로니가 교인들이 가졌던 "**우리 주 예수 그리스도에 대한 소망의 인내를**" 칭찬한다(살전 1:3). 그는 우리의 "**복된 소망은 우리의 위대하신 하나님과 구주 예수 그리스도의 영광이 나타나는 것**"이라고 말한다(딛 2:13, ESV 사역). 그러므로 우리는 "**그리스도께…소망을 [두어야]**"(엡 1:12, 개역한글) 하며 "**너희 안에 계신 그리스도…곧 영광의 소망**"인 복음의 신비를 기뻐해야 한다(골 1:27). 때로 우리는 성경을 통해 우리의 꿈을 이루는 것이 아니라, 좌절된 꿈을 버리고 모든 만족을 주는 그리스도의 영광에 잠겨야 한다. 우리가 가장 깊은 기쁨에 이르는 길을 항상 알고 있는 것은 아니다. 그러나 하나님의 감동으로 된 모든 성경은 우리를 그곳으로 인도해 준다. 그러므로 성경은 이 세상이 줄 수 있는 그 어떤 것보다 귀중하다.

5. 하나님의 말씀은 우리를 자유로 인도한다.

예수님은 "진리를 알지니 진리가 너희를 자유롭게 하리라"고 말씀하셨다(요 8:32). 하나님 말씀의 진리는 많은 면에서 자유를 주며 그 모든 면에서 기쁨을 준다. 그러나 예수님은 34절에서 그분의 초점이 어디에 있는지 밝히신다. "진실로 진실로 너희에게 이르노니 **죄를 범하는 자마다 죄의 종이라.**" 그분이 여기서 염두에 두고 계신 자유는 신자를 굴복시키는 파괴적인 죄의 영향으로부터의 자유다. 진리는 바로 이것으로부터 자유롭게 한다. 그러므로 예수님은 요한복음 17:17에서 이 진리를 기도로 바꾸신다. "그들을 진리로 거룩하게 하옵소서. 아버지의 말씀은 진리니이다." **거룩하게 한다**는 것은 죄로부터 자유롭게 한다는 뜻이다.

이러한 자유는 두 가지 이유에서 기쁨을 위한 싸움에 반드시 필요하다. 첫 번째 이유는, 복음의 **진리**가 그리스도의 피와 의를 통해 우리를 자유롭게 하지 않는다면, 죄책으로 말미암아 하나님의 진노가 우리 위에 임하게 되기 때문이다. 이것이 우리가 제6장에서 초점을 맞춘 내용이다.

이러한 자유가 기쁨을 위한 싸움에 반드시 필요한 두 번째 이유는, 죄라는 놈은 우리가 가장 좋은 것을 보고 맛볼 수 없도록 우리의 삶을 심하게 더럽히고 부패시키기 때문이다. 그러므로 죄로 인한 부패는 기쁨을 살해하는 주범이다. 예수님은 "마음이 청결한 자는 복이 있나니 그들이 하나님을 볼 것임이요"라고 말씀하셨다(마 5:8). 우리는 제5장에서 하나님을 보는 것이 기쁨을 위한 싸움에서 어떤 역할을 하는지 살펴보았다. 여기서는 우리가 하나님을 갈망의 대상으로 볼 수 없을 정도로 죄의 더러움이 우리의 지각을 심하게 왜곡한다는 사실을 지적하는 것으로 충분할 것이다. 그러므로 죄는 가장 큰 기쁨을 불가능하게 만든다.

• 죄가 대신 약속하는 것: 거짓된 즐거움

물론, 죄는 거짓된 대체물을 내놓는다. 이 대체물은 자신이 주는 결과물이 탁월하다고 거짓말을 하기 때문에 성경은 이것들을 가리켜 "허망한 욕정"(엡 4:22, 새번역)이라고 부른다. 이들은 단 것을 쓰다고 하며, 쓴 것을 달다고 한다. 이들은 모든 것을 거꾸로 뒤집어 버린다. 이들을 믿는 사람들은 점점 더 이들처럼 된다. "그들의 신은 배요 그 영광은 그들의 부끄러움에 있고 땅의 일을 생각하는 자라"(빌 3:19). 자신의 부끄러움을 영광으로 삼고 해로운 즐거움에 심취한 사람들이 세상에 얼마나 많은가!

"허망한 욕정"은 우리를 속여 죄악된 생각과 행동이 하나님을 보는 것보다 더 큰 만족을 준다고 느끼게 할 수 있다. 이러한 망상은 도덕적 혼란을 일으킬 만큼 강하기 때문에 사람들은 죄를 선한 것, 또는 선하지 않다면 적어도 허용될 수 있는 것으로 정당화할 방법들을 찾는다. 하나님 말씀의 진리가 아니라 "허망한 욕정"에서 비롯된 자기를 정당화하는 주장 때문에 파탄에 이른 부부 관계가 얼마나 많은가!

"허망한 욕정"이 가장 강할 때 전투는 매우 격렬해진다. 예수님은 최전선에서 벌어지는 허망한 욕정과의 싸움을 말씀하시면서 가장 폭력적인 언어를 사용하신다. "만일 네 오른 눈이 너로 실족하게 하거든 빼어 내버리라. 네 백체 중 하나가 없어지고 온몸이 지옥에 던져

지지 않는 것이 유익하며"(마 5:29). 예수님은 우리의 참되고 지속적인 기쁨을 사랑하시기 때문에 정욕에 무력으로 맞서라고 요구하신다. 성적 욕망은 기쁨의 근원을 거짓으로 가르쳐 주는 가장 강력한 사기꾼이다. 목사들조차도 한 여자의 상냥함에 넘어가 좌우를 분간하지 못하는 바보가 되어 버리는 경우가 수없이 많다.

- 그리스도인의 절제에 있는 '호전성'

에드 웰치(Ed Welch)는 허망한 욕정과 벌여야 하는 "전면전"에 관해 매우 강한 어조로 말했다.

…진정한 절제에는 호전성이 필요하다.…절제는 겁쟁이들의 것이 아니다. 우리는 절제를 키우고 싶을 때, 예수 그리스도를 향한 열정을 기를 뿐 아니라 자신에게는 죄에 대한 증오를 요구한다.…무절제한 욕망에 대해 취할 수 있는 유일한 태도는 전면전을 선언하는 것이다.…전쟁에는 감각을 예민하게 하는 무엇인가가 있다.…나뭇가지가 흔들리거나 나뭇잎이 부스럭거리는 소리만 들려도 전투 자세를 취한다. 누가 기침만 해도 칼을 뽑을 준비를 한다. 며칠씩 잠을 거의 또는 전혀 자지 못한 후라도, 전쟁은 경계를 늦출 수 없게 한다.[3]

그렇다. 진정한 그리스도인의 삶에는 호전적이고 폭력적인 경향이 있다! 그러나 누구에 대한, 또는 무엇에 대한 폭력인가? 다른 사람들에 대한 폭력이 아니다! 우리 안에 있는, 다른 사람들에게 폭력을 행하려는 모든 충동에 대한 폭력이다. 이것은 우리의 자아 속에 있는, 자신의 죄와 타협하고 아무 일 없는 것이 좋은 것이라는 사고에 안주하려는 모든 충동을 거스르는 폭력이다. 모든 정욕과 우리를 사로잡는 음식이나 카페인, 설탕, 초콜릿, 알코올, 포르노그래피, 돈, 사람들의 칭찬, 다른 사람들의 인정, 권력이나 명예에 대한 욕망을 거스르는 폭력이다. 이것은 우리 영혼 속에 있는, 인종 차별과 불의와 가난과 낙태에 대한 게으른 무관심에 대한 폭력이다.

기독교는 있는 그대로의 세상과 타협하고 거기에 안주해 사는 종교가 아니다. 예수님이 "진리가 너희를 자유하게 하리라"(요 8:32)고 말씀하셨을 때 의미하신 것은 싸움 없이 얻어지는 자유가 아니었다. 그분이 의미하신 것은, 영혼에서 벌어지는 자유의 전쟁에서 진리가 승리하리라는 것이었다. 기독교는 전쟁이다. 우리 자신의 죄악된 충동을 향해 전면전을 선언하는 것이다. 사도 베드로는 이렇게 말했다. "사랑하는 자들아, 거류민과 나그네 같은 너희를 권하노니 영혼을 거슬러 육체의 정욕을 제어하라"(벧전 2:11). 그리스도인이 된다는 것은 우리 영혼이 — 우리 영혼의 영원한 기쁨이 — 위험에 처해 있다는 사실을 자각하는 것이다. 그러므로 기독교는 참되고 영원한 기쁨을 위한 생사를 건 싸움이다.

- 말씀의 자유케 하는 능력은 약속된 기쁨의 능력이다

예수님이라면 우리를 세상적인 만족이라는 치명적인 망상에서 자유롭게 하실 것이다. 그리고 그분의 말씀의 진리를 통해 그렇게 하실 것이다. "진리를 알지니, 진리가 너희를 자유하게 하리라." 그렇다면 우리로 하여금 사탄이나 이 세상이 줄 수 있는 그 어떤 것보다 더 깊고, 더 강하고, 더 달콤하고, 더 높고, 더 오래가는 기쁨을 가질 수 있게 하기 위해, 말씀의 진리는 우리를 어떻게 허망한 욕망으로부터 자유롭게 하는가?

어떤 그리스도인들은 육욕과 싸우기 위해 금욕주의를 선택한다. 그러나 이 방법은 통하지 않는다. 금욕주의는 비성경적이다. 금욕주의는 속절없이 약하며 효과도 없다. 금욕주의가 실패하는 이유는, 죄의 힘은 죄가 제시하는 쾌락에 대한 약속에서 오며 따라서 인간의 미천한 의지력이 아니라 하나님 안에 있는 좀더 우월한 즐거움에 대한 약속, 곧 피로 산 약속이 죄의 힘을 이기도록 되어 있기 때문이다. 의지력의 종교는, 성공하는 경우 의지에 영광을 돌린다. 이런 종교는 사랑하는 사람들이 아니라 율법주의자들을 낳는다. 조나단 에드워즈는 이러한 접근은 힘이 없다는 것을 알고 이렇게 말했다.

> 악인들을 설득하여 경건한 삶을 살게 하는 것은 두 배나 힘든 일이다.…일반적인 주장은 종교가 유익하다는 것이다. 그러나 슬프게도 악인들은 유익을 좇지 않는다. 그들이 구하는 것은 쾌락이다. 그러므로 이제 우리는 그들의 무기로 그들과 싸울 것이다.[4]

바꾸어 말하자면, 피로 샀으며 하나님 안에 있는 영원한 즐거움을 향한 열정이야말로 자신의 의지력을 자랑하는 율법주의자들이 아니라 하나님을 사랑하는 사람들을 낳으면서 이 세대의 정욕을 이길 수 있는 유일한 힘이다.

하나님의 말씀의 진리는 우리를 어떻게 자유롭게 하는가? 말씀의 진리는 허망한 욕정을 죽일 수 있는 무기를 우리에게 준다. 예수님이 욕정과의 싸움에서 폭력을 말씀하셨듯이 바울도 이렇게 말한다. "땅에 있는 지체를 **죽이라**. 곧…악한 정욕과 탐심이니 탐심은 우상 숭배니라"(골 3:5). 다른 곳에서는 "영으로써 몸의 행실을 **죽이면** 살리니"라고 말한다(롬 8:13). 한 본문은 **정욕**을 죽이라고 말하고 다른 한 본문은 **행실**을 죽이라고 말한다는 사실은 악한 행실 뒤에는 악한 정욕이 있음을 보여 준다. 행실만 죽이고 정욕은 그대로 두는 것은 전혀 효과가 없을 것이다. 이것은 예수님의 방법이 아니었다. 예수님의 방법은 정욕을 죽임으로써 행실을 죽이는 것이었다. 행실의 숨통을—다시 말해, 행실이 우리에게 지속적인 기쁨을 주리라는 속임수를—끊음으로써 행실을 질식시켜 버려라.

로마서 8:13과 골로새서 3:5은 "죽이라!"라고 말한다. 이것은 생사를 건 싸움이며, 우리의 생명이—우리의 기쁨은 말할 것도 없고—이 싸움에 달려 있다. 예수님과 바울의 생각은 같다. 이것은 전쟁이다. 그리스도인들이 하나님을 보는 기쁨을 생사를 걸고 진지하게 추구하며, 우리를 속이고 우리의 눈을 막아 모든 만족을 주는 하나님의 영광을 보지 못하게 하는 정욕과 싸우는 것이 얼마나 긴급하고 절실한지 느낀다면, 기독교는 많은 부분에서 매우 다른 모습이 될 것이다.

• 당신은 허망한 욕정을 어떻게 죽이는가?

그렇다면 하나님 말씀의 진리는 우리가 허망한 욕정을 죽이고 견고한 기쁨을 추구할 자유를 얻도록 우리를 어떻게 도와주는가? 한 가지 열쇠는 로마서 8:13이 우리의 생명을 위협하는 허망한 욕정과 행실을 "영으로써" 죽여야 한다고 말한다는 것이다. 그렇다면 어떻게 "영으로" 정욕을 죽이는가? 첫째는 바울이 에베소서 6:11-18에서 "하나님의 전신 갑주"를 말할 때 거기서 유일한 공격 무기(실상 무기)는 "성령의 검 곧 하나님의 말씀"뿐이라는 데 주목하는 것이다. 그러므로 로마서 8:13이 우리가 "영으로써" 죄악된 행실을 죽여야 한다고 말할 때, 나는 이 말을 "허망한 욕정과 관련하여 하나님의 말씀을 믿음으로써 속임수(허망함)를 무너뜨리는 성령의 능력을 경험하라"라는 뜻으로 받아들인다. 우리가 하나님이 아니라 단지 인간일 뿐일지라도, 죄악된 정욕을 향해 성령의 능력을 대포처럼 발사해야 한다. 이러한 치명적인 검과 같은 화력은 "하나님의 말씀"이라 불린다. 이러한 능력을 발사하는 길은 말씀을 믿는 것이다.

갈라디아서 3:15이 이것을 확인해 준다. "너희에게 성령을 주시고 너희 가운데서 능력을 행하시는 이의 일이 율법의 행위에서냐, 혹은 듣고 믿음에서냐"(갈 3:5). 바꾸어 말하자면, 우리는 듣고 믿음으로써 성령의 능력이 강력하게 죄를 죽이게 한다. 그렇다면 무엇을 듣는가? 하나님의 말씀이다. 그러므로 파괴적인 열망으로 우리를 쓰러뜨리겠다고 위협하는 기쁨을 죽이는 허망한 정욕을 이기는 방법은, 죄가 줄 수 있는 그 어떤 것보다 더 큰 갈망의 대상이 되시는 하나님과 그분의 말씀을 듣고 믿는 것이다.

이것이 에드워즈가 "그러므로 이제 우리는 그들의 무기로 그들과 싸울 것이다"라고 말할 때 의미한 것이다. 죄의 힘이 허망한 욕정의 약속인가? 그렇다면 우리 역시 약속으로 맞설 것이다! 죄여, 네가 줄 수 있는 최고의 약속을 입고 나오너라! 우리는 너의 그런 약속에 맞서 하나님의 약속을 입고 나가리라. 세상의 그 무엇도 하나님이 약속하시는 즐거움만큼 가치 있고, 깊고, 높고, 오래갈 수 없다. "마음이 청결한 자는 복이 있나니[행복하니!⁵] 그들이 하나님을 볼 것임이요"(마 5:8). "주께서 주의 복락의 강물을 마시게 하시리이다"(시 36:8). "주께서 생명의 길을 내게 보이시리니…주의 오른쪽에는 영원한 즐거움이 있나이다"(시 16:11). "주께서 내 마음에 두신 기쁨은 그들의 곡식과 새 포도주가 풍성할 때보다 더하니이다"(시 4:7). "그날에 기뻐하고 뛰놀라. 하늘에서 너희 상이 큼이라"(눅 6:23). 그 무엇도 하나님이 약속하시는 기쁨을 능가할 수 없다.

기쁨을 위한 싸움은 그리스도를 죄의 약속보다 더 갈망해야 하는 분으로 보고 믿으려는 싸움이다. 이러한 믿음과 보는 것은 들음에서 나며, 들음은 그리스도의 말씀에서 난다. 우리는 말씀을 보고, 깊이 생각하며, 마음의 눈을 열어 더 높은 영광과 기쁨을 보게 해 달라고 하나님께 간구한다. 이러한 간구는 매우 중요하기 때문에 제9장 전체에서 다루도록 하겠다. 그러나 여기서는 하나님의 약속이 죄의 약속보다 더 큰 갈망이 되게 하는 일은 완전히 성령께 달려 있다고 말하는 것으로 충분하다. 이처럼 눈을 밝게 열고 마음을 변화시키기 위해 우리는 날마다 기도한다.

• 그리스도의 십자가는 어떻게 기쁨을 죽이는 죄를 죽이는가?

이제 진리가 기쁨을 죽이는 허망한 욕정으로부터 우리를 어떻게 자유롭게 하는지에 좀더 초점을 맞춰 보기로 하자. 하나님의 말씀에는 허망한 욕정 하나하나를 죽이기에 매우 적합한 약속들뿐 아니라[6] 이 싸움에서 특별한 힘을 얻기 위해 계획된 중심 메시지도 담겨 있다. 중심 메시지란 십자가에 죽으신 그리스도의 복음이다. 우리는 제6장 전체를 이것에 할애했다. 그러나 존 오웬의 증언은 결정적인 곳에 사용하려고 아껴 두었다. 오웬은 영국의 청교도들 가운데 가장 위대한 사상가이자 신학자일 것이다. 그는 깊은 성경 묵상과 날카로운 실제적 적용을 결합시켰다.

그의 가장 유명한 저작 가운데 『존 오웬의 죄 죽이기』(*Mortification of Sin in Believers*, SFC 출판부 역간)라는 짧은 내용의 책이 있다. 이 책은 "너희가 육신대로 살면 반드시 죽을 것이로되 영으로써 몸의 행실을 죽이면 살리니"라는 로마서 8:13에 대한 해설이다. 오웬은 이것을 이렇게 표현했다. "죄를 계속 죽이라. 그렇지 않으면 죄가 너를 계속 죽일 것이다."[7]

내가 열다섯 살 때 어머니는 내 성경책에 이렇게 써 놓으셨다(나는 아직도 그 성경책을 갖고 있다). "이 책이 너를 죄와 가까이하지 못하게 할 것이다. 그렇지 않으면 죄가 너를 이 책과 가까이하지 못하게 할 것이다." 내가 지금 제시하려는 요점은 어머니의 말과 오웬의 말이 사실상 똑같다는 것이다. 하나님의 말씀은 죄를 죽이는 도구다. 진리가 당신을 자유롭게 할 것이다. 오웬에게 그리스도의 십자가는 중심 메시지이며 죄를 죽이는 하나님 말씀의 능력이다. 이것은 중심되고 자유롭게 하는 진리다. 그는 여기에 초점을 맞추는 것이, 기쁨을 죽이는 죄를 죽이는 주된 방법이라고 말했다.

특별히, 당신의 애정의 대상은 그리스도의 십자가가 되게 하라. 그리스도의 십자가는 내주하는 죄의 모든 일을 좌절시키는 데 탁월한 효과가 있기 때문이다. "내게는 우리 주 예수 그리스도의 십자가 외에 결코 자랑할 것이 없으니, 그리스도로 말미암아 세상이 나를 대하여 십자가에 못 박히고 내가 또한 세상을 대하여 그러하니라"(갈 6:14). 그[바울]는 그리스도의 십자가를 영화롭게 하고 기뻐했다. 그의 마음은 십자가 위에 있었다. 그 결과, 십자가가 그의 위에 세상을 못 박았으며, 따라서 세상은 죽었고 더 이상 갈망의 대상이 되지 못했다. 죄의 모든 유혹과 즐거움이 세상에서 사라졌다.…마음이 그리스도의 십자가로 채워지면, 이 모든 것들에 대해 죽고 이것들을 바라지 않게 된다. 더 이상 이것들이 아름다워 보이거나 즐거워 보이거나 멋있어 보이지 않는다. 다시 한번 그는 이렇게 말한다. "십자가가 나를 세상에 대하여 못 박았다. 나의 마음과 애정과 갈망이 이런 모든 것들에 대해 죽게 만들었다." 십자가는 부패한 정욕과 애정을 뿌리 뽑고 정욕을 채우려고 육을 위하며 육의 필요를 공급하는 그 어떤 원칙도 남겨 두지 않는다. 그러므로 악을 위한 자리가 없도록…그리스도의 십자가로 당신의 마음을 채우고자 노력하라.[8]

이것이 기쁨을 위한 싸움의 핵심이다. 당신은 진리를 알게 되고, 진리가 당신을 자유롭게 할 것이다. 당신을 자유롭게 하여 그리스도의 놀라운 영광을 보게 하며, 영혼을 상대로 전쟁을 일으켜 보지 못하게 하고 기쁨을 죽이는 정욕들로부터 자유롭게 할 것이다. 기쁨을 위한 싸움에서 자유롭게 하는 진리의 힘, 곧 하나님의 약속과 십자가 메시지의 힘을 대신할 수 있는 것은 없으며, 십자가에서는 모든 약속이 그리스도의 죽음에 의해 피로 산 바 된다.

6. 하나님의 말씀은 기도 응답의 열쇠다.

성경을 읽고 숙고하고 암송하려는 갈망을 일깨우는 하나님 말씀의 또 다른 유익은 말씀이 기도 응답에서 하는 역할이다. 예수님은 "너희가 내 안에 거하고 내 말이 너희 안에 거하면 무엇이든지 원하는 대로 구하라. 그리하면 이루리라"고 말씀하셨다(요 15:7). 우리의 기도가 효과가 있으려면 반드시 예수님이 우리 안에 거하셔야 한다.

우리 안에 거하신다는 예수님의 말씀이 무슨 뜻인지 알 수 있는 가장 좋은 방법은 예수님이 몇 구절 앞에서 하신 말씀을 살펴보는 것이다. 예수님은 5절에서 이렇게 말씀하신다. "그가 내 안에, 내가 그 안에 거하면 사람이 열매를 많이 맺나니." 두 구절이 어떻게 비슷한지 주목하라. 예수님은 7절에서는 "너희가 내 안에 거하고 **내 말이** 너희 안에 거하면"이라고 말씀하시고, 5절에서는 "그가 내 안에 **내가** 그 안에 거하면"이라고 말씀하신다. 5절에서는 우리가 예수님 안에 거할 때 **예수님 자신이** 우리 안에 거하신다. 그러나 7절에서는 우리가 그분 안에 거할 때 **그분의 말씀이** 우리 안에 거한다. 나는 이러한 교체는 예수님이 우리 안에 거하실 때 그분의 말씀으로 거하신다는 것을 보여 주기 위해서라고 생각한다.[9]

또한 이러한 병행 구조는 예수님의 말씀이 우리 안에 거한다는 것이 무슨 뜻인지 보여 준다. 예수님의 말씀이 우리 안에 거하게 한다는 것은 예수님 자신이 우리 안에 거하시게 한다는 뜻이다. 이것은 우리가 예수님을 우리의 삶에 맞아들일 때, 아무런 의견이나 명령도 제시하지 않는 조용한 손님으로서가 아니라 그 말씀과 우선순위와 원칙과 약속이 다른 무엇보다 더 중요한 권위 있는 손님으로서 사실 수 있는 공간을 내어 드린다는 뜻이다.

예수님의 말씀이 우리 안에 거하게 한다는 것은, 그저 고대 선생들의 격언을 깊이 생각하듯이 성경을 읽거나 암송하거나 묵상하거나 듣는 것과는 다르다. 예수님은 오늘도 살아 계시지만, 고대의 선생들은 그렇지 않다. 예수님은 그분의 말씀에 대한 **생각**이, 말씀을 통한 그분과의 **교제**를 대체하기를 원치 않으신다. 그분이 원하시는 것은 그분의 말씀에 대한 묵상이 그분과의 교제가 되는 것이다. 우리는 예수님의 말씀을 살아 있는 분의 살아 있는 말씀으로 듣는다. 그분의 말씀을 당신의 마음에 받아들일 때, 이것은 살아 있는 분과 관계를 맺는 의도적인 영적 행위다. 그분의 말씀이 우리 안에 거한다는 것은 바로 이런 뜻이다.

- 그리스도의 내주하는 말씀이 어떻게 효과적인 기도로 이어지는가?

그리스도의 말씀이 우리 안에 거할 때 기도가 응답되는 이유는, 그 말씀 때문에 우리가 그분이 사랑하시는 것을 사랑하게 되고 그분의 뜻에 따라 구하게 되기 때문이다. 이것은 단번에 이루어지기보다 점진적으로 이루어진다. 우리가 그리스도의 말씀 속에서 그분과 교제함으로써 살아 계신 그리스도를 많이 알수록, 우리의 갈망은 단지 세상적인 것이 아니라 그분의 갈망처럼 더욱 영적인 것이 된다. 이것이 다윗이 시편 37:4에서 "또 여호와를 기뻐하라. 그가 네 마음의 소원을 네게 이루어 주시리로다"라고 했을 때 의미한 것이다. 마음이 그 무엇보다도 여호와를 기뻐할 때 마음의 소원은 더 이상 자연적 욕망이 될 수 없다. 여호와를 기뻐할 때—그분의 거룩한 이름을 기뻐하고 그분의 나라를 구하기를 기뻐하며 그분의 뜻을 행하기를 기뻐할 때—모든 자연적 갈망은 하나님과 관계된 갈망으로 바뀐다. 이것이 그리스도의 말씀이 우리 안에 거할 때 일어나는 일이다.

표현을 달리해 보자면, 하나님이 당신의 관심에 응답하시기를 원한다면 당신이 그분의 관심에 집중해야 한다. 하나님은 하나님이시다. 그분은 인류라는 컨설팅 회사에 문의하면서 세상을 운영하지 않으신다. 하나님은 우리가 하나님과의 교제 가운데 살고 그분의 마음과 목표와 목적에 의해 기꺼이 빚어지는 정도만큼, 기도를 통해 세상의 운영에 참여하도록 허락하신다.

이것을 확인시켜 주는 증거 가운데 하나가 요한일서 5:14이다. "그를 향하여 우리가 가진 바 담대함이 이것이니 **그의 뜻대로 무엇을 구하면** 들으심이라." 기도는 우리의 자연적 갈망을 만족시키기 위한 도구가 아니다. 기도는 이러한 갈망들이 그리스도의 계획과 일치할 만큼 깨끗해지며 그리스도와 그분의 말씀으로 흠뻑 젖을 때 우리의 갈망을 만족시키기 위한 것이다. 이런 일은 그리스도의 말씀이 우리 안에 거할 때 점점 더 많이 일어난다.

우리 안에 거하는 예수님의 말씀은 우리가 열매 맺는 기도를 드릴 수 있도록 준비시켜 준다. "그가 내 안에, 내가 그 안에 거하면 사람이 열매를 많이 맺나니"(요 15:5). 기도가 자연적 갈망을 만족시키기 위한 것이 아니라 그리스도를 높이고 열매를 맺기 위한 것이라면, 기도에서 중요한 것은 자연적 갈망에 지배되는 사람이 아니라 영적 열매를 맺으려는 갈망에 지배되는 사람이 되는 것이다. 그 목표는 바울이 말한 "육에 속한 사람"과 반대되는 "신령한 자"가 되는 것이다(고전 2:14-15). 능력 있는 기도의 열쇠는 우리의 목적을 위해 하나님을 이용하지 않으며 그분의 목적에 쓰임받는 데 전적으로 헌신된 사람이 되는 것이다.

예수님이 "너희가 내 안에 거하고 내 말이 너희 안에 거하면 무엇이든지 원하는 대로 구하라. 그리하면 이루리라"고 말씀하신 것도 바로 이 때문이다. 우리 안에 거하는 예수님의 말씀은 우리가 단순한 자연적 욕망의 지배를 받지 않고 하나님의 영광을 위해 열매를 맺는 데 헌신된 사람이 되게 한다. 열매 맺는 깊은 기도의 삶을 간절히 원한다면 하나님의 말씀에 자신을 바치라. 하나님의 말씀을 읽으라. 하나님의 말씀을 생각하고 암송하라. 그리고 하나님의 말씀으로 빚어지라.

말씀에 흠뻑 젖을 때
우리 기도는 더 확실히 응답될 것이다.

그러면 "아침에 주의 인자하심이 우리를 만족하게 하사 우리를 일생 동안 즐겁고 기쁘게 하소서"(시 90:14)라는 말씀이 일상의 기도 가운데 하나가 될 것이며, 우리는 이 세상이 줄 수 있는 그 어떤 것보다 예수님의 말씀을 더 갈망하게 될 것이다.

7. 하나님의 말씀은 지혜의 근원이다.

지혜롭다는 것은 큰 이점이다. 지혜는 사실을 아는 단순한 지식과는 다르다. 정식 교육을 거의 받지 않았는데도 매우 지혜로운 사람들이 있다. 반대로 교육을 많이 받고 많이 알지만, 지혜롭지 못한 사람들이 있다. 우리는 하나님의 영광과 인간의 유익을 위해 창조되었다. 지혜는 이러한 우리의 창조 목적을 이루기 위해 어떻게 살아야 하는지에 관한 통찰이자 감각이다. 그리고 하나님을 영화롭게 하는 데는 그분을 기뻐하는 것이 포함되고, 인간의 유익에는 우리가 하나님 안에서 누리는 기쁨을 나누는 것이 포함된다. 그러므로 지혜는 깊고 지속적인 기쁨에 이르는 유일한 길이다.

이러한 기쁨을 낳는 지혜가 하나님의 말씀을 통해 온다는 것은 놀라운 일이 아닐 것이다. 앞 단락에서 그리스도의 말씀이 우리 안에 거할 때 그리스도 바로 그분이 우리 안에 거하신다는 것을 살펴보았으며, 바울은 "그 안에는 **지혜**와 지식의 모든 보화가 감추어져 있느니라"고 말한다(골 2:3). 그러므로 그리스도는 그분의 말씀으로 우리 안에 거하시며, 그분은 "지혜와 지식의 모든 보화"를 가지고 오신다. 바울은 골로새서 3:16에서 이것을 좀더 직접적으로 말한다. "**그리스도의 말씀**이 너희 속에 풍성히 거하여 **모든 지혜**로 피차 가르치며 권면하고." 우리가 그리스도의 말씀을 알고 그 말씀 안에 살도록 서로 도울 수 있도록 그리스도의 말씀이 "모든 지혜를" 우리 삶에 가져다 준다.

내가 우리 교회 교인들—특히 여성들—에게 거듭 도전하는 것은 나이가 들면서 슬기로워지는 것을 삶의 목표 가운데 하나로 삼으라는 것이다. 나는 오랜 인생 경험과 많은 고난과 하나님의 말씀에 대한 깊은 묵상을 통해서만 맺을 수 있는 성숙한 영적 열매를 가지고 있는 나이 든 여성들의 통찰력을 좋아한다. 많은 젊은 여성들이, 하나님이 오랜 세월 동안 가르쳐 주신 깊은 지혜를 나누어 줄 수 있는 선배 여성을 애타게 찾고 있다. 이러한 종류의 선물을 주고받는 기쁨은 대단하다. 이것은 하나님의 말씀이 주는 기쁨이다. 지혜를 통해 오는 기쁨보다 더 좋은 것은 없다. 그러므로 하나님의 말씀은 이 땅의 그 무엇보다 가치 있다.

8. 하나님의 말씀은 우리에게 결정적인 경고를 준다.

시편 19편은 하나님의 말씀이 주는 유익을 다른 어떤 곳에서보다 분명하게 알려 준다. 이 시편은 10-11절에서 절정에 이른다. "금 곧 많은 순금보다 더 사모할 것이며 꿀과 송이꿀보다 더 달도다. 또 **주의 종이 이것으로 경고를 받고 이것을 지킴으로 상이 크니이다**."

우리가 무엇이 옳고 무엇이 그른지 완벽하게 가려낼 수 있으며, 미래를 예측하고 모든 행동과 모든 사건의 결과를 알 수 있다면, 경고라는 것이 필요 없을 것이다. 그러나 우리는 많은 것들에 우매하며, 하나님과는 달리 미래를 알지 못한다. 우리는 자신이 취하려는 행동이 어리석다는 경고를 받아야 할 때가 많다. 성경의 경고에 주목한다면 기쁨을 죽이는 수많은 선택을 피할 수 있으리라! 자비로운 하나님이 우리에게 옳은 길을 제시할 뿐 아니라 잘못된 길을 선택하려 할 때 경고까지 해주는 책을 주신 것이다.

경고는 겸손하게 만든다. 경고는 우리 자아를 희생시켜 생명을 구한다. 아내가 내 생명을 구한 적이 여러 번 있었다. 한번은 차가 좌측 통행을 하는 영국의 케임브리지에서 이런 일이 있었다. 나는 머물고 있는 호텔 앞에서 길을 건너고 있었다. 중간쯤 건넜을 때 그만 주의력이 흐트러져, 차가 오는지 보려고 오른쪽으로 고개를 돌렸다. 차가 한 대도 없었다. 아내는 내가 어떻게 할지 알았던 것이 분명했다. 내가 앞으로 나가려는 순간, 아내는 "조니!" 하고 나를 불렀다. "멈춰요!"라는 뜻이 분명했다. 내가 경고에 본능적으로 반응하는 순간, 왼쪽에서 차 한 대가 시속 50킬로미터 속도로 불과 1미터 거리에서 내 앞을 지나갔다. 아내가 경고하지 않았다면 분명히 나는 지금쯤 죽었거나 다리를 절고 있을 것이다.

경고가 내게 생명을 주었다. 성경은 생명을 주고 기쁨을 지켜 주는 경고로 가득하다. "음행을 피하라"(고전 6:18)는 경고에 주목했다면 많은 사람들이 성병을 피할 수 있었을 것이다! 니코틴을 비롯해서 그 무엇의 종도 되지 말라는 경고에(고전 6:12) 주목했다면 많은 사람들이 폐암을 피할 수 있었을 것이다! "살인하지 말라", "도적질하지 말라", "네 이웃에 대하여 거짓 증거하지 말라"(출 20:13, 15, 16)와 같은 경고에 주목했다면 많은 사람들이 감옥에 있지 않을 것이다! "부하려 하는 자들은 시험과 올무와 여러 가지 어리석고 해로운 욕심에 떨어지나니 곧 사람으로 파멸과 멸망에 빠지게 하는 것이라. 돈을 사랑함이 일만 악의 뿌리가 되나니, 이것을 탐내는 자들은 미혹을 받아 믿음에서 떠나 많은 근심으로써 자기를 찔렀도다"(딤전 6:9-10). 그러나 이처럼 매우 분명한 경고를 소홀히 하여 삶을 망친 사람들이 얼마나 많은지 모른다!

하나님의 말씀이 주는 경고는 매우 자비로운 것이다! 이러한 경고는 그 경고 가운데서 위대한 의사의 선한 마음을 보는 사람들에게는 말할 수 없는 기쁨의 근원이다. 그분은 모든 슬픔의 예방법과 치료법을 알고 계신다. 당신의 갈망은 세상이 줄 수 있는 것보다 더 깊고 더 오래 지속되는가? 그렇다면 하나님의 말씀으로 달려가 선한 경고를 받으라.

9. 하나님의 말씀은 우리가 마귀를 물리칠 수 있게 해 준다.

마귀는 실재이며 무서운 존재다. 그는 우리보다 훨씬 강하며, 그의 목적은 속이고 무너뜨리는 것이다. 예수님은 이렇게 말씀하셨다. "그는 처음부터 살인한 자요, 진리가 그 속에 없으므로 진리에 서지 못하고 거짓을 말할 때마다 제 것으로 말하나니. 이는 그가 거짓말쟁이요 거짓의 아비가 되었음이라"(요 8:44). 그러나 그는 예수님의 죽음과 부활을 통해 결정적으로 패배했다. 성경은 그리스도가 친히 인간의 본성을 취하신 것은 "죽음을 통하여 죽음의 세력을 잡은 자 곧 마귀를 멸하시[기]"(히 2:14) 위해서라고 가르친다. 마귀의 패배는 결정적이지만 최종적인 것은 아니다. 그리스도께서 우리의 죄를 위해 피를 흘리셨기 때문에 마귀는 그리스도 안에 있는 자들을 멸할 수 없다. 그의 고소는 더 이상 타당하지 않기 때문이다. 우리에게 영원한 멸망을 선언할 수 있는 것은 용서되지 않은 죄뿐이다. 그러나 십자가는 완전한 용서를 이루었다. 그러므로 마귀는 우리를 죽일 수 있을 뿐, 우리를 지옥에 떨어뜨릴 수는 없다.

그렇다. 마귀의 힘은 꼭 그만큼이다. 예수님은 서머나 교회에 이렇게 말씀하셨다. "네가 장차 받을 고난을 두려워하지 말라. 볼지어다. 마귀가 장차 너희 가운데서 몇 사람을 옥에 던져 시험을 받게 하리니, 너희가 십 일 동안 환난을 받으리라. 네가 **죽도록 충성하라**. 그리하면 내가 생명의 관을 네게 주리라"(계 2:10). 승리는 어디에 있는가? 요한은 요한계시록 12:11에서 이렇게 말한다. "또 우리 형제들이 어린양의 피와 자기들이 증언하는 말씀으로써 그[마귀]를 이겼으니 그들은 죽기까지 자기들의 생명을 아끼지 아니하였도다." 이들은 예수님의 피가 자신의 죄를 모두 덮을 것을 믿고 죽기까지 충성함으로써 마귀를 이겼다.

믿음을 삼키려는 마귀의 계획이 실패하는 모든 곳에서 마귀는 정복된다. 마귀가 이처럼 패배하는 것은 그리스도의 십자가와 하나님의 말씀 때문이다. 마귀의 일을 매우 잘 알고 있었던 요한은 첫 번째 편지에서 이렇게 말했다. "청년들아, 내가 너희에게 쓴 것은 너희가 강하고 하나님의 말씀이 너희 안에 거하시며 너희가 흉악한 자를 이기었음이라"(요일 2:14). 하나님의 말씀은 마귀를 이기는 능력이다. 그러므로 하나님의 말씀이 광야에서 예수님과 함께 있었다. 예수님은 마귀가 유혹할 때마다 성경을 인용하셨다(마 4:4, 7, 10). 예수님 자신이 하나님의 말씀이고 귀신들이 복종하도록 명령하실 수 있었는데도(막 1:27), 그분은 마귀의 유혹을 물리치기 위해 성경을 의지하셨다. 그렇다면 우리도 당연히 그렇게 해야 할 것이다.

이것은 사실이며, 바울은 이렇게 말한다. "모든 것 위에 믿음의 방패를 가지고 이로써 능히 악한 자의 모든 불화살을 소멸하고"(엡 6:16). 그러므로 믿음은 악을 이기는 큰 용사다. "너희는 믿음을 굳건하게 하여 그를 대적하라"(벧전 5:9). 그렇다면 무엇을 믿는 믿음인가? 하나님의 말씀을 믿는 믿음이다. 하나님의 약속을 믿는 믿음이다. 그러므로 바울은 디모데에게 이렇게 교훈한다. "주의 종은 마땅히 다투지 아니하고…**가르치기를** 잘하며…거역하는 자를 온유함으로 **훈계할지니**. 혹 하나님이 그들에게 회개함을 주사 **진리를** 알게 하실까 하며 그들로 깨어 **마귀의 올무에서 벗어나** 하나님께 사로잡힌 바 되어 그 뜻을 따르게 하실까 함이라"(딤후 2:24-26). 가르침은 하나님이 우리를 "마귀의 올무에서" 구해 내기 위해 사용하시는 가장 흔한 도구다. 그렇다면 무엇을 가르치는 것인가? 바로 "진리", 곧 하나님의 말씀이다.

그러므로 마귀를 이길 힘을 원하며 마귀가 쓰는 속임수의 올무에서 벗어나고 당신의 믿음이 무너지는 것을 피하고자 한다면, 예수님과 승리한 모든 성도들이 행한 것을 하라. 하나님의 말씀을 보화처럼 귀하게 여기고, 대적을 향해 그 말씀을 칼처럼 휘둘러라.

이 세계에 마귀가 가득하여
우리를 파멸시키겠다 위협할지라도
우리 두려워하지 않을 것은,
우리를 통해
그분의 진리가 승리하는 것이
하나님의 뜻이기 때문이네.
어둠의 왕은 흉악하나
우리 그를 두려워하지 않네.
그의 흉악함을 견딜 수 있네.

보라! 그의 멸망 확실하며

작은 칼 하나가 그를 쓰러뜨릴 것일세.

어둠의 세력들이 당신을 향해 진을 치고 당신의 기쁨을 영원히 빼앗으려 할 때, 가장 중요한 것은 하나님의 말씀으로 무장하는 것이다. 기쁨을 위한 싸움은 맨손으로 하는 것이 아니다.

10. 그러므로 하나님의 말씀은 크고 지속적인 기쁨의 근원이다.

지금까지 말씀이 기쁨을 주는 아홉 가지 이유를 살펴보았다. 이제 우리는 성경이 이 사실을 단순히 고백하는 것을 살펴보려고 한다. 지혜롭고 경건한 사람은 즐거움을 약속하는 악인의 모든 꾀를 멀리하고 "오직 여호와의 율법을 즐거워하여 그의 율법을 주야로 묵상하는도다. 그는 시냇가에 심은 나무가 철을 따라 열매를 맺으며 그 잎사귀가 마르지 아니함 같으니 그가 하는 모든 일이 다 형통하리로다"(시 1:2-3). 하나님의 말씀을 사랑하는 사람들은 성경의 소중함과 성경이 주는 즐거움을 자랑한다. 이들은 하나님의 말씀이 세상의 그 어떤 것보다, 금이나 은보다 더 귀중하다고 말한다. 이들은 하나님의 말씀이 마음의 혀에 꿀보다 더 달며, 가장 좋은 음식보다 더 맛있다고 말한다.

주의 입의 법이 내게는 천천 금은보다 좋으니이다. (시 119:72)

사람이 많은 탈취물을 얻은 것처럼 나는 주의 말씀을 즐거워하나이다. (시 119:162)

내가 주의 계명들을 금 곧 순금보다 더 사랑하나이다. (시 119:127)

주의 말씀의 맛이 내게 어찌 그리 단지요. 내 입에 꿀보다 더 다니이다. (시 119:103)

내가 그의 입술의 명령을 어기지 아니하고 정한 음식보다 그의 입의 말씀을 귀히 여겼도다. (욥 23:12)

만군의 하나님 여호와시여, 나는 주의 이름으로 일컬음을 받는 자라. 내가 주의 말씀을 얻어먹었사오니 주의 말씀은 내게 기쁨과 내 마음의 즐거움이오나. (렘 15:16)

위대한 결론은 시편 119:97에 나타난다. "내가 주의 법을 어찌 그리 사랑하는지요. 내가 그것을 종일 작은 소리로 읊조리나이다." 이것은 우리에게 한 가지 의문을 던진다. 하나님의 말씀이 그 자체로 이렇게 즐겁다면, 기쁨을 위한 싸움에서 이처럼 중요하다면—이 땅의 그 무엇보다 더 귀중하다면—우리는 그 말씀을 어떻게 사용해야 하는가? 다음 장에서는 여기에 초점을 맞추도록 하겠다.

내가 주의 법을 어찌 그리 사랑하는지요.
내가 그것을 종일 작은 소리로 읊조리나이다.
시편 119:97

나는 내가 공중을 나는 화살처럼 삶을 거쳐 가는 하루살이라고 생각했다.
나는 하나님으로부터 와서 하나님께로 돌아가는 영혼이다. 나는 큰 틈 사이를
떠돌고 있을 뿐이며 잠시 후면 사라질 것이다. 나는 불변하는 영원 속으로
떨어진다! 나는 한 가지, 천국에 가는 길을 알고 싶다. 그 행복한 해안에
안전하게 내려앉는 법을 알고 싶다. 하나님이 그 길을 가르쳐 주시려고 친히
내려오셨다. 바로 이 목적을 위해 그분이 천국에서 내려오셨다.
그분은 한 권의 책에 그 길을 기록해 두셨다. 내게 그 책을 달라!
값이 얼마든 내게 하나님의 책을 달라! 나는 그 책을 가지게 되었고,
거기에는 나에게 충분한 지식이 있다.
나는 "호모 우니우스 리브리"(*homo unius libri*, 한 책의 사람)가 되리라.
존 웨슬리(John Wesley)
"설교 서문, 1746"
『존 웨슬리 전집』¹

8   말씀으로 어떻게 싸울 것인가

_묵상과 암송, 하나님의 메세지

그리스도의 십자가를 중심에 두는 성경이 세상에서 그 무엇보다 귀하다면 기쁨을 위한 싸움에서 성경을 어떻게 사용할 것인지를 진지하게 생각해 보아야 한다. 우리는 앞에서 인용한 웨슬리와, 다음과 같이 말한 찰스 스펄전(Charles Spurgeon)을 본받아야 한다. "여러분이 영적 언어로 말하고 영혼에서 주님 말씀의 향기가 배어 나와, 마침내 여러분의 피가 성맥(聖脈)이 되고 성경의 본질이 여러분에게서 흘러 나올 때까지, 성경의 중심을 파고드는 것은 복된 일입니다."[2] 그러므로 이 장의 목적은 이런 실천에 관해 실제적인 조언을 주는 것이다. 기도하건대, 우리가 성경의 소중함을 알고 우리 마음에서 성경을 향한 열정이 일어나기를 바란다.

계획과 자발성의 역설

첫째, 나는 계획의 중요성을 강조하고 싶다. 물론 내가 의미하는 계획이란 평생에 걸친 정교한 비전이 아니다. 내가 의미하는 것은 매우 간단하다. 당신은 이 장을 끝낸 후 3분 정도 시간을 내어 하나님께 도움을 구하고, 당신의 일정을 살펴 성경 읽을 시간을 내고, 그렇게 해야 한다는 것을 기억할 수 있도록 어딘가에 기록하면 된다. 우리 삶에는 단지 계획이 없어서 좋은 일들이 일어나지 못하는 경우가 많다.

컨설턴트가 경영자에게 뻔한 것들을 이야기해 주고 수백만 원의 사례를 받는데, 그것은 뻔한 것들이 간과되기 때문이다. 우리도 마찬가지다. 우리가 우리에게 가장 필요한 것을 하지 못하는 이유는 그렇게 하려는 진지한 의도가 없기 때문일 경우가 많다. 진지한 의도를 다른 말로 하면 계획이다. 대부분의 그리스도인들이 성경을 소홀히 하는 것은 예수님에 대한 의식적인 불충성 때문이 아니라 성경을 읽을 시간과 장소와 방법에 관한 계획을 세우지 않기 때문이다.

그런데 그렇게 하면 자발적이기보다 오히려 판에 박힌 생활을 하기 쉽다. 하나님과의 교제에서 자발적이기를 원한다면 성경 읽기와 기도를 훈련하라. 이는 매우 역설적으로 들릴 것이다. 그러나 이것이 역설적이지 않은 것은, 옥수수가 미네소타의 들판에서 저절로 자라는 것은 농부가 밭갈기와 씨 뿌리기와 가꾸기에 훈련되어 있기 때문이라는 사실이 역설적이지 않은 것과 같다. 옥수수를 자라게 하는 것은 농부가 아니라 하나님이다. 그러나 하나님은 농부의 훈련을 옥수수가 자라는 과정의 한 부분으로 사용하신다. 자발성의 풍성한 열매는 일정 훈련에 의해 잘 관리되는 과수원에서 자란다.

그러므로 다시 한번 말하겠다. 매일 성경을 읽고 묵상하려 한다면 장소와 시간을 계획하라. 하루를 살다 보면 그때그때 괜찮은 시간이 많이 있을 것이다. 그러나 반드시 구별된 시간과 장소를 두어라. 이 시간을 달력에 적어 두라. 이 시간을 파트너나 친구와의 약속을 다루듯이 다루라. 누군가 당신에게 이 시간에 무엇인가를 해 달라고 부탁한다면 이렇게 말하라. "죄송합니다. 그 시간에는 선약이 있습니다."

대개는 이른 아침이 가장 좋다

특별한 상황이 없다면 이른 아침을 강력하게 추천하고 싶다.[3] 하나님의 말씀과 기도 가운데서 그분을 진지하게 만나지 않고 하루를 시작하는 것은 무기를 점검하지 않고 전투에 임하는 것과 같다. 이것은 타이어에 바람을 넣지 않거나 연료통에 기름을 넣지 않고 여행을 떠나는 것과 같다. 인간의 마음은 잠을 잔다고 해서 채워지는 것이 아니다. 몸은 그렇지만 마음은 그렇지 않다. 낮 동안 영적 공기가 타이어에서 새 나가고 연료가 소비된다. 우리는 잠이 아니라 하나님의 말씀과 기도로 마음을 다시 채운다. 수많은 성도들이 시대를 초월하여 발견한 것은 하나님의 말씀으로 마음을 채우면서 하루를 시작하면 전날 남은 연료로 여행을 할 때보다 더 많은 기쁨과 사랑과 힘을 얻는다는 것이다.

외딴 곳을 찾거나 규칙을 정하라

외딴 곳을 찾으라. 사람들이 오가는 곳에서 성경을 읽고 기도하려 한다면 어둠의 세력들이 힘을 다해 당신의 주의를 흩트리려 할 것이다. 편안한 공간이어야 한다고 생각하지 말라. 사실, 편안한 공간에서는 잠이 들기 쉽다. 당신의 주의를 흩트릴 만한 것이 없으며 소리 높여 찬양하고 울 수 있을 만큼 외딴 곳일 필요가 있다. 십 대 자녀의 영혼을 위해 씨름하고 있거나, 부부 관계를 지키기 위해 분투하고 있거나, 당신의 삶에서 교만을 죽이기 위해 애쓰고 있을 때처럼 이따금 울어야 할 때도 있을 것이다. 당신은 혼자일 필요가 있다.

집안에 이런 곳이 없다면 만들라. 공간이 아니라 규칙을 만들라. 다시 말해, 정해진 시간에는 자녀들이나 배우자나 룸메이트가 당신에게 말을 걸지 못하게 하라. 어린 자녀를 많이 둔 경건한 어머니라면 머리에 수건을 쓰고 부엌에서 성경을 보고, 아이들에게는 엄마가 수건을 쓰고 있는 동안에는 떠들지 말라고 가르칠 수 있을 것이다.

성경을 어떻게 읽을지 계획을 세우라

장소와 시간에 관한 계획뿐 아니라 **어떻게** 성경을 읽을 것인지에 대해서도 계획을 세우라. 성경을 읽는 방법에는 여러 가지가 있다. 어떤 것이 더 낫다고 할 수는 없다. 성경을 어떻게 읽을 것인지에 관한 계획이 전혀 없는 상태로 정해진 시간에 정해진 장소에 간다면, 대개 마구잡이식 접근을 하게 되고 결국은 스스로 나약하고 비현실적이라 느끼며 절망하게 될 것이다.

나는 오랫동안 「디사이플십 저널」(The Discipleship Journal)이 제공하는 성경읽기표[4]에 따라 매년 성경을 일독하고 있다. 내가 지금 이 장을 쓰고 있는 때는 5월인데, 오늘 아침에는 마가복음, 갈라디아서, 시편, 사무엘하의 단락들을 읽었다. 계획은 매일 구약 두 부분과 신약 두 부분을 읽는 것이다. 내게는 이렇게 읽는 것이 도움이 된다. 어떤 사람들은 그렇지 않을 것이며 이와는 다른 방법을 사용할 것이다.[5] 어떤 방식이든 상관없다. 내가 사용하는 프로그램의 큰 장점 가운데 하나는 한 달에 25일 분량만 정해 준다는 것이다. 이것은 혹시 읽지 못하고 넘어간 부분이 있더라도 남은 며칠 동안 보충할 수 있다는 뜻이다. 이것은 죄성을 지닌 일반 독자에게(나를 포함해서) 현실적으로 맞는 방법이다. 만약 25일 만에 정해진 분량을 다 읽었다면 남은 5-6일 동안 특별한 암송 훈련을 하거나 읽고 싶었던 다른 부분을 읽을 수 있다.

조지 뮬러는 기쁨을 위해 어떻게 싸웠는가?

규칙적인 성경 읽기 훈련의 힘은 사랑을 낳는 기쁨을 가져다 준다. 이것을 가장 잘 보여 주는 증인 가운데 한 사람은 영국 브리스톨에 고아원을 세우고 자신의 모든 필요를 하나님께 의지했던 조지 뮬러(George Mueller)다. 그는 이 책이 묻고 있는 바로 그 질문을 던졌으며 똑같은 대답을 했다.

어떻게 하면 이러한 영혼의 안정된 행복에 이를 수 있는가? 어떻게 하면 하나님을 기뻐하는 법을 배울 수 있는가? 어떻게 하면 이 세상의 것을 헛되고 가치 없는 것으로 여길 수 있을 만큼, 모든 것을 채우며 영혼을 만족시키는 기업을 그분 안에서 얻을 수 있는가? 나의 결론은 이렇다. 이러한 행복은 성경 연구를 통해 얻어야 한다. 하나님은 성경 속에서 예수 그리스도의 얼굴로 우리에게 자신을 계시하셨다.[6]

하나님 안에서 누리는 행복은 성경을 통해 예수 그리스도의 모습으로 계시된 하나님을 보는 데서 온다. 이것이 우리가 지금까지 이 책에서 본 것이다. 뮬러는 이렇게 말한다. "성경에서…우리는 하나님의 성품을 알게 된다. 하나님은 우리의 눈을 열어 그분이 얼마나 사랑스러운 존재인지 보게 하신다! 이렇게 선하고 은혜로우시며, 사랑이 많으신 하늘에 계신 아버지가 우리 아버지다. 지금 그리고 영원히 우리의 기업이다."[7] 하나님을 아는 것이 하나님 안에서 행복해지는 열쇠다.

우리는 하나님을 알수록 더 행복해진다.…우리가 하나님을 조금 알게 되었을 때…우리의 진정한 행복은…시작되었다. 그리고 우리는 그분을 더 많이 알게 될수록 더 진정으로 행복해진다. 무엇이 우리를 천국에서 그렇게도 행복하게 하겠는가? 하나님을 아는 더 완전한 지식일 것이다.[8]

그러므로 하나님을 기뻐하기 위한 싸움에서 가장 중요한 수단은 그리스도 안에서 하나님을 가장 분명하게 볼 수 있는 성경에 잠기는 것이다. 뮬러는 71세에 어린 신자들에게 이렇게 말했다.

이제…어린 동료 신자들에게 영적 즐거움을 유지하는 방법에 관해 몇 가지 힌트를 주고 싶다. 성경을 규칙적으로 읽는 것 그리고 이곳저곳을 아무렇게나 읽지 않는 것이…절대적으로 필요하다. 우리가 이런 식으로 성경을 읽는다면 영적 난쟁이로 남을 것이다. 나는 진실로 애정 어린 마음으로 이야기하고 있다. 나는 회심 후 처음 4년 동안 전혀 발전이 없었는데, 이것은 성경을 소홀히 했기 때문이었다. 그러나 내가 나의 마음과 영혼을 염두에 두고 성경 전체를 규칙적으로 읽었을 때 발전이 있었다. 그때 나의 평안과 기쁨은 계속해서 더 커졌고 이제 47년째 이렇게 하고 있다. 나는 성경을 100번 가량 읽었지만 다시 읽을 때마다 새롭다. 그러므로 나의 평안과 기쁨은 점점 더 커진다.[9]

그 후에도 그는 21년 동안 성경을 읽고 성경대로 살았다. 그러나 그는 하나님 안에서 만족을 얻기 위한 전략을 결코 바꾸지 않았다. 76세에, 그는 50년 넘게 배웠던 동일한 교훈을 이렇게 썼다. "나는 내가 매일 신경 써야 할 가장 크고 중요한 일은 내 영혼이 주님 안에서 기뻐하는 것이라는 사실을 그 어느 때보다 분명히 알고 있다."[10] 방법은 그대로였다.

나는 내가 해야 하는 가장 중요한 일은 하나님의 말씀을 읽고 묵상하는 것이라는 사실을 알고 있었다…속사람의 양식은 무엇인가? 기도가 아니라 하나님의 말씀이다. 그리고…물이 수도관을 통과하듯 하나님의 말씀이 우리의 머리를 지나도록, 단순히 그 말씀을 읽는 것이 아니라 우리가 읽은 것을 생각하고 연구하며, 우리 마음에 적용하는 것이다.[11]

성경 암송: 필수 불가결한 전략

그렇다면 기쁨을 위해 싸우기 위해서는 하나님의 말씀을 어떻게 활용해야 하는가? 내가 제시한 첫 번째 대답은 계획을 세워 규칙적으로 읽으라는 것이었다. 두 번째는 절과 단락, 장 혹은 한 권 전체를 암송하는 것이다. 나이가 들수록 암송은 힘들어진다. 나는 이 책을 쓰고 있는 지금 58세이며, 지금도 성경을 암송하는 데 시간을 투자하고 있지만 예전보다 훨씬 더 힘들다. 노쇠해 가는 내 머리에 말씀이 박히도록 하기 위해서는 훨씬 더 많은 반복이 필요하다.

그러나 구두쇠가 금을 감춰 둔 곳을 포기하지 않듯이 나도 성경 암송을 포기하지 않을 것이다. 나는 달라스 윌라드(Dallas Willard)의 다음과 같은 말에 동감한다.

> 성경 암송은 영적 성장의 절대적 기초다. 영적인 삶의 모든 훈련들 가운데 한 가지를 선택해야 한다면 성경 암송을 선택할 것이다. 왜냐하면 성경 암송은 우리의 마음이 필요로 하는 것을 채워 주는 기본적인 방법이기 때문이다. 이 율법책을 네 입에서 떠나지 말게 하라. 율법책은 바로 입에 있어야 한다! 어떻게 하면 율법책이 당신의 입에 있게 할 수 있는가? 암송하면 된다.[12]

성경을 암송하고 성경이 내 머리와 마음속에 있게 할 때 나타나는 결과는 셀 수 없을 정도로 많다. 나는 하나님을 무시하고 그 외의 모든 것을 수용하는 세속주의를 접하며 살고 있고, 이것이 매일 내 마음까지 침범한다. 마음을 그리스도로 채우길 원한다면 그분의 말씀으로 마음을 채우는 것 외에 다른 방법이 있겠는가? 내가 알기로 다른 방법은 없다.

말씀은 직간접적으로 기쁨을 준다. 일단 그것은 그리스도의 아름다움과 그분의 길과 그분이 영원히 우리를 위해 약속하신 모든 좋은 것들을 보여 줌으로써 **직접적으로** 기쁨을 준다. 그리고 우리가 정결한 마음으로 그리스도의 아름다움을 더 분명하게 볼 수 있도록 그리스도의 우월한 즐거움을 우리에게 주어 세상의 유해한 즐거움을 버리게 함으로써 **간접적으로** 기쁨을 준다. 이러한 일이 어떻게 일어나는지에 대해서는 앞장에서 살펴보았다.

성경 암송은 우리가 전쟁을 치르는 데 어떻게 도움이 되는가?

이제 성경 암송이 이러한 두 가지 방식을 모두 만족시킨다는 것을 살펴보기로 하겠다. 암송은 그분의 말씀 속에 나타난 그리스도의 아름다움을 하루 종일 보여 주며, 또한 죄의 달콤한 속임수의 신경을 잘라 버릴 수 있는 무기를 하루 종일 제공한다. 암송은 두 가지 방식으로 기쁨을 제공해 주는데, 첫째는 아름다움을 맛보는 직접적인 기쁨이다. "금 곧 많은 순금보다 더 사모할 것이며 꿀과 송이꿀보다 더 달도다"(시 19:10). 둘째는 정결함을 통한 간접적인 기쁨이다. "내가 주께 범죄하지 아니하려 하여 주의 말씀을 내 마음에 두었나이다"(시 119:11).

하나님의 말씀을 암송할 때, 말씀은 당신과 (당신이 말씀을 전하는) 다른 사람들에게 **직접적으로** 기쁨을 주며, 당신의 마음을 변화시킴으로써 당신의 기쁨을 **간접적으로** 북돋운다. 우리가 하나님의 생각들로 마음을 채우길 소홀히 한다면 어떻게 "마음을 새롭게 함으로 변화를 받[으라]"(롬 12:2)는 명령에 순종하겠는가? 자신에게 물어보

라. 당신이 알고 있는 영적인 마음을 지닌 모든 사람들—아주 일관되게 하나님과 동행하며 하나님의 성령과 조화를 이루며 살아가는 것으로 보이는 모든 사람들—가운데 성경에 잠기지 않은 사람이 있는가? 그들은 존 버니언과 같지 않은가? 그들을 찌르면 성경이 흘러나올 것이다.[13] 이것은 우연의 일치가 아니다. 성경 암송은 하나님과의 깊은 교제와 동행 즉 그분과의 기쁜 동행에 이르는 가장 확실한 길 가운데 하나다.

『천로역정』에서 가장 멋진 장면 가운데 하나는 그리스도인이 의심의 성(Doubting-Castle)의 지하 감옥에서 자신에게 열쇠가 있다는 것을 기억해 내는 순간이다. 그 열쇠가 무엇이냐 하는 것뿐 아니라 그 열쇠가 어디에 있느냐가 매우 중요하다.

"자유롭게 걸어나갈 수 있는데도 이런 고약한 냄새가 나는 지하 감옥에 누워 있다니 나는 정말 바보였어요! 내 가슴 주머니에는 의심의 성에서 어떤 자물쇠든지 열어 줄 거라고 분명하게 들은 적이 있는 약속이라는 열쇠가 있어요." 그러자 희망이 말했다. "그렇다면 그것 참 좋은 소식이네요. 착한 형제님, 즉시 그 열쇠를 가슴 주머니에서 꺼내 사용해 보세요." 그러자 그리스도인은 그 열쇠를 가슴에서 꺼내 지하 감옥의 문을 열기 시작했다. 그가 열쇠를 돌리자 자물쇠는 열렸고 문도 쉽게 열렸으며 그리스도인과 희망은 즉시 밖으로 나왔다.[14]

버니언은 의심의 성을 나가는 열쇠가 그리스도인의 "**가슴 주머니**" 또는 간단하게 그의 "**가슴**"에 있었다고 세 번이나 말한다. 내가 이해하기로 이것은 그리스도인이 암송을 통해 하나님의 약속을 가슴에 숨겨 두었으며, 이제 바로 이런 이유 때문에 감옥에서 그 열쇠를 쓸 수 있게 되었다는 것을 의미한다.

약속은 이렇게 버니언을 지탱시켜 주고 힘을 주었다. 그는 성경으로 충만했다. 그가 쓴 모든 글은 성경으로 가득했다. 그는 성경을 항상 가지고 다니면서 열심히 읽었다. 그가 자신의 저작들에 대해 이렇게 말할 수 있었던 것도 바로 이 때문이었다. "나는 이것들을 다른 사람의 글에서 건져 올리지 않았다. 성경과 성구 사전이 내 저작의 유일한 자료였다."[15]

암송을 진지하게 생각하라

이제 아주 실제적인 부분으로 넘어가 당신이 결코 해 본 적이 없는 것을 하도록 도전을 주고 싶다. 성경을 전혀 암송해 본 적이 없다면 이제부터라도 한 주에 한 절씩 암송해 보라.[16] 한 절로 된 구절만 암송하고 있다면 이제부터는 단락이나 장(시편 1편, 23편, 로마서 8장 등과 같은)을 암송해 보라. 지금까지 장을 암송하는 것까지 해 보았다면 이제부터는 한 권 전체나 한 권의 일부분을 암송해 보라. 성경의 많은 부분을 암송하는 것만큼 하나님과 세상을 보는 데 큰 영향을 미치는 것은 없다.

노스캐롤라이나 더럼에 있는 제일침례교회의 앤드류 데이비스(Andrew Davis) 목사는 『성경 암송 확장법』(*An Approach to the Extended Memorization of Scripture*)이라는 작지만 매우 유익한 책을 썼다.[17] 나는 2001년에 이 책을 읽으면서 도전을 받아 로마서 1-8장의 암송을 시도했다. 그리고 하나님의 은혜로 성공했다. 세상에서 가장 위대한 진리를 이처럼 가까이하면서 사는 것이 얼마나 즐겁고 놀라운지 모르겠다.

그때부터 나는 성경의 한 권 한 권을 전체적으로 암송하기보다는 중요한 단락과 장을 암송하는 데 집중했다. 절이든 장이든 한 권 전체든 간에 모든 성경 암송은 가치가 있다. 그러나 성경 암송 구절을 확장시키려는 노력을 게을리하지 말라. 확신컨대, 이렇게 성경을 암송한다면 수백 개의—감히 말하건대 수천 개의—문제가, 생기기도 전에 해결될 것이다. 이것을 증명하기는 불가능하지만, 성경 암송을 진지하게 생각해 보라고 권하고 싶다.

한 권 전체를 어떻게 암송하는가?

앤드류 데이비스가 그의 작은 책에서 제시한 방법을 간략하게 소개하기로 하겠다. 이것은 내가 사용하는 방법이기도 하다.

일일 암송의 예: 다음은 하루에 한 절씩 암송하는 속도로 에베소서 전체를 암송할 수 있는 방법을 예로 든 것이다.

1) 첫째 날: 에베소서 1:1을 소리 내어 10회 읽으라. 읽을 때 눈으로 사진을 찍듯이 각 단어를 주시하라. **절수를 반드시 포함시키라.**[18] 그런 다음에는 성경책을 덮고 10회 암송하라. 첫째 날 해야 할 일은 끝났다.

2) 둘째 날: **먼저 어제 암송한 구절을 점검하라!!** 어제 암송한 구절, 즉 에베소서 1:1을 10회 암송하되 반드시 절수를 포함시키라. 필요하다면 성경을 보되, 정확한 암송을 위해서만 보라. 이제, 새로운 절로 넘어가

라. 에베소서 1:2을 10회 소리 내어 읽으라. 읽을 때 눈으로 사진을 찍듯이 각 단어를 주시하라. **절수를 반드시 포함시키라.** 그런 후에 성경책을 덮고 10회 암송하라. 둘째 날 해야 할 일이 끝났다.

3) 셋째 날: **먼저 어제 암송한 구절을 점검하라!!** 어제 암송한 구절, 즉 에베소서 1:2을 10회 암송하되 반드시 절수를 포함시키라. 필요하다면 성경을 보되, 정확한 암송을 위해서만 보라. **그다음에는 지금까지 암송한 구절을 함께 확인하라.** 즉 에베소서 1:1-2을 함께 한 번 암송하라. 암송하면서 절수를 반드시 포함시키라. 이제, **새로운 절로 넘어가라.** 에베소서 1:3을 10회 소리 내어 읽으라. 읽을 때 눈으로 사진을 찍듯이 각 단어를 주시하라. 절수를 반드시 포함시키라. 그런 후에 성경책을 덮고 10회 암송하라. 셋째 날 해야 할 일이 끝났다.

4) 넷째 날: **먼저 어제 암송한 구절을 점검하라!!** 어제 암송한 구절, 즉 에베소서 1:3을 10회 암송하되 반드시 절수를 포함시키라. 필요하다면 성경을 보되, 정확한 암송을 위해서만 보라. **그다음에는 지금까지 암송한 구절을 함께 확인하라.** 즉 에베소서 1:1-3을 함께 한 번 암송하라. 암송하면서 절수를 반드시 포함시키라. 이제, **새로운 절로 넘어가라.** 에베소서 1:4을 10회 소리 내어 읽으라. 읽을 때 눈으로 사진을 찍듯이 각 단어를 주시하라. **절수를 반드시 포함시키라.** 그런 후에 성경책을 덮고 10회 암송하라. 넷째 날 해야 할 일이 끝났다.

이런 절차가 에베소서 전체를 암송할 때까지 반복될 것이다. 얼마 지나지 않아 거의 모든 시간이 "지금까지 **암송한 구절을 함께 확인하는**" 단계에 소요될 것이다. 에베소서 전체를 적당한 속도로 읽는 데는 15분이 채 걸리지 않는다. 그러므로 "지금까지 **암송한 구절을 함께 확**

인하는" 단계는 어느 시점에서라도 15분이 걸리지 않을 것이다. 중간에 막히거나 생각이 나지 않을 때를 대비해서 성경책을 손에 들고 암송하라.…성경책을 본다고 해서 부끄러워할 것은 없다. 사실 이것은 문제가 되는 구절이 다시는 문제가 되지 않도록 확실히 하고 넘어가는 데 도움이 된다.

왜 암송을 그렇게 강조하는가?

내가 성경 암송에 이렇게 많은 시간을 쏟는 것은, 내주하는 하나님의 말씀에는 수많은 문제들이 생기기도 전에 그것을 해결하며, 수많은 상처가 생기기도 전에 그것을 치료하며, 유혹의 순간에 수많은 죄를 죽이며, 수많은 날을 "송이꿀"로 달콤하게 하는 능력이 있다고 믿기 때문이다. 나는 "그리스도의 말씀이 너희[독자들] 속에 풍성히 거하[길]" 갈망한다(골 3:16). 이것은 기쁨과 기쁨이 유지시켜 주는 모든 사랑의 섬김을 확고히 하는 길이다. 우리가 그리스도의 말씀을 돈보다 귀하게 여기고 그 말씀이 일깨우는 기쁨이 희생적 사랑과 함께 넘쳐 날 때, 그리스도는 큰 재산으로 보일 것이다(고후 8:2).

하나님의 말씀, 노트, 하루 휴가

내가 하고 싶은 또 하나의 제안은 하나님의 말씀과 노트와 연필(그리고 필요하다면 찬송가)만 가지고 정기적으로 한적한 곳에 가서 피정의 시간을 갖는 계획을 세워 보라는 것이다. 토요일 아침이나 주말 혹은 며칠이 될 수도 있을 것이다. 그 목적은 세상의 압박과 분주함에서 벗어나 이 시간 동안 집중적으로 그리스도를 더 많이 아는 것이다. 내가 하나님과 보낸 가장 풍성한 시간들 가운데 하나는 몇 시간 동안 혼자 성경을 읽고 기도만 했던 때였다. 혼자서 시내를 벗어나 아파트에 홀로 있으면서 아침 내내 마가복음을 읽고 기도하면서 큰 힘을 얻었던 때가 수년이 지났지만 아직도 잊혀지지 않는다.

웨슬리 듀웰(Wesley Duewel)은 『일마다 때마다 하나님의 인도를 받고 싶거든』(Let God Guide You Daily, 예찬사 역간)이라는 책에서 혼자만의 피정에서 하나님을 구하는 것이 어떤 것인지 말해 준다. "나는 때로 하나님의 말씀을 50장 정도 읽은 후에야 완전히 홀로 하나님과 함께할 수 있었다. 그러나 어떤 경우에는 전혀 뜻밖의 인도하심을 통해 내 삶이 큰 유익을 얻었다."[19] 나는 이 책을 읽으면서 이렇게 자문해 보았으며 당신도 같은 질문을 해야 한다고 확신한다. 하루에 성경을 50장 읽어 본 적이 있는가? 하루에 성경을 그렇게 많이 읽을 만큼 주려 있는 사람에게 어떤 축복과 기쁨이 기다리고 있겠는가?

연필과 펜에 눈이 있다

나는 이런 피정을 떠날 때는 노트와 연필을 가져가라고 언급했다. 사실, 내가 말하고 싶은 것은 성경을 읽을 때는 항상 노트와 연필을 곁에 두라는 것이다. 나는 성경을 읽을 때 아무것도 보이지 않는다고 말하는 사람들에게 이렇게 조언할 때가 많았다. "그렇다면, 집에 돌아가서 그냥 본문을 읽지만 말고 써 보십시오. 어떤 구절이 도움이 된다면 표시를 해 두고 그 구절에 관한 생각을 기록하십시오. 당신이 얻은 통찰을 모두 기록하십시오. 그런 후에 쓸 것이 다시 나타나거나 시간이 다 될 때까지 본문을 계속 읽고 쓰십시오."

이러한 방법의 주된 가치는, 쓰게 되면 속도가 느려지고 자신이 읽고 있는 것을 보게 된다는 것이다. 우리들 가운데는 천천히 읽어야 할 때—생각하며 읽어야 할 때—빨리 읽으라고 재촉하는 특정한 형태의 교육을 받은 탓에, 수동적인 자세로 읽는 아주 나쁜 습관이 몸에 밴 사람들이 있다. 쓰기는 속도를 늦추고 눈을 열어 그렇지 않고는 보지 못하는 것을 보는 한 방법이다. 하루는 이 방법이 내게 얼마나 강하게 작용했던지 나는 잠시 멈추고 이렇게 썼다.

나는 빛이 어떻게 비치는지 알지 못하며
이 눈이 무엇인지 이해하지도 못한다.
내가 아는 것은 연필과 펜에
눈이 있다는 것뿐이다.

하나님의 말씀을 묵상하는 법을 배우라

읽은 것을 쓰고 메모할 때 우리는 대개 묵상이라고 말하는 것으로 옮겨 가게 된다. 암송이나 손에 연필을 들고 천천히 읽는 것은 묵상을 가능하게 하는 방법이다. 그리고 묵상은 기쁨을 위한 싸움에서 정말 중요하다. 하나님은 여호수아에게 지도자는 항상 하나님의 말씀을 묵상해야 한다고 말씀하셨다. "이 율법책을 네 입에서 떠나지 말게 하며 주야로 그것을 묵상하여"(수 1:8). 두루마리는 드물고 귀했다. 여호수아에게는 "휴대용 두루마리" 같은 것이 없었다. 이것은 하나님이 암송과 묵상을 지도력의 중요한 부분이 되게 하셨다는 것을 의미한다. 오늘날도 마찬가지다.

옛 성도들에게는 말씀 묵상이 짐이 아니었다. "내가 주의 법을 어찌 그리 사랑하는지요. 내가 그것을 종일 작은 소리로 **읊조리나이다**.…내가 주의 증거를 늘 **읊조리므로** 나의 명철함이 나의 모든 스승보다 나으며"(시 119:97, 99). "오직 여호와의 율법을 즐거워하여 그의 율법을 **주야로 묵상하는도다**"(시 1:2). "주의 말씀을 조용히 **읊조리려고** 내가 새벽녘에 눈을 떴나이다"(시 119:148). "내가 옛날을 기억하고 주의 모든 행하신 것을 **읊조리며** 주의 손이 행하는 일을 **생각하고**"(시 143:5). "주의 존귀하고 영광스러운 위엄과 주의 기이한 일들을 나는 **작은 소리로 읊조리리이다**"(시 145:5).

이제 이러한 묵상에는 무엇이 포함되는가? 히브리어에서 **묵상**은 기본적으로 말하거나 중얼거린다는 뜻이다. 이것이 마음에서 이루어질 때, 이것을 가리켜 숙고 또는 묵상이라고 한다. 그러므로 하나님의 말씀을 주야로 묵상한다는 것은 자신에게 하나님의 말씀을 주야로 말하는 것이다. 그리고 그 말씀을 곰곰이 생각하고, 그 말씀에 관해 질문을 던지고 성경 자체로부터 해답을 찾으며, 그 말씀이 자신과 다른 사람들에게 어떻게 적용될 수 있는지 스스로에게 물으며, 그 말씀이 삶과 교회와 문화와 선교에 대해 함축하고 있는 의미를 깊이 생각하는 것이다.

이렇게 하는 간단한 방법 가운데 하나는 한두 절을 암송한 후에 첫 단어를 강조하면서 그 구절을 자신에게 말하는 것이다. 그런 후에는 두 번째 단어를 강조하면서 그 구절을 자신에게 다시 말하라. 그런 후에는 셋째 단어를 강조하면서 그 구절을 자신에게 다시 말하라. 각 단어가 그 구절에 포함된 이유를 다 묵상할 때까지 이렇게 반복하고 또 반복하라. 그런 후에는 관련된 질문을 던지라. 왜 이 단어가 사용되었는가? 숙고와 묵상의 가능성은 끝이 없다. 그러므로 우리는 묵상할 때마다 하나님의 도움과 빛을 구하면서 기도한다.

성경 말씀과 깊은 생각이 담긴 진지한 책을 읽으라

여기서 한 가지 덧붙이고 싶은 사실이 있다. 많은 사람들이 기쁨을 주는 묵상은 쉽게 이루어지며 어려운 생각을 거의 포함하지 않는 것이라고 잘못 생각해 왔다. 어려운 책을 읽거나 복잡한 생각을 하는 것이 대부분의 사람들에게는 즐겁지 않으며, 따라서 우리는 이것들이 즐거움으로 가는 길이 아니라고 생각한다. 이런 생각은 잘못된 것이다. 적어도 많은 사람들은 이것이 잘못된 것임을 깨닫게 될 것이다.

물론, 모든 사람이 기독교 역사의 '대작'을 읽어야 하는 것은 아니다. 글을 전혀 읽을 수 없는 그리스도인들도 수없이 많으며, 이들의 경우에 모든 묵상은 들은 말씀을 토대로 이루어진다. 해가 뜰 때부터 질 때까지 쉬지 않고 일해야 하는 사람들이 더 많으며, 이들에게 몇 시간씩 책을 읽는 것은 사치일 것이다. 또 어떤 사람들은 책이라고는 구경도 할 수 없고 성경도 겨우 몇 부분밖에 구경할 수 없는 곳에서 정말 가난하게 살고 있다. 그러므로 내 말을, 기쁨을 위해 성공적으로 싸우기 위해서는 모든 사람이 대작을 읽어야 한다는 뜻으로 받아들이지 말길 바란다.

그러나 이 책을 읽는 많은 사람들에게 말하고 싶은 것은, 가벼운 경건 서적은 기쁨을 낳는 반면 교리를 다루는 무거운 책은 기쁨을 죽인다는 생각을 버리라는 것이다. 진지한 독서와 그에 동반되는 사고(때로는 연구라 불린다)가 주는 기쁨이, 교회에서 찬양을 하거나 석양을 바라보거나 친구와 대화하거나 예화가 많은 설교를 듣는 기쁨만큼 즉각적이지 않은 것은 사실이다. 그러나 기쁨의 크기는 더 클 것이다. 갈퀴질이 곡괭이질보다 쉽지만 그것으로 얻을 수 있는 것은 낙엽뿐이다. 곡괭이질을 한다면 다이아몬드를 얻게 될 것이다.

나는 하나님을 기뻐할 수 없다고 불평하는 많은 사람들이, 하나님을 아는 지식을 쉽게 얻을 수 있는 그 무엇으로 생각한다는 것을 잘 알고 있다. 이들은 수동적이다. 이들은 자신들에게 영적인 일이 저절로 일어나길 기대한다. 이들은 잠언 2:1-6이 표현하는 성경의 방식을 알지 못한다.

내 아들아, 네가 만일 나의 말을 **받으며** 나의 계명을 네게 **간직하며** 네 귀를 지혜에 **기울이며** 네 마음을 명철에 **두며** 지식을 불러 구하며 명철을 얻으려고 **소리를 높이며** 은을 **구하는** 것같이 그것을 **구하며** 감추어진 보배를 찾는 것같이 그것을 **찾으면**, 여호와 경외하기를 깨달으며 하나님을 알게 되리니 대저 여호와는 지혜를 주시며 지식과 명철을 그 입에서 내심이며.

이 공격적인 단어들을 보라. "받으며…간직하며…귀를…기울이며…마음을…두며…불러 구하며…소리를 높이며…구하며…찾으면…" 만일 당신이 이렇게 하면 하나님을 아는 지식은 당신의 것이 될 것이다. 당신이 이런 일이 일어나게 할 수 있기 때문이 아니다. 지식을 주는 것은 여전히 하나님의 손에 달렸다. "여호와는 지혜를 **주시며**." 하

8. 말씀으로 어떻게 싸울 것인가

하나님을 아는 지식을 추구하는 것은 당신이 이런 일이 일어나게 할 수 있기 때문이 아니라 하나님이 구하고 찾는 자들에게 복을 주려 하시기 때문이다. 이러한 방식을 디모데후서 2:7에서 찾아볼 수 있는데, 여기서 바울은 "내가 말하는 것을 **생각해 보라**. 주께서 범사에 네게 총명을 **주시리라**"고 말한다. 당신은 생각하라. 하나님이 주신다. 우리의 생각이 하나님의 주도권을 대신하지는 않는다. 그분의 주도권이 우리의 생각을 대신하지도 않는다.

어려운 생각을 하면 마음이 냉랭해지지 않는가?

어려운 생각을 하면 가슴이 냉랭해진다고 생각하게 된 것은 비극이 아닐 수 없다. 가장 위대한 기독교 지성들의 경험은 그렇지 않았다. 기쁨과 연구가 함께했다. "여호와께서 행하시는 일들이 크시오니 이를 **즐거워하는** 자들이 다 **기리는도다**"(시 111:2). 지혜로운 영국 청교도 토머스 굿윈(Thomas Goodwin)은 이러한 성경의 방식을 보고 그의 독자들에게 다음과 같이 촉구했다.

당신의 마음에서 활기 있고 거룩하며 영적인 감성(affections)을 지키고 유지하며, 이러한 감성이 냉랭해지지 않도록 노력하라.…왜냐하면 당신의 감성에 따라 당신의 생각이 좌우되기 때문이다.…실제로 생각과 감성은…서로의 원인이다. "생각할수록 불길이 솟아"(시 39:3, 공동번역). 생각은 감성에 불을 붙이고 감성이 타오르게 한다. 그리고 감성이 타오르면 생각이 끓는다.[20]

오늘날 미국의 거의 모든 출판물과 교회 생활을 보면, 뼛속에 불을 일으키는 것은 교리나 생각이 **아니라** 요약본과 감동적인 이야기와 가벼운 경건 서적과 음악이라고 말하는 것 같다. 그러나 C. S. 루이스의 경험은 전혀 달랐으며, 나의 경험도 마찬가지였다.

나로 말하자면, 교리적인 책이 경건 서적보다 신앙에 더 유익할 때가 많다. 나는 많은 사람들이 나와 같은 경험을 할 수 있지 않을까 생각한다. 나는 앉거나 무릎을 꿇고 경건 서적을 읽으면서도 '아무 일도 일어나지 않는다'고 말하는 많은 사람들이, 파이프를 입에 물고 연필을 손에 쥐고 어려운 신학을 연구할 때 마음에서 노래가 저절로 나오는 것을 보게 되리라 믿는다.[21]

아멘! (파이프만 빼고!) 물론, 아주 나쁜 경건 서적이 있는 것과 마찬가지로 아주 나쁜 신학 서적도 있다. 둘 모두 순식간에 당신의 기쁨을 메마르게 할 것이다. 그러나 마지막으로 먹었던 과일이 레몬이었다고 해서 과일을 더 이상 먹지 않아서는 안 된다. 기독교 교리의 달콤하고 영양 만점의 과일 가운데 대부분은 옛것이다. 아우구스티누스, 장 칼뱅, 마르틴 루터, 청교도들, 조나단 에드워즈, 찰스 하지…. 오래된 책들을 읽어라. 오래된 대작들이 너무 어려워 이해할 수 없다고 생각하는 것은 큰 실수다. C. S. 루이스는 옛 저자의 위대함을 다음처럼 옳게 지적했다. "위대한 사람은, 바로 그 위대함 때문에 우리 시대에 그를 해석하는 사람들보다 훨씬 더 지성적이다."[22]

최근에 나온 교리적인 책일수록 안타깝게도 학문과 그리스도를 향한 뚜렷한 열정을 더 심하게 분리하고 있다. 대부분의 복음주의자들은 반드시 다루어야 할 중요한 주제를 다루는 데 무관심하다. 너무나 슬픈 일이다. 웨인 그루뎀(Wayne Grudem)의 『조직신학』(Systematic Theology, 은성 역간)[23]은 행복한 예외이며, 보통의 독자에게 이 책을 추천하고 싶다. 이 책을 통해 조금은 어려운 신학을 연구하다 보면 마음에서 "노래가 저절로 나오는" 것을 보게 될 것이다. 다른 책들도 있다. 청교도들의 책 가운데서 고른다면 특별히 주의 깊게 선택하지 않아도 될 것이다.[24]

왜 사람이 쓴 책을 그렇게 강조하는가?

물론 어떤 사람은 왜 하나님의 말씀이 하는 역할을 다루는 장에서 사람이 쓴 책을 그렇게 강조하느냐고 물을 것이다. 그 대답은, 하나님은 우리가 인간 교사들―실존해 있든 그렇지 않든 간에―을 통해 성경을 이해하고 즐기는 데 도움을 받도록 해 두셨다는 것이다. 분명히, 하나님은 "가르치기를 잘하[는]" 장로들을 두도록 정하셨다 (딤전 3:2). 이들이 가르치는 것은 하나님의 말씀이다. 그러므로 우리가 하나님의 말씀을 가지고 있다면 그 말씀을 읽고 암송하고 묵상하는 것이 하나님의 뜻이다. 그러나 우리가 충실한 장로들이나 목회자들에게 배우는 것도 그분의 뜻이다. 이들 가운데는 자신의 가르침을 책으로 쓴 사람들이 있었다. 책이 있는 것도 바로 이 때문이다.

고인이 된 저자들의 책을 대할 때는, 그리스도의 몸이 거리뿐 아니라 시대를 초월하여 사역하고 있는 것이라고 생각해야 한다. 우리는 그리스도인 교사들로부터 성경의 의미를 배워야 하며, 이러한 배움은 강단뿐 아니라 과거로부터도 이루어져야 한다. 우리 가운데 무오한 성경을 무오하게 볼 수 있을 만큼 죄나 편견이나 무지로부터 자유로운 사람은 없다. 우리는 도움이 필요하다. 우리는 교정이 필요하다. 우리는 인도와 격려가 필요하다. 성경에는 우리는 보지 못했지만 다른 사람들은 보았던 경이로운 것들이 넘쳐 난다! 우리가 이런 책들을 소홀히 한다면 기쁨을 얻는 데 얼마나 큰 타격이 되겠는가? 하나님이 기쁨을 찾는 우리에게 주신 가장 위대한 조력자들 가운데는 이미 고인이 된 사람들이 많다. 그러나 하나님은 이들이 책을 통해 우리를 계속 도울 수 있게 하셨다.

> 종교개혁자들의 주장처럼, 참된 성경 해석을 지키는 가장 좋은 방법은 전통의 무오성이나 개인의 무오성을 순진하게 받아들이는 것이 아니라 성경의 **상호** 해석을 인식하는 것이다. 본문에 충실하는 가장 좋은 방법은 본문을 함께—우리 시대와 공간의 교회뿐 아니라 시대를 초월하여 더 넓은 '성도의 교제'를 통해—읽는 것이다.[25]

당신도 나처럼 천천히 읽는다면?

이러한 오래된 저작들을 읽는 것은 하나님을 매우 잘 알고 사랑하는 사람들의 지성과 감성을 통해 성경을 읽는 것과 같다. 장 칼뱅의 『기독교 강요』처럼 여러 권짜리 책이라고 주눅 들지 말라. 확실한 것은 대작을 끝내는 것보다 그 책을 통해 성장하는 것이 더 중요하다는 것이다. 그러나 대작을 섭렵하는 것은 생각만큼 그렇게 어렵지 않다.

당신이 나처럼 천천히—말하는 것과 같은 속도로—분당 200단어를 읽는다고 생각해 보라. 하루에 15분씩 읽으면(예를 들어 저녁 식사 직전이나 잠자리에 들기 직전에) 1년이면 5,475분을 읽게 된다. 여기에 분당 200단어를 읽는다고 치면 1년이면 1,095,000단어를 읽게 된다. 평균적으로 책 한 페이지는 360단어 정도 된다. 그렇다면 1년에 3,041페이지를 읽게 된다. 상당한 분량의 책을 10권이나 읽는 셈이다. 하루에 겨우 15분씩 읽은 결과다.

좀더 구체적으로 보면, 내가 갖고 있는 칼뱅의 두 권짜리 『기독교 강요』는 1,521페이지이며, 각 페이지는 평균 400단어로 되어 있고 모두 합치면 608,400단어다. 이것은 매주 하루를 쉬더라도 하루에 15분씩 읽으면 9개월이 못 되어(약 33주) 하나님에 대한 이처럼 놀라운 성경적 통찰을 다 읽을 수 있다는 뜻이다. 요점은 이것이다. 성경으로 가득한 대작들을 진지하게 읽는 데 투자한다면 하나님의 말씀과 길이 당신 속에 더 깊이 거하게 될 것이다. 물론 꼭 장 칼뱅—또는 내가 가장 좋아하는 조나단 에드워즈—을 읽을 필요는 없다. 그러나 위대한 고전을 접할 수 있음에도 불구하고 전혀 읽지 않는 것은 루이스가 "역사적 오만"(chronological snobbery)[26]이라 부르는 것에 지나지 않을 것이다(역사적 오만 또는 역사적 가식이란 우리 시대의 지적 정서에 맞는 것은 무비판적으로 수용하면서도 옛 것이라면 무조건적으로 배척하는 태도를 말한다—역주).

성경으로 충만한 사람들과 함께하라

또한 기쁨을 위한 싸움에서 하나님의 말씀을 활용하는 전체적인 전략에 한 가지 전술을 추가하고 싶다. 생존해 있든 그렇지 않든 간에 성경으로 충만한 사람들을 곁에 두라. 그들의 삶과 말은 우리의 기쁨에 큰 도움이 된다. 생존해 있는 이들은 당신이 속한 교회에 있는 사람들이며, 죽은 사람들은 전기(傳記)를 통해 말씀으로 가득한 삶을 우리에게 전해 주는 그리스도의 몸이다.

하나님의 뜻은, 우리가 기쁨을 위한 싸움에서 서로의 힘을 북돋우어 주는 것이다. 바울은 "우리가…오직 너희 기쁨을 돕는 자가 되려 함이니"(고후 1:24)라고 말했다. 히브리서는 이렇게 말한다. "형제들아, 너희는 삼가 혹 너희 중에 누가 믿지 아니하는 악한 마음을 품고 살아 계신 하나님에게서 떨어질까 조심할 것이요. 오직 오늘이라 일컫는 동안에 **매일 피차 권면하여** 너희 중에 누구든지 죄의 유혹으로 완고하게 되지 않도록 하라"(3:12-13). 그리고 잠언은 "지혜로운 자와 동행하면 지혜를 얻고"라고 말한다(잠 13:20). 우리는 혼자 기쁨을 위해 싸워야 하는 것이 아니다. 그리스도인의 기쁨은 공동체적 프로젝트다.

하나님은 교사들을 두라고 명하신 것과 마찬가지로, 그리스도의 몸 전체가 기쁨을 위한 싸움에서 매일 서로에게 그분의 말씀을 전하라고 명령하셨다. 매일 서로 권면하라. 구체적으로 말하자면 "서로 돌아보아 사랑과 선행을 격려하며 모이기를 폐하는 어떤 사람들의 습관과 같이 하지 말고, 오직 권하여 그날이 가까움을 볼수록 더욱 그리하자"(히 10:24-25). 우리는 누구나 하나님의 말씀으로 서로를 권면하는 소명을 느껴야 한다. 그러나 여기서 내가 말하려는 요점은 이것이 아니다. 바로 이것이 **당신에게 이루어지게 해야** 한다는 것이다. 이러한 상호 간의 사역이 이루어질 수 있을 만큼 작은 교제권에 속하

라. 내가 기쁨이 없는 성도를 대할 때 가장 먼저 묻는 질문 가운데 하나는 이런 것이다. "서로 돌아보며 서로를 위해 기도하며 서로가 사랑에 이르도록 어떻게 격려할지 고민하는 신자들로 이루어진 소모임에 참여하고 있나요?" 대개는 그렇지 못하다고 대답한다.

하나님의 말씀은 공동체적 재산이다

내가 성경 읽기와 암송, 묵상, 독서를 많이 강조할수록, 이 모든 것이 매우 개인적인 것으로 들릴 수 있다. 이것은 나의 미국적 성향에 잘 맞는다. 그러나 하나님의 말씀은 공동체적 재산이어야 하며 공동체적 사건이어야 한다. 하나님의 말씀은 신자들의 교제 속에서 살아 있어야 한다. 기름 부음을 받은 사람이 성령의 인도를 따라 각 사람의 필요에 적절한 방법으로 성경을 전하고 적용하는 것이야말로 오늘날 예언의 은사가 취해야 하는 정상적인 형태일 것이다. 이것이 우리가 기쁨을 위한 싸움에서 서로에게서 필요로 하는 것이다. 이런 일이 일어나고 있는 신자들의 모임을 찾기 위해 끊임없이 노력하라.

이제 기쁨을 위한 싸움에서 교회의 지체(member)가 된다는 것이 무엇인지 구체적으로 살펴보기로 하겠다. 나는 교회의 지체이면서도—다시 말해, 교회에 등록을 하고도—영적인 삶과 기쁨과 순종을 일으키는 방식으로 다른 신자들과 관계를 갖지 못할 수 있다는 것을 알고 있다. 그리고 지역 교회의 지체이지만 신자는 아닐 수 있다. 그럼에도 불구하고, 나는 하나님의 모든 백성이 그리스도를 높이고 성경을 믿는 지역 교회의 책임 있는 지체가 되는 것이 하나님의 뜻이라고 믿는다. 이것이 어떤 지역에서는 불가능할 것이다. 정상적인 은혜의 수단이 없더라도 하나님은 우리의 필요를 아시고 공급하실 것이다. 그러나 일반적인 환경에서라면, 그리스도인들은 지역 교회의 책임 있는 지체여야 한다.

신약성경은 신자들로 이루어진 지역 교회와 관련해서 **지체**라는 단어를 사용할 때 먼저 은유적으로 사용한다. 다시 말해, 손과 발이 몸의 지체이듯이 우리는 신자들로 이루어진 지역 교회의 지체들이다. "몸은 하나인데 많은 지체가 있고 몸의 지체가 많으나 한 몸임과 같이, 그리스도도 그러하니라…만일 발이 이르되 나는 손이 아니니 몸에 붙지 아니하였다 할지라도 이로써 몸에 붙지 아니한 것이 아니요"(고전 12:12, 15). 이것은 보편적인 그리스도의 몸을 표현한 것이 아니라 그 몸이 구체적인 장소에서 지역적으로 나타나는 모습이다. 이것을 여러 이유에서 알 수 있다.

그중 한 가지 이유는, 바울이 보편적인 그리스도의 몸을 가리킬 때 "머리"는 그리스도 자신이라고 말하기 때문이다. "그는 몸인 교회의 머리시라"(골 1:18; 2:19; 엡 5:23). 신자들로 이루어진 지역적인 몸을 말할 때는 손이나 발처럼 단지 또 하나의 지체라는 뜻으로 "머리"라는 용어를 사용한다. "눈이 손더러 내가 너를 쓸 데가 없다 하거나 또한 **머리**가 발더러 내가 너를 쓸 데가 없다 하지 못하리라"(고전 12:21). 또 다른 이유는, 고린도전서 12장이 서로를 보살피고 책임지는 긴밀한 관계를 이야기하고 있기 때문이다. "오직 하나님이 몸을 고르게 하여…몸 가운데서 분쟁이 없고 오직 **여러 지체가 서로 같이 돌보게 하셨느니라**"(고전 12:24-25). 이러한 종류의 상호 보살핌은 보편적인 그리스도의 몸에서는 불가능하며, 그 몸이 지역적으로 나타난 곳에서만 가능하다.

그러므로 사도 바울은 **지체**(손, 발, 머리, 눈)라는 용어를 은유적으로 사용하는 데서 더 나아가 지역 교회의 실제적이고 인격적이며 책임 있는 지체 됨(membership)을 가리키는 데로 옮겨 가는 것이다. 지체됨은 은유적인 연결에서 상호 보살핌과 책임에 대한 기대를 낳는 실제적이고 구체적이며 조직적인 연결로 옮겨 가는 것이다. 바울이 교회의 징계를 그렇게도 심각하게 여기고 구성원을 교회에서 내쫓는 드문 경우까지 말하는 것도 바로 이 때문이다. "밖에 있는 사람들을 판단하는 것이야 내게 무슨 상관이 있으리요마는, 교회 안에 있는 사람들이야 너희가 판단하지 아니하랴. 밖에 있는 사람들은 하나님이 심판하시려니와 이 악한 사람은 너희 중에서 내쫓으라"(고전 5:12-13). 공식적인 지체 됨이 없다면 이러한 공식적인 제거도 가능하지 않을 것이다.

교회의 지체 됨에 관한 이러한 성경적 시각을 강조하는 것은, 우리가 책임과 의무를 회피하는 시대에 살고 있기 때문이다. 우리는 매우 개인주의적이며 따라서 우리가 당장 바라는 것과 맞지 않는 기준을 요구받을 때 강하게 반발한다. 그러나 하나님은 우리를 사랑하시며 따라서 나쁜 것들이 있는 곳으로 우리를 인도하지 않으신다. 교회의 지체 됨은 은혜의 선물이다. 모든 관계처럼(부부 관계, 부모-자녀 관계, 고용자-피고용자 관계, 팀원 간의 관계, 시민 간의 관계) 교회 지체들 간의 관계에도 아픔이 있다. 그러나 이 관계에는 하나님의 계획과 자비에 따라 삶을 유지시키고 믿음을 강하게 해 주며 기쁨을 지켜 주는 효과가 우리들 대부분이 깨닫는 것보다 더 많다. 하나님 말씀의 사역, 다시 말해, 그리스도를 드러내는 공동체적인 이 사역이 교회의 지체 됨을 통해 예측할 수 없는 방식으로 우리에게 다가온다. 촉구하건대, 그리스도의 교회 주변부에 머물면서 이러한 축복에서 멀어지지 말라.

이러한 말씀의 공동체적 사역에 강하게 힘을 실어 주는 사실 가운데 하나는, 말씀이 실제 사람들 속에서 구현된다는 점이다. 우리는 단순히 책을 읽는 것이 아니라 살아 있는 사람들에게 말씀을 듣는다. 바울은 이러한 인격적 사역의 힘을 지적하면서 이렇게 말했다. "우리가 이같이 너희를 사모하여 하나님의 복음뿐 아니라 **우리의 목숨까지도** 너희에게 주기를 기뻐함은 너희가 우리의 사랑하는 자 됨이라"(살전 2:8). 우리의 필요에 맞게 재단된 하나님의 말씀이 우리에게 자신을 내어 주는 사람을 통해 우리에게 다가올 때, 거의 언제나 기쁨으로 이어지는 위대한 사랑의 승리가 나타난다.

그리스도인의 전기와 기쁨을 위한 싸움

그리고 고인들도 이러한 방식으로 살아날 수 있다. 아벨에 관한 말씀이 히브리서 11장 전체를 대변한다. "그가 죽었으나 그 믿음으로써 지금도 말하느니라"(4절). 히브리서는 우리가 어떻게 "서로 돌아보아 사랑을 격려하느냐"는 물음에 살아 있는 사람들과 죽은 사람들의 삶을 통해서라고 대답한다. "하나님의 말씀을 너희에게 일러 주고 너희를 인도하던 자들을 생각하며 그들의 행실의 결말을 주의하여 보고 그들의 믿음을 본받으라"(히 13:7). 과거든 현재든 간에, 그리스도인의 삶은 하나님 말씀의 진리를 증명하고 하나님의 은혜를 보여 준다. 그러므로 기쁨을 위한 싸움은 하나님이 우리를 위해 준비하신 모든 것을 보며 맛보려는 싸움이기 때문에 그리스도인과의 교제를 찾고 진정한 그리스도인의 전기를 읽지 않는다면 형편없는 전사가 될 것이다.

에드워즈의 싸움이 주는 영감

조나단 에드워즈는 1758년에 죽었지만 그와 나의 우정은 해가 갈수록 깊어졌다. 나는 그가 한 말과 그가 한 일에서 수없이 많은 것을 배웠다. 그로 인해 하나님께 진심으로 감사한다. 나는 또한 『하나님의 열심』(God's Passion for His Glory: Living the Vision of Jonathan Edwards, 부흥과개혁사 역간)이라는 책을 그에게 헌정했다.[27] 기쁨을 위한 그의 싸움은 나 자신의 싸움에 큰 영감과 방향을 제시해 주었다. 예를 들면, 그는 젊었을 때 70개의 결심을 기록해 두었다. 그 가운데 셋은 오랫동안 계속된 기쁨을 위한 싸움에서 나의 곁을 떠나지 않았다.

'결심 22'는 이렇게 되어 있다. "나를 위해 내가 이용할 수 있는 모든 힘과 능력과 열정, 심지어 폭력을 가지고, 또는 내가 생각할 수 있는 모든 방법으로 이생의 행복을 최대한 확보하기 위해 노력하기로 **결심한다**." 그가 기쁨의 싸움을 일찍 파악했다는 것을 알 수 있다. 그는 '결심 28'에서 이러한 목적을 이루는 수단을 말한다. "나 자신이 동일한 지식에서 자라는 것이 분명히 느껴질 정도로 성경을 꾸준히, 지속적으로, 자주 연구하기로 **결심한다**." 매우 지적인 힘을 가진 그는 탁월하게 성경적이었다. 이러한 사실은 내가 하나님의 말씀에 철저히 집중하는 데 도움이 되었다. 이처럼 말씀에 잠겨 영원한 기쁨을 추구하는 데 열정을 내기 위해, 그는 '결심 6'에서 짧지만 감동적인 말을 했다. "살아 있는 동안 온 힘을 다해 살기로 **결심한다**."[28]

그리스도인의 전기를 읽을 때 우리는 평생 기쁨을 위해 싸우는 사람을 만난다. 이것은 엄청난 도움이 된다. 이렇게 하면 전투에서 지휘관을 얻을 수 있고 그가 거둔 은혜의 승리 때문에 영감을 얻을 수 있다. 그리고 그의 실패와 회복 때문에 겸손해지고 소망을 가질 수 있으며, 때로 하나님과의 관계에서 무엇이 가능한지 어렴풋이 알고 그 어느 때보다도 열심히 기도하며 갈망할 수 있다. 다음은 에드워즈가 서른네 살 때의 경험을 되새기며 쓴 글이다.

1737년에 건강을 위해 말을 타고 숲으로 들어간 적이 있었다. 한적한 곳에 이르러 말에서 내려 여느 때처럼 걸으면서 경건한 명상과 기도를 하는 중에 하나님과 인간 사이의 중보자이신 하나님 아들의 영광을 보았고, 그분의 놀랍고도 크고 충만하며 깨끗하고 달콤한 은혜와 사랑을 보았으며, 온유하고 부드러운 겸손을 보았는데 내게는 매우 놀라운 일이었다. 무척 고요하고 달콤해 보였던 이 은혜는 또한 모든 하늘보다 높아 보였다. 그리스도는 말로 표현할 수 없을 만큼 높은 곳에, 모든 상상을 초월할 만큼 높은 곳에 계셨다. 이런 광경은 내 생각에 한 시간 정도 계속되었다. 나는 거의 내내 소리 내어 울면서 하염없이 눈물을 흘렸다. 내 영혼의 열심이—달리 어떻게 표현할지 모르겠다—비워지고 소멸되며, 내 존재가 티끌 가운데 누우며, 오직 그리스도로 채워지며, 거룩하고 깨끗한 사랑으로 그분을 사랑하며, 그분을 신뢰하고, 그분을 의지하여 살며, 그분을 섬기고 따르며, 하나님과 천국의 깨끗함으로 온전히 거룩해지고 깨끗해지는 것을 느꼈다. 나는 이와 거의 똑같은 광경을 여러 차례 보았으며, 그 결과는 똑같았다.[29]

이 이야기는 20대 시절에 거창한 신학과 심각한 교리는 기쁨을 위해 울지 못하게 한다는 어리석은 생각으로부터 나를 자유롭게 해주었다. 그 후로 나는 하나님을 더 많이 **알려고** 노력할수록 하나님에 대한 **느낌**은 약해진다는 생각을 거부하게 되었다.

그리스도를 기뻐하기 위해 그리스도인의 전기를 읽으라. 그러면 자신에게서 벗어나 다른 시대를 살았던 사람의 처지가 되어 자신의 눈으로 볼 때보다 훨씬 더 경이감이 가득한 눈으로 예수님을 보게 될 것이다. 성경으로 충만하며, 그리스도를 높이고, 하나님 중심적으로 살았던 성도들을 역사 속에서 찾아보고 그들에게서 기쁨을 위해 싸우는 법을 배워라.

루터가 성경을 이해하고 즐거워하도록 도운 이상한 조력자

전기라는 주제를 다루는 시점에서, 하나님의 말씀을 사용하는 방법과 관련된 전술을 한 가지 더 소개할 수 있을 것 같다. 마르틴 루터는 성경에서 그리스도의 충만을 보며, 충만한 기쁨을 아는 일에서 고난이 담당하는 본질적인 역할을 내게 가르쳐 주었다.

루터는 시편 119편에서 시편 기자가 하나님의 말씀을 이해하기 위해 기도할 뿐 아니라 그 말씀을 묵상한다는 것을 알게 되었다. 시편 기자는 또한 하나님의 말씀을 이해하기 위해 고난을 당하기도 했다. 그는 이렇게 말한다. "**고난당하기** 전에는 내가 그릇 행하였더니 이제는 주의 말씀을 지키나이다…고난당한 것이 내게 유익이라. 이로 말미암아 내가 주의 율례들을 배우게 되었나이다"(시 119:67, 71). 성경을 이해하는 데 없어서는 안 될 열쇠는 의의 길에서 당하는 고난이다. 우리 모두가 이 열쇠를 받는 것은 분명하다. "우리가 하나님의 나라에 들어가려면 많은 환난을 겪어야 할 것이라"(행 14:22). 어떤 사람들에게는 말씀이 열쇠와 함께 주어진다. "너희는 많은 환난 가운데서 성령의 기쁨으로 말씀을 받아 우리와 주를 본받은 자가 되었으니"(살전 1:6). 루터의 경우도 이와 같았다.

그는 자신의 경험을 통해 시련의 가치를 거듭 증명했다.

> 하나님의 말씀이 당신을 통해 알려지는 순간, 마귀는 당신을 괴롭힐 것이며 당신을 진정한 박사[교리 선생]로 만들 것이며, 유혹을 통해 당신이 하나님의 말씀을 구하고 사랑하도록 가르칠 것이다. 나 자신의 경우…나를 꽤 훌륭한 신학자로 만들고, 내가 결코 이르지 못했을 목표로 나를 몰아갈 만큼 나를 심하게 때리며 억압하고, 마귀의 분노를 통해 나를 위협한 것에 대해 교황 절대주의자들[로마가톨릭 교도들]에게 감사한다.[30]

루터에게는 고난이 곧 삶이었다. 영적·정서적으로, 그는 가장 힘든 싸움을 싸웠다. 예를 들면, 그는 1527년 8월 2일 멜란히톤(Melanchthon)에게 쓴 편지에서 이렇게 말했다.

> 저는 일주일이 넘게 죽음과 지옥을 왔다갔다 했습니다. 온몸은 두들겨 맞은 것 같고, 뼈마디는 아직도 후들거립니다. 저는 그리스도를 거의 완전히 잃어버렸고 하나님에 대한 절망과 불경의 파도와 폭풍에 휩싸였습니다. 그러나 충성스러운 분들의 중보 때문에 하나님은 제게 자비

를 베푸시고 깊은 지옥에서 저의 영혼을 끌어내기 시작하셨습니다.[31]

이런 시련들이 그의 눈을 열어 성경의 의미를 보게 해 주었다. 이러한 경험들은 그의 주해 작업에서 헬라어 사전이 담당한 역할만큼이나 중요한 역할을 했다. 나는 성도들의 삶에서 이런 것들을 볼 때면 내 사역의 시련을 불평하기 전에 한 번 더 생각해 보게 된다. 억압과 갈등과 좌절은 사역과 성경 공부에 집중하지 못하도록 방해하는 것일 뿐이라고 생각하고 싶은 유혹을 얼마나 자주 받는지 모른다. 루터는(시편 119:67, 71과 함께) 우리에게 이 모든 것을 다르게 보라고 가르친다. 삶의 스트레스와 방해꾼들과 실망과 갈등과 육체의 질병과 상실, 이 모든 것이 우리가 하나님 말씀의 의미를 어느 때와도 다르게 보게 해주는 렌즈일 수 있다. 역설적으로 말하자면, 고통이 기쁨으로 향하는 길, 즉 말씀으로 우리를 인도할 수 있다.

기쁨을 위한 싸움에서 하나님의 말씀을 어떻게 사용하느냐에 관해서는 이 외에도 많은 말을 할 수 있을 것이다. 실제로, 이후 몇 장에 걸쳐 더 많은 것을 다루도록 하겠다. 지금으로서는 이 장을 끝내면서 한 가지만 기억하기 바란다. 성경은 살아 계신 분, 우리의 하나님이요 구원자이신 예수 그리스도의 말씀이다. 그러므로 그분이 기록하시는 말씀과 그분이 들려주시는 이야기 가운데서 그분을 보기를 기대하면서 말씀을 읽고 묵상하고 암송하라. 그분은 당신의 호흡만큼이나 가까이 계시며 무한히 자비롭고 강한 분이다.

아침에 주의 인자하심이 우리를 만족하게 하사
우리를 일생 동안 즐겁고 기쁘게 하소서.
시편 90:14

지금까지는 너희가 내 이름으로 아무것도 구하지 아니하였으나
구하라. 그리하면 받으리니 너희 기쁨이 충만하리라.
요한복음 16:24

오 하나님, 기도하오니 내가 당신을 기뻐하도록 당신을 알고 사랑하게 하소서.
내가 이 세상에서 온전히 당신을 알 수 없다면 온전히 당신을 알 때까지
조금씩 자라게 하소서. 당신을 아는 지식이 여기서 내 안에 자라게 하시며,
거기서〔천국에서〕 완전해지게 하소서. 여기서 나의 기쁨이 소망 가운데
커지며 거기서 정말로 완전해지도록 당신의 사랑이 여기서 내 안에 자라게
하시고 거기서 완전해지게 하소서. 하나님, 당신의 아들을 명하시거나,
그보다는 우리를 권하여 구하게 하시고, 우리의 '기쁨이 충만하도록' 우리에게
주실 것이라고 약속하소서. 하나님, 구하오니 당신께서 존경할 만한 권고자를
통해 우리를 권고하실 때, 나의 '기쁨이 충만하도록' 당신의 진리를 통해
약속하신 것을 받게 하소서. 진리의 하나님, 구하오니 나의 '기쁨이 충만하도
록' 내가 받게 하소서. 그때까지 내 마음이 당신의 진리를 묵상하며, 내 혀가 당
신의 진리를 말하며, 내 마음이 당신의 진리를 사랑하며, 내 입술이 당신의 진
리를 전하게 하소서. 내가 하나님이시며 셋이 하나이신 '당신의 기쁨에'
들어갈 때까지 내 영혼이 당신의 진리에 주리며, 내 육체가 당신의 진리에
목말라하며, 내 온 존재가 당신의 진리를 갈망하게 하소서.
영원히 찬양을 받으소서. 아멘.
안셀무스(Anselmus)
『프로슬로기온』

9   기도에 집중하라

_오직 하나님을 향한 갈망으로 다른 모든 것을 갈망하라

하나님의 말씀을 갈망하지 않을 때 당신은 어떻게 하는가? 하나님의 말씀을 읽어도 아무런 기쁨을 얻지 못할 때 당신은 어떻게 하는가? 당신의 기쁨이 약하고 세상의 유혹 앞에 허물어질 때 당신은 어떻게 하는가? 성경의 하나님 안에서 만족하지 못하고 세상의 즐거움을 더 좋아할 때 당신은 어떻게 하는가? 바울이나 시편 기자들이나 역사의 유명한 성도들도 이 문제로 고민했는가? 물론이다. 그러므로 우리도 용기를 내야 한다. 우리는 누구나 마음이 미지근하고 영적으로 무딘 순간들을 경험하며 그 순간들과 싸운다. 가장 경건하다는 사람들도 영적 갈망이 약해지고, 어둠이 빛을 삼키려고 위협하며 어렴풋이 기억되는 기쁨의 맛 외에 모든 것이 사라져 버리는 순간들을 경험한다.

마르틴 루터의 불행

예를 들어 마르틴 루터는 겉으로 보기에 많은 사람들에게 불사조

처럼 보일 것이다. 그러나 그의 곁에 있었던 사람들은 그가 겪은 고통을 알고 있었다. 그는 1521년 7월 13일 바르트브루크성에서 멜란히톤에게 편지를 썼는데, 아마도 그 당시 신약성경 번역에 열중하고 있었던 것 같다.

저는 굳고 냉랭한 마음으로 여기 편안히 앉아 있습니다. 불쌍하지요! 기도도 거의 하지 않고, 하나님의 교회를 위해 거의 슬퍼하지도 않으며, 오히려 길들여지지 않은 제 육신의 맹렬한 불길 가운데 타들어가고 있습니다. 그 결과, 제 영혼이 불타는 것이 아니라 제 육신이 정욕과 게으름과 나태함과 잠으로 불타고 있습니다. 하나님이 제게서 떠나신 것은 아마도 여러분이 저를 위해 기도하기를 그쳤기 때문일 것입니다.…지난 8일 동안, 저는 한 줄도 쓰지 못했고, 기도나 연구도 하지 못했습니다. 그것은 부분적으로는 저의 방종 때문이기도 하고, 또 저를 귀찮게 하는 장애[다른 곳에서 알아낸 변비와 치질] 때문이기도 합니다.…저는 더 이상 견딜 수 없습니다.…간곡히 부탁합니다. 이곳에 혼자 죄에 빠져 있는 저를 위해 기도해 주십시오.[2]

성도들의 영적 시야가 한결같이 맑은 것은 아니다. 구름이 끼고 그리스도의 영광이 희미해질 때 사랑의 불길도 사그라든다. 여기에 관해서는 제12장에서 자세히 살펴보기로 하겠다. 여기서는 이러한 순간들이 신앙 생활에서 버려진 시간이라고 여길 필요가 없다는 것을 말해 두는 것으로 충분하다. 하나님이 그분이 사랑하시는 자들을 절망의 언저리까지 몰아가시는 데는 그분만의 지혜롭고 거룩한 목적이 있다(고후 1:8-10을 보라).

그러나 음침한 골짜기에 들어가거나 거기 머무는 것이 결코 우리의 목적이 아니다. 성경의 명령은 "주 안에서 기뻐하라"는 것이다. 성경이 "슬퍼하며 애통하며 울지어다. 너희 웃음을 애통으로, 너희 즐거움을 근심으로 바꿀지어다"라고 명령할 때조차도(약 4:9) 그 목적은 거기 머무는 것이 아니다. 그다음 절은 "주 앞에서 낮추라. 그리하면 **주께서 너희를 높이시리라**"고 말한다. "하나님의 뜻대로 하는 근심은 후회할 것이 없는 구원에 이르게 하는 회개를 이루는 것이요, 세상 근심은 사망을 이루는 것이니라"(고후 7:10). 마음을 찢는 회개의 목적은 겸손의 축복과 그리스도를 높이는 기쁨이다.

그렇다면 우리의 갈망이 시들해지고 우리가 하나님의 말씀을 향하지 않을 때 어떻게 기쁨을 위해 싸워야 하는가? 우리가 이 장에서 초점을 맞추고 있는 대답은 기도다. 하나님을 기뻐하는 데 열쇠가 되는 것은 하나님의 은혜, 다시 말해, 그분의 아들이 사셨고, 성령이 가져다 주시며, 말씀이 일깨우고, 기도를 통해 유지되는 그분의 전능하고 변혁적인 은혜다.

기도: "갈망을 하나님께 올려 드리는 것"

그렇다면 기도를 어떻게 정의해야 하는가? B. B. 워필드(Warfield)는, 19세기의 전도자 D. L. 무디(Moody)가 영국을 방문했다가 기도와 관련해서 웨스트민스터 요리문답의 가치를 알게 된 이야기를 들려준다. 무디는 한 스코틀랜드인 친구와 런던에 머물고 있었다.

한 젊은이가 무디에게 와서 종교적인 것들에 관해 이야기를 나누었다. 그는 몇몇 부분에서 어려워했으며, 그 가운데는 기도와 자연법도 있었다. 그가 물었다. "기도가 무엇입니까? 선생님이 무슨 뜻으로 하시는 말씀이신지 잘 모르겠습니다." 이들은 런던 어느 대저택의 홀에 있었다. 무디가 대답하기 전에, 계단에서 아이가 노래하는 소리가 들렸다. 집주인의 딸인 아홉 살이나 열 살쯤 된 아이의 소리였다. 아이는 계단을 달려 내려오더니 홀에 낯선 사람들이 앉아 있는 것을 보고 멈칫했다. "제니, 이리 와서 이 신사분에게 기도가 무엇인지 말씀드리거라." 아이의 아버지가 말했다. 제니는 무슨 일이 있었는지 몰랐지만, 자신이 배운 요리문답을 말해야 한다는 것은 아주 잘 알고 있었다. 그래서 제니는 선생님 앞에 있는 착한 소녀처럼 자세를 가다듬고 두 손을 앞으로 모은 채 또렷하고 아이다운 목소리로 말했다. "기도는 그리스도의 이름으로 우리의 소원을 하나님께 올려 드리는 것, 곧 그분의 뜻에 합당한 것을 구하고 죄를 자복하며, 그분의 자비를 감사하게 인정하는 것이다." "아! 이게 바로 요리문답이군요!" 무디가 말했다. "요리문답을 주신 하나님 감사합니다."[3]

웨스트민스터 요리문답에서는 "우리의 소원을 하나님께 올려 드리는 것"이 기도에 관한 핵심적인 정의다. 그러므로 기도는 마음의 척도다. 무엇을 기도하느냐를 보면 그 사람의 마음이 영적으로 어떤 상태인지 알 수 있다. 우리가 영적인 것들(그리스도의 영광, 하나님의 이름이 거룩히 여김을 받음, 죄인들의 구원, 우리 마음의 거룩, 복음의 진보, 통회, 성령 충만, 하나님 나라의 도래, 그리스도를 아는 기쁨 등)을 위해 기도하지 않는다면 아마도 이런 것들을 갈망하지 않기 때문일 것이다. 기도는 우리의 마음을 강력히 고발한다.

패커가 이렇게 말한 것도 바로 이 때문이다. "나는 기도가 다른 그 무엇과도 다르게 한 사람을 영적으로 재는 척도라고 믿는다. 그러므로 우리가 어떻게 기도하느냐는 우리가 대면할 수 있는 그 어떤 질문보다 중요하다."[4] 우리 기도는 우리 마음에 어떤 갈망이 있는지를 보여 준다. 그리고 마음의 갈망은 우리가 무엇을 보화처럼 여기는지 보여 준다. 우리의 보화가 그리스도가 아니라면 우리는 멸망할 것이다. "아버지나 어머니를 나보다 더 사랑하는 자는 내게 합당하지 아니하고, 아들이나 딸을 나보다 더 사랑하는 자도 내게 합당하지 아니하며"(마 10:37).

경건하며, 사랑이 넘치고, 진지하며, 위험한 싸움

그러므로 기도를 무기로 싸우는 싸움은 매우 진지하다. 궁극적으로 하나님의 영광이 결부되어 있기 때문이다. 이것이 사실인 것은, 우리가 하나님 안에서 가장 크게 만족할 때 그분은 우리 안에서 가장 큰 영광을 받으시기 때문이다. 또한 자비와 공의와 선교를 위해 여호와를 기뻐하는 것이 우리에게 능력이 되기 때문이다(느 8:10). 그리스도의 빛이 이런 방법들을 통해 비칠 때 사람들은 우리의 착한 일을 보고 하늘에 계신 우리 아버지께 영광을 돌리기 때문이다(마 5:16). 번영이나 사람의 칭찬보다 하나님 안에서 더 만족한다면 그리스도를 위해 기꺼이 핍박을 받을 것이다. 그러므로 성경은 초대교회 그리스도인들에 대해 이렇게 말한다. "너희가 갇힌 자를 동정하고 너희 소유를 빼앗기는 것도 **기쁘게** 당한 것은 더 낫고 영구한 소유가 있는 줄 앎이라"(히 10:34). 이것이 바로 (세상의 안전이 아니라) 하나님을 기뻐할 때 나타나는 결과다. 그러므로 이처럼 해방적인 기쁨을 위해 기도하는 것은, 사람이 할 수 있는 가장 경건하고 사랑이 넘치는 행위 가운데 하나다. 그리고 이것은 매우 위험하다.[5]

기쁨을 위한 기도는 기쁨이 없는 사람들의 감정적인 응석이 아니다. 이것은 희생을 위한 준비다. 기쁨을 위한 싸움에는 예수님의 명예가 달려 있다. 세상은, 피로 산 바 되었고 영혼의 만족을 느끼며 그리스도를 높이는 사람들의 기쁨에서 흘러나오는 사랑의 희생 가운데서 그분의 가치가 빛을 발하는 것을 보기 때문이다. 바울이 고린도 교회의 그리스도인들에게 "우리가…오직 너희 기쁨을 돕는 자가 되려 함이니"(고후 1:24)라고 말했을 때, 그는 "우리는 너희의 응석을 받아 주고 있다"고 말한 것이 아니다. 그는 이렇게 말하고 있었다. "우리는 그리스도를 높이는 철저한 사랑의 희생을 위해 너희를 준비시키고 있다."

마케도니아에서 일어난 일

이것을 고린도후서 8:1-4에서 분명하게 확인할 수 있다. 바울은 고린도 사람들이 같은 것—하나님을 기뻐하는 것으로 이어지는(그리고 다시 사랑으로 이어지는) 하나님의 은혜—을 추구하도록 하기 위해, 마케도니아 교회를 칭찬했다. 이것은 우리가 거듭해서 보는 성경의 방식이다.

형제들아, **하나님께서** 마게도냐 교회들에게 **주신 은혜를** 우리가 너희에게 알리노니, 환난의 많은 시련 가운데서 **그들의 넘치는 기쁨**과 극심한 가난이 그들의 **풍성한 연보를 넘치도록** 하게 하였느니라. 내가 증언하노니 그들이 힘대로 할 뿐 아니라 힘에 지나도록 자원하여 이 은혜와 성도 섬기는 일에 참여함에 대하여 우리에게 간절히 구하니. (고후 8:1-4)

첫째, **은혜**의 능력이 있었다. 바울은 마케도니아인들뿐 아니라 고린도인들도 이 능력을 사용할 수 있음을 분명히한다. "하나님이 능히 **모든 은혜**를 너희에게 넘치게 하시나니 이는 너희로 모든 일에 항상 모든 것이 넉넉하여 모든 착한 일을 넘치게 하게 하려 하심이라"(고후 9:8). 그 후에 은혜 때문에 마음에서는 "넘치는 기쁨"이 있었다. 이것은 환경이나 번영 때문이 아니었다. 이 기쁨은 "환난의 많은 시련 가운데서", "극심한 가난" 가운데서 얻은 것이었다. 그것은 건강이나 부나 번영의 복음이 아니었다. 이들이 누린 기쁨은 다른 무엇이 아니라 그리스도 안에서 얻은 것이었다. 은혜로 인해 그리스도 안에서 넘치는 기쁨을 얻고 나자 사랑이 넘쳐흘렀다. 이 기쁨 때문에 가난한 사람들을 위해 "풍성한 연보를 넘치도록" 하게 되었다. 강제적인 것이 아니라 자유롭고 아낌없는 연보였다.

기쁨을 위한 싸움은 진지하고 위험하다. 기쁨은 주변적인 것일 뿐이며 중요한 것은 가난한 자들의 구제를 위한 연보—당신이 좋아하든 좋아하지 않든 간에—라고 믿는다면, 하나님의 말씀을 거스르고 있는 것이다.[6] 같은 본문에서, 바울은 당혹스러울 정도로 분명하게 말한다. "각각 그 마음에 정한 대로 할 것이요 인색함으로나 억지로 하지 말지니, 하나님은 즐겨 내는 자를 사랑하시느니라"(고후 9:7). 하나님은 마음에 없는데도 마지못해 하는 순종을 기뻐하지 않으신다. 우리는 마지못해 섬김을 받을 때 자신이 사랑받고 있다고 느끼지 않는다. 그러므로 그리스도 안에서 한 사람의 기쁨을 위해 수고하는 것은 응석을 받아 주는 것이 아니다. 가장 위험한 사랑의 행동을 위해 그를 준비시키는 것이다.

기쁨을 위해 기도하기, 기쁨을 위한 다른 모든 것을 위해 기도하기

그러므로 우리는 이런 사람들을 따르고 싶어한다. 따라서 우리는 이렇게 묻는다. 초대교회 그리스도인들은 기쁨을 위해 어떻게 기도했는가? 첫째, 우리는 이들이 자신에게 있는 유일한 성경, 즉 구약의 기도를 이용해서 기도했다고 생각해 볼 수 있다. 그러므로 이들은 이렇게 기도했을 것이다. "아침에 주의 인자하심이 우리를 만족하게 하사 우리를 일생 동안 즐겁고 기쁘게 하소서"(시 90:14). "내게 즐겁고 기쁜 소리를 들려 주시사 주께서 꺾으신 뼈들도 즐거워하게 하소서"(시 51:8). "주의 구원의 즐거움을 내게 회복시켜 주시고 자원하는 심령을 주사 나를 붙드소서"(시 51:12). "우리를 괴롭게 하신 날수대로와 우리가 화를 당한 연수대로 우리를 기쁘게 하소서"(시 90:15). "우리를 다시 살리사 주의 백성이 주를 기뻐하도록 하지 아니하시겠나이까"(시 85:6). 이러한 기도들이 얼마나 철저했는지 놓치지 말라. 이들은 인간이 스스로 하나님 안에서 만족할 수 없다고 생각한다. 이들은 하나님이 이렇게 하실 권리가 있으며, 이렇게 하실 수 있으며, 기도에 대한 응답으로 이렇게 하신다고 생각한다.

둘째, 초대교회 그리스도인들은 사도들의 본을 따라 기쁨을 위해 기도했다. 바울은 이렇게 기도했다. "소망의 하나님이 **모든 기쁨**과 평강을 믿음 안에서 너희에게 충만하게 하사"(롬 15:13). "그의 영광의 힘을 따라 모든 능력으로 능하게 하시며 **기쁨으로** 모든 견딤과 오래 참음에 이르게 하시고"(골 1:11). 그러므로 초대교회는 기도로써 기쁨을 위해 싸우라는 명령을 수행하기 위해 구약성경을 보았을 뿐 아니라 최근에 생겨난 신약성경도 보았다.

셋째, 이들은 "지금까지는 너희가 내 이름으로 아무것도 구하지 아니하였으나 구하라. 그리하면 받으리니 너희 기쁨이 충만하리라"(요 16:24)는 예수님의 말씀을 있는 그대로 받아들였다. 그래서 이들은 예수님 안에서 넘치는 기쁨을 고대하면서 모든 것을 그분의 이름으로 구했다. 모든 기도의 기초는 그분이 피로 사신 은혜였다. 모든 기도가 "예수님의 이름으로 기도합니다, 아멘"으로 끝났을 때, 이것은 그리스도인들이 내뱉는 공허하거나 닳아 빠진 헛소리가 아니었다.

바울은 그 이유를 이렇게 설명했다. "하나님의 약속은 얼마든지 그리스도 안에서 예가 되니 그런즉 그로 말미암아 우리가 아멘 하여 하나님께 영광을 돌리게 되느니라"(고후 1:20). 바꾸어 말하자면, 그리스도가 우리를 대신하여 죽으셨기 때문에 하나님의 모든 진노가 우리에게서 멀어졌으며 오직 자비만이 하늘로부터 우리에게 온다(롬 5:9; 8:32). 이것이 우리가 하는 모든 기도의 근거다. 하나님은 그리스도의 피를 치르고 우리에게 기도를 사 주셨다. 예수님의 이름으로 기도한다는 것은 우리가 이것을 믿으며, 우리의 의가 아니라 오직 그리스도의 의 때문에 응답을 요구한다는 뜻이다.

하나님의 선물을 구하는 모든 기도에서 우리는 그분을 더 많이 구한다

그러므로 초대교회는 그리스도께 순종하여 예수님의 이름으로 기도했을 **뿐** 아니라 예수님이 그들에게 말씀하신 목적―"너희 기쁨이 충만하리라"―을 품고 기도했다. 무엇을 위한 기도이든 간에, 모든 기도는 그리스도 안에서 기쁨이 충만하기를 구하는 기도였다. 이들은 그리스도가 교회에 요구하고 계시는 것은 물질적 유익을 위해 하나님의 자비를 이용하는 것이 아님을 알고 있었다. 기도는 하나님을 영화롭게 하고 그분의 아들을 높이기 위한 것이었다. 예수님은 이렇게 말씀하셨다. "너희가 내 이름으로 무엇을 구하든지 내가 행하리니 이는 **아버지로 하여금 아들로 말미암아 영광을 받으시게 하려 함이라**"(요 14:13). 초대교회는, 사람이 하나님이 아닌 그분의 선물만 원함으로써 기도 가운데서 하나님을 하인으로 만들 수 있다는 것을 알았다. 야고보는 이렇게 말했다. "구하여도 받지 못함은 정욕으로 쓰려고 잘못 구하기 때문이라"(약 4:3). 하나님의 선물을 원하고 그것을 구하는 것이 잘못된 것이 아니다. 성경에 나오는 대부분의 기도는 하나님의 선물을 구하는 것이다. 그러나 궁극적으로, 선물을 바라는 것은 그 선물이 우리에게 그분을 더 많이 보여 주고 그분의 더 많은 것들을 알게 하기 때문이어야 한다.

아우구스티누스는 그의 기도에서 이것을 이렇게 표현했다. "당신 외에 다른 무언가를 함께 사랑하는 사람은 당신을 너무나 적게 사랑합니다. 그가 그것을 사랑하는 것은 당신을 위해서가 아니기 때문입니다." 하나님의 선물 때문에 그리스도를 높이는 모든 기도의 바탕에는 근본적으로 그리스도의 영광을 위한 기도가 있어야 한다. 우리가 하나님의 선물보다 그리스도를 더 갈망할 때 그리스도는 높임을 받으신다. "주의 인자하심이 생명보다 나으므로 내 입술이 주를 찬양할 것이라"(시 63:3). 그분의 사랑이 생명보다 낫다면 그 생명이 줄 수 있는 모든 것보다 분명히 더 나을 것이다.

하박국 3:17-18을 달리 어떻게 설명할 수 있겠는가? "비록 무화과나무가 무성하지 못하며 포도나무에 열매가 없으며 감람나무에 소출이 없으며 밭에 먹을 것이 없으며 우리에 양이 없으며 외양간에 소가 없을지라도, 나는 여호와로 말미암아 즐거워하며 나의 구원의 하나님으로 말미암아 기뻐하리로다." 이 세상이 완전히 무너진다 해도 기쁨의 근거는 그대로 남는다. 그 근거는 바로 하나님이시다. 그러므로 생명과 건강과 집과 가정과 직장과 이 세상에서의 사역을 위한 모든 기도는 이차적인 것이 분명하다. 기도의 큰 목적은 하나님이 우리의 기쁨이 되시기를—그분의 모든 선물 가운데서 그리고 그 선물을 통해—구하는 것이다.

초대교회의 모든 기도는 기쁨을 위한 것이었다

이 사실이 신약성경에서 나타나는 것을 보면 참으로 놀랍다. 초대교회 그리스도인들의 기도를 살펴보면 이들이 무엇을 위해 기도했으며, 이들의 모든 기도가 어떤 측면에서 하나님을 기뻐하기 위한 싸움의 일부인지 알게 될 것이다.

1. 초대교회 그리스도인들은 세상에서 하나님의 이름이 높아지도록 구했다.

"그러므로 너희는 이렇게 기도하라. 하늘에 계신 우리 아버지여, 이름이 거룩히 여김을 받으시오며"(마 6:9). 이것은 두 가지 면에서 기쁨을 위한 기도다. 첫째, 하나님의 이름이 높아지는 것을 보는 것은 하나님을 사랑하는 모든 사람들의 가장 큰 기쁨이다. 그러므로 그분의 이름이 높아지도록 기도하는 것은 우리가 그 무엇보다 갈망하는 것을 위해 기도하는 것이다. 둘째, 하나님은 우리가 그분 안에서 가장 크게 만족할 때 가장 큰 영광을 받으시기 때문에 그분의 이름이 거룩히 여김을 받기를(영화롭게 되기를) 구하는 기도는 우리와 수많은 사람들이 그 무엇보다도 그분 안에서 더 만족하기를 구하는 기도다. 시편 기자들은 하나님을 기뻐하는 것과 그분의 이름을 찬양하는 것을 연결시킨다. "내가 주를 **기뻐하고 즐거워하며** 지존하신 주의 이름을 찬송하리니"(시 9:2).

2. 초대교회 그리스도인들은 세상에서 하나님 나라가 확장되도록 기도했다.

"나라가 임하시오며 뜻이 하늘에서 이루어진 것같이 땅에서도 이루어지이다"(마 6:10). 하나님의 나라가 완전한 영광 가운데 임할 때 하나님이 "모든 눈물을 그 눈에서 닦아 주시니, 다시는 사망이 없고 애**통하는 것이나 곡하는 것이나 아픈 것이 다시 있지 아니하리니**"(계 21:4). 그러므로, 하나님의 나라가 임하기를 기도하는 것은 가능한 한 가장 큰 기쁨이 창조 세계를 채우기를 기도하는 것이다.

그러나 이것은 먼 미래의 일만은 아니다. 사도 바울은 하나님의 나라가 영혼 속에서, 교회에서, 세상 이곳저곳에서 거두고 있는 영적 승리를 "의와 평강과 희락"으로 분명하게 규정한다. "하나님의 나라는 먹는 것과 마시는 것이 아니요, 오직 성령 안에 있는 의와 평강과 **희락이라**"(롬 14:17). 그러므로 어떤 사람(당신을 포함해서)의 삶에서 하나님의 통치를 위해 기도하는 것은 기쁨을 위해 기도하는 것이다.

3. 초대교회 그리스도인들은 성령 충만을 위해 기도했다.

"너희가 악할지라도 좋은 것을 자식에게 줄 줄 알거든 하물며 너희 하늘 아버지께서 구하는 자에게 성령을 주시지 않겠느냐"(눅 11:13; 엡 3:19도 보라). 초대교회가 하나같이 경험한 것은 성령 충만이 기쁨에 찬 담대한 증거(행 4:31)와 기쁨에 찬 자유로운 예배(엡 5:18-19)를 낳는다는 것이었다. "성령의 열매는…**희락**…"이기 때문이다(갈 5:22).

4. 초대교회 그리스도인들은 불신자들의 구원을 위해 기도했다.

"형제들아 내 마음에 원하는 바와 하나님께 구하는 바는 이스라엘을 위함이니, 곧 그들로 구원을 받게 함이라"(롬 10:1). 이것은 두 가지 의미에서 기쁨을 위한 기도였다. 첫째, 구원받는다는 것은 우주에서 가장 큰 보화를 발견하고 다른 모든 것을 기쁘게 부차적인 것으로 여긴다는 것이다. "천국은 마치 밭에 감추인 보화와 같으니 사람이 이를 발견한 후 숨겨 두고 **기뻐하여** 돌아가서 자기의 소유를 다 팔아 그 밭을 사느니라"(마 13:44). 둘째, 죄인이 회개할 때 "하늘에서는 회개할 것 없는 의인 아흔아홉으로 말미암아 **기뻐하는 것보다 더하리라**"(눅 15:7). 그러므로 천국의 마음을 가진 모든 사람들은 기뻐하는 자들과 함께—특히 천사들과 하나님 바로 그분과 함께—기뻐한다.

5. 초대교회 그리스도인들은 치유를 위해 기도했다.

"너희 중에 고난당하는 자가 있느냐? 그는 기도할 것이요, 즐거워하는 자가 있느냐? 그는 찬송할지니라. 너희 중에 병든 자가 있느냐? 그는 교회의 장로들을 청할 것이요, 그들은 주의 이름으로 기름을 바르며 그를 위하여 기도할지니라. 믿음의 기도는 병든 자를 구원하리니 주께서 그를 일으키시리라. 혹시 죄를 범하였을지라도 사하심을 받으리라"(약 5:13-15). 우리는 빌립이 사마리아 사람들을 고쳤을 때 그곳에서 어떤 일이 일어났는지 알고 있다. "또 많은 중풍병자와 못 걷는 사람이 나으니 그 성에 큰 기쁨이 있더라"(행 8:7-8).

6. 초대교회 그리스도인들은 전략적인 지혜를 위해 기도했다.

"너희 중에 누구든지 지혜가 부족하거든 모든 사람에게 후히 주시고 꾸짖지 아니하시는 하나님께 구하라. 그리하면 주시리라"(약 1:5; 골 1:9도 보라). 일상생활에서 지혜롭게 산다는 것은, 예배의 기쁨 가운데 하나님의 영광을 드러내는 것을 비롯해서 하나님 중심의 목적들을 — 우리는 이를 위해 창조되었다 — 이루는 것이다. 바울은 "모든 지혜로" 가르침을 받은 결과를 이렇게 묘사한다. "시와 찬송과 신령한 노래를 부르며, 감사하는 마음으로 하나님을 찬양하고"(골 3:16).

7. 초대교회 그리스도인들은 서로의 하나 됨과 조화를 위해 기도했다.

예수님은 이러한 기도의 본을 보여 주셨다. "내가 비옵는 것은 이 사람들만 위함이 아니요 또 그들의 말로 말미암아 나를 믿는 사람들도 위함이니, 아버지여, 아버지께서 내 안에, 내가 아버지 안에 있는 것

같이 그들도 다 하나가 되어 우리 안에 있게 하사 세상으로 아버지께서 나를 보내신 것을 믿게 하옵소서"(요 17:20-21). 바울은 이러한 종류의 하나 됨을 가르치면서 빌립보 교인들에게 "마음을 같이하여 같은 사랑을 가지고 뜻을 합하며 한마음을 품어…**나의 기쁨을 충만하게 하라**"(빌 2:2-4)고 했다. 하나님 백성의 하나 됨은, 하나님이 예수 그리스도를 보내신 것을 세상이 믿기를 바라는 사람들에게 큰 기쁨이다.

8. 초대교회 그리스도인들은 하나님을 더 잘 알게 해 달라고 기도했다.

"우리도 듣던 날부터 너희를 위하여 기도하기를 그치지 아니하고 구하노니…하나님을 아는 것에 자라게 하시고"(골 1:9-10; 엡 1:17도 보라). 영적으로(단지 지적으로가 아니라) 하나님을 아는 것은 모든 기쁨의 기초다. 예수님이, 마음이 청결한 자가 복이 있다(행복하다)고 말씀하신 것도 바로 이 때문이다. 그들은 하나님을 보기 때문이다(마 5:8).

9. 초대교회 그리스도인들은 그리스도의 사랑을 깨닫게 해 달라고 기도했다.

"아버지 앞에 무릎을 꿇고 비노니…지식에 넘치는 그리스도의 사랑을 알고 그 너비와 길이와 높이와 깊이가 어떠함을 깨달아 하나님의 모든 충만하신 것으로 너희에게 충만하게 하시기를 구하노라"(엡 3:15, 18-19). 그리스도의 사랑이 영혼에 기쁨을 주는 것은, 우리가 깨달을 수 없는 것을 어느 정도 깨달을 수 있느냐에 달려 있다. 그리스도의 사랑이 개념으로만 남아 있는 한, 그것은 우리의 마음을 움직이지 못한다. 깨달을 수 있는 힘을 달라고 기도하는 것은 기쁨을 일깨워 달라고 기도하는 것이다.

10. 초대교회 그리스도인들은 확실한 소망을 더 깊이 느끼게 해 달라고 기도했다.

"내가 기도할 때에 기억하며 너희로 말미암아 감사하기를 그치지 아니하고…너희 마음의 눈을 밝히사 그의 부르심의 소망이 무엇이며 성도 안에서 그 기업의 영광의 풍성함이 무엇이며…너희로 알게 하시기를 구하노라"(엡 1:16, 18-19). 기쁨이 소망에서 나온다는 것은 인간의 보편적인 경험이며 사도들이 분명하게 증거한 것이기도 하다. "**소망의 하나님이 모든 기쁨과 평강을 믿음 안에서 너희에게 충만하게 하사**"(롬 15:13). "우리가…하나님의 영광을 바라고 즐거워하느니라"(롬 5:2). "소망 중에 즐거워하며"(롬 12:12).

11. 초대교회 그리스도인들은 능력과 인내를 구했다.

"우리도 듣던 날부터 너희를 위하여 기도하기를 그치지 아니하고 구하노니…그의 영광의 힘을 따라 모든 능력으로 능하게 하시며 **기쁨으로 모든 견딤과 오래 참음에 이르게 하시고**"(골 1:9, 11; 엡 3:16도 보라). 힘과 인내가 기쁨과 관련된다는 것은 놀랄 일이 아니다. 느헤미야 8:10은 이미 "여호와로 인하여 기뻐하는 것이 너희의 힘이니라"고 가르친 바 있기 때문이다.

12. 초대교회 그리스도인들은 자신의 믿음을 지켜 달라고 기도했다.

첫째, 예수님은 베드로가 세 번 부인하기 직전에 그를 위해 기도하시면서 이러한 기도의 본을 보여 주셨다. "내가 너를 위하여 네 믿음이 떨어지지 않기를 기도하였노니 너는 돌이킨 후에 네 형제를 굳게 하라"(눅 22:32). 예수님은 또한 제자들에게 믿음을 지키기 위해 기도하라고 가르치셨다. "너희는 장차 올 이 모든 일을 능히 피하고 인자 앞에 서도록 항상 기도하며 깨어 있으라"(눅 21:36). 이후에 바울은 자신이 성도들의 믿음을 위해 기도하고 일할 때, 그들의 기쁨을 위해 일하고 있다는 것을 분명히 한다. "내가 살 것과 너희 믿음의 진보와 기쁨을 위하여 너희 무리와 함께 거할 이것을 확실히 아노니"(빌 1:25). "우리가 너희 믿음을 주관하려는 것이 아니요 오직 너희 기쁨을 돕는 자가 되려 함이니, 이는 너희가 믿음에 섰음이라"(고후 1:24).

13. 초대교회 그리스도인들은 시험에 빠지지 않게 해 달라고 기도했다.

"우리를 시험에 들게 하지 마시옵고"(마 6:13). "시험에 들지 않게 깨어 있어 기도하라"(마 26:41). 시험이 무엇인가? 시험은 언제나 이런저런 방법으로, 어떤 것을 하나님과 그분의 길보다 더 갈망해야 한다고 속이는 것이다. 그러므로 시험에서의 구원을 위한 기도는 우리가 이러한 속임수에 빠지지 않고, 하나님과 그분의 길을 다른 그 무엇보다도 더 갈망해야 한다는 것을 항상 아는 것이다.

14. 초대교회 그리스도인들은 믿음의 역사와 선한 일을 이룰 수 있게 해 달라고 기도했다.

"그러므로 우리가 언제나 여러분을 위하여 기도합니다. 그것은 우리 하나님께서…그의 능력으로 [여러분의] 모든 선한 뜻과 믿음의 행위를 완성해 주시기를 비는 것입니다"(살후 1:11, 새번역). "우리도 듣던 날부터 너희를 위하여 기도하기를 그치지 아니하고 구하노니, 너희로 하여금…주께 합당하게 행하여 범사에 기쁘시게 하고 모든 선한 일에 열매를 맺게 하시며 하나님을 아는 것에 자라게 하시고"(골 1:9-10). 우리는 경험과 사도행전 20:35에 나오는 예수님의 말씀을 통해 "주는 것이 받는 것보다 복이 있다"는 것을 알고 있다. 그러므로 우리가 이처럼 줄 수 있게 해 달라고 기도하는 것은, 위대하고 즐거운 축복을 위해 기도하는 것이다.

15. 초대교회 그리스도인들은 죄 용서를 위해 기도했다.

"우리가 우리에게 죄 지은 자를 사하여 준 것같이 우리 죄를 사하여 주시옵고"(마 6:12). 이것은 예수 그리스도 안에서 우리가 받은 "의롭다"는 위대한 판결을 지속적으로 적용하고 누리라는 호소다. 이렇게 그리스도 안에 서서 하나님의 사랑을 확신하는 것은, 우리가 누리는 모든 기쁨의 기초다.

16. 초대교회 그리스도인들은 자신들을 악인에게서 보호해 달라고 기도했다.

"다만 악에서 구하시옵소서"(마 6:13). 마귀는 속임수의 대가이며, 유혹을 비롯한 그의 모든 속임수의 목적은 우리가 다른 것—선하고 안전하며 건전한 것이라고 하더라도—을 하나님보다 더 갈망하게 하는 것이다. 그는 수많은 대체물을 제시하며, 이 세상에서 수많은 불행으로 우리를 위협한다. 우리가 그에게서 벗어나기 위해 기도한다는 것은, 그 어떤 대체물에도 끌리지 않게 하시며 우리가 불행을 겪는다는 이유로 하나님이 우리의 모든 것을 만족시키시는 친구가 아니라는 결론을 내리지 않게 해 달라고 기도한다는 뜻이다.

초대교회가 기도했던 모든 것은 하나님을 기뻐하려는 싸움의 일부였다. 이것이 사실이 아니라면 이들의 기도는 탐심의 표현이었을 것이며, 하나님을 램프의 요정 지니로, 기도를 알라딘의 램프로 바꾼 것과 마찬가지였을 것이다. 그러나 예수님이 "구하라. 그리하면 받으리니 너희 기쁨이 충만하리라"고 말씀하셨을 때(요 16:24) 의미하신 것은 이런 것이었다. "너희가 구하는 모든 것에서 내 안에 있는 충만한 기쁨을 구하라. 이렇게 하면 너희가 구하는 모든 것이 나를 영화롭게 하리라." 그러므로 하나님께 기쁨을 열심히 구함으로써 기쁨을 위해 싸우고, 그분이 주시는 모든 선물 가운데서 그리스도를 더 많이 보고 맛보겠다는 한 가지 큰 목표를 가지고 다른 모든 것을 구함으로써 기쁨을 위해 싸우자.

기도와 묵상은 하나님의 말씀과 성령처럼 서로 떨어질 수 없다

두 장에 걸쳐 **하나님의 말씀**의 절대적인 역할을 강조한 후에 이 장과 다음 장에서 기도를 이처럼 강조하는 것은 이상하게 보일 것이다. 그러나 이렇게 하는 것은 기도와 묵상이 기쁨을 위한 싸움에서 서로 분리될 수 없기 때문이다. 이처럼 기도와 묵상을 따로 떼어 놓을 수 없는 것은, 하나님의 성령과 하나님의 말씀이 서로 떨어질 수 없게 하신 하나님의 계획 때문이다. 우리의 삶을 향한 하나님의 목적은 성령의 역사가 그분의 말씀을 통해 이루어지며, 말씀의 역사가 그분의 성령을 통해 이루어지는 것이다. 거듭남이라는 첫 단계부터 영화(glorification)라는 마지막 단계에 이르기까지, 성령과 말씀은 기쁨을 일깨우고 지키는 일에서 서로 떨어질 수 없다. 하나님은 그분의 말씀을 통해 성령으로 그분의 아들을 영화롭게 하시고 그분의 백성을 만족시키신다.

기도와 묵상은 각각 하나님의 성령과 하나님의 말씀에 상응한다. **기도**는 우리가 하나님의 성령을 의지하면서 하나님께 보이는 반응이다. **묵상**은 우리가 하나님의 말씀을 의지하면서 하나님께 보이는 반응이다.

기도에서 우리는 하나님의 성령을 통해 하나님의 완전하심을 찬양하며, 하나님이 그분의 성령으로 하신 일에 대해 하나님께 감사하며, 우리가 성령의 약속을 신뢰하지 못한 것을 고백하고, 성령의 도우심을—이 모든 것을 예수님의 이름으로—구한다. 기도는 인간이 하나님의 성령을 보배롭게 여기고 신뢰한다는 표현이다.

기도와 짝을 이루는 묵상에서, 우리는 하나님의 말씀을 듣고 숙고하며 높인다. 묵상은 성경을 읽으며 그 내용에서 하나님이 우리에게 주기로 계획하신 단맛과 영양분을 얻으려고 읽은 것을 씹는 것을 의미한다. 묵상에는 주야로 말씀을 씹고 말씀에서 힘을 얻기 위한 암송이 포함되어야 한다. 묵상의 본질은 하나님의 생각들을 생각하는 영감된 저자들처럼 생각하는 것이다(참고. 딤후 3:16-17; 벧후 1:21). 당신도 영감된 저자들이 하나님을 보는 방식으로—즉 귀중하고 가치 있고 아름다운 갈망의 대상으로—하나님을 볼 수 있을 때까지 생각하고 숙고하고 묵상하라. 말씀은 이런 방법으로 기쁨을 돕는다.

따라서 성령과 말씀이 우리의 삶에서 서로 떨어질 수 없듯이 기도와 묵상도 서로 떨어질 수 없다. 기쁨을 위한 싸움은 항상 이 둘을 모두 포함한다. 하나님의 말씀에 대한 묵상이 없는 기도는 인본주의적 영성에 빠질 것이다. 이러한 기도는 하나님의 생각과 느낌이 아니라 우리 자신의 타락한 생각과 느낌을 드러낼 뿐이다. 그리고 필사적으로 기도하는 겸손이 없는 묵상은 교만한 율법주의나 철저한 절망을 낳을 것이다.

기도가 없다면, 우리는 자신의 힘으로 말씀을 이루려 하면서 자신이 성공하고 있다고 생각하고, 따라서 교만한 바리새인이 되거나, 혹은 자신이 성공하고 있지 못하다는 것을 깨닫고 절망 가운데 포기할 것이다. 이런 방식은 하나님의 성령 없이 하나님의 말씀대로 살려는 사람들, 다시 말해 묵상의 훈련과 기도를 통한 신뢰를 분리하려는 사람들의 대체물이다.

말씀이 그리스도를 높이는 곳에서 성령은 기쁨을 일깨우신다

성령이 오직 하나님의 말씀을 통해 하나님 중심의 기쁨을 일으키고 지키시는 이유가 있는데, 그 이유는 매우 핵심적인 것이며 이로 인해 그리스도가 더욱 높아지신다. 그 이유란, 성령은 자신이 일으키는 기쁨을 통해 예수 그리스도가 영광을 받으시도록, 구원과 기쁨을 주는 자신의 사역을 그리스도 중심인 하나님의 말씀과 연결시키신다는 것이다. 예수님은 성령을 주신 것은 하나님의 아들을 영화롭게 하기 위해서라고 말씀하셨다(요 16:14). 그러므로 하나님은 아들을 높이는 말씀을 통해 일하신다. 그러므로 하나님의 역사를 구하는 기도는 그분의 말씀을 맛보는 묵상과 분리될 수 없다.

이렇게 설명해 보자. 누가복음 2:10-11에서 하나님이 천사들을 통해 목자들에게 하시는 말씀을 들을 수 있다. "무서워하지 말라. 보라, 내가 온 백성에게 미칠 큰 기쁨의 좋은 소식을 너희에게 전하노라. 오늘 다윗의 동네에 너희를 위하여 구주가 나셨으니 곧 그리스도 주시니라"(눅 2:10-11). 그렇다면 이 말씀의 목적은 무엇이었는가? 그 목적은, 최소한 기쁨을 낳는 것이었다. "큰 기쁨의 좋은 소식을 너희에게 전하노라." 바꾸어 말하자면, 예수님에 관한 모든 진리는—그분이 구원자요 메시아요 주님이시며, 예언대로 다윗의 동네에서 태어나셨다는 것은—큰 기쁨을 불러일으키게 되어 있었다. 정말 그렇게 되었을 때 누가 영광을 받았는가? 예수님이다. 왜? 성령이 **그분에 관한 소식**을 사용하여 기쁨을 불러일으키셨기 때문이다. 그분은 구원자요 그리스도요 주님이시다.

그런데 목자들이 밤에 밖에서 양떼를 지키고 있을 때, 갑자기 성령이 정체도 밝히지 않으신 채 그들 위에 임하시고 그들에게 큰 기쁨을 주셨는데 그 과정에서 아무런 소식도 전하지 않으셨다고 생각해 보라. 아무런 말씀도, 아무런 계시도 없었으며, 단지 성령이 주신 기쁨의 감정—마약을 복용했을 때 느끼는 그런 도취감—만 있었다고 생각해 보라. 그랬다면 이 때문에 누가 영광을 받겠는가? 그리스도에 관한 말씀이 없었고, 성령은 여전히 정체불명으로 남아 계신다. 그 대답은, 추운 겨울밤에 몹시 즐거워하는 목자들 외에는 이러한 기쁨 때문에 그 누구도 영광을 받지 않았으리라는 것이다.

성령이 예수님과 그분의 십자가와 부활을 전혀 언급하지 않으신 채 온갖 좋은 느낌을 우리 속에 불러일으키신다면 이것이 어떻게 그리스도를 영화롭게 하겠는가? 결코 영화롭게 하지 못한다. 그러므로 성령이 우리 삶에서 기쁨을 일으키고 지키시는 방법은, 우리가 **말씀** 속에서 그리스도의 아름다움을 볼 수 있도록 겸손하고도 조용하게 우리에게 능력을 주시는 것이다. 그러면 그리스도에 관한 진리로부터 우리의 기쁨이 의식적으로 일어나고 그분이 영광을 받으시지만, 성령은 우리의 마음 문을 여신 배후의 힘으로 남으신다. 따라서 우리는 성령의 절대적인 사역을 위해 열심히 기도하면서 절대적인 하나님의 말씀을 열심히 추구한다.

내 개인적인 적용

이것이 기쁨을 위한 싸움에서 매우 실제적으로 의미하는 바는, 매일 말씀을 읽는 데서 그치지 말고 그 말씀을 두고 기도해야 한다는 것이다. 사실, 그분이 오시지 못하는 일이 없도록 말씀을 읽기 전에 기도해야 한다. 내 개인적인 적용을 소개하면서 이 장을 마치도록 하겠다.

나는 마땅히 있어야 할 갈망이 없거나 약하기 때문에 거의 매일 이른 아침마다 하나님과 그분의 말씀을 향한 갈망을 달라고 기도한다. 사실, 나는 많은 사람들이 기쁨과 싸우도록 돕기 위해 내가 제시했던 IOUS라는 약어를 사용한다. 이것은 매우 제한적이며 집중적이다. 이것이 우리가 기도해야 할 전부는 아니다. 그러나 이 책은(그리고 나의 삶 대부분은) 기쁨을 위한 싸움에 관한 것이다. 그리고 IOUS는 바로 여기에 초점을 맞춘다. 다음은 내가 기쁨을 위해 싸우면서 말씀을 놓고 기도하는 방법이다.

Incline(기울이라)! 내 영혼에 가장 먼저 필요한 것은 **하나님을 향한,** 그분의 말씀을 향한 **기울임**이다. 이것이 없다면 내 삶에서 일어나는 그 어떤 일도 아무런 의미가 없을 것이다. 나는 하나님을 알고, 그분의 말씀을 읽으며, 그분께 가까이 이끌리기를 **원해야** 한다. 이러한 "소원"은 어디서 오는가? 하나님에게서 온다. 그러므로 시편 119:36은 "내 마음을 주의 증거들에게 **향하게** 하시고 탐욕으로 향하지 말게 하소서"라고 기도하라고 가르친다. 우리는 아침 식사와 신문으로 더 기울어져 있는 우리의 마음을 취하셔서 그 방향을 바꿔 달라고 하나님께 아주 간단하게 구할 수 있다. 우리는 우리 마음에 없는 갈망을 일으켜 달라고 하나님께 구해야 한다.

Open(열어라)! 그다음으로 해야 하는 것은, 말씀으로 이끌릴 때 내 생각이 아니라 말씀에 실제로 있는 것을 보도록 **내 마음의 눈이 열리게** 하는 것이다. 누가 마음의 문을 여는가? 하나님이시다. 그러므로 시편 119:18은 "**내 눈을 열어서** 주의 율법에서 놀라운 것을 보게 하소서"라고 기도하라고 가르친다. 우리는 성경을 읽으면서도 기이한 것을 전혀 보지 못할 때가 너무 많다. 성경을 읽는다고 기쁨이 생기는 것은 아니다. 그렇다면 우리가 할 수 있는 것은 무엇인가? 우리는 하나님께 부르짖을 수 있다. "하나님, 내 마음의 눈을 열어 말씀이 당신에 관해 하는 말을 **놀라운** 것으로 보게 하옵소서."

Unite(하나 되라)! 그러고 나면 내 마음이 나누이지 않았는지를 살핀다. 마음의 한 부분은 그분께 기울어졌지만 다른 부분은 기울어지지 않았다. 마음의 한 부분은 그분께 놀라운 것을 보지만 다른 부분은 "놀라운 것이 어디 있어!"라고 말한다. 내가 바라는 것은 하나님이 그분의 말씀 가운데 계시하시는 것에 대해 모든 부분이 즐겁게 반응하는 하나 된 마음을 갖는 것이다. 이러한 온전함과 하나 됨은 어디서 오는가? 하나님에게서 온다. 그러므로 시편 86:11은 "일심으로 주의 이름을 경외하게 하소서"라고 기도하라고 가르친다. 우리가 기쁨을 구하고 있다고 생각할 때 경외라는 단어에 걸려 넘어지지 말라. 하나님을 경외한다는 것은 모든 죄를 버릴 때 나오는 기쁨에 찬 표현이다. 번개가 당신을 죽일 수 없음을 깨달을 때 천둥은 전율하게 하는 기쁨일 수 있다. "주여 구하오니, 귀를 기울이사 종의 기도와 **주의 이름을 경외하기를 기뻐하는** 종들의 기도를 들으시고"(느 1:11). "그가 **여호와를 경외함으로 즐거움을 삼을 것이며**"(사 11:3). 그러므로 당신의 마음이 하나님에 대한 즐거운 두려움과 **하나 되게** 해 달라고 기도하라.

Satisfy(만족하라)! 내가 이처럼 하나님의 말씀과 연결되고 나의 기도에 응답하시는 성령의 역사를 느끼면서 정말로 원하는 것은 내 **마음이** 세상이 아니라 **하나님으로 만족하는** 것이다. 이러한 만족이 어디서 오는가? 하나님에게서 온다. 그러므로 시편 90:14은 "아침에 주의 인자하심이 **우리를 만족하게 하사**, 우리를 일생 동안 즐겁고 기쁘게 하소서"라고 기도하라고 가르친다.

IOUS는 오직 하나님만이 기쁨의 소망임을 인정한다

IOUS는 오랫동안 내게 정말 유익한 방식이었다. 이것은 내게 최전방의 싸움이었다. 나는 "복의 근원 강림하사"(Come, Thou Fount of Every Blessing)라는 로버트 로빈슨(Robert Robinson)의 찬송에 나오는 고통스러운 경험을 알고 있다. 이 찬송이 내게 그렇게 생생하게 다가오는 것은, 인간의 마음을 그분에게 잡아매시는 하나님의 절대적인 권리를 인정하며, 그 권리를 두고 기도하기 때문이다.

주의 귀한 은혜 받고 일생 빚진 자 되네.
주의 은혜 사슬 되사 나를 주께 매소서.
우리 맘은 연약하여 범죄하기 쉬우니
하나님이 받으시고 천국 인을 치소서.[8]

"주의 은혜 사슬 되사 나를 주께 매소서." 여기서 "사슬"이란 족쇄를 말한다. 나는 연약하여 범죄하기 쉬운 마음으로 이렇게 기도한다. "하나님, 당신의 선하심이 사슬처럼 나를 당신께 매도록 그 선하심의 놀라운 가치를 보게 하소서." 이것은 조지 크롤리(George Croly)가 "하나님의 성령이여, 내 마음에 임하소서"(Spirit of God, Descend Upon My Heart)라는 찬송에서 한 것과 같은 기도다.

하나님의 성령님, 내 마음에 임하사
세상 좇 떼게 하시고
그 강한 고동으로 내 연약함을 고치소서, 전능하신 주여.

내가 마땅히 사랑해야 하는 대로 당신을 사랑하게 하소서.[9]

나는 사람들이 마지막 행에 대해 이의를 제기하는 것을 들었다. 이들은 사랑은 강요해서는 안 되며 자유로워야 한다고 말한다. 사실이다. 그러나 두 가지 종류의 강제가 있다. 하나는 우리의 의지에 반하는 강제이며, 다른 하나는 의지를 바꾸는 강제다. 첫째는 강요된 행동을 낳지만 둘째는 자유로운 행동을 낳는다. 나로서는 이러한 기도를 반대하는 사람들은 강퍅한 자신의 마음과 심각하게 대면해 본 적이 전혀 없을 거라는 의심이 든다. 이들은 로마서 8:7-8의 "할 수 없다"라는 말이 보여 주는 우리의 상태에 대한 진단을 심각하게 받아들인 적이 없다. "육신의 생각은…하나님의 법에 굴복하지 아니할 뿐 아니라 **할 수도 없음이라**. 육신에 있는 자들은 하나님을 기쁘시게 **할 수 없느니라**." 나로서는 이 찬송에 이의를 제기하는 사람들이, 과연 왜 시편 기자가 "내 마음을…향하게 하시고"라고 그렇게도 절박하게 거듭 기도했는지(시 119:36, 112; 141:4) 생각해 본 적이 있는지 의심스럽다. 나로서는, 내가 마땅히 사랑해야 하는 대로 하나님을 사랑하기 위해 갖는 유일한 소망은 하나님이 기울어지지 않는 내 모든 마음을 꺾으시고 내 마음을 사랑으로 그분에게 매시는 것이다. 이것이 내가 그리스도인이기 위해, 기쁨 가운데 살기 위해 반드시 받아야 하는 은혜다.

그러므로 나는 하나님께 거듭 기도한다. 내 마음을 기울여 주소서! 내 마음의 눈을 열어 주소서! 내 마음이 하나 되게 하소서! 내 마음을 만족시키소서! 그러므로 기도는 우리가 정말 갈망하는 것이 무엇인지 보여 주면서 우리 마음을 재는 척도일 뿐 아니라, 우리가 마땅히 하나님을 갈망해야 하는 방법으로 그분을 갈망하지 않을 때 없어서는 안 될 마음의 치료약이기도 하다.

항상 기뻐하라, 쉬지 말고 기도하라.
데살로니가전서 5:16-17

다니엘이 이 조서에 왕의 도장이 찍힌 것을 알고도 자기 집에 돌아가서는
윗방에 올라가 예루살렘으로 향한 창문을 열고, 전에 하던 대로
하루 세 번씩 무릎을 꿇고 기도하며 그의 하나님께 감사하였더라.
다니엘 6:10

지난 10년 동안은 아침에 옷을 입은 후 습관적으로 기도했다.
그러나 이제는…주님의 귀한 말씀에 의지하여 몇 마디로 주님의 축복을 구한
후에, 하나님의 말씀을 묵상하기 시작한다. 즉 그 말씀에서 축복을 얻으려고
한 절 한 절을 살핀다.…그러면 얼마 지나지 않아 내 영혼은 고백하거나
감사하거나 중보 기도를 하거나 간구하게 된다. 그래서 말하자면 이전처럼
기도하는 대신에 묵상했지만, 묵상은 거의 곧바로 기도로 바뀌었다.
잠시 고백하거나 중보 기도를 하거나 간구하거나 감사드리는 동안 다음
단어나 다음 구절로 넘어가게 되고, 말씀은 다시 그 모든 것을 나 자신이나
다른 사람들을 위한 기도로 바꾸었다.
조지 뮬러
『주님과 조지 뮬러의 동행 일지』

10   기도를 훈련하라

_밤낮으로 쉬지 말고 기도하라

가능한 한 실제적인 도움을 주기 위해 "그렇다면 기쁨을 위해 어떻게 기도해야 하는가?"라는 문제를 살펴보고 싶다. 여기서 '어떻게'라는 것은 언제, 어디서, 무엇을 등과 같은 핵심적인 문제를 의미한다. 이러한 생각들이 규정이 아니라 힘을 주는 격려로 느껴지길 바란다.

열매 맺는 사랑의 삶은 어디서 오는가?

먼저 "쉬지 말고 기도하라"는 데살로니가전서 5:17의 간단한 말씀에서 시작해 보자. 이 말씀은 일련의 명령에 붙어 있는 것처럼 보일 것이다. 그러나 이 부분에서, 이 권면을 기쁨―그리고 그 기쁨에서 흘러나오는 사랑―을 위한 싸움과 연결하는 생각의 흐름을 발견할 수 있다. 이 말씀의 흐름은 앞 장에서 본 고린도후서 8:1-3의 흐름과 매우 비슷하며, 이는 여호와의 율법을 주야로 즐거워할 때 가뭄에도 풍성한 열매를 맺는 나무처럼 된다고 말하는 시편 1편의 생각의 흐름과도 같다. 관련 문맥을 보자.

> 또 형제들아 너희를 권면하노니, 게으른 자들을 권계하며 마음이 약한 자들을 격려하고 힘이 없는 자들을 붙들어 주며 모든 사람에게 오래 참으라. 삼가 누가 누구에게든지 악으로 악을 갚지 말게 하고 서로 대하든지 모든 사람을 대하든지 항상 선을 따르라. 항상 기뻐하라. 쉬지 말고 기도하라. 범사에 감사하라. 이것이 그리스도 예수 안에서 너희를 향하신 하나님의 뜻이니라. (살전 5:14-18)

권면, 권계, 격려, 오래 참음, 악으로 악을 갚지 않음, 모두에게 선을 행하려 함. 이것이 열매 맺는 삶이다. 바울은 우리에게 물가의 열매 맺는 나무처럼 되라고 말하고 있다. 시편 1:3에서, 이것은 하나님의 말씀을 기뻐하는 삶의 결과다. 당신을 소진시키는 이 모든 불쌍한 사람들을 보라. "게으른" 자들이 당신을 자극하고 있다. "마음이 약한" 자들이 당신에게 기대고 있다. "힘이 없는" 자들이 당신을 고갈시키고 있다. 그러나 당신은 이들을 권계하고, 격려하며, 오래 참고, 악으로 악을 갚지 말아야 한다. 바꾸어 말하자면, 다른 사람들이 게으르고 마음이 약하며 연약하고 야비하게 행동할 때, 당신은 오래 견디고 열매를 맺게 하며 영양분을 공급하는 영적 자원을 가져야 한다.

우리는 이렇게 사랑하기 위한 자원을 어디서 어떻게 얻는가? 16절은 "항상 기뻐하라"고 대답한다. 이것은 시편 1편의 "즐거움"에 해당한다. 이 기쁨은 무엇보다도 환경에 기초한 것이 아니라 하나님과 그분의 약속에 기초한 것이다. 왜냐하면 우리 주변의 사람들은 게으르고 마음이 약하며 연약하고 적대적이기 때문이다. 이런 환경에 서라면 보통 사람은 화를 내고 마음이 상하며 낙심하기 쉽다. 그러나 우리는 환경이 아닌 다른 곳에 뿌리를 두어야 한다. 우리 삶의 뿌리는 고갈될 수 없는 근원—하나님과 그분 말씀의 강—에서 기쁨의 양분을 빨아올려야 한다. 여호와를 기뻐하는 자는 "시냇가에 심은 나무"와 같다.

그렇다면 열매 맺는 사랑의 삶을 지탱시켜 주는 이러한 기쁨이나 즐거움의 열쇠는 무엇인가? 17절은 "쉬지 말고 기도하라"고 말한다. 그리고 18절은 "범사에 감사하라"고 말한다. 즉 이 말씀은 지속적인 기도와 감사가 하나님을 기뻐하는 열쇠이며, 그 속에서 인간은 모든 종류의 사람들과의 관계에서 인내하며 열매를 맺을 수 있다고 말하는 것 같다.[2] 그러므로 하나님과 그분의 말씀을 계속해서 기뻐하는 성경적 열쇠 가운데 하나는 쉬지 않고 기도하는 것이다.

"쉬지 말고 기도하라"는 것은 무슨 뜻인가?

우리가 게으르고, 마음이 약하며, 힘이 없고, 상처를 주는 사람들의 압력에 시들어 버리지 않고 열매 맺는 사람이 되려면, 데살로니가전서 5:16이 말하듯이 "항상 기뻐하[기]" 위해 또는 "오직 여호와의 율법을 즐거워하여 그 율법을 주야로 묵상하[기]"(시 1:2) 위해 싸우지 않으면 안 된다. 이렇게 하기 위해서는 17절이 말하듯이 "쉬지 말고 기도[해야]" 한다. 그렇다면 쉬지 않고 기도한다는 것은 무슨 뜻인가?

쉬지 않고 기도한다는 것은 적어도 세 가지를 의미한다. 첫째, 우리가 하는 모든 일에서 의존감을 가진다는 뜻이다. 이것이 기도의 정신이자 본질이다. 그러므로 우리가 의식적으로 하나님께 말하지 않을 때라도 그분에 대한 깊고도 지속적인 의존감이 있으며, 이러한 의존감이 믿음의 핵심을 이루게 된다. 이것이 "기도하는 것" 혹은 계속해서 기도하는 마음을 가지는 것의 의미다.

둘째는 바울이 가장 즉각적으로 염두에 두고 있는 것인데, 쉬지 않고 기도한다는 것은 반복해서 자주 기도한다는 뜻이다. 내가 이렇게 말하는 근거는 로마서 1:9에 나오는 "쉬지 않고"(*adialeiptōs*)라는 단어다. 여기서 바울은 "내가 그의 아들의 복음 안에서 내 심령으로 섬기는 하나님이 나의 증인이 되시거니와, 항상 내 기도에 쉬지 **않고** 너희를 말하며"라고 말한다. 그렇다고 해서 바울이 깨어 있을 때 한 순간도 빠짐없이 혹은 기도할 때마다 로마의 그리스도인들만을 생각한 것은 아닐 것이다. 그는 다른 많은 문제를 놓고 기도했다. 그러나 바울은 로마의 그리스도인들을 놓고 거듭해서 자주 기도했다. 그러므로 "쉬지 않고"라는 말은 우리가 기쁨을 위해 싸우면서 매 순간, 말로 또는 마음속으로 기도를 해야 한다는 뜻이다. 이것은 우리가 거듭 자주 기도해야 한다는 뜻이다. 우리의 기본적인 정신 상태는 "오 하나님, 도와주세요…"가 되어야 한다.

셋째, 쉬지 않고 기도한다는 것은 기도를 포기하지 않는다는 뜻이다. 삶에서 기도를 멈추는 상황에 이르지 않게 하라. 소망의 하나님을 포기해 버린 채 "기도해도 소용 없어"라고 말하지 말라. 예수님은 우리가 이러한 교훈을 배우기를 간절히 원하신다. 그분의 비유 가운데 하나는 이렇게 시작된다. "항상 기도하고 **낙심하지 말아야** 할 것을 비유로 말씀하여"(눅 18:1). 그분은 우리가 경험을 통해 기도를 그치고 싶은 유혹에 빠지리라는 것을 알고 계셨다. 그래서 그분은 사도 바울과 마찬가지로, 낙심하지 말고 계속 기도하며 쉬지 말고 기도하라고 말씀하셨다.

그러므로 데살로니가전서 5장의 문맥에서 볼 때, "항상 기뻐하[는]" 비결은 "쉬지 말고 기도하[는]" 것이다. 당신의 삶에서 항상 하나님을 의지하면서 기쁨의 기적이 일어나길 기대하라. 그분에게 도움을 구하길 절대 포기하지 말라. 그분께 자주 나아오라. 당신에게 필요한 모든 것을 위해, 특히 영적 갈망을 위해 하나님을 바라는 것이 당신의 기본적인 정신 상태가 되게 하라.

쉬지 않는 기도와 지속적인 훈련

제8장에서는 하나님의 말씀 안에서 그분과 지속적으로 교제하는 것이 중요하다는 점을 살펴보았다. 시편 1편의 복 있는 사람은 여호와의 율법을 "주야로" 묵상한다. 그를 가리켜 "쉬지 않고 묵상한다"고 말할 수 있을 것이다. 그러나 우리는 이처럼 하나님의 말씀을 통한 하나님과의 지속적이고 자발적인 교제가 부분적으로 계획과 훈련에 달려 있음을 보았다. 바꾸어 말하자면, 성경 읽기와 묵상과 암송을 위해 미리 정한 훈련 시간이 없다면 자발성과 지속적인 교제가 고갈되어 버릴 것이다. 자발적인 교제라는 나무는 훈련된 성경 읽기와 암송이라는 잘 가꾸어진 정원에서 자란다.

기도도 마찬가지다. 성경은 우리에게 "쉬지 말고" 기도하라고 말한다. 우리는 언제 어디서나 기도할 수 있다. 기도는 우리가 호흡하는 공기다. 그러나 기도와 앞에서 말한 것들을 지속하기 위해 따로 정해진 훈련 시간이 없다면 그것은 불가능할 것이다. 매시간 활기차게 자발적으로 하나님과 동행하기를 원한다면 기도를 위해 정기적으로 그분과 만남의 시간을 가져야 한다. 매일의 공기가 친밀함으로 가득하기 때문에 둘만의 특별한 시간을 전혀 갖지 않는다고 말하는 남편은, 그 공기를 오래 호흡하지 못할 것이다. 쉼 없는 기도의 나무는 지속적인 훈련의 정원에서 자란다.

다니엘의 담대한 기도 훈련

다니엘 선지자가 좋은 예다. 그는 하나님과 남다른 관계를 가졌고, 특히 그 관계가 절실히 필요할 때 그러했다. 그러나 이러한 지속적인 관계는 어디에서 나왔는가? 바로 훈련되고 규칙적인 기도 생활에서다. 다리오왕은 자신 외에는 그 어떤 신에게도 기도해서는 안 된다는 조서를 발표했다(단 6:7-9). 이 조서를 어긴다는 것은 죽음을 의미했다.

이런 상황에서 다니엘은 자신의 영적 능력의 근원이 훈련이라는 것을 보여 준다. 다니엘 6:10은 이렇게 말한다. "다니엘이 이 조서에 왕의 도장이 찍힌 것을 알고도 자기 집에 돌아가서는, 윗방에 올라가 예루살렘으로 향한 창문을 열고 **전에 하던 대로** 하루 세 번씩 무릎을 꿇고 기도하며 그의 하나님께 감사하였더라." 다니엘은 하루 세 번 같은 자리에서 기도하는 습관이 있었던 것이다.

요점은 하루에 세 번이 이상적인 기도 횟수라는 점이 아니다. 어떤 사람들은 더 많이 기도한다. "주의 의로운 규례들로 말미암아 내가 하루 일곱 번씩 주를 찬양하나이다"(시 119:164). 요점은, 쉬지 않고 기도함으로써 주야로 기쁨을 위해 싸우기 원한다면 훈련된 기도 시

간이 필요하다는 것이다.[3]

이른 아침의 기도가 얼마나 중요한가?

예수님이 보여 주신 모범과, 시대를 초월하여 그리스도를 사랑한 사람들의 증언은 이른 아침의 기도가 얼마나 중요한지 말해 준다. "새벽 아직도 밝기 전에 예수께서 일어나 나가 한적한 곳으로 가사 거기서 기도하시더니"(막 1:35). 나는 말씀 묵상과 기도를 위해 규칙적으로 하나님을 만나는 훈련 시간으로 이른 아침을 강하게 추천하고 싶다.

첫째, 이른 아침에 기도하는 것은 기도가 하루의 우선 순위에서 가장 중요하다는 것을 의식에 심어 주는 것이다. 행동이 의식에 주는 증거는 그리스도인의 마음에 유쾌한 영향을 미친다. 둘째, 이른 아침에 기도하는 것은 하루의 싸움에서 사면으로 포위당하도록 기다리지 않고 선제 공격을 가하는 것이다. 셋째, 우리가 매일 게다가 일찍 하는 일이 우리의 마음을 빚으며, 근심이나 자기 신뢰보다 더 나은 열매를 맺는 겸손과 신뢰의 태도를 갖게 한다. 넷째, 하나님의 말씀으로 하루를 시작하는 것이 매우 중요하며(제8장에서 보았듯이), 기도 없이는 말씀이 가장 놀라운 것들을 보여 주지 않기 때문에 기도도 똑같이 중요하다. "내 눈을 열어서 주의 율법에서 놀라운 것을 보게 하소서"(시 119:18). 다섯째, 참으로 무서운 것은, 이른 아침 시간을 놓친다면 사탄은 여러 문제들과 심지어 좋은 것들까지 이용해 기도를 우리의 스케줄에서 빼 버리려 할 수 있다는 것이다. "나중에 기도하지"라고 말한다면 대개는 나중에라도 기도하지 않게 된다.

『경건한 삶을 위한 부르심』(*A Serious Call to Devout and Holy Life*,

CH북스 역간)이라는 고전으로 유명한 윌리엄 로우(William Law)는 "매일 이른 아침에 기도해야 한다"고 강하게 주장한다. "새벽 5시에 시작되는 그의 하루는 기도뿐 아니라 읽기와 쓰기와 자선을 위한 시간들로 세밀하게 계획되어 있었다."[4] 그의 핵심 주장은, 기도와 말씀 묵상을 위해 이른 아침에 일어나는 훈련을 통해 그리스도를 영화롭게 하고 영혼을 기쁘게 하는 영적 환경이 조성되었다는 것이다.

우리 복된 주님이 하루를 시작하기 전 이른 아침에 기도하셨다면, 그분이 밤을 새워 기도하셨다면, 경건한 안나가 밤낮으로 성전에 있었다면, 바울과 실라가 한밤중에 하나님을 찬양했다면, 초대교회 그리스도인들이 수백 년 동안, 혼자 낮에 기도하는 것 외에 밤에 교회에서 공적으로 만나 시편을 읽고 기도했다면, 이러한 행위들이 이들의 마음 상태를 보여 주는 것이 분명하지 않은가? 이것들은 이들의 마음이 온전히 주께만 향해 있었다는 분명한 증거들이 아닌가?[5]

로우는 "잠은…존재의 무디고 우둔한 상태"이고, "기도는 하나님께 가장 가까이 나아가는 것이며, 세상에서 그분을 가장 기뻐할 수 있는 시간"이라고 배웠다.[6] 그러므로 그의 책은 이른 아침의 기도가 주는 유익으로 넘친다.

자신을 부인하는 한 예로, 방종을 끊는 한 방법으로, 자신의 시간을 되찾고 자신의 영혼을 기도에 적합한 상태로 맞추는 한 수단으로, 매일 아침 일찍 일어난다면 당신에게 큰 유익이 있을 것이다. 비록 삶의 아주 작은 예로 보일지라도, 이러한 방법은 놀라운 경건의 수단이 될 가능성이 아주 높다. 이렇게 할 때, 당신은 느슨함과 게으름을 피하고 자기를 부인하는 것이 기독교의 한 부분이라는 것을 항상 기억할 것이다. 이렇게 할 때, 당신은 자신에게 능력을 행하는 법을 배우며 영혼을 거스르는 다른 즐거움과 기질을 어느 정도 포기할 수 있을 것이다.…

그러나 무엇보다도, 당신이 이러한 방법에서 분명히 얻게 될 한 가지 확실한 유익은 당신이 이 방법을 통해 성령께서 받으시기에 가장 적합한 사람으로 준비되리라는 것이다. 당신이 느슨함을 피하고 자신의 시간을 되찾기 위해 잠을 포기하고 경건한 마음으로 하루를 이렇게 시작할 때, 당신의 마음은 성령의 도움을 받기에 좋은 상태가 될 것이며 당신이 심고 물을 준 것은 하나님으로부터 틀림없이 더 많은 열매를 얻을 것이다. 그러면 당신은 마음으로부터 말하게 되고, 영혼이 깨어나며, 당신의 기도가 고기와 음료처럼 새로운 힘을 주며, 자신이 말하는 바를 느끼고, 성도들과 거룩한 사람들의 뜨거운 경건이 의미하는 것을 알기 시작할 것이다.[7]

하루 중 다른 시간에 이루어지는 하나님과 계획된 만남

이른 아침 시간이 규칙적이고 계획적으로 하나님을 만날 수 있는 유일한 시간이라는 인상을 주고 싶지는 않다. 그러기에는 기쁨을 위한 싸움이 너무 혹독하다. 다니엘은 하루 세 번 하나님과의 약속을 지켰다. 내가 추천하고 싶은 방법은 이른 아침에는 한 시간 정도(길이는 당신이 처한 상황에 따라 달라질 수 있다) 길고 집중된 기도와 묵상의 시간을 갖고, 그 후에는 대략 점심, 저녁, 취침 전에 두세 차례 짧은 시간을 가지라는 것이다. 이런 시간은 길어야 몇 분을 넘지 않을 것이다. 시간의 길이보다 중요한 것은 집중이다.

이른 아침 외에 기도 시간을 가지라는 말은 식당에서 사무실로 돌아오는 시간이나 주차장으로 가는 시간에 하나님께 생각을 집중하라는 뜻이 아니다. 이런 시간들도 좋기는 하다. 이것도 쉬지 않는 기도의 한 부분이다. 그러나 내가 말하는 것은 성경을 펴 놓고—또는 좋은 성경 구절을 영혼의 입술로 암송하면서—혼자 조용히 집중할 수 있는 몇 분의 시간이다. 그 목적은 몇 개의 성경 구절을 떠올리면서 하나님께 기도하는 것이다. 기도의 내용은 당신이 그리스도를 높이고 사람들을 사랑할 수 있도록, 하루 중 남은 시간에도 당신의 마음이 하나님 안에서 만족을 누리며 죄악된 욕망에서 자유롭게 해 달라는 것이다. 이렇게 할 때, 하루의 각 부분을 집중적인 기도라는 헌신의 행위를 통해 의식적으로 하나님께 드릴 수 있다. 정오나 저녁 나절 몇 분간 말씀을 묵상하며 기도하는 것만으로도 그 이후 몇 시간 동안, 심한 압박 가운데서도 영적인 깨끗함과 능력을 얻을 수 있다는 것은 놀라운 일이다.

미리 계획을 세우라

나는 이러한 기도, 특히 이른 아침 기도를 위해서는 특별한 장소와 시간을 정해야 한다고 말해 왔다. 촉구하건대, 이를 위해 계획을 세우라. 어떤 시간이 좋을지 미리 생각하라. 아침이 아니라 전날 밤에 승리를 거두어야 한다. 전날 저녁에 기도 시간을 미리 결정하고 알람 시계를 맞춰 놓으라.

일찍 일어나는 훈련보다 더 어려운 것은 일찍 자는 훈련이다. 사실 예전에는 그렇게 어렵지 않았다. 전기, 라디오, 텔레비전, 인터넷 같은 것이 없었을 때는 어두워진 후 일찍 자기가 그리 어렵지 않았다. 일찍 자는 것이 대단한 일이 아니었다. 오늘날에는 잠자지 말고 즐기라며 우리를 강하게 유혹하는 것들이 많다. 그러므로 아침에 성경을 펴자마자 졸리게 하는 피로와의 싸움은 단지 아침만이 아니라 저녁에도 이루어져야 한다. 아침 기도 시간을 결정하고 알람 시계를 맞춰 놓았다면, 알람 시계가 울릴 때 못 일어나는 일이 없도록 잠자리에 드는 시간을 정하라. 아침에 잠에서 깨기 위해 카페인이 필요하다면 당신의 양심에 맡기겠다. 하나님이 카페인을 두신 것도 이런 이유 때문일 것이다. 기도하기 위해 깨어 있으려고 카페인을 사용한다면, 다른 어떤 것을 위해 깨어 있으려고 카페인을 사용하는 것보다 분명히 더 나을 것이다.

기도하는 장소에 관해 창의적으로 생각하라

아침에 일어나 기도할 시간뿐 아니라 기도할 장소도 저녁에 미리 결정하라. 산만하지 않은 상태에서 성경을 읽고 찬양하며 부르짖을 수 있으려면 어느 정도 홀로 있을 수 있는 공간이 필요하다. 완전한 격리가 불가능하다면, 배우자나 자녀, 룸메이트에게 당신이 정해진 시간에 의자에 앉아 있을 때는 방해하지 말라고 부탁하면서 가능한 한 최선의 환경을 만들도록 하라.

기도의 장소에 관해서는 창의적으로 생각하라고 말하고 싶다. 나로서는, 그리스도인들이 집을 지으면서 놀이 공간과 식사 공간, 수면 공간, 씻는 공간, 수납 공간은 두면서, 기도와 묵상을 위한 독립된 공간은 왜 두지 않는지 의문이 들 때가 많다. 만약 이 부분을 미리 생각했다면 이런 장소를 사용할 수 있지 않았겠는가? 이런 공간이 없는 가장 큰 이유는 어느 누구도 이 부분에 대해 생각하지 않기 때문이다. 그러나 이제는 당신도 이 부분을 생각해 보기 바란다. 당신이라면 이런 공간을 어디서 구할 수 있겠는가? 계단 밑에 방석을 깔고 기도 책상을 두고 전등을 달 만한 공간이 있는가?

우리는 1975년 처음 집을 샀다. 그때 나는 무릎을 꿇은 상태로 팔꿈치를 올려놓고 성경책을 펴 놓을 수 있을 정도의 크기로 책상을 만들고, 아래쪽에는 성경이나 그 밖의 책이나 노트를 꽂아 둘 선반을 두었다. 그 후 세 번 이사를 했지만 그때마다 기도 책상은 잊지 않고 챙겼다. 우리는 지난 21년 동안 같은 집에서 살았는데, 내 서재 한 구석에는 캐비닛으로 막힌 독립된 공간이 있다. 거기에는 매일 아침 그리고 낮 동안에도 여러 번 나를 반기는 기도 책상이 있다. 이곳에서 흘린 눈물과 찬양은 하나님만이 아신다. 창의적으로 생각하기 바란다. 가구를 재배치하거나 사용하지 않는 창고를 청소하는 정도일 뿐이더라도 기도의 공간을 진지하게 생각해 보라.

밖으로 나가는 것이 최선일 수도 있다

물론, 나처럼 추운 지방에 사는 사람들은 밖에 나가 기도하고 묵상한다는 생각을 쉽게 할 수 없다. 그러나 어떤 사람들에게는 이것이 좋은 아이디어다. 19세기의 목회자이자 영국 브리스틀에서 고아들의 아버지로 살았던 조지 뮬러가, 기도와 묵상을 통한 기쁨을 위한 싸움에 관해 했던 조언은 내게 큰 도움이 되었다. 그는 기쁨을 위한 싸움이 가장 중요하다고 당당하게 말한다.

> 내 판단에 따르면, 주목해야 할 가장 중요한 점은 이것이다. 무엇보다도 당신의 영혼이 주님 안에서 행복해져야 한다는 것이다. 다른 것들이 당신을 압박할 것이며, 주님의 일이 긴급하게 당신의 주의를 요구할 것이다. 그러나 다시 한번 말하지만, 무엇보다도 당신의 영혼이 하나님 바로 그분 안에서 진정으로 행복하기를 구하는 것이 가장 중요하다! 날마다 이것이 당신의 삶에서 가장 중요한 일이 되게 하라.[8]

뮬러는 이른 아침에 신약성경을 손에 들고 걷는 것이 기쁨을 위해 싸우는 탁월한 방법이라는 것을 발견했다.

> 나는 이렇게 아침 식사 전에 걸으면서 묵상하는 것이 건강에 아주 좋다는 것을 알게 되었다. 지금은 이런 목적으로 이 시간을 사용하는 것이 완전히 습관이 되어 바깥에 나올 때면 대개는 적절한 크기의 신약성경을 들고 나온다.…이것이 나의 몸뿐 아니라 나의 영혼에도 매우 유익하다는 것을 알게 되었다.[9]

집 밖이든 집 안이든 간에, 장소가 본질적으로 거룩한 것은 아니다. 그러나 우리가 그곳에서 하는 일은 그 장소를 거룩하게 만든다. 기쁨을 위한 싸움에서, 안이든 밖이든 간에 작은 공간이 강력한 전략 기지가 될 수 있다.

기도 방법을 계획하라

장소와 시간이 정해졌다면, 기쁨을 위한 당신의 싸움에 힘을 실어 줄 기도의 방법을 정하라. 내가 의미하는 것은 자발성을 방해하는 구속복(straitjacket)이 아니라, 정신적 방황과 공허한 말과 세상적인 갈망을 피하게 해 주는 간단하고 계획된 틀이다.

하나님의 말씀으로 하는 기도는 매우 유익하다

기쁨을 위한 싸움에서 주된 기도 방법은 하나님의 말씀으로 기도하는 것이다. 다시 말해, 말씀을 읽거나 암송한 후 그 말씀을 기도로 바꾸는 것이다. (당연히 나를 포함해서) 대부분의 사람들은, 한순간이라도 아무것도 보지 않은 채 의미 깊은 영적 갈망을 하나님께 올려 드릴 수 있을 정도로 강한 정신 능력을 소유하고 있지 않다. 내가 생각하기에는 언제나 그런 것 같다. 하나님께 집중하며 그리스도를 높이는 방법으로 몇 분 이상 기도하기 위해서는 성령의 도움이 필요한데, 성령은 그분의 감동으로 기록된 말씀을 통해 돕기를 좋아하신다.

성경에 기록된 구속의 역사가 그렇게도 많은 시편에—비록 이것들이 기도이기는 하지만—스며 있는 이유도 부분적으로는 마음을 집중하는 것이 이처럼 어렵기 때문이다(예를 들면, 시 77편; 99편; 103:6-8; 104편; 105편; 106편). 또한 초대교회의 기도들을 잠시 보더라도 그 기도들이 성경에서 나왔다는 것을 금방 알 수 있다.

그들이 듣고 한마음으로 하나님께 소리를 높여 이르되, 대주재여 천지와 바다와 그 가운데 만물을 지은 이시요 또 주의 종 우리 조상 다윗의 입을 통하여 성령으로 말씀하시기를 어찌하여 열방이 분노하며 족속들이 허사를 경영하였는고. 세상의 군왕들이 나서며 관리들이 함께 모여 주와 그의 그리스도를 대적하도다 하신 이로소이다.…주여 이제도 저희의 위협함을 굽어보시옵고 또 종들로 하여금 담대히 하나님의 말씀을 전하게 하여 주시오며. (행 4:24-26, 29)

말씀과 기도에 관한 조지 뮬러의 발견

20여 년 전, 기도할 때 집중하기 위해 말씀에 많이 의지했다는 조지 뮬러의 간증을 읽었는데, 이것이 내게는 큰 힘이 되었다. 그는 10년 동안이나 더듬거리는 기도를 한 후에야 이러한 교훈을 얻었다고 한다. 그의 이야기를 듣는다면 당신은 이런 힘든 과정을 겪지 않아도 될 것이다. 뮬러는 서른다섯 살이던 1841년에 이 글을 썼다. 그리고 그가 회심한 것은 스무 살 때였다.

예전 방식과 지금의 방식의 차이는 이런 것이다. 예전에는 일어나면 가능한 한 곧바로 기도를 시작했다.…그러나 그 결과는 무엇이었는가? 15분, 30분, 심지어 한 시간 동안 무릎을 꿇은 후에야 영혼이 편안해지고 힘을 얻으며 겸손해지는 것을 느낄 때가 많았다. 그리고 처음 10분, 15분, 심지어 30분 동안 마음이 갈피를 못 잡고 헤맨 후에야 **실제로 기도하기 시작할 때**가 많았다. 그러나 이제는 이런 고생을 거의 하지 않는다.

지난 10년 동안은 아침에 옷을 입은 후 습관적으로 기도했다. 그러나 이제는…주님의 귀한 말씀에 의지하여 몇 마디로 주님의 축복을 구한 후에, 하나님의 말씀을 묵상하기 시작한다. 즉 그 말씀에서 축복을 얻으려고 한 절 한 절을 살핀다.…그러면 얼마 지나지 않아, 내 영혼은 고백하거나 감사하거나 중보 기도를 하거나 간구하게 된다. 그래서 말하자면 이전처럼 기도하는 대신에 묵상했지만, 묵상은 거의 곧바로 기도로 바뀌었다. 잠시 고백하거나 중보 기도를 하거나 간구하거나 감사드리는 동안 다음 단어나 다음 구절로 넘어가게 되고, 말씀은 다시 그 모든 것을 나 자신이나 다른 사람들을 위한 기도로 바꾸었다.[10]

하나님의 말씀을 묵상하고 기도로 바꾸는 것, 이것이 내가 믿기로 가장 신실한 그리스도인들이 발견한 핵심적인 기도 방법이다. 어떤 사람은 이렇게 물을지도 모른다. "어떻게 하면 한 시간이나 기도할 수 있나요? 내가 구할 것을 다 구해도 5분이나 10분이면 되는데요." 그러면 나는 이렇게 대답할 것이다. "성경 구절을 선택해서 천천히 읽기 시작하세요. 한 문장이 끝날 때마다 처음으로 돌아가 읽은 것을 기도로 바꾸세요. 이렇게 하면 성경을 읽을 수 있는 시간만큼 기도할 수 있을 겁니다. 하루 종일이라도 기도할 수 있을 겁니다."

불신자처럼 기도하지는 않는가?

이처럼 말씀으로 기도하면 집중에 도움이 될 뿐 아니라 여러 가지 유익이 있다. 이런 기도 방법은 또한 우리의 지성과 감성을 형성하여 단지 우리가 본능적으로 갈망하는 것이 아닌, 말씀이 갈망하라고 독려하는 것을 갈망하게 하는 효과가 있다. 성경으로 충만한 사람들의 기도가 매우 다르게 들리는 것도 바로 이 때문이다. 대부분의 사람들은 기도가 성경에 잠기기 전에 자연적인 갈망을 하나님께 내어놓을 뿐이다. 바꾸어 말하자면, 이들은 자신이 원하는 것—건강, 더 나은 직장, 안전한 여행, 자산 증식, 자녀의 성공, 충분한 양식, 행복한 결혼 생활, 멋진 자동차, 편안한 노후 등—을 하나님이 주시리라고 확신하는 불신자들처럼 기도한다. 이 가운데 어느 것도 악하지 않다. 자연적인 것일 뿐이다. 이 가운데 어느 것을 원하기 위해 중생할 필요도 없거니와, 이것들을 갈망하는 것이—하나님으로부터라고 하더라도—구원하는 믿음이 있다는 증거도 아니다. 그러므로 이것들만을 위해 기도한다면 심각한 문제다. 당신의 갈망은 아직 그리스도의 영광을 중심에 둘 만큼 변화되지 못했다.

그러나 그리스도를 높이는 하나님의 말씀으로 마음을 적시고 그 말씀을 기도로 바꿀 때, 당신의 갈망과 기도는 영적인 것이 된다. 다시 말해, 성령이 당신의 기도를 하나님 중심적이고 그리스도를 높이는 기도로 빚으신다. 그리스도의 영광, 하나님의 이름, 사람들의 영적 행복, 예수님을 아는 데서 얻는 기쁨과 같은 것들이 당신의 주된 관심사이자 지속적인 기도 제목이 된다. 당신은 여전히 건강과 결혼 생활과 직장과 여행을 위해 기도한다. 그러나 이제 당신이 원하는 것은 이 모든 것에서 그리스도가 높임을 받으시는 것이다. 이렇게 되면 당신의 기도 방식과 열정이 바뀐다. 여행을 위해 기도할 때는, 단지 안전을 구하는 것이 아니라 모든 여정이 하나님 안에서 이루어지며 그분이 당신을 통해 드러나기를 구한다. 직장을 위해 기도할 때는, 단순히 직장의 안정과 평화와 번영을 구하지 않고, 당신이 직장을 통해 사회의 필요를 섬기며 모든 수고와 관계 속에서 그리스도를 기뻐하며 사

람들을 사랑함으로써 예수님의 이름을 드러낼 수 있기를 구한다.[11]

성령으로 기도한다는 것은 무슨 뜻인가?

하나님의 말씀으로 하는 기도의 또 다른 이점은, 이것이 "성령으로 기도[한다]"는 말이 의미하는 한 부분이라는 것이다. 성령으로 기도하는 것은 "하나님의 사랑 안에서 자기를 지키[는]" 방법이다. 이 두 말씀은 유다서에 나오는 것이다. 유다서에서 예수님의 형제 유다는 이렇게 명령한다. "사랑하는 자들아, 너희는 너희의 지극히 거룩한 믿음 위에 자신을 세우며 **성령으로 기도하며** 하나님의 사랑 안에서 자신을 지키…라"(20-21절). 문자적으로, 첫 두 명령은 **어떻게** 하나님의 사랑 안에서 자기를 지켜야 하는지 말해 준다. "사랑하는 자들아, 너희는 너희의 지극히 거룩한 믿음 위에 자신을 세우며[세움으로써] 성령으로 기도하며[기도함으로써] 하나님의 사랑 안에서 자신을 지키…라."

하나님의 사랑 안에서 자기를 지키는 일이 결정적으로 우리에게 달려 있다고 생각하지 말라. 유다서는 이와는 반대되는 진리로 시작되고 끝난다. 유다서는 "부르심을 받은 자 곧 하나님 아버지 안에서 사랑을 얻고 예수 그리스도를 위하여 **지키심을 받은 자들에게**"라는 말로 시작된다(1절). 여기서 그리스도인들은 세 단어로 정의된다. 부르심을 받았다(called), 사랑을 얻었다(loved), **지키심을 받았다**(kept). 우리 스스로가 아니라 하나님이 우리를 지켜 주신다.

또한 유다서는 "능히 너희를 **보호하사** 거침이 없게 하시고 너희로 그 영광 앞에 흠이 없이 기쁨으로 서게 하실 이"라는 말로 끝난다(24

절). 여기서도 보호하시는 분은 하나님이다. 그러므로 우리가 알기로 유다가 "성령으로 기도"함으로써 하나님의 사랑 안에서 자신을 지켜야 한다고 말할 때 의미하는 것은, 기도는 하나님이 그분의 사랑 안에서 우리를 지키시는 도구 가운데 하나라는 것이다. "하나님이 우리 영혼을 결정적으로 지켜 주신다면(1, 24절) 나는 '하나님의 사랑 안에서 자신을 지킬'(21절) 필요가 없다"고 말하는 냉소적인 사고 방식을 조심하라. 이것은 하나님이 결정적인 생명의 공급자이시기 때문에 나는 숨 쉴 필요가 없다고 말하는 것과 같을 것이다.[12]

말씀으로 기도하기, 성령으로 기도하기

그렇다면 퓰러의 제안처럼 하나님의 말씀으로 기도하는 것은 성령으로 기도하는 것과 어떤 관련이 있는가? 내가 성령으로 기도한다는 말의 의미와 관련해서 발견한 최고의 진술이 있다. 이것은 "성령이 **감동시키고 인도하는** 능력이 되시도록 기도한다"는 뜻이다.[13] 바꾸어 말하자면, 당신이 성령으로 기도할 때, 하나님의 성령이 당신을 "감동시켜" 기도하게 하신다. 다시 말해, 그분의 능력이 당신의 기도에 동기를 부여하며, 당신의 기도를 가능하게 하며, 당신의 기도에 힘을 준다. 그리고 당신이 성령으로 기도할 때, 하나님의 성령은 당신이 어떻게 기도하고 무엇을 위하여 기도할지 "인도하고" 계신다. 그러므로 성령으로 기도하는 것은 성령께 감동되어 그분의 인도를 받는 것이다. 우리는 그분의 **능력**으로, 그분의 **인도**를 따라 기도한다.

이 두 가지—성령의 능력과 인도—는 하나님의 말씀이 우리의 기도에서 일하시는 두 가지 방법에 해당한다. 성령의 **능력**이 하나님 말쏨의 약속에서 주어지며, 우리는 그 약속을 믿음으로써 그 능력을 경험한다. 성령의 인도는 하나님 말씀의 지혜에서 이루어지며, 우리는 그 지혜에 잠김으로써 성령의 인도를 경험한다. 그러므로 "성령으로 기도하려면" 뮬러처럼 약속을 믿고 지혜에 잠기면서 하나님의 말씀으로 기도해야 한다.

하나님의 사랑 안에 머무는 것 — 말로 표현할 수 없는 기쁨

그러므로 뮬러의 조언대로 성경을 읽으면서 그 말씀을 기도로 바꿀 때 "성령으로 기도할" 수 있도록 도움을 받을 것이다. 성경은 우리의 기도를 돕는 성령의 능력을 믿는 믿음을 일깨울 것이며(롬 8:26), 성령의 인도를 따라 기도하도록 우리의 마음을 빚어 줄 것이다. 그리스도의 말씀이 우리 속에 풍성히 거할 때, 그리스도가 우리 안에 능력으로 거하신다(골 3:16; 엡 5:18). 따라서 "성령으로 기도할" 때, 우리는 유다가 말하듯이 "하나님의 사랑 안에서 자기를 지킬"(21절) 것이다. 그리고 우리가 하나님의 사랑 안에서 얼마나 소중한 존재인지가 점점 더 생생하게 느껴질 때,[14] 우리는 말할 수 없는 기쁨으로 즐거워할 것이다. 그러므로 하나님의 말씀으로 기도하는 것은 기쁨을 위한 싸움의 핵심 전략이다.

고정된 것과 자유로운 것

윌리엄 로우는 규칙적인 기도의 유익을 더할 수 있도록 이런 충고를 덧붙인다. "정해진 기도 시간에 고정된 것과 자유로운 것을 두면 당신에게 크게 유익할 것이다."[15] 그가 의미하는 것은 묵상과 기도에서 고정된 하나님의 말씀을 읽는 것 그 이상이다. 그가 의미하는 것은 기쁨을 위한 싸움에서, 중심점을 두고 기도하는 것과 성경 말씀을 기초로 기록된 기도문을 사용하는 것이 인간 중심적인 수준 낮은 부르짖음에 빠지지 않도록 막는 데 도움이 된다는 것이다.

주기도문으로 하나님께 집중하기

지난 수십 년 동안, 주기도문의 처음 세 간구는 기도할 때 하나님을 내 갈망의 중심에 두는 데 도움이 되었다. "하늘에 계신 우리 아버지여, 이름이 거룩히 여김을 받으시오며, 나라가 임하시오며, 뜻이 하늘에서 이루어진 것같이 땅에서도 이루어지이다"(마 6:9-10). 예수님의 가르침에 따르면, 기도할 때 하나님께 가장 먼저 드려야 할 것은 하나님의 이름이 "거룩히 여김을" 받도록 간구하는 것이다. 주기도문에서 우리는 하나님의 이름이 세상에서 공경과 높임과 소중히 여김을 받도록, 그분이 하셔야 하는 것은 무엇이든 하시도록 구한다.[16] 우리는 영적인 하나님의 나라가 사람들의 마음에 임하기를 구하며, 최종적인 종말에 영광의 나라가 완성에 이르기를 구한다. 그리고 세상의 사건들과 선교의 진행이, 천사들이 하늘에서 하나님의 뜻을 행하듯이 세상 모든 사람들이 그분의 뜻을 행하게 되는 순간을 향해 빨리 나아가기를 구한다.

이 세 가지 간구가 우리의 기도 별자리에서 중심 별이 된다면 다른 모든 간구는 제자리를 잡을 것이다. 이 세 간구가 나머지 모든 간구들 속에서 빛을 발할 것이다. 그리고 그 결과, 나머지 모든 간구가―단지 일용할 양식을 위한 간구라도―실제로 하나님의 이름과 뜻과 나라가 우리의 마음과 역사에서 최고의 자리를 차지하기를 구하는 구체적인 방식이 된다.

기도 가운데서 하나님 앞에 깨어 있고 진지해지기

발달된 현대 세계에서, 우리 마음은 피상적인 즐거움에 빠져 있다. 기도 가운데 경건함과 두려움으로 하나님께 나아가는 것은 자연스러운 일이 아니다. 하나님을 기뻐하기 위한 싸움이 정말 중요하다는 느낌은 낯설기만 하다. 우리는 도움이 필요하다. 윌리엄 로우는 하나님께 나아갈 때 다음과 같은 고정된 형식을 규칙적으로 사용할 것을 제안한다.

오 세상의 구원자요, 주의 주시요 빛의 빛이요 아버지의 영광의 광채시요 아버지의 형상이신 주님, 알파와 오메가요 만물의 처음이요 끝이신 주님, 마귀의 권세를 멸하셨고 사망을 이기신 주님, 지성소에 들어가셨고 아버지 우편에 앉으셨으며 모든 보좌와 정사보다 높이 계시며 온 세상을 위해 중보하시는 주님, 산 자와 죽은 자의 심판자이신 주님, 모든 인간에게 그들의 행위에 따라 보응하러 아버지의 영광으로 속히 오실 주님, 나의 빛이 되시며 나의 평안이 되소서.[17]

로우는 예수님에 대한 묘사로 가득하며 정형적인 형태로 시작되는 이러한 기도의 핵심은, "이것이 적절한 송축의 행위일 뿐 아니라 주의 깊게 반복하면 우리의 마음을 진정한 경건의 가장 뜨거운 열기로 채워" 주는 것이라고 말한다.[18]

어떤 사람들은 기도를 시작하면서 주 예수님이 얼마나 위대하고 놀라운 분인지를 자연스럽게 말할 수 있을 것이다. 그러나 대부분의 사람들은 하늘의 보좌에 나아갈 때, 자신이 오직 그리스도의 피 때문에 그곳에 나아갈 수 있으며 자신이 우주에서 가장 큰 존재 앞에 서 있다는 기쁨에 찬 경이감으로 나아가는 것이 아니라, 마치 부러진 연장을 들고 대장간에 가듯이 황급하게 나아가는 경향이 있다. 그러므로 어떤 "고정된 형식"을 통한 송축이 적절한 방법임을, 적어도 가끔씩 자신에게 상기시키는 것이 유익하다.

윌리엄 로우는 도움의 간구를 시작하는 형식을—하나님이 자비를 베풀어 우리의 기도를 들으시리라는 소망을 일깨우는 한 방식으로— 하나 더 제안한다.

기둥에 묶여 채찍에 맞으시고, 세상 죄를 위해 십자가에 못박히신 지극히 높으신 하나님의 아들 예수여, 나를 당신의 십자가에 매시고, 내 영혼을 거룩하고 겸손하고 고통당하는 당신의 영혼으로 채우소서. 십자가의 강도를 구원하신 자비의 샘이시여, 나를 죄악의 삶에서 구원하소서. 막달라 마리아에게서 일곱 귀신을 쫓아내셨던 주님, 내 마음에서 악한 생각과 기질을 쫓아내소서. 나사로를 죽은 자 가운데서 일으키셨던 생명의 공급자시여, 나의 영혼을 죽은 자들과 죄악의 어둠 가운데서 일으키소서. 사도들에게 더러운 귀신을 쫓아내는 능력을 주신 주님, 내 마음을 다스릴 힘을 주소서. 문이 잠겼을 때 제자들에게 나타나셨던 주님, 내 마음의 은밀한 방에 나타나소서. 나환자를 깨끗하게 하신 주님, 병든 자를 치유하시며 눈먼 자를 보게 하시며 내 마음

을 깨끗하게 하시며 내 영혼의 혼란을 치유하시며 하늘의 빛으로 나를 채우소서.[19]

여기서 핵심은, 우리가 기도할 때 열심히 노력하다 보면, 우리 마음이 세상의 평범한 것들로, 세상이 우리에게 해 줄 능력이 있는 것들로 채워질 때가 많다는 것이다. 윌리엄 워즈워스(William Wordsworth)는 우리가 자연의 선물을 받기에 적합하지 못하다는 것을 묘사했는데, 나도 우리가 기도할 때 하나님의 선물을 받기에 적합하지 못하다는 것을 그의 방법을 통해 묘사하고 싶다.

우리는 세상사에 묻혀 산다. 새벽부터 늦은 밤까지.
벌고 쓰는 일에 온 힘을 허비한다.
우리의 것인 자연도 보지 못한 채,
마음마저 버렸으니, 천박한 은혜여![20]

우리는 "벌고 쓰기"의 사고에 묻혀, 이 세상의 "천박한 은혜"보다 예수님을 더 큰 갈망의 대상으로 보는 사고로 자연스럽고 쉽게 옮겨 가지 못한다. 우리는 그리스도 바로 그분의 삶과 죽음으로부터, 그분이 우리의 부르짖음을 분명히 들으시고 모든 것을 만족시키는 보화가 되시리라는 것을 상기시켜 주는 "고정된 것"을 발견할 필요가 있다.[21]

세상이 주는 "천박한 은혜"를 볼 때, 기쁨을 위한 싸움은 이것이 만족을 주지 못한다는 것을 보는 것이다. 기도는 세상을 이렇게 보는 데 반드시 필요한 전략이다. 우리의 눈을 열어 세상의 즐거움은, 심지어 순수한 즐거움이라도, 부족하다는 것을 보게 해 달라고 "쉬지 말고" 기도해야 한다. 그리고 우리 영혼의 미각이 항상 살아 있어 그리스도의 아름다움을 맛볼 수 있게 해 달라고 간구해야 한다.

금식, 기도의 겸손한 하녀

기쁨을 위한 싸움에서 이러한 종류의 기도에 간절함을 더할 수 있는 전략이 두 가지 더 있다. 첫째는 금식이다. 여기서는 금식에 대해 자세히 말하지 않겠다. 『하나님께 굶주린 삶』(*A Hunger for God: Desiring God Through Fasting and Prayer*, 복있는사람 역간)[22]라는 책 전체에서 금식을 다루었기 때문이다. 그러나 금식의 본질은 기쁨을 위한 싸움과 깊은 관련이 있으므로, 최소한 언급은 하고 넘어가야겠다. 예수님은 이렇게 말씀하셨다. "너는 금식할 때에 머리에 기름을 바르고 얼굴을 씻으라. 이는 금식하는 자로 사람에게 보이지 않고 오직 은밀한 중에 계신 네 아버지께 보이게 하려 함이라. 은밀한 중에 보시는 네 아버지께서 갚으시리라"(마 6:17-18). 하나님 자신이 궁극적인 상급이시다. 그러므로 금식은 하나님을 향한 주림의 표현이다.

다른 곳에서, 예수님은 자신을 신랑으로 제자들을 결혼식 손님으로 묘사하면서 이렇게 말씀하셨다. "혼인집 손님들이 신랑과 함께 있을 동안에 슬퍼할 수 있느냐. 그러나 신랑을 빼앗길 날이 이르리니 그때에는 금식할 것이니라"(마 9:15). 우리는 신랑을 빼앗긴 시대에(그리스도의 초림과 재림 사이에) 살고 있다. 이러한 시대에 금식한다는 것은 신랑이 돌아오기를 갈망한다는 뜻이다.

그러므로 두 본문 모두에서, 금식의 핵심은 그리스도를 향한 갈망과 하나님이 그리스도 안에서 우리를 위해 준비하신 모든 것에 대한 갈망을 표현하는 것이다. 금식은 기도의 굶주린 하녀다. 기도와 마찬가지로 금식은 드러내고 치료한다. 그것은 음식이-또는 텔레비전이나 컴퓨터나 그 외 우리가 하나님에 대한 간절함이 약하다는 것을 숨기기 위해 거듭 복종하는 모든 것이-우리를 어느 정도나 지배하는지를 드러낸다. 그리고 우리의 기도에 간절함을 더하며 기도가 마음으로 말하는 것을-나는 오직 하나님 안에서 만족하기를 원합니다!-온몸으로 말하게 함으로써 치료한다.

먹는 것이 악한가? 아니다. 바울은, 거짓 교사들이 일어나 "혼인을 금하고 어떤 음식물은 먹지 말라고 할 터이나 음식물은 하나님이 지으신 바니 믿는 자들과 진리를 아는 자들이 감사함으로 받을 것이니라"고 했다(딤전 4:3). 그렇다면 먹는 것의 선함과 금식의 선함이 어떻게 조화를 이루는가? 『하나님께 굶주린 삶』의 한 부분을 인용하여 대답해 보도록 하겠다.

> 떡은 두 가지 면에서 그리스도를 높인다. 첫째로는 우리가 그분의 선하심에 감사하며 그것을 먹음으로써, 둘째로는 우리가 하나님 바로 그분을 향한 굶주림 때문에 먹지 않음으로써다. 먹을 때, 우리는 하늘 양식-생명의 떡-의 상징을 맛본다. 금식할 때, 우리는 "실체를 상징보다 더 사랑합니다"라고 말하는 것이다. 성도의 마음에서 먹는 것과 금식은 둘 다 예배다. 둘 다 그리스도를 높인다. 둘 다 마음을-감사와 열망으로 가득한 마음을-공급하시는 분께 드린다. 각각은 지정받은 자리가 있으며 위험도 있다. 먹는 것의 위험은 선물을 사랑하게 되

는 것이다. 금식의 위험은 우리의 의지력으로 선물과 영광을 하찮게 여기는 것이다.…

모든 사람들이 기쁨을 누리도록 하기 위해 모든 것에서 하나님의 지고하심에 대한 굶주림을 깨우는 것이 내가 이 책을 쓰는 목적이자 기도다. 금식은 이러한 굶주림의 존재를 증명하며 그 불길에 부채질을 한다. 금식은 영적 갈망의 강화제다. 금식은 순수한 것들이 치명적으로 결박당하지 않도록 막아 주는 충성스러운 종이다. 금식은 마지막에 "하나님, 내가 이처럼 당신을 갈망하며 당신의 영광이 세상에 나타나기를 갈망하나이다!"라고 외치는 육체의 절규다.…

당신이 하나님의 영광이 나타나기를 강하게 갈망하지 않는 것은 충분히 마시고 배부르기 때문이 아니다. 세상의 식탁에서 너무나 오랫동안 조금씩 먹어 왔기 때문이다. 당신의 영혼은 작은 것들로 가득 차 있어 큰 것이 들어갈 틈이 없다.[23] 하나님이 당신을 창조하신 것은 이런 것들을 위해서가 아니었다. 하나님을 향한 욕구가 있으며 그 욕구는 깨어날 수 있다. 둔감하게 하는 음식의 효과와 우상 숭배의 위험에서 돌이켜 간단히 금식하면서 이렇게 말해 보라. "오, 하나님, 내가 당신을 이만큼 원하나이다."[24]

인생에 많은 어려운 일들처럼, 금식은 기쁨을 위한 싸움에서 우리를 돕기 위한 것이다. 윌리엄 로우는 이것을 이렇게 표현했다.

이러한 금욕은 몸에 약간의 고통을 주기는 하지만, 육체의 욕구와 열정의 힘을 크게 약화시키고 영적 기쁨을 향한 갈망을 크게 키워 주기

때문에, 종교적 금욕도 목적을 가지고 행할 때는 삶에 평안의 즐거움을 크게 더해 준다.[25]

다른 사람들의 기도를 통해 내 기도가 응답될 때

기쁨을 위한 싸움에서 기도의 힘을 강화하기 위한 전략을 하나 더 소개하기로 하겠다. 다시 말하자면, 다른 사람들이 당신과 함께, 당신을 위해 기도하는 것이 얼마나 중요한지를 설명하도록 하겠다. 야고보는 아플 때 장로들을 불러 기도를 받으라고 한 후에 이렇게 말한다. "그러므로 너희 죄를 서로 고백하며 병이 낫기를 위하여 서로 기도하라. 의인의 간구는 역사하는 힘이 큼이니라"(약 5:16). 이 말씀이 기쁨을 위한 싸움과 관련해서 암시하는 것은 우리의 싸움에 다른 그리스도인들을 참여시켜야 한다는 것이다. 우리의 싸움을 다른 그리스도인들에게 고백하고, 우리가 반쪽짜리 마음으로 예수님을 사랑하는 데서 "치유되도록" 기도해 달라고 부탁해야 한다.

나 자신의 기도가 내 어둠을 걷어 내지 못할 때, 하나님이 다른 사람들의 기도를 통해 내 어둠이 걷힐 수 있게 하신 데는 이유가 있다. 그러나 여기서 주의하라. 당신의 모든 기도가 헛수고라고 생각하지 말라. 하나님은 당신이 다른 사람들에게 기도를 부탁하게 하시는 데 당신의 기도를 사용하셨을 수 있다. 다른 사람들이 받은 기도의 응답에서 당신의 기도가 응답되었을 수 있다. 하나님이 합심 기도를 요구하시는 이유 가운데 하나가 고린도후서 1:11에 나타난다. 바울은 자신을 위한 기도를 부탁하면서 그 이유를 제시한다. "너희도 우리를 위하여 간구함으로 도우라. 이는 우리가 많은 사람의 기도로 얻은 은사로 말미암아 많은 사람이 우리를 위하여 감사하게 하려 함이라." 사람들이 서로의 삶을 함께할 때, 그들 가운데 누구라도 축복을 받으면 나머지 사람들은 하나님께 더 많이 감사하게 된다.

바꾸어 말하자면, 내가 기쁨을 위한 기도에 관해 길게 썼던 모든 것은 이것을 함께 생각할 때 그 효과가 배가될 것이다. 기쁨을 위한 싸움은 동료와 함께 싸우는 싸움이다. 우리는 혼자 싸우는 것이 아니다. 그리스도인이란 그리스도의 몸의 한 지체라는 뜻이다. 우리는 서로가 기쁨을 위해 싸우도록 도와야 한다. 이것이 사도의 삶이었다. "우리가…너희 기쁨을 돕는 자가 되려 함이니"(고후 1:24). 그리고 서로를 위한[26] 기도가 이러한 동료 의식의 중심이다.

하나님께서 지으신 모든 것이 선하매 감사함으로 받으면 버릴 것이 없나니,
하나님의 말씀과 기도로 거룩하여짐이라.
디모데전서 4:4-5

하늘이 하나님의 영광을 선포하고
궁창이 그의 손으로 하신 일을 나타내는도다.
시편 19:1

나는 오늘 캄캄한 헛간 안에 서 있었다. 밖에는 태양이 빛나고 있었고 출입문 위쪽 틈을 통해 한 줄기 빛이 들어왔다. 내가 서 있는 곳에서 보면, 먼지들이 떠다니고 있는 그 빛줄기는 그곳에서 가장 자극적인 것이었다. 다른 모든 것은 거의 칠흑 같았다. 나는 빛줄기를 통해 사물을 보고 있는 것이 아니라 빛줄기를 보고 있었다. 나는 빛줄기가 내 눈에 비치도록 자리를 옮겼다. 그 즉시 이전의 모든 그림이 사라졌다. 헛간도 보이지 않았고, (무엇보다도) 빛줄기도 보이지 않았다. 대신에 나는 출입문 위쪽에 생겼다 없어졌다 하는 틈으로 바깥의 나뭇가지에서 초록색 잎들이 흔들리는 것과 그 너머 1억 5천만 킬로미터 떨어져 있는 태양을 보았다. 빛줄기를 통해서 보는 것과 빛줄기를 단순히 보는 것은 전혀 다른 경험이다.
C. S. 루이스
「피고석의 하나님」1

11   창조 세계를 활용하라

_하나님의 영광을 보기 위해 오감을 사용하라

이 장에서는 물리적 원인과 영적 결과 사이의 관계와 씨름하게 될 것이다. 막연하게 들린다면, 몇 가지 예를 생각해 보라. (음악이나 천둥 같은) 물리적인 소리가 (그리스도를 기뻐하는 마음이나 하나님에 대한 두려움 같은) 영적 결과를 낳을 수 있는가? 깊은 골짜기가 그리스도에 대한 경외감을 낳을 수 있는가? 뜨거운 스테이크가 예수님 안에서의 만족을 낳을 수 있는가? 음악과 천둥이 기쁨과 두려움을 낳을 수 있다는 것은 누구나 알고 있다. 그러나 이것들이 영적 기쁨과 영적 두려움을 낳을 수 있는가? 절벽과 음식이 믿음의 기쁨을 일깨울 수 있는가?

신약성경에서 **영적**(spiritual)이라는 단어는 일반적으로 성령에 의해 생겨났으며, 성령의 지배를 받고, 성령의 목적, 특히 그리스도에 대한 찬송이라는 목적으로 이끌리는 사물이나 사람을 가리킨다. 그러나 음악과 천둥과 골짜기와 스테이크는 성령이 아니다. 이것들은 물질적인 창조 세계의 자연스러운 일부분이다. 이것들과 영적 기쁨은 어떤 관계인가?

이 질문을 달리 하자면 이렇다. 우리는 하나님을 기뻐하기 위한 싸움에서 물리적 수단을 사용할 수 있는가? 그 대답은 쉽지 않다. 우리가 이 장에서 '씨름하게' 될 것이라고 말한 것도 바로 이 때문이다. 모든 기쁨이 그리스도를 높이는 것은 아니다. 기쁨은 우리가 기뻐하는 대상을 높인다. 복수를 기뻐한다면, 우리는 복수의 가치를 높이고 있는 것이다. 포르노를 기뻐한다면, 우리는 포르노의 가치를 높이고 있는 것이다. 이것들은 분명히 죄악된 것이다. 그러나 순수한 즐거움은 어떤가? 아름다운 일출을 기뻐한다면, 우리는 무엇을 높이는 것인가? 일출인가, 아니면 그 일출의 창조자인가? 아니면 둘 다인가? 둘의 차이는 어디서 오는가?

많은 불신자들이 일출을 보고 깊이 감동되어 일출의 아름다움을 기뻐한다. 이들은 성령이 없으며 그리스도를 찬송하지도 않는다. 이들의 기쁨과 영적 기쁨은 어떻게 다른가? 경험은 똑같은데 우리의 지식이 다를 뿐인가? 아니면 기쁨 자체가 다른가? 다르다면 어떻게 다른가?

인내는 성령의 열매인가 아니면 잠의 열매인가?

이런 질문을 던지는 것은, 성경에서뿐 아니라 매일의 경험에서 이런 질문이 생겨나기 때문이다. 우리는 영적 생활과 육체적 생활이 얽혀 있다는 것을 경험으로 알고 있다. 잠을 자지 못하면 참을성이 떨어지고 화를 내게 되는데, **사랑**은 "오래 참고…성내지 아니하며"(고전 13:4-5)라고 말하는 성경은 사랑과 오래 참음이 성령의 열매라고 말한다(갈 5:22). 그렇다면 사랑과 인내는 성령의 열매인가 아니면 잠의 열매인가?

주님의 일을 하는 가운데서도, 큰 도전 의식이 생기는 것과 아드레날린의 활발한 분비가 동시에 일어나며, 이렇게 분비된 아드레날린이 하나님이 명하신 일을 하도록 각성시키고 그 일을 하는 데 필요한 힘을 줄 수 있다. 누구도 이 사실을 부인하지 않을 것이다. 그러나 사도 바울은 이렇게 말한다. "이를 위하여 나도 내 속에서 능력으로 역사하시는 이의 역사를 따라 힘을 다하여 수고하노라"(골 1:29). 바울의 몸이 분비하는 아드레날린과 그가 그리스도에게서 느끼는 강한 힘은 어떻게 다른가? 둘은 완전히 별개인가? 아니면 그리스도가 다소간 아드레날린을 통해 일하시는가?

시각과 청각의 세계

이 문제의 범위를 파악하기 위해, 당신의 오감과 그것이 만들어 내는 무수한 감각, 그리고 이것들이 당신의 감정과 영적 생활에 어떤 영향을 미치는지 생각해 보라. 당신은 **시각**이 있다. 당신은 구름이 떠 있는 하늘, 새파란 하늘, 붉은색과 오렌지색이 어우러져 수평선과 조화를 이루는 하늘, 달과 별들이 반짝이는 하늘을 본다. 당신은 수많은 종류의 새와 들짐승과 물고기와 나무와 풀이 있는 땅, 사막과 들판과 산과 평원과 숲과 언덕과 협곡과 강을 낀 골짜기가 있는 땅을 본다. 그리고 당신은 남자와 여자, 큰 사람과 작은 사람, 마른 사람과 뚱뚱한 사람, 피부색이 다양한 여러 사람들을 본다. 그러나 똑같은 사람은 없다. 당신은 인간이 만들어 낼 수 있는 온갖 것을 본다.

그림, 조각, 드라마, 영화, 기계, 건물, 도로, 컴퓨터, 비행기, 의복, 발전기, 핵 발전소, 인공 심장, 전자레인지, 휴대 전화, 에어컨, 항생제, 대학, 정부.

당신은 **청각**이 있다. 당신은 동물 소리를 듣는다. 새가 지저귀는 소리, 고양이가 우는 소리, 개가 짖는 소리, 뱀이 쉬익 하며 기어가는 소리, 모기가 윙윙거리는 소리, 개구리가 개골개골 우는 소리, 말이 히잉 하고 울고 딸가닥거리며 걷는 소리, 돼지가 꿀꿀거리는 소리, 소가 음매 하고 우는 소리, 수탉이 꼬끼오 하고 우는 소리. 그리고 생명이 없는 자연의 소리도 듣는다. 파도가 부서지는 소리, 죽은 나무가 쓰러지는 소리, 산사태가 나는 소리, 호수의 얼음이 갈라지는 소리, 화산이 폭발하는 소리, 시냇물이 흐르는 소리, 천둥 치는 소리, 비가 퍼붓는 소리. 그리고 사람의 소리도 듣는다. 이야기하는 소리, 웃음 소리, 휘파람 소리, 콧노래 소리, 손뼉 치는 소리, 우는 소리, 신음 소리, 비명 소리, 발 구르는 소리, 노래 소리, 악기 소리, 못질하는 소리, 엔진 소리, 기계가 작동하는 소리, 낡은 집이 무너지는 소리, 목발 소리, 햄버거 굽는 소리, 봉투를 뜯는 소리, 문을 쾅 닫는 소리, 아이를 찰싹 때리는 소리, 접시 깨는 소리, 잔디 깎는 소리.

미각과 후각과 촉각의 세계

당신은 **미각**이 있다. 당신은 수백 가지 음식과 음료의 맛을 본다. 신 레몬, 달콤한 꿀, 강렬한 치즈, 시큼한 자몽, 짭짤한 감자 튀김, 매콤한 살사 소스, 톡 쏘는 펀치 음료, 바나나, 우유, 견과류, 빵, 생선, 스테이크, 상추, 초콜릿, 커피, 피망, 양파, 바닐라 아이스크림, 레드 젤리의 온갖 맛, 맛보지 않은 채 삼켜 버리는 일련의 약들.

당신은 **후각**이 있다. 당신은 냄새를 맡는다. 장미 향기, 인동덩굴 향기, 사과꽃 향기, 라일락 향기, 빵 굽는 냄새, 베이컨 굽는 냄새, 토스트 굽는 냄새, 피자 굽는 냄새, 커피 내리는 냄새, 정향으로 만든 향신료 냄새, 쓰레기 냄새, 하수 냄새, 제지 공장에서 나는 냄새, 돼지 축사 냄새, 좋아하는 향수 냄새, 새로 깎은 잔디 냄새, 휘발유 냄새, 소나무 숲 냄새, 오래된 책에서 나는 냄새, 시나몬롤 냄새.

당신은 **촉각**과 내적 감각이 있다. 당신은 불길이 타오를 때 따뜻한 열기를 느끼며, 추운 밤에 플란넬 담요의 온기를 느끼며, 햇볕이 내리쬐는 날에 서늘한 산들바람을 느끼며, 낡은 담요의 실크 테두리를 느끼며, 개의 털과 부드러운 배를 느끼며, 발바닥을 문지르는 것을 느끼며, 어깨를 마사지하는 것을 느끼며, 성적 자극을 느끼며, 역기를 들 때 무게를 느끼며, 조깅을 할 때 발구르는 것을 느끼며, 산 속 호수에 뛰어들 때 차가움을 느끼며, 잘못해서 망치로 엄지를 찍을 때 아픔을 느끼며, 허리 통증을 느끼며, 편두통과 뱃멀미를 느끼며, 사랑하는 사람의 키스를 느낀다.

신체적 감각과 하나님의 달콤함

오감 가운데 어느 하나 또는 어떤 결합이든 당신의 감정을 유발할 수 있다. 그중 몇몇 감정은 성경이 우리에게 가지라고 명령하는 영적 감정들과 사실상 똑같다. 기쁨(빌 4:4; 시 37:4; 67:4), 소망(시 42:5), 두려움(눅 12:5), 슬픔(롬 12:15), 사모(벧전 2:2), 연민(엡 4:32), 감사(엡 5:20) 등.

우리의 감각은 감정을 낳는다. 그뿐 아니라 우리 몸을 바르게 사용하느냐 그렇지 못하냐에 따라 영적 실재에 대한 경험이 큰 영향을 받을 수 있다. 메스꺼울 때 하나님을 기뻐하는 것과, 건강한 상태에서 찬양할 때 하나님을 기뻐하는 것은 다르다. 적절한 식사와 운동과 수면은 마음이 자연의 아름다움과 성경의 진리를 소화하는 능력에 현저한 영향을 미친다.

그러므로 이렇게 묻지 않을 수 없다. 우리는 하나님을 기뻐하려고 싸우기 위해 자신의 몸을 포함해서 주변의 창조 세계를 어떻게 활용할 수 있는가? 바로 하나님 안에서다! 자연에서도, 음악에서도, 건강에서도 아니다. 음식이나 음료에서도, 자연의 아름다움에서도 아니다. 어떻게 하면 이 모든 좋은 선물이 우리 마음을 온통 사로잡지 않으면서도 하나님 안에서 기뻐하는 데 도움이 될 수 있는가?

육체적 피조물인 우리의 상황은 매우 위험하다. 우리의 질문은 주변적인 것이 아니다. 이 질문은 우리가 처한 위험한 상황을 다루고 있는 것이다. 순수한 것들이 우리를 둘러싸고 있지만 이것들은 우상이 되기 쉽다. 순수한 감각들이 한순간에 하나님의 달콤함을 대신해 버릴 수 있다. 좋은 느낌과 '영적' 개방성이 있는 분위기를 조성하려고 무드 있는 음악과 희미한 조명과 연기와 향을 사용해야 하는가? 당신은 표면 바로 밑에 숨어 있는 조작의 위험을 느낄 수 있다.

그러나 누구도 이 문제를 피해 갈 수 없다. 모든 사람은 물리적 수단을 사용한다. 누구나 이런저런 종류의 조명을 선택한다. 아무리 뻣뻣한 사람이더라도 이런저런 종류의 분위기를 선택한다. 목소리만으로 노래하더라도, 우리 모두는 이런저런 종류의 음악을 사용한다. 누구나 잠은 어떻게 자고, 운동은 어떻게 하고, 어떻게 먹을지를 선택한다. 추측건대, 우리는 이러한 선택을 할 때 무신론자처럼 행동하고 있는 것이 아니다. 우리는 이것들이 하나님과 관련이 있다고 믿는다. 이 문제를 피해 갈 길은 없다. 우리는 누구나 물리적이며 감각적인 우리의 삶이 영적으로 하나님을 기뻐하는 것과 어떤 관련이 있는지 생각해 보아야 한다.

육체와 관계 없는 기쁨?

우리는 하나님을 기뻐하는 것이 뇌에서 이루어지는 화학 작용과 전기 자극 그 이상이라고 확신하지만, 현세의 삶에서 이러한 영적 기쁨을 육체적인 몸과 연관해서만 경험할 수도 있다는 것 또한 강하게 느낀다. 두 영역 사이의 상호 작용은 신비스럽다. 기이한 방법으로, 영적 기쁨과 심리적 감정과 생리적 사건이 겹친다. 이것들이 동일하지는 않다. 하나님에게는 분노(시 80:4)와 기쁨(슥 3:17) 같은 강한 영적 감정이 있지만 육체적인 몸은 없기 때문이다. 그러므로 육체적인 몸과는 독립적으로 존재하는 영적 감정들이 있다. 추측건대, 구속받은 사람들은 죽은 후부터 그들의 몸이 죽은 자들 가운데서 일으켜지기 전까지, 하나님 우편에서 흠모나 만족 같은 강한 영적 감정을 가질 것이다(빌 1:23과 계 6:10을 보라). 그러므로 우리는 그리스도를 기뻐하는 것이 물리적인 뇌파와 일치한다기보다 물질적 실체를 초월한 그 무엇과 관련이 있다고 믿는다.

우주에 존재하는 모든 것은 질료와 에너지라고 말하는 자연주의 진화론이 인기가 있음에도 불구하고, 자신의 정의감이 개 짖는 소리와 동일한 범주에 있다고 인정하는 사람은 거의 없을 것이다. 그러므로 의식적으로 하나님을 믿지 않는 사람들이라도, 직관적으로 자신들이 느끼는 사랑의 감정과 정의감이 뇌에서 일어나는 전기 화학적 작용 그 이상이라고 생각하며 행동한다.[2]

그럼에도 불구하고 육체를 초월한 것들은 육체적인 뇌와 연결되어 있다. 그러므로 유한한 이 세상의 삶에서 하나님을 기뻐하는 것과 뇌에서 이루어지는 기쁨의 물리적 표현은 분리될 수 없다. 육체적 범주 이상에 있는 영적 감정들이 육체적 결과를 낳을 수 있으며, 육체적 조건이 영적 결과를 낳을 수 있다.

영적 오케스트라와 육체적 피아노

C. S. 루이스는 이 문제를 깊이 생각하고 "전위"(Transposition)라는 설교에서 이 문제를 다루었다. 그의 주장은 오케스트라의 교향곡이 피아노 독주곡보다 풍성한 것처럼, 감정의 영적 생명이 육체적 감각의 물질적 생명보다 높고 풍성하다는 것이다. 영적 기쁨의 음악이 영혼에서 연주될 때, 이것은 육체적 감각으로 "전위된다." 그러나 영적 "오케스트라"가 육체적 "피아노"보다 풍성하고 다양하기 때문에, 오케스트라에서 각기 다른 악기가 연주하는 소리를 하나의 피아노 키로 나타낼 수밖에 없다. 영혼을 가진 육체적 존재로서, 우리는 항상 영적 감정을 오케스트라와 피아노라는 두 가지 수준에서 경험한다.

루이스의 분석이 도움이 되는 데는 적어도 네 가지 이유가 있다. 첫째, 그의 분석은, 내적 성찰로는 결코 하나님 안에서 영적 기쁨을 발견할 수 없으며 육체적 감각에 남아 있는 그 찌꺼를 발견할 수 있을 뿐이라는 점을 설명해 준다. 그 이유는 우리가 하나님께 초점을 맞추는 데서 감정 자체에 초점을 맞추는 데로 옮겨 가는 순간, 감정은 더 이상 예전의 감정이 아니기 때문이다. 감정은 영적 실체가 아니라 육체적 감각에만 그 자취를 남긴다. 매 순간 영적 기쁨의 실체는 하나님의 영광을 꾸준히 보는 데 달려 있다.³

둘째, 루이스의 분석은 우리가 황홀함이나 공포와 같은 영적 감정의 배후에 있는 육체적 감각들이 왜 똑같아 보이는지를 설명하는 데 도움이 된다. 바꾸어 말하자면, 내적 성찰을 통해 분석할 때 육체적인 전율과 메스꺼움은 공포를 느낄 때나 황홀함을 느낄 때나 똑같은 것 같다. 루이스는 이것이 감정의 오케스트라가 좀더 단순한 악기로 바뀔 때 일어나는 일이라고 설명한다. 매우 다른 영적 감정들을 동일한 피아노 키로 연주해야 하는 것이다.

멋진 남자가 약혼녀의 얼굴을 바라보면서 어디선가 따뜻한 사랑의 즐거움을 느끼며—이것이 자신의 머리나 가슴에 있는지 아니면 마음속 어딘가에 있는지 알 수 없다—그런 후에 (어디서든 간에) 그 즐거움을 찾으려고 다른 곳으로 눈을 돌릴 때 그가 구하는 것은 정욕과 구분할 수 없는 육체의 감각일 것이다. 사랑이라는 오케스트라가 연주하는 음은 정욕이 연주하는 것과 동일한 육체적 피아노의 키를 사용하지만, 사랑과 정욕이 동일한 감정이 아니라는 것은 누구나 안다.

그러나 이것들이 어느 수준에서 동일하다면—몸의 동일한 피아노 키로 연주한다면—왜 우리는 영적 감정들이 실제로 일어날 때, 우리 몸에서조차도 그것들을 그렇게 다르게 경험하는가? 이는 우리가 실제로 정욕과 사랑, 공포와 황홀감 등을 육체적으로 다르게 경험하기 때문이다. 우리는 공포를 불쾌한 것으로 경험하며 그것이 반복되기를 원하지 않지만, 황홀함은 유쾌한 것으로 경험하며 반복되기를 원한다.

영적 감정이 육체적 감각을 변화시킨다
C. S. 루이스는 높은 곳에서 낮은 곳으로의 전위에서, 영적 감정이 실제로 육체적 감각에 들어가며 그 결과 육체적 감각이 더 높은 감정의 한 부분이 된다고 대답한다.

> 동일한 감각이 다양하고 상반되는 감정들을 단순히 수반하거나 표시하는 것이 아니라 그 감정들의 일부가 됩니다. 말하자면, 감정이 몸에서 감각 속으로 들어가 감각을 소화하고 변형시키며 바꿉니다. 그 결과 동일한 전율과 긴장이 **기쁨이 되기도 하고 고통이 되기도 합니다.**[4]

이것은 지극히 중요한 이야기다. 이것은 루이스의 분석이 유익한 세 번째 이유로 이어진다. 루이스의 분석은 유물론적 회의주의자에게, 즉 "기쁨"이나 "고통"이 뇌파로 인한 것이며 둘 모두 뇌에 동일한 전기 화학적 반응으로 기록되기 때문에 영적 차이라는 실체는 있을 수 없다고 주장하는 사람들에게 대답한다. 유물론적 회의주의자는 영적 감정이란 존재하지 않으며 육체적 감각이 있을 뿐이라고 결론짓는다. 그리고 비극적이게도, 수많은 현대인들이 스스로 이렇게 믿는다고 주장한다. 그러나 루이스의 분석은, 이러한 착각이 "전위"가 사실이라고 할 때 예상되는 현상과 동일한 것임을 보여 준다. 단지 "아래에서부터" 접근하는 사람은 피아노 소리밖에 들을 수 없다.

야만인이 분석을 통해 사랑에서 찾아낼 수 있는 것이라고는 정욕밖에는 없습니다.…생리학이 사고(思考)에서 찾아낼 수 있는 것이라고는 회백질의 수축밖에는 없습니다.…[유물론자는] 그러므로 이 문제에 관해서는 동물의 입장과 다를 것이 없습니다. 여러분은 대부분의 개가 **가리키는 행위**를 이해할 수 없다는 것을 알 것입니다. 여러분은 바닥에 있는 먹이를 가리키지만 개는 바닥을 바라보는 대신에 여러분의 손가락에 코를 대고 쿵쿵거릴 뿐입니다. 손가락은 개에게 그저 손가락이며, 그게 전부입니다.…이처럼 사물을 위에서부터 이해하기를 의도적으로 거부하는 한, 이러한 이해가 가능하며 계속되는 곳에서조차 유물론에 대한 최종적인 승리를 말하는 것은 소용없는 짓입니다. 아래로부터의 모든 경험에 대한 비판은…언제나 똑같이 그럴듯할 것입니다. 종교는 심리적인 것일 뿐이며, 정의는 자기 방어일 뿐이며, 정치는 경제학일 뿐이며, 사랑은 정욕일 뿐이며, 생각은 뇌의 생화학 작용일 뿐이라는 것을 보여 주기 위해 끊임없이 새로운 증거가 제시될 것입니다.[5]

넷째, 루이스의 분석은 육체적 감각의 세계를 영적 목적을 위해 어떻게 사용할 것인지를 이해하는 데 도움이 된다. 그는 감정의 영적 오케스트라와 감각의 육체적 피아노를 대조시키는데, 우리는 여기서 영적 감정과 육체적 감각을 동일시해서는 안 된다는 것을 상기하게 된다. 둘은 같지 않다. 이것은 우리가 명심해야 하는 중요한 진리다. 다른 한편으로, 루이스는 또한 하나님을 기뻐하는 것과 같은 영적 감정들은 육체적인 감각과의 연계 속에서만 경험된다는 것을 상기시켜 준다. 둘은 동일하지 않지만, 거의 언제나 분리될 수 없다. 이생의 삶에서 우리는 몸에서 벗어나 영적 감정만 있는 존재가 결코 아니다. 우리는 그리스도 안에서 기쁨을 육체적 감각 그 이상의 것으로 경험하지만 그 이하의 것으로는 거의 경험하지 않는, 영과 육으로 이루어진 복잡한 존재다. 내가 '거의'라고 말한 것은 하나님이 그분의 일반적인 방법과는 대조적으로, 화형을 당하면서도 불꽃 가운데서 황홀함을 느끼는 것처럼 고통 가운데서 기적을 행하실 수 있다는 예외적인 가능성을 열어 두기 위해서다.

더욱이, 루이스는 높은 것이 낮은 것을 바꿀 수 있다는 것이 놀라운 것임을 상기시켜 준다. 육체적인 것 이상인 영적 감정들이 화학적 결과를 낳을 수 있는 것이지 그 반대는 아니다. 화학적인 작용이 감정에 영향을 미칠 수 있는 것은 사실이다. 그러나 우리가 영적인 것이 화학적 효과를 갖도록 기도하거나 계획하는 경우는 거의 없다. 특정한 화학적 불균형이 있을 때 진정제와 항우울제가 아무리 적합하다 하더라도, 우리는 영적 실체가 물리적인 것을 바꿀 수 있는 것이지 그 반대는 아니라는 진리를 간과해서는 안 된다.

하나님을 기뻐하기 위해 신체적 요소를 사용하기

그러나 이 장에서 우리가 던지는 주된 질문은 어떻게 낮은 것이 높은 것에 영향을 미칠 수 있느냐 하는 것이다. 다시 말해, 어떻게 감각이라는 신체적 세계가 그리스도를 기뻐하도록 적절히 도울 수 있는가? C. S. 루이스가 우리에게 보여 준 것은 하나님은 이 세상에서 영적 감정과 신체적 경험이 상응하도록 우리를 지으셨다는 것이다. 하나님은 뇌와 영혼이 교차하며 상응하게 하셨다. 둘은 같지 않다.

뇌에서 일어나는 물리적 사건들과 영혼에서 일어나는 영적 사건들이 일대일로 상응하는 것은 아니다. 그러나 양쪽에서 일어나는 사건들은 그리스도의 영광을 위해 양방향으로 영향이 미치는 방식으로 서로 얽혀 있다.

예를 들면, 한편으로 이것은 그리스도 안에서 누리는 기쁨이 몸을 치유하며 튼튼하게 하도록 기도하고 하나님의 말씀을 묵상함으로써 그 기쁨을 깨울 수 있다는 뜻이다. 다른 한편으로, 이것은 하나님의 창조의 법에 따라 그리스도 안에서 누리는 기쁨이 더 강해지고 더 지속적이도록 자신의 몸을 포함해서 물리적 세계를 사용할 수 있다는 뜻이다. 바꾸어 말하자면, 루이스는 하나님 안에서 누리는 기쁨을 적절히 늘리기 위해 육체적·감각적 수준에서 취할 수 있는 합당한 조처들이 있다는 것을 알 수 있도록 도와준다.

나는 앞에서 언급한 위험에도 불구하고 이렇게 말한다. 앞에서 나는 우리가 "영적" 감정들을 만들어 내기 위해—그러나 이것들은 전혀 영적이지 않은 것으로 드러난다—조작의 위험을 감수한다고 말했다(무드 음악, 연기, 희미한 조명). 영적인 목적을 위해 육체적 실체를 지혜롭게 사용해야 하는 책임을 벗어날 길은 없다. 우리의 육체적 삶은 우리가 그렇게 계획하든 하지 않든 간에 우리의 영적 삶에 영향을 미칠 것이다. 그러므로 우리는 철저히 그리고 계획적으로 그 문제에 대해 생각해 보아야 한다.

성경도 세상에서 하나님을 보라고 말한다

C. S. 루이스의 지혜보다 훨씬 더 중요한 것은 성경에 기록된 하나

님의 지혜다. 성경은 우리가 계획적으로 물리적 수단을 통해 하나님을 기뻐해야 한다는 증거를 분명하게 제시한다. 우리는 제5장에서 하나님의 영광을 보는 것이 하나님을 기뻐하는 데 본질적이며 적절한 기초라는 것을 이미 살펴보았다. 우리는 고린도후서 4:4을 토대로 하나님을 보는 가장 핵심적이고 강력한 방법은 복음을 듣는 것이라고 주장했다. "이 세상의 신[사탄]이 믿지 아니하는 자들의 마음을 혼미하게 하여 **그리스도의 영광의 복음의 광채**가 비치지 못하게 함이니 그리스도는 하나님의 형상이니라." 의롭다 함을 받은 죄인인 우리가 누리는 기쁨의 가장 근본적인 기초는 그리스도가 우리 죄를 위해 죽으셨고 믿는 모든 자에게 미소짓는 하나님의 얼굴을 계시하셨다는 것이다. 모든 성경이 이것에 대해 이야기한다. 성경은 우리가 성경 안에서, 성경을 통해 하나님의 영광을 볼 수 있게 한다. "여호와께서…**여호와의 말씀으로…자기를** 나타내시니라"(삼상 3:21). 우리가 그분을 영적으로 보고 누리도록, 하나님은 "여호와의 말씀으로" 자신을 나타내신다.

그러나 성경은 하나님의 영광을 보는 다른 수단들이 있으며, 따라서 그분을 기뻐하는 우리의 기쁨을 일깨우고 강화하는 다른 수단들이 있다고 말한다. 예를 들면, 시편 19:1-4이 있다.

하늘이 하나님의 영광을 선포하고 궁창이 그의 손으로 하신 일을 나타내는도다. 날은 날에게 말하고 밤은 밤에게 지식을 전하니 언어가 없고 말씀도 없으며 들리는 소리도 없으나 그의 소리가 온 땅에 통하고 그의 말씀이 세상 끝까지 이르도다. 하나님이 해를 위하여 하늘에 장막을 베푸셨도다.

하나님의 영광을 보는 것이 그분을 기뻐하게 되는 적절한 영적 원인이라면, 육체의 눈으로 하늘, 즉 해와 달과 별과 구름과 일출과 일몰과 천둥을 보는 것 역시 하나님을 기뻐하도록 돕는 적절한 수단이 된다. 그러므로 여기서 성경은 영적 결과를 추구하기 위해, 다시 말해 하나님의 영광을 보고 그 속에서 기쁨을 얻기 위해, 시각이라는 육체의 기관으로 물리적 세계("하늘")를 보아도 좋다고 분명하게 보증해 준다.

어떤 성경 구절들은 눈에 보이는 하나님의 일과 기쁨이 분명히 관계가 있음을 보여 준다. 예를 들면, 시편 92:4은 이렇게 말한다. "주님, 주님께서 하신 일을 생각하면 기쁩니다. 손수 이루신 업적을 기억하면서, 환성을 올립니다"(새번역). 나는 이 기쁨이 우상 숭배가 아니라고 생각한다. 다시 말해, 나는 이 기쁨이 일 자체에 머무는 것이 아니라 그 일들 속에서, 그 일들을 통해 하나님 바로 그분의 영광에까지 나아간다고 생각한다. 일들이 하나님의 영광을 "선포한다." 일은 무엇인가를 가리키지만 우리 기쁨의 최종적인 근거는 하나님 바로 그분이시다.

헛간에서 빛을 통해 배우다

C. S. 루이스의 가장 큰 은사라면 아무도 보지 못하는 것을 보는 것이다. 이런 은사를 가진 루이스는 물리적 세계가 하나님의 영광을 보는 데 어떻게 도움이 되는지를 보여 주는 자신의 경험을 소개한다.

나는 오늘 캄캄한 헛간 안에 서 있었다. 밖에는 태양이 빛나고 있었고 출입문 위쪽 틈을 통해 한 줄기 빛이 들어왔다. 내가 서 있는 곳에서 보면, 먼지들이 떠다니고 있는 그 빛줄기는 그곳에서 가장 자극적인 것이었다. 다른 모든 것은 거의 칠흑 같았다. 나는 빛줄기를 통해 사물을 보고 있는 것이 아니라 빛줄기를 보고 있었다. 나는 빛줄기가 내 눈에 비치도록 자리를 옮겼다. 그 즉시 이전의 모든 그림이 사라졌다. 헛간도 보이지 않았고, (무엇보다도) 빛줄기도 보이지 않았다. 대신에 나는 출입문 위쪽에 생겼다 없어졌다 하는 틈으로 바깥의 나뭇가지에서 초록색 잎들이 흔들리는 것과 그 너머 1억 5천만 킬로미터 떨어져 있는 태양을 보았다. 빛줄기를 통해서 보는 것과 빛줄기를 단순히 보는 것은 전혀 다른 경험이다.[6]

그러므로 하늘을 "단순히 보는" 것이 아니라 그것을 "통해서 볼" 때 하늘이 "하나님의 영광을 선포하는" 목적을 이룬다고 말할 수 있다. 다시 말해, 우리는 단지 하늘의 영광을 보는 것이 아니라 **하나님의 영광**을 본다. 우리는 단지 밖에 서서 자연 세계를 하나의 빛줄기로 분석하는 게 아니라 그 빛줄기가 우리 눈에 들어오게 한다. 그 결과 우리는 아름다움의 근원이자 아름다움의 원본, 즉 하나님 바로 그분을 본다.

이것이 영적 목적을 위해 감각이라는 육체적 세계를 적절히 사용하는 길을 여는 데 필수적인 열쇠다. 하나님의 모든 창조 세계가 "통해서 보아야" 하는 빛줄기가 되거나 "통해서 들어야" 하는 소리가 되거나 "통해서 맡아야" 하는 향기가 되거나 "통해서 맛봐야" 하는 맛이 되거나 "연구하며 느껴야" 하는 감각이 된다. 물리적 세계를 통해 하나님의 영광을 인식하는 일에서 우리의 모든 지각은 마음의 눈과 협력하게 된다.

그러므로 한편으로, 루이스는 육체적인 것 이상인 영적 감정들이 육체적 감각들 속에서 나타나 육체적 감각들을 바꾸고 그 감각들이 감정의 성격을 띠게 한다는 것을 보여 주었다. 다른 한편으로, 루이스는 육체적 감각들은 물리적 세계에서 하나님의 영광을 인식하는 일에 협력하며 따라서 바로 그 영적 감정들을 깨우고 형성하는 수단임을 보여 주었다. 구체적으로 말하자면, 하나님의 영광의 물리적 표현이 하나님을 기뻐하는 기쁨을 깨울 수 있으며, 바로 이 기쁨이 그 영광에 대한 육체적 경험으로 들어가 그 경험을 바꾸어 놓는다.

사도 바울은 우리가 세상을 활용할 수 있도록 돕는다

이 시점에서 성경은 물리적 세계의 사용이 실제로 하나님의 영광을 인식하는 데 도움이 되며 따라서 일깨워진 우리의 감정이 단순히 자연적인 것이 아니라 영적인 것이라는 점을 가능한 한 명확히 하는 데 필요한 도움을 확실히 주고 있는가? 그렇다. 사도 바울은 디모데전서 4:1-5에서 이 문제를 매우 직접적으로 다룬다.

> 그러나 성령이 밝히 말씀하시기를 후일에 어떤 사람들이 믿음에서 떠나 미혹하는 영과 귀신의 가르침을 따르리라 하셨으니 자기 양심이 화인을 맞아서 외식함으로 거짓말하는 자들이라. 혼인을 금하고 어떤 음식물은 먹지 말라고 할 터이나 음식물은 하나님이 지으신 바니 믿는 자들과 진리를 아는 자들이 감사함으로 받을 것이니라. 하나님께서 지으신 모든 것이 선하매 감사함으로 받으면 버릴 것이 없나니 하나님의 말씀과 기도로 거룩하여짐이라.

바울이 물리적 세계, 특히 성과 음식을(둘 모두 오감을 포함한다) 부정적으로 보는 거짓 교사들이 나타날 것이라고 예견한다는 데 주목하라. 이들 거짓 교사들은 "혼인을 금하고 어떤 음식물은 먹지 말라"고 가르친다(3절). 바울은 이것이 하나님을 거역하는 것이라고 본다. 왜냐하면 바울은 그분의 선한 창조 세계를 향한 하나님의 목적은 하나도 "버릴 것이" 없게 하는 것이라고 말하기 때문이다(4절).

바울은 우리가 하나님의 창조 세계를 거부하는 대신에 그것으로 해야 할 일이 있다고 말한다. 감사함으로 그것을 받으며(3-4절), 그것을 거룩하게 하는 것이다(5절). 이 둘이 물리적 세계와 하나님에 대한 기쁨을 어떻게 연결하는지 생각해 보라.

선물에 대한 감사에는 주는 이를 기뻐하는 것도 포함된다

바울은 부부간의 성적 즐거움과 좋은 음식이 주는 즐거움은 "감사함으로 받아야" 하는 것이라고 말한다. 감사의 본질 때문에, 이것은 하나님을 기뻐하는 것과 직접적으로 연관이 있다. 첫째, 감사는 단지 선택이 아니라 하나의 감정이다. 감사를 느끼지 않을 때도 "감사해요"라고 말할 수 있지만 말과 느낌이 다르다는 것은 누구나 안다. 감사는 당신을 향한 누군가의 선의로 생겨나는 자발적인 기쁨의 감정이다. 그 사람의 선물이 당신 손에 들어오지 않을 수도 있다. 그 선물이 도중에 분실될 수도 있다. 그러나 그 사람이 당신을 기억하고 있다는 것을 알고, 그 사람이 당신이 기뻐하는 무엇인가를 사는 수고를 했다는 것을 알며, 그가 그것을 당신에게 보냈다는 것을 안다면, 당신은 그 선물이 당신의 손에 들어오지 않았더라도 감사를 느낄 것이다.

둘째, 이것은 감사의 감정이 주는 사람을 향한다는 것을 의미한다. 선물이 감사를 **유발하지만** 감사는 주는 사람을 **향한다**. 셋째, 감사는 일종의 기쁨이다. 감사는 나쁜 느낌이나 중립적인 느낌이 아니다. 감사는 긍정적이며 유쾌하다. 우리는 감사를 느끼는 것을 후회하지 않는다. 우리가 속거나 선물이 미끼로 드러났을 때가 아니라면 말이다. 마지못한 감사라는 말은 모순이다. 마지못한 감사란 없다. 진정으로 감사하고 싶지 않은데 의무감에서 감사를 느끼는 사람은 없다. 감사는 자발적이며 유쾌하다. 감사는 주는 사람의 선의를 기뻐하는 것이다.

성경에서 감사와 하나님을 연결하는 견고한 고리는, 하나님이 선하다는 사실이다. "여호와께 감사하라. 그는 선하시며 그 인자하심이 영원함이로다"(시 106:1). 감사와 하나님의 선하심을 연결하는 모습은 여러 곳에서 나타난다(시 107:1; 118:1, 29; 136:1; 대상 16:34; 대하 7:3; 5:13; 스 3:11). 이러한 연결과 관련해서 가장 중요한 사실은 우리의 감사가 궁극적으로 하나님이 무엇을 **주시느냐**가 아니라 하나님이 누구이시냐에 뿌리를 두고 있다는 것이다. 성경은 "여호와께 감사하라. 그가 선한 것들을 **주심이로다**"라고 말하지 않는다. 이것은 사실이다. 성과 음식 같은 좋은 선물들은 감사의 기쁨을 낳는다. 그러나 이것들이 우리가 기뻐하는 궁극적인 대상은 아니다. 즐거움의 감각은 하나님 그분의 선하심이 드러날 때까지, 하나님의 풍성함이라는 빛줄기를 점점 세게 비춘다.

이것을 강조하는 것은 우리가 성과 음식이 주는 즐거움 때문에 감사한다고 **말하면서도** 하나님을 배제해 버리기가 아주 쉽기 때문이다. 하나님을 배제할 때, 성과 음식을 기뻐하는 것은 하나님 안에 있는 기쁨이 아니며, 영적이지 않으며, 하나님의 선하심 때문에 하나님을 높이는 것이 아니다. 하나님을 의식하지 않은 채 하나님의 선물을 기뻐하는 것은 결코 하나님을 높이는 것이 아니다. 불신자들은 언제나 이렇게 한다. 그러므로 바울이 여기서 우리에게 가르치고 있는 것은, 성과 음식이 주는 육체적 즐거움을 통해 하나님의 선물이 아니라 하나님 바로 그분의 선하심에 확고히 뿌리를 내린 감사의 기쁨을 느끼면서 하나님께 마음을 향하는 것이 이러한 즐거움을 적절하게 사용하는 방법이라는 점이다. 이것은 만약 하나님의 섭리로 이러한 선물들을 빼앗기더라도-배우자가 죽거나 튜브를 통해 음식물을 섭취해야 할 때도-하나님은 여전히 선하시기 때문에 우리가 이것들을 통해 얻은 가장 깊은 기쁨은 빼앗기지 않으리라는 뜻이다(합 3:17-18을 보라).

성과 음식을 거룩하게 하라

바울은 **감사**가 물리적 세계와 하나님 안에 있는 기쁨을 연결한다고 말한 후에, 이어서 물리적 창조 세계가 **거룩하게 될 때** 이러한 연결이 이루어진다고 말한다. "하나님께서 지으신 모든 것이 선하매 감사함으로 받으면 버릴 것이 없나니 **하나님의 말씀과 기도로 거룩하여짐이라**"(딤전 4:4-5).

"거룩하여짐이라"로 번역된 헬라어 단어(*hagiazō*)는, 예수님이 "어느 것이 크냐 그 금이냐 금을 **거룩하게 하는** 성전이냐"(마 23:17)라고 말씀하실 때처럼 때로는 거룩하게 쓰기 위해 구별한다는 뜻으로 사용된다. 여기서 금이 거룩해지는(딤전 4:5에서 사용되는 단어와 같다) 것은 그것이 성전에 사용되기 때문이다. 금 자체가 변한 것이 아니라 금이 하나님의 성전의 일부가 됨으로써 하나님을 높이는 데 사용되었다. 때로 **거룩하게 하다**(sanctify)라는 단어는 예수님이 제자들을 위해 기도하시면서 하나님께 "그들을 진리로 거룩하게 하옵소서. 아버지의 말씀은 진리니이다"(요 17:17)라고 간구하실 때처럼 어떤 것을 하나님을 높이는 목적에 적합한 상태로 바꾼다는 뜻이다. 그러므로 바울이 성과 음식이 하나님의 말씀과 기도로 거룩해진다고 말할 때, 그의 말은 이것들이 변화되어 우리가 그리스도 안에서 누리며 하나님을 높이는 기쁨을 일깨우고 강화하는 목적에 적합하게 되었다는 뜻일 것이다.

어떻게 하나님의 말씀과 기도가 성과 음식을 거룩하게 하는가? **하나님의 말씀**은 그분이 우리에게 말씀하시는 것이며 기도는 우리가 그분에게 말하는 것이다. 그러므로 일반적인 대답은 우리가 하나님이 성과 음식에 관해 하시는 말씀에 귀를 기울이고 그런 후에 그분의 진리를 인정하며 우리에게 도움이 필요하다는 것을 아뢸 때 성과 음식이 하나님을 높이는 기쁨을 얻는 데 사용될 수 있게 된다는 것이다.

하나님의 말씀으로 육체적 감각을 거룩하게 하라

그러나 구체적일 필요가 있다. 하나님이 성과 음식과 관련해서 우리에게 말씀하시는 진리는 이런 것이다.[1] 하나님이 성과 음식을 지으셨다(창 1:27-28; 2:24-25; 3:16).[2] 성과 음식은 선하다(창 1:31).[3] 성과 음식은 생명을 낳고 유지하기 위한 것일 뿐 아니라 우리의 즐거움을 위한 것이기도 하다. 바울은 디모데가 섬기는 교회의 부유한 사람들에 관해 디모데에게 이렇게 말한다. "네가 이 세대에서 부한 자들을 명하여 마음을 높이지 말고 정함이 없는 재물에 소망을 두지 말고 오직 **우리에게 모든 것을 후히 주사 누리게 하시는 하나님께 두며**"(딤전 6:17).[4] 또한 하나님의 말씀은 자연이라는 물리적 세계가 하나님의 영광을 선포하고 있으며(시 19:1), 따라서 자연이 주는 즐거움은 최종적으로 하나님 바로 그분의 아름다움에 근거한 것이어야 한다.[5] 그리고 말씀은 성과(예를 들면, 간음하지 말라) 음식과(예를 들면, 중독되거나 지나치게 금욕하지 말라) 그 밖의 자연적인 즐거움에 관해 상세하게 말한다.[6] 마지막으로, 하나님의 말씀은 우리는 죄인이며 하나님의 진노 외에 그 무엇도 받을 자격이 없으며(롬 1:18; 3:9) 따라서 성과 음식의 즐거움 속에서 하나님의 영광을 보는 것은 예수 그리스도의 피로 사서 절대적으로 거저 주어지는 선물이라고 말한다(롬 8:32).

하나님의 말씀에서 이러한 진리들을 알고 인정할 때 성과 음식은 단순한 육체적 즐거움에서 **계시**와 **기쁨**의 협력자로 바뀐다. 이러한 육체적 감각들은 마음의 영적인 눈과 협력하여 창조 세계 속에서 하나님의 영광의 **계시**를 인식하며 우리로 하여금 그분을 더 **기뻐하게** 한다. 바울은 디도서 1:15에서 "깨끗한 자들에게는 모든 것이 깨끗하나"라고 말했을 때 이와 같은 것을 염두에 두고 있었다. 그는 깨끗한 자들과 "더럽고 **믿지 아니하는 자들**"을 대조시킨다. 이것은 디도서 1:15을 디모데전서 4:3과 연결시키는데, 거기서 바울은 성과 음식은 "믿는 자들과 진리를 아는 자들이 감사함으로 받을 것"이라고 말한다. 바꾸어 말하자면, 성과 음식은 믿는 자들, 마음이 깨끗한 자들을 위한 것이다. "깨끗한 자들에게는 모든 것이 깨끗하기" 때문이다.

자신이 죄인이며 그리스도가 구세주이심을 믿고, 성령이 거룩하게 하시는 분이시며 아버지 하나님이 창조주이심을 믿는 자들에게, 성과 음식은 거룩하다. 다시 말해, 이것들은 깨끗하다. 이것들은 무엇보다도 우리의 애정을 두고 경쟁하는 더러운 우상들이 아니다. 이들은 하나님의 영광을 함께 계시하는 깨끗한 협력자다. 이것들은 하나님의 선하심의 빛줄기이며, 마음이 깨끗한 사람은 이 빛줄기를 **통해서** 하나님을 본다(마 5:8).

기도로 육체적 감각을 거룩하게 하라

그러므로 성과 음식과 그 밖의 자연적이며 육체적인 기쁨이 "하나님의 말씀으로" 거룩해진다(딤전 4:5). 그러나 디모데전서 4:5은 또한 이것들이 "기도"로 거룩해진다고 말한다. 기도가 성과 음식과 그 밖의 육적인 감각들을 거룩하게 하는 방법은 우리가 하나님의 선하심에 대해 느끼는 감사를 그분께 표현하는 것이다. 그러나 기도는 또 다른 역할을 한다. 기도는 또한 우리가 육체적 감각을 통해 하나님의 영광을 볼 수 있도록 마음의 눈을 비춰 달라고 하나님께 구하는 것을 의미한다. 기도는 우리가 자신을 깨끗하게 할 수 없음을 인정한다. 우리는 자신의 감각을 거룩하게 할 수 없다. 우리는 자신의 눈을 열 수 없다. 그러므로 우리는 하나님이 기도 응답으로 주시는 능력의 은혜 없이는 그분의 모든 선물 가운데서 하나님을 기뻐할 수 없다. 그러므로 우리는 진리가 성령의 능력으로 감각을 거룩하게 하도록 기도해야 한다.

따라서 기도와 하나님의 말씀이 함께 성과 음식을—이 세상에 있는 다른 모든 좋은 선물을—거룩하게 한다. 다시 말해, 음식과 몸이라는 물리적 실체가 그 육체적 감각과 함께 하나님의 영광을 계시하고, 그분 안에 있는 우리의 기쁨을 일깨우는 일에 순수한 협력자가 된다.

창조 세계를 직접 활용하기

하나님을 더 기뻐하기 위해 물질 세계를 어떻게 사용해야 하느냐는 문제를 주의 깊게 살펴볼 때 깨닫게 되는 것은, 자연의 **직접적인 사용**과 **간접적인 사용**이 있다는 것이다. **직접적인 사용**은 하나님의 영광을 더욱 완전하게 인식하려고 하나님의 창조 세계를(그리고 예술을 통해 드러난 모습을) 보고 듣고 냄새 맡고 맛보고 만질 때 이루어진다. **간접적인 사용**은 우리의 몸과 마음을 영적으로 사용하기에 최대한 적합하게 유지하기 위해 노력할 때 이루어진다. 이 둘을 차례로 살펴보자.

기쁨을 위한 싸움에서 물질 세계를 **직접** 사용하는 예로는 그랜드 캐니언으로 여행 떠나기, 일찍 일어나 일출 보기, 심포니 오케스트라 연주회 가기, 역사 소설 읽기, 물리학 공부하기, 시 암송하기, 바다에서 수영하기, 신선한 파인애플 먹기, 정원의 꽃 향기 맡기, 손가락으로 아내의 머리 빗어 주기, 올림픽 육상 경기 보기 등을 들 수 있다. 이 모든 것들은 하나님의 영광을 더 많이 알기 위해 자연 세계를 직접 사용하는 방법이다.

하나님의 영광은 너무나 행복한 것이다

하나님과의 대면은 때로 매우 무섭지만, 성경을 보면 하나님은 우리가 자연이 나타내는 영광을 기뻐하기를 원하시는 것이 분명하다. 예를 들면, 시편 19편이 이것을 뒷받침해 준다. 다윗은 "하늘이 하나님의 영광을 선포하고"라고 말한 후 하늘이 전해 주는 기쁨을 보여 주려고 적절한 언어를 찾는다. 그는 5-6절에서 이렇게 말한다. "해는 그의 신방에서 나오는 신랑과 같고 그의 길을 달리기 기뻐하는 장사 같아서, 하늘 이 끝에서 나와서 하늘 저 끝까지 운행함이여, 그의 열기에서 피할 자가 없도다."

해가 하나님의 영광을 말할 때 그 영광이 너무나 행복한 것이라는 점이 이 시의 메시지이며, 시인은 우리가 이 메시지를 보고 느끼기를 원한다. 그렇지 않다면 그가 왜 해가 신방에서 나오는 신랑과 같다고 했겠는가? 여기서 핵심은 단지 신랑이 가장 좋은 옷을 입고 들러리들에게 둘러싸여 있다는 것이 아니다. 여기서 핵심은 오늘이 그의 삶에서 가장 행복한 날이라는 것이다. 오늘은 꿈이 이루어진 날이다. 오늘은 완전히 새로운 기쁨이 시작되는 날이다. 하나님의 영광은 이와 같다. 이것이 붉은빛과 금빛과 연보랏빛을 띤 화려한 해가 동쪽 하늘에 떠오르는 것을 볼 때 우리가 들어야 하는 메시지다. 하나님의 영광은 행복한 것이다. 신랑이 결혼식 날에 느끼는 행복처럼 말이다.

이것은 다윗이 5절 끝에서 사용하는 또 다른 그림에서 훨씬 분명하게 나타난다. 해가 솟으면서 하나님의 영광을 말할 때, 이것은 **기뻐**서 달리는 장사 같다. <불의 전차>(Chariots of Fire)라는 영화에서 하나님의 영광을 위해 마지막 경주를 하는 에릭 리델(Eric Liddell)의 모습을 떠올리지 않을 수 없다. 그의 팔은 살아 있는 피스톤처럼 힘차게 움직이며, 그의 머리는 정석과는 달리 뒤로 젖혀 있고, 몸의 모든 근육은 본래의 목적을 다하며, 얼굴에는 미소가 나타나면서 그의 속에 있는 모든 것이 "하나님께 영광을!"이라고 외친다.

하나님의 영광은 바로 이런 것이다. 하나님의 영광은 당신의 삶에서 가장 행복한 날과 같다. 하나님의 영광은 승리의 날을 위해 지음 받은 대로 작용하는 모든 근육과 모든 힘줄과 모든 인대와 모든 기관과 모든 지성과 모든 감정과 같다. 하나님의 영광은 우주에서 가장 행복한 것이다.

하나님의 영광에 대한 인간의 묘사가 주는 선물을 소홀히 하지 말라

기쁨을 위한 싸움에서, 우리는 하나님이 지으신 세상에서 그분이 우리 영혼에 하시는 일을 절대로 소홀히 해서는 안 된다. 하나님이 그분의 영광을 어느 곳에서 나타내셨든 간에, 우리는 그 영광을 보고 맛보기 위해 세상을 직접 사용해야 한다. 여기에는 디자인과 예술로 하나님의 영광을 묘사하려는 인간의 노력이 포함된다. 하나님을 믿지 않는 사람들조차도 자신들이 보는 것에는 보아야 할 것이 더 있다고 느낄 때가 많다. 성경은 모든 인간은, 하나님을 알기를 거부할 때라도, 하나님이 지으신 것에서 "하나님을 알며" 그분의 속성을 "분명히 안다"고 선언한다.

이는 하나님을 알 만한 것이 그들 속에 보임이라. 하나님께서 이를 그들에게 보이셨느니라. 창세로부터 그의 보이지 아니하는 것들 곧 그의 영원하신 능력과 신성이 그가 만드신 만물에 분명히 보여 알려졌나니 그러므로 그들이 핑계하지 못할지니라. 하나님을 알되 하나님을 영화롭게도 아니하며 감사하지도 아니하고 오히려 그 생각이 허망하여지며 미련한 마음이 어두워졌나니. (롬 1:19-21)

이것은 불신자의 예술 작품이라도 때로는 평범함의 선을 넘어 하나님의 영광의 언저리에까지 이른다는 것을 의미한다. 그리스도의 은혜로 마음이 깨끗해진 신자들은 깨끗해진 그 마음 때문에 불신자들보다 훨씬 더 많은 것을 볼 수 있다. 믿지 않는 예술가라도 우리가 하나님이 만드신 세상에서 그분의 영광을 보고 맛보도록 자신도 모르게 도울 수 있다.

인간의 말은 세상을 기쁨의 원인으로 만드는 힘이 있다

성경에서 시로 된 부분이 그렇게도 많은 것은 실수가 아니다. 성경에 은유와 직유가 그렇게도 많은 것 또한 실수가 아니다. 이것은 하나님이 언어로 하여금 무색의 언어가 할 수 없는 것을 꿰뚫고 그려 내게 하셨다는 뜻이다. 인간의 마음이 억제할 수 없이 시를 향하는 것은 자연 세계가 존재의 전부가 아님을 직관적으로 알기 때문이다. 마음은 하늘이 하나님의 영광을 말하고 있다는 것을 믿지 않을지도 모른다. 그러나 마음 깊은 곳에서는 하늘이 육체의 눈에 보이는 것 그 이상을 말하고 있음을 알고 있다.

그러므로 기쁨을 위해 싸울 때 예리한 문학 작품을 읽고 힘 있는 드라마를 보는 것이 도움이 될 때가 많다. 이것들이 성경의 적수가 되거나 성경을 대체할 수 있기 때문이 아니라 하나님의 계시인 창조 세계와 그 투영의 일부이기 때문이다. 하나님의 뜻은 이것들을 무시하지 말고 지혜롭게 이용하게 하는 것이다. 태초부터 인간은 예술을 통한 세상의 투영이 세상 자체에 관해, 세상이 하나님에 관해 말하고 있는 것을 일깨운다는 것을 발견했다. 메아리가 실체의 외침을 우리에게 일깨우듯이 시는 우리에게 보는 눈을 줄 수 있다. 우리가 계속되는 영혼의 잠으로 고통당하고 있지 않다면 자연에서 모든 영광을 볼 수 있을 것이다. 그러나 우리는 창의적인 예술가들의 도움이 필요하다.

리처드 포스터(Richard Foster)는 다음과 같이 옳게 지적했다.

저는 위엄과 숭고함과 지복(至福) 같은 큰 주제들이 진부하고 하잘것없고 따분하게 보일 정도로 우리의 독서와 글쓰기가 낮고 천박한 수준에까지 떨어진 것 같아 걱정이 됩니다.…저는 오늘날 우리를 짓누르는 값싸고 감각적인 모든 것들 속에 함몰된 영혼의 상태가 걱정이 됩니다. 앨프리드 노스 화이트헤드(Alfred North Whitehead)가 말했다시피, "위대함에 대한 몸에 밴 시각"(an habitual vision of greatness)이 없다면 우리 영혼은 시들어 버리고 아름다움과 신비와 초월의 능력을 잃어버릴 것입니다.…

그러나 제가 걱정하는 것은 단지 우리가 말하는(또는 쓰거나 읽거나 듣거나 보는 것) 내용이 아닙니다. 우리가 그것을 말하는 방식입니다. 광휘나 무한이나 편재에 관해 현학적으로 글을 쓰는 것은 마음의 성장을 방해하며 영혼을 속박합니다. 정확한 단어를 찾는 것, 완벽한 이미지를 잡아내는 것은 영혼을 일깨우며 확대시켜 줍니다. 마크 트웨인(Mark Twain)은 정확한 단어와 거의 정확한 단어의 차이는 번갯불과 반딧불의 차이와 같다고 했습니다.[7]…고대 히브리 선지자들은 자주 메시지를 시의 형태로 전달하기 위해 주의를 기울였습니다. 우리 시대에도 또렷하고 분명하며 상상력이 담긴 말로 우리에게 충실한 삶을 요구하는 새로운 선지자들이 일어났으면 합니다.[8]

그리고 이들이 일어날 때, 우리는 이들의 글을 읽으며, 하나님을 기뻐하기 위해 싸울 수 있을 것이다. 하늘은 하나님의 영광을 선포하고 있다. 이것을 보는 것이 우리 기쁨의 근거다. 그리고 다른 사람들이 보고 쓴 것을 읽을 때 눈이 열려, 그들이 본 것 혹은 훨씬 더 많은 것을 보게 될 때가 많다.

인간이 만들어 내는 볼거리와 소리를 가지고 기쁨을 위해 싸우라

물론, 예술가들이 자신들이 본 것을 다른 사람들에게 일깨우는 방법이 글밖에 없는 것은 아니다. 시각 예술(데생, 회화, 조각, 사진, 영화)과 음악이 있다. 이것들은 내 분야가 아니므로 여기에 대해서는 많이 말하지 않겠다. 내가 예술과 음악에 관해 아는 지식은 정식 교육이 아니라 경험을 통해 얻은 것이다. 나는 판사가 아니라 증인이다. 내가 증언하는 것은 시각 예술의 힘, 그리고 특히 음악의 힘이다. 창의적인 글이 그렇듯이, 이것들도 우리의 마음과 가슴을 깨워 전에는 하나님의 영광 가운데 알지 못했던 부분들을 보게 하는 힘이 있다. 산과 물줄기를 담은 그림과 사진들은 경이감과 평안함을 불러일으킬 수 있다. C. S. 루이스가 가르친 대로, 이런 그림과 사진을 "통해서" 본다면 ("단순히" 보는 것이 아니라) 우리의 눈은 빛줄기를 뚫고 영광의 본질에 이를 것이며, 하나님의 능력과 자비로 가득한 경이롭고 평화로운 산과 물줄기에 마침내 경이와 평안이 깃들 것이다.

내가 보기에는 음악이 가장 복잡한 예술인 것 같다. 음악이 그 힘을 발휘할 때 실제로 무슨 일이 일어나는지 누가 설명할 수 있겠는가? 음악의 효과에 관해서는 파킨슨병에서[9] 식물에 이르기까지[10] 기록으로 잘 정리되어 있다. 자연의 모든 것들과 타락한 인간의 손에 있는 모든 것들처럼, 음악은 하나님의 영광을 드러내는 데 사용될 수도 있고 가리는 데 사용될 수도 있다. 지성을 오염시키는 데 사용될 수도 있고 조명하는 데 사용될 수도 있다. 최상의 측면은 음악이 하나님의 영광의 일면에 대한 진정한 인식을 보여 준다는 것이다. 이러한 영광을 소리로 표현하는 것이 복잡해지는 것은 소리라는 매체 자체가 문화적이고 사회적이며 개인적 것들과 결합되어 모호한 성격을 띠기 때문이다.

서구 문화를 접한 적이 없는 어느 원주민이 유럽에 가서 헨델의 "메시아" 연주를 들은 이야기를 읽은 적이 있다. 그는 연주회 내내 손으로 귀를 막았다. 그에 따르면, 그 연주가 자신의 귀에는 견디기 힘든 소음일 뿐이었다. 이것은 음악을 통한 커뮤니케이션이 얼마나 복잡한지 보여 주는 극단적인 예다. 그럼에도 불구하고, 음악은 힘이 있으며 매일 선한 목적과 악한 목적에 사용된다. 나의 요점은 기쁨을 위한 싸움에서 음악의 도움으로 하나님의 영광을 더 깊이 느끼려는 노력은 선하며 옳다는 것이다.

하나님을 기뻐하려는 싸움에서 음악을 무기로 사용하라

이것이 옳지 않다면, 성경은 우리에게 노래하라거나(예를 들면, 출 15:21; 대상 16:13; 시 96:1) 악기를 연주하라는 명령(예를 들면, 시 33:2-3; 57:8; 81:2; 150편)을 그렇게 자주 하지 않았을 것이다. 음악은 예배와 자연 세계의 한 부분인 것 같다. 하나님이 그분의 지혜로 지으신 많은 피조물 중에(시 104:24), 새는 노래하도록 만들어졌다. "공중의 새들도 그 가에서 깃들이며 나뭇가지 사이에서 지저귀는도다"(시 104:12). 하나님은 그분에 대한 이성적 이해를 방해하는 무의미한 것으로 음악을 지으시지 않은 것이 분명하다. 음악도 "하나님의 영광을 선포하는 것"의 한 부분인 것이다.

기쁨을 위한 싸움에서 음악을 잘 사용하기 위해서는 지성이 성경의 진리로 빚어질 수 있도록 우리 자신이 하나님의 말씀으로 채워져 있어야 한다. 우리의 지성과 감성이 하나님의 성품을 따라 빚어져 왔고 복음의 은혜를 통해 겸손해졌다면, 우리는 어떤 소리가 하나님의 다양한 영광을 계시하고 그 계시에 상응하는지 더 잘 분별할 것이다. 이것은 문화적 상황과 개인적인 배경에 크게 달려 있기 때문에, 음악적 다양성을 이해해야 할 뿐 아니라 하나님 중심의 진리에 깊은 신학적 뿌리를 두어야 하며, 문화적 감각과 마음의 역학에 대한 인식, 모든 부류의 사람에 대한 깊은 사랑도 있어야 한다.

우리는 음악이 일깨운 기쁨이 하나님을 기뻐하는 기쁨이 되게 하는 것을 목표로 삼아야 한다. 음악의 모든 즐거움이 하나님을 즐거워하는 즐거움은 아니다. 그러므로 음악을 통해 하나님을 기뻐하려는 노력에는 하나님의 성품에 맞지 않는 소리는 처음부터 즐겁게 들리지 않도록 먼저 말씀으로 지성을 다듬는 일이 포함되어야 할 것이다. 또한 음악이 이미 기쁨을 깨운 후에 신중하게 점검해 보아야 할 것이다. 우리가 구하는 이러한 기쁨이 하나님에 관한 선한 것에 뿌리를 두고 있는가? 이러한 기쁨이 그리스도를 높이는 모습으로 나의 감정을 빚어 가고 있는가? 이러한 기쁨이 그리스도를 더 잘 알고 더 많이 사랑하며, 나 자신의 편안함을 희생하면서까지 그분을 다른 사람들에게 보여 주려는 갈망을 내 속에서 불러일으키고 있는가? 그러므로 음악의 즉각적인 결과가 나타나기 전과 후에, 우리는 음악을 통해 하나님의 영광을 더 기뻐하려는 목적을 추구한다.[11]

평범의 경이로 기쁨을 위해 싸우라

우리가 기쁨을 위해 싸울 때 이와 같은 하나님의 영광에 대한 계시를 추구하기 위해서는 특별한 계획—등산을 하거나 극장에 가는 것과 같은—을 항상 세워야 한다는 인상을 주고 싶지는 않다. 대부분의 경우, 우리는 눈을 뜨기만 하면 된다(그리고 귀와 코와 피부를 열고 혀 끝을 사용하기만 하면 된다). 이렇게 하는 데 아무런 노력도 필요 없는 것은 아니다. 인간에게는 매일의 평범한 영광이 거의 보이지 않게 하는, 그리고 극장이나 텔레비전에서 보는 모조품보다 재미없어 보이게 하는 이상한 병이 있는 게 분명하다. 우리는 밤하늘과 석양보다 10미터 남짓한 극장 스크린에 나타나는 시각적 효과에 더 감탄한다. 분명 일상적인 것이 인간이 만든 모조품보다 더 눈부신데, 왜 평범한 것에서 경이감을 느끼는 것이 그렇게 어려운가?

휘튼 칼리지(Wheaton College)에서 문학을 가르쳤으며 그 대학에 다니던 내게 큰 영향을 미쳤던 클라이드 킬비(Clyde Kilby) 교수는 이렇게 대답했다.

> 우리 모두가 첫눈이나 봄의 새싹에서 무엇을 느끼는지를 보면 인간의 타락을 강하게 느낄 수 있다. 월요일에는 이것들이 우리에게 기쁨과 의미를 주지만 화요일이면 우리는 이것들을 무시해 버린다. 이 모든 것이 잘못된 것이라고 아무리 소리쳐도 사실은 바뀌지 않는다.…하나님 그분의 창조성과 비슷한 심미적 능력만이 우리를 새롭게 하고, 우리에게 보는 힘을 줄 능력이 있다.[12]

이것은 "친근감이 경멸을 키운다"는 속담이—또는 너무 잘 알기 때문에 평범하고 분명한 아름다움을 보지 못한다는 말이—표현하는 비극적인 상황이다. 그러나 예수 그리스도를 통한 구속은 우리가 언젠가 이 속담에서 자유롭게 되리라는 것을 의미한다. 그리고 우리의 구속이 이미 현세에서 시작되었기 때문에, 그리스도인은 성령의 능력으로 낮과 밤이 쏟아내는 경이를 보통 사람들보다 더 잘 보는 눈을 가져야 한다. 아침에 집을 나설 때 우리는 극장에 들어갈 때와 같은, 또는 그 이상의 기대감을 가져야 한다.

분명한 것에 대한 체스터턴의 거대한 추구

언젠가 우리가 강의실에서 인간이 이처럼 일상의 경이를 보지 못하는 문제를 논의하고 있을 때, 킬비 박사는 우리에게 체스터턴(G. K. Chesterton)의 『G. K. 체스터턴의 정통』(Orthodoxy, 아바서원 역간)이라는 책을 읽어 보라고 했다. 그는 그 책이 자신이 말할 수 있는 그 무엇보다 일상에서 하나님의 영광을 보는 데 더 큰 도움이 될 것이라고 했다. 나는 책을 구해서 읽었다. 당신에게도 이 책을 추천한다. 내가 이 책을 추천하는 것은 이 책의 신학이 항상 옳기 때문이 아니라 (그는 로마가톨릭이며 칼빈주의를 좋아하지 않는다), 분명한 것에서 하나님의 영광을 더 잘 볼 수 있다는 소망을 내가 알고 있는 그 어떤 책보다 강하게 견지하기 때문이다.

체스터턴은 이 책에 관해 이렇게 말한다. "이 책은 분명한 것을 추구해 나가는 나의 거대한 모험을 이야기한다."[13] 그는 우리가 보지 못하는 큰 이유 가운데 하나는 자기 몰입 때문이라고 규정한다. 그는 다른 사람들이 자신을 어떻게 생각하는지에 대해 병적으로 두려워하고 여기에 몰두하는 사람은, 누구나 그를 비난한다는 잘못된 생각에서 벗어나야 한다고 말한다.

사람들이 당신에게 조금도 신경 쓰지 않는다는 것을 알기만 한다면 당신은 훨씬 더 행복해질 것이다! 당신의 자아가 삶 속에서 더 작아질 수 있다면 당신의 삶은 훨씬 더 넓어질 것이다. 당신이 평범한 호기심과 즐거움으로 다른 사람들을 볼 수 있다면, 그들이 명랑하게 자신만 생각하고 주변에는 전혀 무관심한 채 걸어가고 있는 것을 볼 수 있다면! 당신은 그들에게 관심을 갖기 시작할 것이다. 왜냐하면 그들이 당신에게 관심이 없기 때문이다. 당신은 자신이 쓴 작은 각본이 항상 공연되는 작은 싸구려 극장을 박차고 나와 좀더 자유로운 하늘 아래, 낯설고 멋진 사람들로 가득한 거리에 있는 자신을 발견할 것이다.¹⁴

바꾸어 말하자면, 우리에게 필요한 것은 일종의 천진난만함이다. 낭만적인 이야기가 이런 천진난만함을 불러일으키는 데 자주 사용된다.

매우 어린 아이에게는 우화가 필요 없다. 이야기만 있으면 된다. 단순한 삶의 이야기도 아주 흥미롭다. 일곱 살짜리 아이는 토미가 문을 열고 공룡을 보았다는 이야기에 흥분한다. 그러나 세 살짜리 아이는 토미가 문을 열었다는 이야기만으로도 흥분한다. 소년들은 낭만적인 이야기를 좋아한다. 그러나 아기들은 사실적인 이야기를 좋아한다. 아기들은 이런 이야기가 낭만적이라고 생각하기 때문이다.…이것은 우화조차도 거의 태아기에 이루어지는 호기심과 놀라움에 대한 반향일 뿐이라는 것을 증명한다. 이러한 이야기들은 사과가 황금빛인 것은, 그것이 초록색이었다는 것을 발견했던 잊혀진 순간을 새롭게 되살리기 위해서일 뿐이라고 말한다. 이러한 이야기들에서 강에 포도주가 흐르는 것은, 어떤 흥분된 순간에, 우리로 하여금 그 강에는 물이 흐른다는 사실을 기억하게 하기 위해서일 뿐이다.¹⁵

요점은 그리스도가 우리를 자기 몰입에서 해방시키시며, 평범한 것에 숨겨진 깜짝 놀랄 생경함에 담긴 순전한 경이를 볼 수 있는 아이다움을 우리에게—그렇다, 아주 천천히—주신다는 것이다. 체스터턴은 자신은 이것을 발견하고 수수께끼에 빠졌다고 했다. "첫 번째 개구리가 뭐라고 했을까?" 대답은 이것이다. "하나님, 당신은 제가 뛰어 오르도록 만드셨군요!"[16] 다른 곳에서, 그는 자신이 사람들의 코가 이상한 것 때문이 아니라 사람들이 처음부터 코를 갖고 있다는 것에 놀라는 데까지 이르렀다고 했다. 그는 우리가 점점 더 아이 같아지고 평범하고 진부한 것의 경이 가운데 영광을 점점 더 잘 볼 수 있게 되면서 하나님을 더 닮아 가고 있다고 말한다.

> [아이들은] 언제나 "또 해 봐요"라고 말하고, 어른들은 다시 하면서 매우 힘들어한다. 왜냐하면 어른들은 단조로운 것에 환호할 만큼 강하지 못하기 때문이다. 그러나 하나님은 단조로운 것에 환호하실 만큼 강하다. 하나님은 매일 아침마다 태양에게 "다시 해"라고 말씀하실 수 있고, 매일 저녁마다 달에게 "다시 해"라고 말씀하실 수 있다. 모든 데이지 꽃을 비슷하게 만드는 것은 자연 발생적인 필연성이 아닐 것이다. 하나님은 모든 데이지 꽃을 하나씩 따로 만드셨을 것이다. 그러면서도 이것들을 만드시는 일을 결코 지루해하지 않으시는 것 같다. 하나님은 영원한 유아기적 성향이 있으신 것 같다. 우리는 죄를 짓고 나이가 들지만 아버지는 우리보다 어리시다.[17]

하나님의 영광을 보기 위해 등산을 하거나 영화 티켓을 살 필요는 없다. 눈만 뜨면 된다. 이 점을 강조하는 이유는 눈만 뜬다면 정신 건강을 주고 하나님을 기뻐하는 영적 기쁨을 주는 알려지지 않은 자원이 주변 어디에나 있다고 믿기 때문이다.

기쁨을 위한 싸움에서 세상을 활용하라: 킬비의 처방

나의 스승인 클라이드 킬비는 노년에 미니애폴리스에 와서 자신이 얼마나 이렇게 살고 싶어하는지에 관해 강연을 했다. 이것은 내가 들은 그의 마지막 강연이었으며, 그 메시지는 대학 시절 그에게서 들은 강의 내용과 같았다. 그는 자신의 이야기를 열한 가지 결심으로 요약했다. 평범한 것의 경이를 보지 못하는 경향이 커지는 것을 극복하는 한 방법으로 그의 결심들을 추천한다.

1. 나는 적어도 하루에 한 번씩 꾸준히 하늘을 쳐다보면서, 내 주위에 있는 놀랍도록 신비로운 것들과 함께 우주를 공전하는 행성에 양심을 가진 의식체인 내가 존재한다는 사실을 기억할 것이다.

2. 나는 우리가 더하거나 뺄 수 없는 지각 없는 진화론적 변화라는 익숙한 개념이 아니라, 아리스토텔레스가 그리스 연극에 관해 말한 것처럼, 처음과 중간과 마지막을 요구하는 지성이 우주를 이끌고 있다고 생각할 것이다. 나는 이러한 생각이 버트런드 러셀(Bertrand Russell)이 죽기 전에 표현한 냉소에서 나를 구해 줄 거라고 생각한다. "밖에는 어둠이 있고, 내가 죽으면 속에 어둠이 있을 것이다. 광휘나 광대함은 어디에도 없으며, 잠시 동안 하찮음이 있을 뿐 그 후에는 아무것도 없다."[18]

3. 나는 오늘이, 또는 어느 날이든지, 모호하고 단조로운 또 하나의 24시간일 뿐이라는 거짓말에 속지 않을 것이며, 대신에 내가 바란다면 가치 있는 가능성으로 가득한 특별한 사건이라고 믿을 것이다. 나는 바보

처럼 고통과 아픔은 내 존재에 전적으로 악한 장애일 뿐이라고 생각하지 않고 도덕적·영적 인격에 오르는 사다리라고 생각할 것이다.

4. 나는 실체보다 추상을 더 좋아하는 편협한 인생을 살지는 않을 것이다. 물론 나는 필요에 따라 자주 추상적으로 생각하겠지만 그럴 때마다[19] 내가 무엇을 하고 있는지 알고 할 것이다.

5. 나는 다른 사람들의 시기가 나 자신의 특별함을 약화시키지 못하게 할 것이다. 나 자신이 심리적으로나 사회적으로 어떤 범주에 속할 수 있을지 찾겠다고 자신을 파고들어 가는 짓은 그만둘 것이다. 무엇보다도 나 자신에 관해서는 잊어버리고 내 일을 할 것이다.

6. 나는 내 눈과 귀를 열 것이다. 매일 한 번씩 나무나 꽃이나 구름이나 사람을 그저 바라볼 것이다. 이것들이 **무엇이냐**를 묻는 데 전혀 신경 쓰지 않고, 단지 이것들이 거기 있다는 **사실**을 기뻐할 것이다. 나는 이들에게 C. S. 루이스가 "신적이고 매혹적이며 두렵고 황홀한" 존재의 신비라고 부른 것을 기쁜 마음으로 허락할 것이다.

7. 나는 때로 어린 시절에 가졌던 신선한 시각을 되돌아보고, 적어도 잠시 동안이라도, 루이스 캐럴(Lewis Caroll)의 말을 빌려, "순수하고 근심이 없는 표정과 경이감으로 꿈꾸는 눈을 가진 아이"[20]가 되려고 노력할 것이다.

8. 나는 다윈²¹의 충고를 따라 좋은 문학이나 좋은 음악, 특히 루이스가 제안한 것처럼, 고전과 시대를 초월한 음악 같은 상상력을 불러일으키는 것들에 자주 눈을 돌릴 것이다.

9. 나는 이 세기의 악마 같은 돌진이 내 모든 에너지를 빼앗도록 허락하지 않을 것이며, 대신에 찰스 윌리엄스(Charles Williams)의 제안처럼 "순간을 순간으로 성취할 것이다." 존재하는 유일한 시간은 지금뿐이기 때문에 바로 지금을 잘 살도록 노력할 것이다.

10. 단지 시각의 변화를 위해서라고 하더라도, 나는 나의 조상이 동굴보다는 하늘에서 왔다고 생각할 것이다.

11. 비록 내가 틀린 것으로 드러날지라도, 이 세상은 백치가 아니며, 부재 지주(地主)에 의해 돌아가는 것도 아니며 오히려 바로 오늘 우주의 캔버스에 누군가의 붓놀림이 더해지고 있으며 때가 되면 그것이 자신을 알파와 오메가라고 부르시는 한 건축가의 것이었음을 기쁨으로 이해하게 되리라는 믿음에 삶을 걸 것이다.

세상을 간접적으로 이용하면서 기쁨을 위해 싸우라

앞에서 우리는 기쁨을 위해 싸우면서 자연을 **직접적으로** 이용할 수도 있고 **간접적으로** 이용할 수도 있다고 했다. 지금까지는 주로 직접적인 사용에 관해 이야기했다. 다시 말해, 우리는 하나님의 영광을 더욱 완전하게 지각하기 위해 하나님의 창조를(그리고 예술을 통해서 드러나는 창조에 대한 묘사를) 보고 듣고 냄새 맡고 맛볼 때 자연을 직접적으로 이용한다. 그러나 칼비의 열한 가지 결심과 함께, 우리는 자연에 대한 **간접적인** 사용으로 넘어가기 시작했다. 자연의 **간접적인** 사용이란 우리의 몸과 마음이 하나님의 영광을 인식하는 육체적 협력자로서 자신의 역할을 가능한 한 능숙하게 수행하도록 노력하는 것을 의미한다.

성경이 "하늘이 하나님의 영광을 선포하고"(시 19:1)라고 말할 때, 하늘이 하나님의 영광이 **아니라**는 점은 분명하다. 하늘은 하나님의 영광을 "선포하[거나]" 드러낸다. 하늘은 우리의 눈이 하나님의 영적 아름다움에 이를 때까지 **통해서** 보는 빛줄기다. 따라서 우리는 육체의 눈으로 하늘을 보며, 육체의 뇌에서 시각에 들어오는 감각들을 경험한다. 그러나 우리는 영적인 눈으로 하나님의 영광을 경험한다.

조나단 에드워즈는 하늘이 무엇과 같을까 생각하면서 (창조 세계를 통해) 하나님을 기뻐하는 이러한 종류의 기쁨을 묘사한다. 우리는 거기서 하나님만 기뻐할 것인가 아니면 다른 것들도 기뻐할 것인가? 시편 기자가 "내가 여호와께 아뢰되 주는 나의 주님이시오니 **주밖에는 나의 복이 없다** 하였나이다"(시 16:2)라거나 "하늘에서는 주 외에 누가 내게 있으리요? **땅에서는 주밖에 내가 사모할 이 없나이다**"(시 73:25)라고 선포할 때 의미하는 것은 무엇인가? 에드워즈는 이렇게 대답한다.

구속받은 자들은 다른 것들도 기뻐할 것입니다. 천사들을 기뻐할 것이며, 서로를 기뻐할 것입니다. 그러나 구속받은 자들이 천사들을, 서로를 또는 자신에게 기쁨과 행복을 줄 그 어떤 것을 기뻐하는 것은 그

속에서 하나님을 볼 것이기 때문입니다.[22]

우리는 현재에도 이렇게 기도한다. 우리가 이 세상 것들에서 기쁨을 느끼는 것이, 그것들 속에서 하나님의 영광을 더 많이 보기 때문이기를 말이다. 영적 아름다움은 물리적 아름다움 속에서 인식되지만 영적 아름다움이 물리적 아름다움과 동일한 것은 아니다. 내가 감각을 가진 몸을, 자연 세계에서 하나님의 영광을 인식하는 육체적 **협력자**라고 부르는 것도 바로 이 때문이다.

에드워즈는 기쁨을 위한 싸움에서 자연을 간접적으로 사용하는 한 예를 제시한다.

> 몸이 완벽한 건강을 누린다면, 동물적인 정신의 움직임[육체적 반응]은 활발하고 자유로울 뿐 아니라 조화롭다. 몸의 모든 부분이 완벽한 조화 속에 움직이면서 내면의 영혼에 기쁨을 낳고 몸이 전체적으로 즐거움을 느끼게 한다. 하나님은 인간의 몸을 이루는 신경과 지체를 더없이 멋지게 설계하셨다. 그러나 타락 이후, 특히 홍수 이후, 이러한 조화로운 움직임을 많이 가질 수 있을 만큼 완벽하게 건강한 사람은 거의 없다. 이런 건강을 누릴 때, 본성이 그렇게 많이 손상되지 않고 부패하지 않은 사람은 몸이나 마음을 움직일 때마다 이러한 건강의 도움을 아주 크게 받는다. 그리고 음악처럼, 건강도 더욱 고귀하고 **영적인 탁월함과 조화를 숙고하기에 적합하게 한다.**[23]

이것은 완벽한 영적 아름다움을 더 잘 느끼게 해 주는 몸과 마음의 상태가 있다는 뜻이다. 이러한 중요한 이유 때문에 우리는 지혜로운 훈련을 통해 몸을 관리해야 한다. 우리는 하나님이 하늘과 땅과 음식과 성적 친밀감과 음악과 시와 예술에서 선포하시는 그분의 영광을 보며 맛보기를 원한다. 에드워즈는 하나님의 탁월하심을 인식하는 데 방해가 되거나 도움이 되는 몸의 상태가 있다고 말하고 있다.

고통당하는 그리스도인들에게 계시된 영광의 은혜

물론 이것을 절대적인 것이라고 말해서는 안 된다. 그리스도를 위해 매를 맞는 사람들이, 아름다움과 그리스도의 감미로움을 유지하는 것에 대해 비범한 시각을 갖고 있을 때가 많다. 이들에게는 음식이나 따뜻함이나 깨끗함이나 그 어떤 육체적인 안락함도 없다. 그러나 이들은 핍박이 달다고 말하면서 건강한 우리들 대부분을 부끄럽게 만든다. 이들은 상한 건강과 최소한의 음식 가운데서 더 고상한 영적 시각을 가질 때가 많다.

그러므로 이 장의 마지막 부분을 기분 좋은 건강과 행복에 관한 것으로 해석하지 말기 바란다. 문제는 하나님이 고통당하는 자들에게 귀중한 방법으로 자신을 계시하실 수 있느냐 없느냐가 아니다. 그분은 그렇게 하실 수 있으며 그렇게 하신다. 성경이 말하듯이, 환난 중에도 즐거워할 수 있다(롬 5:3). "너희가 그리스도의 이름으로 치욕을 받으면 복 있는 자로다. 영광의 영 곧 하나님의 영이 너희 위에 계심이라"(벧전 4:14). 문제는 우리가 식사와 운동과 휴식에 관한 자신의 생활 방식을 선택할 수 있다면 어떻게 해야 하느냐는 것이다. 우리는 우리의 몸과 마음이 하나님의 영광을 인식하는 일에서 협력할 수 있도록 어떤 간접적인 방법으로 몸과 마음의 능력을 향상시킬 수 있는가?

하나님을 기뻐하기 위해 바르게 먹으라

우리는 이미 앞 장에서 금식에 관해 살펴보았다. 금식에는 역설이 있다. 우리는 육체적 욕구를 부정함으로써, 하나님의 영광을 보도록 돕는 몸의 능력을 긍정한다. 부른 배는 음식에 감사하다고 말할 것이다. 그러나 고픈 배는 하늘의 양식을 더욱 분명하게 볼 것이다. 이것이 바울이 그리스도인 부부에게 "서로 분방하지 말라. 다만 기도할 틈을 얻기 위하여 합의상 얼마 동안은 하되"(고전 7:5)라고 말할 때 성적 욕구에 관해 암시하는 것이다. 문제의 핵심은 성관계를 갖지 않음으로써 기도할 시간을 얻는 것이 아니라, 정당한 성적 즐거움을 피함으로써 하나님과의 교제를 위해 몸을 독특한 방법으로 조율하는 것이다. 이 장 앞 부분에서 성적 행위와 먹는 행위 자체에서 하나님의 영광을 보는 것에 관해 열심히 논했지만, 나는 둘 다 옳다고 말하고 싶다.

세레노 드와이트(Sereno Dwight)에 따르면, 조나단 에드워즈는 "각기 다른 종류의 음식이 미치는 영향을 주의 깊게 관찰했으며, 자신의 체질에 가장 잘 맞고 자신을 정신 노동에 가장 적합하도록 해 주는 음식들을 선택했다."[24] 따라서 에드워즈는 자신을 아프게 하거나 졸리게 할 만큼 많이 먹지도 않았으며 그런 종류의 음식은 모두 피했다. 에드워즈는 스물한 살 때 이러한 계획을 세우고 일기에 이렇게 썼다. "먹는 것을 삼가고, 소화하기 쉬울 만큼만 먹는다면 틀림없이 더 분명하게 생각할 수 있고 시간도 아낄 수 있을 것이다."[25] 따라서 그는 "먹는 것과 마시는 것을 엄격히 절제하기로 결심했다."[26]

여기서 핵심은 에드워즈의 특정한 식습관을 추천하는 것이 아니다. 핵심은 먹는 것이 우리 몸이 하나님의 영광을 보는 일에서 유익한 협력자가 되는 능력에 어떻게 영향을 미치는지에 관심을 가져야 한다는 것이다. 우리는 식습관이 무질서한 시대에 살고 있다.[27] 나로서는 또 다른 무질서를 낳고 싶지 않다. 균형을 권하고 싶다. 다음 두 본문을 나란히 두라. 한편으로, 바울은 먹는 것과 마시는 것을 분명히 이차적인 것으로 여겼다. "하나님의 나라는 먹는 것과 마시는 것이 아니요. 오직 성령 안에 있는 의와 평강과 희락이라"(롬 14:17). 그러나 다른 한편으로, 바울은 음식에 관해 "내가 무엇에든지 얽매이지 아니하리라"(고전 6:12)고 말했다. 두 진리가 균형을 이룰 때, 우리는 말씀과 세상에서 하나님의 영광을 보기에 적합하도록 거부와 기쁨을 지혜롭게 선택하는 방식을 찾을 수 있다.

운동: 기쁨을 위한 간접적인 싸움

성경이 육체적인 운동에 관해서는 거의 말하지 않는 것은 육체적인 운동이 중요하지 않기 때문이 아니라, 걸어 다니고 농사를 지으며 육체노동을 했던 성경 시대에는 육체적인 운동 부족이 큰 문제가 아니었기 때문이다. 오늘날에는 성경적 원칙과 우리 시대의 의학 지식에 근거한 영적 지혜가 요구된다.

성경적 원칙에는 이런 것들이 포함될 것이다. 우리 몸은 그리스도의 것이며 따라서 그분을 영화롭게 해야 한다(고전 6:19-20). 게으름은 잘못이며 자신을 파괴한다(잠 21:25). 그리스도인은 그 어떤 습관의 종이 되어서도 안 된다(고전 6:12). 부지런하게 일하는 것은 하나의 덕목이며 보상을 낳는다(딤후 2:6). 진보는 대개 환난을 통해 이루어진다(행 14:22). 그리스도를 위해 건강해지려고 하는 노력은 예수 그리스도의 복음을 믿는 믿음에서 나온다(갈 6:14). "수고하지 않으면 얻는 게 없다"는 것은 성경 전체에서, 특히 그리스도의 희생에서 증명될 수 있는 개념이다.

우리 시대의 의학 지식에는 비만이 죽음을 불러오며 수십 가지 질병의 원인이라는 사실이 포함될 것이다. 모든 비만의 원인이 자신에게 있는 것은 아니다. 비만을 피하는 것 자체가 사실상 불가능한 의학적 조건들도 있다. 그러나 대부분의 비만은 자신에게 원인이 있으며, 이러한 종류의 자기 파괴는 몸이나 마음이 이 세상에서 하나님의 영광을, 또는 오는 세대에까지 잔치를 미룸으로써 십자가를 견디신 그리스도의 영광을 보고 맛보는 능력을 향상시키지 못한다(히 12:2).

운동에 관한 지혜를 형성하는 또 다른 의학 지식은 지속적인 운동이 정신적·정서적 안정에 세밀한 영향을 미친다는 것이다. 어느 의학 잡지는 지속적인 운동의 효과를 이렇게 요약한다.

> 운동이 주는 심리적·정서적 유익은 무수히 많으며, 많은 전문가들이 운동은 정서 장애를 치료하는 데 사용될 수 있는 중요한 요소라고 믿는다. 1999년에 다양한 연구를 검토한 바에 따르면, 운동은 만성 우울증과 불안을 치료하는 데 전반적으로 효과가 있었다.…그러나 또 다른 연구에 따르면 규칙적으로 활발하게 걸을 경우, 수면 장애로 고생하는 사람들 가운데 절반이 증세가 호전된다.…짧은 시간 강렬한 운동

을 하거나 오랫동안 에어로빅을 하면 뇌에서 엔도르핀, 아드레날린, 세로토닌, 도파민처럼 즐거운 느낌들을 유발하는 화학 물질의 수치가 올라간다.…에어로빅은 또한 반응 시간, 예리함, 수학적 기술을 포함해서 정신적 활력을 높여 준다. 운동은 창의성과 상상력까지 높여 줄 수 있다. 한 연구에 따르면, 신체적으로 건강한 노인들은 정신적 도전에 대해 그렇지 못한 젊은이들만큼이나 빠르게 대응한다.[28]

다시 말하지만, 이 장의 목적과 이 책의 목적은 육체적 건강을 극대화하는 것이 아니라는 점을 명심하라. 당신이 뇌를 움직일 최고의 신호 체계를 얻을 방법을 찾도록 돕기 위한 것도 아니다. 나는 이들 어느 것에도 관심이 없다. 나의 목적은, 당신이 자신의 지성과 오감을 하나님의 영광을 보는 일에 효과적으로 사용할 수 있게 하는 생활 방식을 찾는 것이며, 당신이 그분을 알리기 위해 자신의 건강과 생명의 위험까지 즐겁게 무릅쓸 만큼 그분 안에서 만족하는 것이다. 이것은 역설적으로 보일 것이다. 그러나 당신이 몸과 마음을 바르게 사용한다면 그리스도를 위해 생명을 희생하려 할 만큼 하나님을 많이 볼 수 있을 것이다.

쉼: 기쁨을 위한 싸움의 무기

마지막으로, 하나님의 영광을 보려면 반드시 쉬어야 한다. 19세기 런던의 목회자 찰스 스펄전은 능동적인 시간 활용과 수동적인 시간 보내기에 대해 말하면서, 휴식을 취하고 하루를 쉬면서 자신을 하나님이 자연 세계 속에 두신 치유의 능력에 열어 둠으로써 기쁨을 위해 싸우라고 조언한다.

그는 목회자들에게 "우리의 안식일은 힘들게 수고하는 날이며, 따라서 다른 날에 쉬지 않는다면 쓰러질 것이다"라고 말한다.[29] 스펄전은 가능하면 수요일에 쉬었다.[30] 더 나아가, 스펄전은 자신의 학생들에게 이렇게 말했다.

> 이따금 휴가를 갖는 것이 지혜입니다. 장기적으로 보면, 때로 일을 덜 함으로써 일을 더 많이 하게 될 것입니다. 휴식 없이 일을 하고, 또 하는 것은 영이 "진토"에서 벗어나게 하는 데는 적합할지 모르지만, 이 장막에 있을 동안에 이따금 일을 멈추고 거룩한 무위(無爲)와 성별된 휴식을 통해 주님을 섬겨야 합니다. 잠시 마구를 벗는 것이 적법하다는 것을 여린 양심이 의심하지 않게 하십시오.[31]

스펄전은 무거운 의무에서 벗어나는 시간을 가질 때는, 시골 공기를 마시고 자연의 아름다움이 그것에 맡겨진 역할을 하게 내버려 두라고 권한다. 그는 "앉아 있는 습관은…특히 흐린 날씨에, 의기소침하게 만드는 경향이 있다"고 고백한다. 그런 후에 이렇게 조언한다.

> 히스 꽃 사이에서 벌들이 윙윙거리는 소리, 숲에서 산비둘기들이 구구하는 소리, 수풀에서 새들이 노래하는 소리, 풀숲 사이로 실개천이 흐르는 소리, 소나무들 사이에서 바람이 부는 소리, 이런 소리들을 잊어버린 사람의 마음이 노래를 잊고 영혼이 울적해지더라도 놀랄 필요가 없습니다. 하루 동안 산에 올라 신선한 공기를 마시거나 시원하고 조

용한 해변의 숲에서 몇 시간 거닌다면 겨우 반쯤 살아 있는 지친 목회자들의 머릿속에서 거미집을 걷어 낼 수 있을 것입니다. 바다 공기를 마시거나 바람을 맞으면서 천천히 걷는다면 영혼에 은혜가 될 뿐 아니라, 그다음으로 좋은 것은 몸에 산소가 공급된다는 것입니다.…양치류와 토끼들, 시냇물과 송어, 전나무와 다람쥐, 앵초와 바이올렛, 농가의 마당과 갓 베어 낸 건초, 향기로운 홉, 이것들은 건강염려증에는 최고의 치료약이며, 체력 저하에는 가장 확실한 강장제이며, 피로에는 최고의 회복제입니다. 기회가 없거나 의향이 없어서 이러한 훌륭한 치료제들이 냉대를 받고 있으며 학생들은 스스로 희생자가 됩니다.[32]

기쁨을 위한 싸움에서 나이가 들어 가는 것

우리는 "그대 자신을…살피십시오"(딤전 4:16, 새번역)라는 사도의 명령에서 눈을 떼서는 안 된다. 우리가 자신을 긴밀하게 살펴야 하는 이유 가운데 하나는, 우리는 해가 갈수록 바뀌기 때문이다. 젊은 시절에는 지혜로운 식사이고 운동이며 휴식이었던 것이 더 이상 유효하지 않다. 이 글을 쓰고 있는 지금, 나는 현재의 교회를 거의 25년째 섬기고 있다. 50번째 생일이 다가오고 있다. 지난 몇 년 동안 내 몸과 영혼을 주의 깊게 살피면서 몇 가지 변화를 발견했다. 이러한 변화는 부분적으로는 환경의 변화 때문이지만 많은 부분은 몸의 변화 때문이다.

이제는 예전과는 달리 많이 먹으면 쓸데없이 살만 찐다. 내 몸의 신진대사가 예전 같지 않다. 또 다른 변화는 이제는 잠을 못 자면 정서적으로 불안해진다는 것이다. 예전에는 잠을 자지 않고도 일할 수 있었으며 그러면서도 힘과 기운이 넘쳤다. 최근 몇 년 사이에는 잠을 제대로 자지 못하면 기운이 없어진다. 내게 적절한 수면은 단지 건강 유지 차원의 문제가 아니다. 목회를 계속할 수 있느냐의 문제이기도 하다. 심지어는 그리스도인으로서 버티어 나갈 수 있느냐의 문제라고 말하고 싶다. 여러 날을 4-5시간밖에 자지 못한다고 해서 내 미래가 아주 황폐해진다는 말이 비합리적이라는 것을 안다. 그러나 합리적이건 비합리적이건 간에, 이것은 현실이다. 나는 사실이라는 한계속에 살지 않으면 안 된다. 그러므로 우리는 자신의 몸에서 일어나는 변화를 살펴야 한다. 기쁨을 위한 싸움에서, 우리는 강도를 지혜롭게 조절해야 한다.

스펄전은 다음과 같이 말했다.

> 여러분의 몸 상태에 주목해야 합니다.…좀더 나아가…지나치게 영적인 사람들에게, 진짜 이유가 훨씬 더 가까운 데 있는데도 자신들의 모든 느낌을 초자연적인 원인에 기인한 것으로 돌리는 사람들에게, 상식은 큰 유익이 될 것입니다. 소화 불량을 배교로 오해하고, 소화 장애를 강퍅함으로 오해하는 일이 자주 일어나지 않습니까?[33]

나는 경험을 통해 기쁨은 밤에 취하는 좋은 휴식의 "열매"이기도 하다는 것을 알고 있었으며, 그 때문에 기쁨이 성령의 열매라는(갈 5:22) 진리와 씨름한 적이 있었다. 바꾸어 말하자면, 나는 거의 쉬지 못했을 때는 더 침울하고 잘 쉬었을 때는 더 행복했다. 이러한 당혹감을 해결해 준 것은, 우리가 하나님이 아니며 하나님은 우리가 밤늦도록 깨어 있거나 지나치게 일찍 일어나지 않아도 세상을 운영하실 수 있다고 믿을 만큼 겸손해지는 것이 성령이 우리 삶에서 열매 맺으시는 방법 가운데 하나라는 사실이었다. 하나님은 몸을 부주의하게 쓰면 대개는 소망을 주는 하나님의 영광을 보는 시력이 떨어지도록 몸과 영혼을 결합시켜 놓으셨다. 그러므로 제대로 쉬지 못하면 대개 하나님을 기뻐하는 기쁨이 약해지는 것은 놀라운 것이 아니다.

모든 세계가 하나님의 영광의 증인이다

하나님을 기뻐하는 것은 성이나 지글거리는 스테이크나 깊은 골짜기나 힘있는 음악을 기뻐하는 것과는 다르다. 그러나 하나님의 뜻은 이 모든 것이―그리고 그분의 선한 창조 세계의 모든 것이―그분의 영광을 선포하는 것이다. 모든 세상이, 인간의 예술을 통해 이루어지는 세상에 대한 불완전한 묘사까지도 하나님의 영광의 증인이다. 이 영광이 인간이 누리는 모든 기쁨의 궁극적인 근거다. 그러므로 창조 세계는 기쁨을 위한 싸움에서 거룩한 무기다. 그러나 이 무기는 "하나님의 말씀과 기도로 거룩"해져야 한다(딤전 4:5). 이 장을 쓴 목적은 당신이 이렇게 하도록 돕는 것이다.

―――――

내가 여호와를 기다리고 기다렸더니.
시편 40:1

―――――

저녁에는 울음이 깃들일지라도
아침에는 기쁨이 오리로다.
시편 30:5

―――――

나의 사랑하는 노하신 주님
당신은 사랑하시나 때리시며
내던지시나 일으키시나이다.
나도 이렇게 하겠나이다.
불평하겠으나 찬양할 것이며
몹시 슬퍼하겠으나 인정할 것입니다.
내 모든 시큼달콤한 날 동안
애통하며 사랑하겠나이다.
조지 허버트(George Herbert)
"쓰고도 달도다"[1]

12   어둠이 걷히지 않을 때

_하나님을 기다리며 자신이 할 수 있는 것을 행하라

이 책의 마지막이 가까워지면서, 나 자신이 망망대해에서 노를 젓고 있다는 것을 깨닫는다. 나는 책상에서 일어나, 슬픈 그리스도인의 영혼을 살피고 치유하는 일에 대해 나보다 지혜로운 책들로 가득한 책장으로 걸어간다. 이런 책들을 펼쳐 보는 것만으로도, 아직도 말해야 하는—그러나 한 권의 책으로는 말할 수 없는—지혜롭고 귀한 것들이 얼마나 많이 남았는지 깨닫는다. 항상 그럴 것이다. 하나님의 말씀은 다함이 없으며, 그분이 지으신 세상에는 그리스도를 높이며 기쁨을 찾는 예리한 눈을 기다리는 보화들이 무수히 많다. 그리고 기쁨을 위해 싸우는 사람들의 필요는 언제나 각양각색일 것이다. 그러므로 나는 이 바다에 내 한계가 허락하는 데까지 노를 저어 나아온 것에 만족하며, 바라건대 기쁨을 찾는 일에서 당신이 이러한 훌륭한 고전들을[2] 찾아내고 내가 당신을 데려온 곳보다 더 멀리까지 나아가길 바란다.

도저히 기뻐할 수 없는 사람들을 돕기

마지막 장에서 나의 목적은 도저히 기뻐할 수 없는 것처럼 보이는 사람들을 인도하고 그들에게 소망을 주는 것이다. 사실상 성경으로 충만한 모든 영혼의 의사들이 긴 어둠과 고독의 시간에 대해 언급했다. 옛날에는 이것을 가리켜 우울증이라고 불렀다. 예를 들면, 1691년에 죽은 리처드 백스터(Richard Baxter)는 하나님을 기뻐할 수 없어 보이는 그리스도인들을 다루는 복잡한 일에 관해 매우 적절한 글을 썼다. 그는 이렇게 말했다. "하나님을 기뻐하며, 그분의 말씀과 방법을 기뻐하는 것은 진정한 종교의 꽃이자 생명입니다. 그러나 제가 말하는 이러한 사람들은 아무것도 기뻐할 수 없습니다. 하나님도, 그분의 말씀도, 그 어떤 의무도 기뻐할 수 없습니다."³

우리는 어둠을 뚫고 기쁨의 빛으로 나올 수 없어 보이는 그리스도인들을 어떻게 도울 수 있는가? 그렇다. 나는 이들을 그리스도인이라고 부르며, 따라서 이러한 일들이 진정한 신자들에게도 일어날 수 있다고 생각한다. 이러한 일들이 일어나는 것은 죄 때문이거나 사탄의 공격 때문이거나 비참한 환경 때문이거나 유전 때문이거나 그밖의 육체적인 원인 때문이다. 이러한 고전들이 뛰어난 것은 이러한 모든 원인과 그 원인들 간의 다양한 결합에 접근하는 방식과 각각의 상황을 적절히 다루는 방식을 제시하기 때문이다. 청교도 목회자가 절망적인 어둠 때문에 누군가를 포기하는 일은 결코 없었던 것 같다.

정신 의학과 현대의 전기생리학이 생겨나기 오래 전, 성경으로 충만한 청교도 목회자들은 우울증의 어둠 뒤에는 복잡한 원인들이 얽혀 있음을 알았다. 사실, 백스터가 "그 **원인과 치료법**은 무엇인가?"라는 질문에 가장 먼저 한 대답은 이것이었다. "많은 경우, 몸이 불편하거나 약하거나 병에 걸리는 것이 원인의 상당 부분을 차지합니다. 이럴 때 영혼은 편안함을 느끼는 데 크게 방해를 받습니다. 이런 현상이 자연적인 필연에서 비롯될 때는 덜 죄악되고 영혼에 덜 위험하지만, 그렇다고 결코 덜 힘든 것은 아닙니다."[4]

그는 우울증의 원인과 치료에 대한 설교에서 "약과 식사"에 관해 한 단락 전체를 할애한다. 그는 이상하지만 놀랄 정도로 정확하게 말한다. "'우울증'이라는 병은 공식적으로는 영혼에 있으며, 영혼의 기능이 상상, 이해, 암기, 애정 같은 부분에서 제 역할을 제대로 하지 못하는 것입니다. 그러므로 이러한 이상 기능으로 인해 사고력이 병들고, 제 역할을 제대로 할 수 없는 충혈된 눈처럼 되거나 삐거나 탈골된 발처럼 되어 버립니다."[5]

영적 어둠의 육체적인 면

우울증의 물리적 처치에 대해서는 앞 장에서 논의한 것에서 더 나아가지 않겠다. 이것은 의사가 할 일이며 나는 의사가 아니다. 하지만 우리가 분명히 해야 할 것은, 우리의 몸 상태에 따라 분명하게 생각하는 마음의 능력과 소망을 주는 진리의 아름다움을 보는 영혼의 능력이 달라진다는 것이다. 20세기 중반, 위대한 설교자 마틴 로이드 존스는 육체적인 것을 간과해서는 안 된다는 경고로 『영적 침체』를 쓰기 시작했다. 로이드 존스가 설교자로 부름을 받기 전에 의사였다는 사실은 의미가 있다.

여러분 가운데 자신이 그리스도인이기만 하다면 몸 상태가 어떻든 상관 없다고 생각하는 사람들이 있습니까? 그렇게 믿는다면, 곧 착각에서 깨어나게 될 것입니다. 육체의 상태는 삶 전반에서 중요한 역할을 합니다.…어떤 질병은 침체(우울증)를 촉진시킵니다. 제가 보기에, 토머스 칼라일(Thomas Carlyle)이 좋은 예입니다. 또는 지난 세기에 런던에서 거의 40년을 목회했으며 시대를 초월하는 정말 위대한 설교자였던 찰스 스펄전을 보십시오. 이 위대한 사람이 영적 침체에 빠졌는데, 그의 경우 마침내 그를 죽음에 이르게 했던 통풍(痛風)이 원인이었다는 데는 의심의 여지가 없습니다. 그는 가장 심각한 영적 침체를 겪어야 했습니다. 그가 이처럼 심한 침체에 빠진 것은 조상으로부터 물려받은 통풍 때문인 것이 분명합니다. 저를 찾아와 이런 문제들을 상담하는 사람들 가운데 그 원인이 주로 육체적인 데 있다는 것이 아주 분명한 사람들이 많습니다. 이런 부류에 속하는 것으로는 피로와 과로 그리고 모든 형태의 질병을 들 수 있습니다. 우리는 몸과 마음과 영이기 때문에 영적인 것과 육적인 것을 분리할 수 없습니다. 가장 위대하고 훌륭한 그리스도인들이라도 육체적으로 약할 때는 영적 침체의 공격을 다른 어느 때보다 받기 쉬우며, 성경에는 이것을 보여 주는 예가 많습니다.[6]

로이드 존스를 잘 알았던 영국의 정신과 의사 가이우스 데이비스(Gaius Davies)는 이렇게 말했다.

1954년에 어느 정도 진전이 이루어지기는 했지만, 침체에 관한 시리즈 설교가 끝났던 1954년 이전까지 시장에는 이렇다 할 항우울제가 없었다. 이후 1955-1956년 경 새로운 형태의 약물을 자유롭게 구할 수 있게 되었을 때, 나는 로이드 존스 박사가 어떤 종류의 항우울제가 가장 효과적인지 알고자 많이 노력했다는 것을 알았다. 그는 내가 의사 노릇을 시작하고 있을 때 내게 항우울제에 관해 많이 물었으며, 다른 의사들에게도 비슷한 질문을 했기 때문이었다. 그는 자신의 의견을 묻는 사람들에게 조언해 줄 수 있을 만큼 충분히 알고 싶어 했다.[7]

기쁨을 위한 싸움에서 약물의 위치

약물이 영적 어둠의 첫 번째 또는 주요 해결책이어야 한다는 인상을 주고 싶지는 않다. 의학이 그 자체로 **영적 어둠의 해결책**인 것은 **결코** 아니기 때문이다. 의학이 자신의 역할을 할 때도 근본적인 삶의 모든 문제는 그대로 남아 있으며 그리스도와의 적절한 관계에 들어가야 한다. 항우울제가 결정적인 구원자가 아니다. 그리스도가 결정적인 구원자다. 사실, 아동 비행과 성인들의 슬픔에 대해 거의 자동적으로 약물을 사용하는 것은 사회 전체에 상처를 입힐 것이다.

「성경적 상담」(*The Journal of Biblical Counseling*)의 편집자이자 기독교 상담 및 교육 재단(Christian Counseling and Educational Foundation)에서 상담을 하며, 웨스트민스터 신학교에서 강의를 하는 데이비드 포울리슨(David Powlison)은 1990년대 중반 정신과학계에서 일어난 엄청난 변화를 이렇게 기록했다.

의심할 여지 없이, 1990년대 중반에 세상은 변했다. 이제 **행동**은 개인의 몸에 달려 있다. 이것은 개인이 부모에게 받은 것이지 부모가 개인에게 영향을 준 것이 아니다. **흥분**은 뇌의 기능에 관한 것이지 가족의 역기능에 관한 것이 아니다. **첨단**을 걷고 있는 것은 자연과학적 의학과 정신의학이지 감성적이고 부드러우며, 삶의 철학을 말하며, 아픔을 느끼라고 말하는 심리학이 아니다.…생물학이 갑자기 인기를 얻기 시작했다. 정신의학이 갑자기 들어와 모든 반대를 **기습적으로** 몰아내 버렸다.…의학은 인간의 인성까지 요구할 태세다.…인간의 삶에 대한 생물심리학적 태도가 문화와 교회에 큰 영향을 미치고 있다.[8]

그의 결론은 이러한 생물정신의학(biopsychiatry)의 열기가 지나갈 것이며, 그것이 지나갈 때 다음과 같이 되리라는 것이다.

생물정신의학이 몇몇 병을 치료할 것이며, 이로 인해 우리는 일반 은총의 하나님을 찬양해야 할 것이다. 그러나 결국, 원하지도 않았고 예상하지도 못했던 부작용들이 나타나 엄청난 환멸이 초래될 것이다. 효과도 결코 약속에 미치지 못할 것이다. 정상적인 삶의 문제들을 약물로 치료하는 수많은 사람들의 삶이 질적으로 변하지 않을 것이다. 지적인 회개, 살아 있는 믿음, 가시적인 순종만이 세상을 뒤집을 수 있다.[9]

포울리슨은 에드 웰치(Ed Welch)의 『뇌 책임인가, 내 책임인가?』(*Blame It on the Brain?*, 기독교문서선교회 역간)라는 책에 대해 공감하는 어조로 말한다. 이 책에서 웰치는 계속 악화되는 우울증에 대해서는 당연히 약물을 복용해야 한다고 말한다.

어떤 사람이 약을 복용하지는 않지만 복용하려고 생각하는 경우, 나는 대개 잠시 결정을 미루라고 말한다. 나는 이 기간에 가능한 한 원인들을 살펴보고, 우리가 어려움 가운데서도 믿음이 자랄 수 있도록 우리 자신과 하나님에 관해 가르쳐 달라고 함께 기도한다. 침체가 계속될 경우, 나는 약물이 몇몇 신체적 증상을 다스리는 한 가지 대안이라는 점을 그에게 알려 준다.[10]

많은 사람들에게 이것은 지나치게 신중해 보일 것이다. 그러나 사람들이 처음부터 항우울제의 특별한 효과에 열광하고 있다는 과학적 증거가 이미 광범위하게 나타나고 있다. 2002년 5월 「워싱턴 포스트」(The Washington Post) 지에 실린 기사는 이런 상황을 여실히 보여 준다.

수천 건의 연구 결과와 수억 개의 처방전과 수백 억 달러의 시장 규모에서 알 수 있듯이, 우울증을 치료하는 약에 관해서는 두 가지가 확실하다. 프로작(Prozac), 팍실(Paxil), 졸로프트(Zoloft)와 같은 항우울제가 효과가 있고, 설탕 알약도 효과가 있다. 새로운 분석에 따르면, 최근 몇 십 년 사이에 제약 회사들이 실시한 다수의 실험에서 설탕 알약이 항우울제와 동일한—또는 더 나은—효능을 나타냈다.[11]

웰치의 신중한 처방과 「워싱턴 포스트」 지의 회의적 보도의 요점은 우울증이나 영적 어둠이 육체적 상태와 무관하다는 것이 아니다. 이 둘은 깊은 관련이 있다. 요점은 영혼과 뇌의 관계는 인간의 이해를 초월하며, 따라서 뇌에 많은 영향을 미칠 뿐 아니라 뇌로부터 많은 영향을 받을 수 있는 인간의 도덕적·영적 실체들에 깊은 관심과 주의를 기울이면서 다루어야 한다는 것이다.

바꾸어 말하자면, 당신이 이 책을 의약에 관한 것으로 읽고 있거나 그렇게 생각하고 있다면, 나로서는 이 때문에 당신을 비난하지 않을 것이며 성경도 그렇게 하지 않을 것이다. 당신의 행동은 가장 좋은 것일 수도 있고 그렇지 않을 수도 있다. 나는 당신에게 하나님 중심의 지혜와 성경으로 충만한 의사를 추천할 것이다. 약의 선택이 불완전했다면, 당신이 그리스도 안에서 안식할 때 전가된 그분의 의가 그 불완전을 삼킬 것이다. 제6장에서 언급한 "당당한 죄책감"의 교훈을 잊지 말라.

어둠 가운데 기다릴 때 우리는 길을 잃은 것도, 혼자인 것도 아니다

약을 먹든 먹지 않든 간에, 장기적인 어둠 가운데서 할 수 있는 다른 몇 가지를 권하고 싶다. 어둠의 시기가 그리스도인의 삶에서 정상적인 것이라는 사실을 기억하면 힘겨운 싸움을 하고 있는 그리스도인에게 큰 유익이 될 것이다. 내 말은 이러한 어둠을 극복하고자 노력해서는 안 된다는 뜻이 아니라, 우리가 성공하지 못하더라도 우리 믿음의 조각이 그리스도께 굳게 붙어 있다면 우리는 길을 잃은 것도 아니며 혼자도 아니라는 뜻이다. 시편 40:1-3에 나오는 다윗의 경험을 생각해 보라.

내가 여호와를 기다리고 기다렸더니, 귀를 기울이사 나의 부르짖음을 들으셨도다. 나를 기가 막힐 웅덩이와 수렁에서 끌어올리시고 내 발을 반석 위에 두사 내 걸음을 견고하게 하셨도다. 새 노래 곧 우리 하나님께 올릴 찬송을 내 입에 두셨으니 많은 사람이 보고 두려워하여 여호와를 의지하리로다.

이스라엘의 왕이 "기가 막힐 웅덩이"와 "수렁"에 갇혀 있다. 이것은 그의 영적 상태를 묘사한 것이다. 찬양의 노래가 흘러나오고 있지만, 지금 그는 노래할 상황이 아니다. 그는 깊고 어두운 우물, 생명을 위협하는 진흙 구덩이에 빠진 것 같다. 다윗이 이러한 경험에 관해 썼던 때가 한 번 더 있다. 그는 진흙과 홍수의 이미지를 결합했다. "하나님이여 나를 구원하소서. 물들이 내 영혼에까지 흘러 들어왔나이다. 나는 설 곳이 없는 깊은 수렁에 빠지며 깊은 물에 들어가니 큰 물이 내게 넘치나이다"(시 69:1-2).

이러한 진흙과 파멸의 구덩이에는 무력감과 절망감이 있다. 갑자기 공기가, 단지 공기가 수억 원의 가치를 갖는다. 무력감, 절망감, 소망 없음, 한계 상황에 처한 과로한 사업가, 울어 대는 세 아이 앞에 인내심의 한계에 이른 어머니, 감당할 수 없을 만큼 많은 수업, 만성 질병으로 인한 견디기 힘든 스트레스, 강력한 대적의 임박한 공격. 우리는 이런 경험이 어떤 것인지 모르는 것이 낫다. 어쩌면 이런 경험이 있다면 웅덩이에 빠져 있는 왕을 더 쉽게 이해할 수 있을 것이다. 무력감과 절망감을 일으키며 삶을 파괴하거나 생명을 앗아 가겠다고 위협하는 모든 것이 바로 왕의 웅덩이다.

주님, 언제까지입니까?

그다음에 왕의 부르짖음이 나온다. "내가 여호와를 기다리고 기다렸더니, 귀를 기울이사 나의 부르짖음을 들으셨도다." 하나님이 다윗을 그렇게도 많이 사랑하신 이유 가운데 하나는 그가 그렇게도 많이 부르짖었기 때문이다. "내가 탄식함으로 피곤하여 밤마다 눈물로 내 침상을 띄우며 내 요를 적시나이다"(시 6:6). "나의 유리함을 주께서 계수하셨사오니 나의 눈물을 주의 병에 담으소서. 이것이 주의 책에 기록되지 아니하였나이까"(시 56:8). 정말 그렇다! "애통하는 자는 복이 있나니"(마 5:4). 절망에 빠진 사람이 진정으로 하나님께 부르짖는 것은 아름다운 일이다.

부르짖은 후에는 기다려야 한다. "내가 여호와를 기다리고 기다렸더니." 여기서 우리가 알아야 할 중요한 사실이 있다. 어둠의 웅덩이에서 구해 달라고 하나님께 부르짖는 성도들은 하나님을 기다리고 기다리는 법을 반드시 배워야 한다는 것이다. 다윗이 얼마나 오래 기다렸는지에 대한 언급은 없다. 나는 8년 동안 깊은 절망 가운데 있다가 마침내 영광스러운 빛으로 나온 성도들을 알고 있다. 우리가 얼마나 기다려야 하는지는 하나님만 아신다. 우리는 이것을 제6장에서 미가의 경험을 통해 보았다. "나는…어두운 데에 앉을지라도…주께서 나를 위하여 논쟁하시고 심판하시며 주께서 나를 인도하사 광명에 이르게 하시리니"(미 7:8-9을 보라). 우리는 하나님께 마감일을 설정할 수 없다. 하나님은 자신이 적절하다고 보시는 대로 서두르거나 늦추신다. 이러한 그분의 타이밍은 자녀를 향한 넘치는 사랑이다. 우리가 어둠의 시간에 인내하는 법을 배운다면! 내 말은 우리가 어둠과 화해

해야 한다는 뜻이 아니다. 우리는 기쁨을 위해 싸운다. 그러나 우리는 은혜로 구원받았고 그리스도가 지켜 주시는 자로서 싸운다. 우리는 파울 게르하르트(Paul Gerhardt)와 함께 우리의 밤이—하나님의 선하신 타이밍 가운데서—곧 낮으로 바뀌리라고 노래할 수 있다.

네 두려움은 바람에게 맡겨라.
소망을 가지고 겁내지 말라.
하나님은 네 한숨을 들으시고
네 눈물을 헤아리시니
네 머리를 드시리라.

물결과 구름과 폭풍을 뚫고
그가 네 길을 내시리니
그의 때를 기다려라.
이 밤 끝나고 기쁨의 날 곧 오리라.

네 생각보다 높고도 높게
그의 뜻이 나타나리라.
그가 온전히 이루실 때
너는 괜한 두려움으로 바라보리라.

선택과 명령을
그분의 주권에 맡겨라.

네가 의심하나 그 길 인정하리니

이 손길 얼마나 지혜롭고 강한고.[12]

믿음이 없는 것 같을 때 확신[13]을 가질 수 있는 근거

우리가 어둠 가운데 있을 때 정말로 중요한 것은 우리에게 **하나님을 붙들** 힘이 없을 때라도 지혜롭고 강한 하나님의 손이 **우리를 붙들**고 계심을 확신하는 것이다. 바울은 자신의 싸움을 바로 이렇게 생각했다. 그는 이렇게 말했다. "내가 이미 얻었다 함도 아니요, 온전히 이루었다 함도 아니라. 오직 **내가 그리스도 예수께 잡힌 바 된** 그것을 잡으려고 달려가노라"(빌 3:12). 이 구절에서 보아야 할 핵심은 그리스도 안에서 온전한 기쁨을 잡으려는 바울의 노력이 안전한 것은 그리스도가 그를 잡고 계시기 때문이라는 것이다. 당신의 안전은 먼저 그리스도의 성실하심에 있음을 결코 잊지 말라.

우리의 믿음은 부침이 있고 단계가 있다. 그러나 우리의 안전은 부침도 없고 단계도 없다. 우리는 믿음으로 인내**해야 한다**. 이것이 진리다. 그러나 우리의 믿음이 겨자씨 한 알만 해서 제대로 보이지 않을 때도 있다. 사실, 하나님의 자녀에게 가장 어두운 경험은 믿음이 가라앉아 자신의 눈에 보이지 않는 순간이다. 하나님의 눈이 아니라 자신의 눈에 보이지 않을 때다. 그렇다. 어둠에 지나치게 억눌려 자신이 그리스도인인지 모를 수도 있다. 그러나 당신은 여전히 그리스도인이다.

위대한 영혼의 의사들은 믿음과 충만한 확신을 구분했다. 우리의 구원은 거듭나게 하고 믿음으로 인도하는 하나님의 역사로 인한 것이라는 점이 그 이유다. "바람이 임의로 불매 네가 그 소리는 들어도 어디서 와서 어디로 가는지 알지 못하나니 성령으로 난 사람도 다 그러하니라"(요 3:8). 우리는 스스로 믿음을 만들어 내고 그 믿음을 우리 거듭남의 근거로 삼음으로써 구원을 받는 것이 아니다. 진실은 그 반대다. 하나님이 우리 믿음의 기초이시며, 한동안 우리 믿음이 눈에 보이지 않을 때도 하나님은 새로 자라고 있는 뿌리를 지탱하고 계시며 씨가 죽지 않도록 보호하고 계신다. 이것이 백스터가 말하는 영혼의 보살핌의 핵심이다.

> 믿음의 확실성과 진실함이 구원에 필수적이지는 않지만 믿음의 진실함 자체는 필수적입니다. 자신을 그리스도께 드리는 자는, 자신이 진실하게 그렇게 하는지 모른다 하더라도, 구원을 얻을 것입니다. 그리스도의 은혜를 받은 자들이 그 은혜가 견고하다는 것을 모를 때라도 그리스도는 자신의 은혜가 견고하다는 것을 아십니다.
>
> 스스로를 모르기 때문에, 하나님이 자신에게 주신 진실함을 알지 못해 낙심하는 사람들이 많습니다. 은혜가 우리들 대부분에게서 약합니다. 그리고 적고 약한 은혜는 미미하게 그것도 간헐적으로 작용하기 때문에 쉽게 인식되지 않습니다. 은혜는 은혜의 행위를 통해서만 알 수 있습니다. 약한 은혜는 언제나 강력한 부패와 결합합니다. 마음과 삶의 모든 죄는 은혜와 상반되며, 은혜를 흐리게 만듭니다.…이 모든 장애물 아래 있으면서 자신의 진실함을 온전히 확신할 수 있는 사람이 어디 있겠습니까?[14]

여기서 백스터의 목적은 그리스도인의 위로를 무너뜨리는 것이 아니다. 이와는 반대로, 그는 우리를 돕고 싶어 한다. 다시 말해, 어둠 가운데 있더라도 예수님 안에서 안전할 수 있으며 자신의 진실함을 보지 못할 때라도 그럴 수 있다는 것을 우리가 알도록 돕고 싶어 한다. 우리가 하나님의 자녀라는 성령의 증거는(롬 8:16) 분명할 수도 있고 희미할 수도 있다. 그러나 사실은 변하지 않는다. "하나님의 견고한 터는 섰으니 인침이 있어 일렀으되 주께서 자기 백성을 아신다 하며"(딤후 2:19). "너희를 불러 그의 아들 예수 그리스도 우리 주와 더불어 교제하게 하시는 하나님은 미쁘시도다"(고전 1:9). "너희 안에서 착한 일을 시작하신 이가 그리스도 예수의 날까지 이루실 줄을 우리는 확신하노라"(빌 1:6). 우리가 영혼의 어두운 밤을 이기려면 백스터의 말은 결정적인 조언이다. 그 밤은 거의 모든 그리스도인에게 찾아올 것이다. 그 밤이 찾아오면, 우리는 주님을 기다려야 하며, 그분께 부르짖어야 하며, 어둠 속에서 이루어지는 우리의 자기 고발이 빛에서 들리는 하나님의 말씀만큼 확실하지 않다는 것을 알아야 한다.

하나님의 자녀가 그분이 존재하지 않는다고 설득당할 때

어두운 절망 가운데 있는 그리스도인들은 필사적으로 물을 것이다. 내가 정말 하나님의 자녀라는 것을 어떻게 알 수 있습니까? 그들의 요구는 대개 믿음을 통해 은혜로 구원받는다는 것을 상기시켜 달라는 것이 아니다. 그것은 이미 알고 있다. 그들이 묻고 있는 것은 자신의 믿음이 진짜인지 어떻게 알 수 있느냐는 것이다. 하나님이 우리의 대답을 인도하셔야 한다. 그리고 그 사람을 알면 무슨 말을 해야 할지 아는 데 도움이 될 것이다.[15]

가장 먼저 할 수 있는 가장 좋은 말은 이것일 것이다. "저는 당신을 사랑합니다. 당신을 외면하지 않겠습니다." 이 말에서, 상대방은 다른 어떤 방법으로도 느끼지 못할 하나님의 지속적인 임재를 느낄 것이다. 또는 두 번째로 우리는 이렇게 말할 수 있을 것이다. "더 이상 당신의 믿음을 보지 마십시오. 대신에 그리스도께 관심을 집중하십시오. 믿음은 그리스도에게서 눈을 돌려 당신의 믿음을 분석할 때 유지되는 것이 아니라 십자가에 죽으시고 부활하신 그리스도를 바라볼 때 유지됩니다. 당신이 그리스도를 바라보도록 도와드리겠습니다. 누가복음 22-24장을 함께 읽어 볼까요?" 역설적으로, 우리가 믿음의 기쁨을 맛보려면 믿음에 너무 집중해서는 안 된다. 우리의 크신 구원자에게 집중해야 한다.

셋째, 우리는 그의 삶에 나타난 은혜의 증거에 주목하라고 요구할 수 있을 것이다. 우리가 그의 사랑을 받았을 때 느낀 그의 진실함을 이야기해 줄 수 있을 것이며, 그런 후에는 그가 가졌던 그리스도의 주되심에 대한 강한 확신을 그에게 상기시켜 줄 수 있을 것이다. 그런 후에 이 말씀을 들려주라. "성령으로 아니하고는 누구든지 예수를 주시라 할 수 없느니라"(고전 12:3). 절망한 사람은 자신의 상황에 대한 모든 좋은 평가를 무시하는 경향이 있기 때문에, 이러한 접근이 대개 단기적으로는 성공적이지 못하겠지만 장기적으로는 가치가 있을 것이다. 왜냐하면 이러한 접근은 자신의 주관적인 어둠에 맞서는 객관적인 소망이요 사랑의 행위이기 때문이다.

넷째, 우리는 고통당하는 사람에게 그가 자신과 하나님의 바른 관계에 대한 절대적이며 수학적인 확실성을 요구하는 것은 지나친 요구라는 점을 상기시켜 줄 수 있을 것이다. 우리 가운데 삶의 어떤 관계에서도 이런 확실성을 갖고 사는 사람은 없으며, 이 때문에 평안이 깨지지도 않는다. 백스터가 말하듯이 "그 어떤 아내나 아이도 남편이나 아버지가 자신을 죽이지 않을 것이라고 확신할 수 없습니다. 그러나 이들은 편안하게 살 수 있으며 이것을 두려워하지 않습니다."[16] 바꾸어 말하자면, 우리의 삶을 지탱시켜 주는 일종의 확실성이 있으며, 그것으로 충분하다. 이것은 결국 하나님의 선물이다.

남편이 자신을 죽일 거라거나 밤에 자식이 다른 자식을 죽일 거라는 두려움에 휩싸여 있는 여자를 상상해 볼 수 있다. 아무리 설득해도 그녀에게서 이러한 가능성에 대한 두려움을 제거할 수는 없을 것이다. 이성적으로, 수학적으로, 이런 일은 일어날 수 있다. 그러나 수많은 사람들이, '2+2=4'와 같은 절대적인 확실성은 없다 하더라도, 이러한 것들을 전혀 염려하지 않고 평화롭게 살아간다. 확실성은 좋은 경험과 하나님이 주신 자연의 안정성에 뿌리를 두고 있다. 이것은 감미로운 확신이며 하나님의 선물이다. 그러므로 우리는 고통당하는 친구에게 이렇게 말한다. "당신이 당신 삶의 다른 관계들에서 요구하지 않는 확실성을 당신과 하나님의 관계에서 요구하지 마십시오."

여기서 얻는 결론은 우리 모두가 절망의 어두운 시간들에 대비해서 절망의 확실성에 대한 깊은 불신을 키움으로써 스스로를 튼튼히 해야 한다는 것이다. 절망은 자신의 비관론이 확실하다고 강하게 주장한다. 그러나 우리는 자신과 다른 사람들의 경험을 통해, 우리가 어둠 가운데서 내뱉는 절대적인 절망의 진술들이 그다지 믿을 것이 못 된다는 것을 거듭거듭 확인한다. 우리에게 빛이 있을 때, 절망의 확실성에 대한 불신을 기르자.

행동을 묶어 버리지 말라

어둠의 시기에 하나님을 기다리는 시간이, 아무것도 하지 않는 시간이어서는 안 된다. 우리가 할 수 있는 것을 해야 한다. **행동**은 하나님이 정해 두신 절망의 치료제일 때가 많다. 예나 지금이나 지혜로운 그리스도인 조언자들은 이런 충고를 했다. C. S. 루이스가 "그의 스승"[17]이라고 불렀던 조지 맥도널드(George MacDonald)는 이렇게 썼다.

> 그분이 바뀌는 것은 당신이 바뀌기 때문이 아니다. 그분이 당신을 특별히 사랑하시는 것은 당신이 어둠 가운데 있고 빛도 없기 때문이다. 당신이 일어나 "나의 아버지께 돌아가리라"고 말할 때 그분은 기뻐하신다.…믿음을 단단히 붙잡고 당신의 어둠에 빛이 일어날 때까지 조용히 기다리라. 다시 말하지만, 믿음을 단단히 붙잡되 행동을 묶어 버리지 말라. 방을 청소하는 것이든, 음식을 준비하는 것이든, 친구를 방문하는 것이든 간에 당신이 해야 하는 일이 무엇인지 생각하고 그것을 하라. 당신의 느낌에 신경 쓰지 말라. 당신의 일을 하라.[18]

리처드 백스터는 맥도널드보다 300년 앞서 똑같은 조언을 했는데, 성경에서 이런 조언을 도출했다.

> 여러분에게 육체적인 힘이 있는 한, 합당한 소명을 지속적으로 행하면서 절대로 게으르게 살지 마십시오. 게으름은 지속적인 죄이며, 노동

은 의무입니다. 게으름은 여러분을 유혹하고, 무익하고 마음을 산란하게 만드는 생각을 당신에게 집어넣으려는 마귀의 본부입니다. 노동은 다른 사람들과 우리 자신을 유익하게 하며, 따라서 영혼과 몸 모두 노동이 필요합니다. 엿새는 반드시 일해야 하며 "게을리 얻은 양식"을 먹어서는 안 됩니다(잠 3:13-27). 하나님은 노동을 우리의 의무로 정하셨으며, 그분이 정하신 방법으로 우리를 복 주실 것입니다. 저는 주로 가정의 일과 소명을 성실하고 부지런하게 실천함으로써 비참하고 절망적인 우울증이 치료되어 경건하고 즐거운 삶으로 바뀌는 것을 보았습니다.[19]

중요한 것은 기쁨이 아니라 의무인가?

맥도널드와 백스터의 이러한 조언은 중요한 질문을 제기한다. 둘 모두 느낌을 소홀히 하는 것으로 보이며, 이렇게 말하는 것 같다. "중요한 것은 당신이 기쁨을 느끼는 것이 아니라 의무를 이행하는 것이다." 그러나 이것은 이들의 의도가 아닐 것이며, 만약 이들이 그런 의미로 말한 것이라면 나로서는 강력히 반대한다. 맥도널드가 "당신의 느낌에 신경 쓰지 말라. 당신의 일을 하라"고 말할 때 그가 의미하는 것은 이것이다. **잘못된** 느낌이 당신을 지배하지 못하게 하라. 이런 느낌을 거슬러 행동하라. 당신의 느낌이 침대에 그대로 누워 있는 것이 오늘 해야 할 최상의 것이라고 말하고 있다면, 당신의 느낌에게 선포하고 당신의 느낌이 얼마나 어리석은지 말해 주라. 이러한 선포에서 복음을 놓치지 말라! 이러한 잘못된 느낌을 물리치고 침대에서 나오는 힘은 성령과, 그리스도 안에서 당신의 모습이 되어 가는 것을 통해 얻는다. 그런 후에는 당신의 의지를 발휘하여 일어나라! 나는 여기에 확실히 동의한다.

그러나 문제는 더 깊다. 하나님을 기뻐하는 것이 사랑의 기초이며 올바른 삶의 뿌리라면—내가 그렇게 믿듯이—기쁨 없이 이루어지는 행위는 미덕일 수 있는가? 두 가지 수준에서 이 질문에 답하기로 하겠다.

첫째, 나는 아무리 슬프고 어두운 처지에 있다 하더라도 그리스도인의 기쁨이 완전히 사라지지는 않는다고 말하고 싶다. 즉 그의 마음에는 기쁨의 씨앗이 아마도 기억에만 있는 선에 대한 감각과 선을 버리기 꺼리는 태도의 형태로 남아 있다는 뜻이다. 이것은 "말할 수 없는 영광스러운 즐거움으로 기뻐하[는]"(벧전 1:8) 것은 아니다. 이것은 우리가 한때 알았으며 싸워서 얻으려는 기쁨은 아니다. 그러나 이것은 그러한 기쁨의 조각일 수 있다. 감옥에 앉아 빛바랜 아내의 사진을 꺼내드는 남자나 자신이 춤을 출 수 있을 때 찍은 비디오 테이프를 보고 있는 마비 환자처럼. 또는 기쁨이 훨씬 심하게 부스러져, 우리가 마땅히 갈망해야 하는 만큼 하나님을 갈망할 수 없다는 후회의 슬픔이라는 형태로 영혼의 지하실에 남아 있을 수 있다. 이러한 슬픔 속에 우리가 한때 기쁨으로 알았던 씨앗이 있다.

의무는 기쁨의 의무를 포함한다

내가 하고 싶은 또 다른 대답은 우리는 어둠이 찾아올 때 자신이나 다른 사람에게 결코 이렇게 말해서는 안 된다는 것이다. "그냥 당신 일만 하세요. 그냥 당신 의무만 다하세요. 당신이 그리스도인처럼 느껴지지 않더라도 그냥 그리스도인처럼 행동하기만 하세요." 이것은 그럭저럭 좋은 조언이다. 그러나 문제는 **그냥**이라는 단어에 있다. 우리는 "그냥 당신 의무만 다하세요"라고만 말하는 대신에 다른 네 가지도 말해야 한다.

첫째, 우리는 기쁨이 의무의 일부라고 말해야 한다. 성경은 "항상 기뻐하라"고 말한다(살전 5:16). 그리고 헌금의 의무에 관해서는 "하나님은 **즐겨** 내는 자를 사랑하시느니라"고 말한다(고후 9:7). 섬김의 의무에 관해서는 "**기쁨으로 여호와를 섬기며**"라고 말한다(시 100:2). 긍휼의 의무에 관해서는 "긍휼을 베푸는 자는 **즐거움으로** 할 것이니라"고 말한다(롬 12:8). 고통의 의무에 관해서는 "**온전히 기쁘게 여기라**"고 말한다(약 1:2). 우리가 누군가에게 그의 의무를 그만 이행하라고 요구하는 것은 하나님의 명령에 물을 타서 희석시키는 것에 불과하다.

우리가 수심에 잠긴 사람에게 "당신의 일을 하라"고 말할 때 반드시 말해야 하는 두 번째 것은, 그가 자신의 일을 할 때 아마도 음울한 믿음의 죄를 회개하고 고백해야 할지도 모른다는 것이다. 주요 원인이 육체적인 것일 때라도 죄악된 교만이나 자기 연민의 요소가 섞여 있을 수 있기 때문이다. 이것이 영적 어둠 가운데 있는 사람에게 짐을 더하는 것처럼 들릴 수 있다는 것을 안다. 그러나 이것은 짐을 **더하는** 것이 아니다. 이것이 어쨌든 짐이라면 이미 거기에 있었으며, 따라서 그것을 있는 그대로 부른다고 해서 **더해진** 것은 아니다. 우리가 기뻐하라는 명령을 받을 때 하나님을 기뻐하지 않는 것은 죄다. 거짓 위로는 인위적인 치유로 이어진다. 그러나 가장 진정한 진단은 가장 깊은 치유로 이어진다. 그러므로 우리는 수심에 잠긴 사람에게 말한다. "할 수 있다면, 침상에서 일어나 식사를 준비하거나 방을 청소하거나 산책을 하거나 친구를 방문하거나 일터에 나가십시오. 그러나 당신이 하나님을 기뻐하면서 이 일을 하느냐 그렇지 않느냐는 매우 중요한 문제입니다. 그리고 당신이 할 수 없다면, 그분께 그렇게 말씀드리고 죄송하다고 말하십시오. 그분은 자비로운 마음으로 당신의 말을 들으시고 용서해 주실 것입니다."

기쁨이 없는 복종은 위선인가?

이것은 우리의 세 번째 대답으로 인도한다. 우리는 이렇게 말한다. "당신의 의무를 어느 정도 행할 수 있다면, 그 기쁨을 회복시켜 달라고 기도하십시오. 다시 말해, 다음과 같이 말하면서 가만히 앉아 기쁨을 기다리지 마십시오. '나는 지금 긍휼의 기쁨을 느끼지 못하고 있기 때문에 오늘 긍휼의 행위를 한다면 나는 위선자가 될 거야.'" 그렇다. 그 기쁨이 당신의 의무라는 것을 알고, 당신에게 그 기쁨이 없는 것을 회개하고, 당신이 긍휼을 베푸는 동안에도 그 기쁨을 회복시켜 달라고 하나님께 열심히 기도한다면, 당신은 위선자가 되지 않을 것이다. 이것은 위선자의 사고방식이 **아니다**. 진정한 그리스도인이 기쁨을 위한 싸움에서 생각하는 방식이다.

그리고 우리가 낙담한 그리스도인에게 일어나 선한 일을 하라고 조언할 때 말해야 하는 네 번째 내용은 이런 것이다. "당신이 일을 할 때 그분이 당신에게 최소한 일할 의지를 주신 것을 잊지 말고 하나님께 감사하십시오. 마음으로 감사가 **느껴지지** 않는데 입술로 하나님께 감사하는 것은 위선이라고 말하지 마십시오." 위선적인 감사라는 것이 있기는 하다. 그 목적은 배은(背恩)을 숨기고 사람들의 칭찬을 받는 것이다. 이것이 당신의 목적은 아니다. 당신이 입술로 감사하는 목적은 하나님이 자비를 베푸시고 당신의 **말**을 진정한 감사의 **감정**으로 채우시게 하는 것이다. 당신은 사람들의 칭찬을 구하고 있는 것이 아니다. 당신은 하나님의 자비를 보고 있다. 당신은 배은의 쓰라림을 숨기려는 것이 아니라 성령의 침노를 소망하고 있다.

입술의 감사는 마음의 감사를 불러일으킨다

더욱이 우리는 절망한 성도에게 이렇게 물어야 할 것이다. "당신의 입술에서 나오는 감사가 전혀 마음에 없는 소리라는 것을 확신할 만큼 당신의 마음을 잘 알고 있나요?" 나는 나의 동기에 대한 스스로의 평가를 믿지 않는다. 나는 내가 잘못된 동기를 모두 알 만큼 선한 동기를 잘 알고 있는지 의심스럽다. 그리고 또 하나 의심스러운 것은 내가 선한 동기를 모두 알 만큼 잘못된 동기를 잘 알고 있느냐는 것이다. 그러므로 그리스도인이 자신이 거의 또는 전혀 느끼지 못하더라도 하나님의 선하심을 말하고 노래할 때 자신의 마음에 감사의 조각이 있다고 생각하는 것은 어리석은 것이 아니다.

여기에 또 하나 덧붙여야 할 것이 있다. 옳은 일을 **행함으로써** 옳은 틀 속에 **존재하게** 되는 경우가 많다는 것을, 경험은 보여 준다는 것이다. 그러므로 백스터는 억압받는 그리스도인에게 지혜롭게 조언한다.

대부분의 시간을 하나님께 감사하고 그분을 찬양하는 데 쓰겠다고 결심하십시오. 당연히 그렇게 해야 하지만, 기쁨으로 그렇게 할 수 없다면, 할 수 있는 만큼만 하십시오. 여러분에게는 위로의 힘이 없지만 혀의 힘은 있지 않습니까? 여러분에게 찬양하고자 하는 마음이 없고 여러분이 하나님의 자녀가 아니기 때문에 감사하고 찬양하기에 적합하지 않다고 말하지 마십시오. 선하든 악하든 간에, 모든 인간은 하나님을 찬양해야 하며, 자신이 받은 모든 것으로 인해 감사해야 하며, 그것도 가만히 있는 것이 아니라 최선을 다해서 해야 하기 때문입니다.… 최선을 다해 하나님께 감사하고 그분을 찬양하는 것이 감사와 찬양을 더 잘 할 수 있는 방법입니다. 감사하면 마음에서 감사가 일어납니다.[20]

고백하지 않은 죄가 우리의 기쁨을 방해하는가?

우리가 고백하길 꺼리며 소중히 여기는 죄가 영적 어둠의 원인 가운데 하나일 수 있다. 나는 이 책을 쓰는 내내 기쁨을 추구하는 것은 죄에 대한 미움을 암시한다고 생각했다. 죄는 기쁨을 무너뜨린다. 죄는 거짓 기쁨을 주지만 결국은 기쁨을 죽인다. 우리는 자신의 죄를 다루면서 두 가지 실수를 할 수 있다. 하나는 죄를 가볍게 여기는 것이다. 다른 하나는 그 죄에 압도되는 것이다. 기쁨을 위한 싸움에서 우리는 죄를 심각하게 여기고, 죄를 미워하며, 죄를 포기하고, 그리스도를 죄의 책임과 권세로부터 구원하시는 유일한 구원자로 믿어야 한다.

어떤 사람들이 어둠의 시기를 오랫동안 겪으며 고생하는 이유 가운데 하나는 소중히 여기는 죄를 포기하려 하지 않기 때문이다. 예수님과 사도 바울과 다윗 모두 고백하지 않은 죄가 하나님을 기뻐하는 데 어떻게 방해가 되는지 말했다. 예수님은 이렇게 말씀하셨다. "그러므로 예물을 제단에 드리다가 거기서 네 형제에게 원망 들을 만한 일이 있는 것이 생각나거든 예물을 제단 앞에 두고 먼저 가서 형제와 화목하고 그 후에 와서 예물을 드리라"(마 5:23-24). 우리가 사람에게 범한 죄를 고백하기를 거부할 때, 우리는 하나님과의 교제가 주는 기쁨에 찬물을 끼얹는 것이다. 베드로는 이것을 결혼 생활과 연결시키면서 남편이 아내에게 죄를 지으면 그의 기도가 방해를 받을 것이라고 했다(벧전 3:7). 우리가 그리스도 안에서 하나님을 보고 맛보는 기쁨을 원한다면 죄와 화해해서는 안 된다. 우리는 죄와 전쟁해야 한다.

다윗이 자신의 삶에서 고백하지 않았으며 따라서 용서받지 못한 죄 때문에 겪었던 경험에 귀를 기울여 보라. "마음에 간사함이 없고 여호와께 정죄를 당하지 않은 자는 복이 있도다. **내가 입을 열지 아니할 때에 종일 신음하므로 내 뼈가 쇠하였도다**"(시 32:2-3). 그의 말은 소망으로 가득하다. 우리는 자신의 죄에 집착하고, 그 죄를 계속 숨기며, 어둠 속에서 "종일 신음할" 수 있다. 반대로 죄를 고백하고 "여호와께 정죄를 당하지 않은 자"의 놀라운 경험을 맛볼 수 있다.

죄의 고백과 포기가 주는 믿을 수 없을 만큼 놀라운 소망은, 우리가 죄를 고백하고 포기할 때 주님은 그 죄를 우리의 면전에 드러내시지 않고 지워 버리신다는 것이다. 그분은 우리의 죄를 가지고 우리에게 따지지 않으신다. 갈보리의 이편에서, 우리는 어떻게 공의로운 하나님이 이렇게 하실 수 있는지 알고 있다. 그리스도가 그 죄에 대한 하나님의 진노를 담당하셨다(갈 3:13). 따라서 우리가 담당할 필요가 없다. 계산은 끝났다. 그러므로 우리는 소중히 여기는 어떤 죄라도 고백하고 버리기를 두려워해서는 안 된다. 우리는 수치를 당하지 않을 것이다. 그리스도가 그분의 의를 우리에게 입히신다(고후 5:21).

하나님과 사람에게 고백하는 것은 달콤한 자유다

우리 영혼의 깊고도 무의식적인 악행과 고의로 지은 죄를 생각하며, 우리는 시편 19:12-13의 말씀으로 기도해야 한다. "자기 허물을 능히 깨달을 자 누구리요? 나를 숨은 허물에서 벗어나게 하소서. 또 주의 종에게 고의로 죄를 짓지 말게 하사, 그 죄가 나를 주장하지 못하게 하소서. 그리하면 내가 정직하여 큰 죄과에서 벗어나겠나이다." 우리는 자신의 잘못이 무엇인지조차 모르기 때문에 고백조차 할 수 없는 잘못을 숨겨 왔다. 그런가 하면 우리에게는 자신만이 아는 죄가 있다. 성경에 이 둘을 모두 포함하는 기도가 있다는 것은 좋은 소식이다. 내가 알지 못하는 죄에서 "나를 벗어나게 하[시며]"(그리스도의 피 때문에), 내가 아는 죄를 "주의 종에게…짓지 말게 하[소서]"(그리스도의 능력으로). 당신이 죄를 포기하고 죄와 맞서 싸우는 대신 죄에 집착한다면, 어둠은 우상들을 소중히 여기는 행위의 결과를 증거하는 가혹하고도 자비로운 증인이 될 것이다.

당신의 죄를 하나님께 속삭이는 데 만족하지 말라. 이것은 좋은 것이다. 매우 좋은 것이다. 그러나 하나님은 여기서 한 걸음 더 나아가라고 말씀하신다. "너희 죄를 서로 고백하며 병이 낫기를 위하여 서로 기도하라"(약 5:16). 은밀한 곳에서 당신의 마음을 하나님께만 고백할 뿐 아니라 믿을 수 있는 친구나 당신이 상처를 준 사람에게 고백할 때 해방과 치유가 일어난다. "미안해요, 저를 용서해 주시겠어요?"

라는 부드러운 말이 기쁨으로 가는 가장 확실한 길 가운데 하나다.

마귀에게 합당한 것을 주되, 그 이상은 주지 말라

당신의 어둠에서 마귀의 역할이 무엇이냐고 묻는다면 나는 이렇게 대답할 것이다. 마귀에게 합당한 역할을 인정하되, 그 이상은 인정하지 말라. 마귀와 그의 귀신들은 가끔씩 일하는 것이 아니라 **항상** 일하고 있다. 그가 끈질기게 공격한다는 **사실**에 대해서는 특별한 것이 없다. 바울은 "믿음의 방패를 가지고 이로써 능히 악한 자의 모든 불화살을 소멸하[는]"(엡 6:16) 것이 그리스도인의 싸움에서 일반적인 부분이라고 생각한다. 베드로는 우리에게 이렇게 권한다. "근신하라. 깨어라. 너희 대적 마귀가 우는 사자같이 두루 다니며 삼킬 자를 찾나니 너희는 믿음을 굳건하게 하여 그를 대적하라"(벧전 5:8-9). 이 모든 것은 일반적이다. 그러나 마귀의 공격은 부드러운 유혹에서 죽음에 이르기까지 다양하다. 예수님은 마귀를 가리켜 "처음부터 살인한 자"(요 8:44)라고 말씀하셨다. 마귀는 고통스러운 박해를 일으키며 심지어 그리스도인들을 죽이는 힘까지 가졌다(계 2:10).

그러나 사탄의 공격 앞에서도 위로를 주는 세 가지 사실이 있다. 첫째, 사탄은 하나님의 주권적인 허락 없이는 아무것도 하지 못한다(욥 1:12; 2:6). 이러한 주권적인 허락은 하나님의 무한한 지혜와 언약적인 사랑의 지배를 받는다. 따라서 사탄의 종들은 거룩하게 하시는 하나님의 특사가 된다(고후 12:7-10). 그러므로 사탄이 당신의 어둠에 관여한다고 하더라도, 그는 사랑하는 당신의 아버지께서 허락하시는 것 이상을 할 자유가 없으며, 하나님은 그가 하는 일을 당신에게 유익이 되도록 바꾸실 것이다(눅 22:31-32).

둘째, 예수님은 우리의 죄를 위해 죽으심으로써 사탄의 파괴하는 권세에 결정타를 날리셨다(골 2:15; 히 2:14). 이것은 사탄이 우리를 공격하고 심지어 죽일 수도 있지만 우리를 멸망시킬 수는 없다는 뜻이다. 오직 용서되지 않은 죄만이 인간의 영혼을 파괴할 수 있다. 그리스도가 그분의 피로 우리의 모든 죄를 덮으셨고, 하나님이 그리스도의 완전한 의를 우리에게 전가시키신다면, 사탄은 결코 우리를 고소할 근거가 없으며 그가 하늘의 법정에서 제기하는 고소는 실패로 돌아간다. "누가 능히 하나님께서 택하신 자들을 고발하리요? 의롭다 하신 이는 하나님이시니 누가 정죄하리요? 죽으실 뿐 아니라 다시 살아나신 이는 그리스도 예수시니"(롬 8:33-34).

마귀는 소중한 진리의 빛과 함께 거할 수 없다

셋째, 그리스도인이 억압하고 어둠에 몰아넣고 속이는 사탄의 역사에서 벗어나는 일은 진리의 능력으로 이루어질 때가 가장 많으며, 축귀(逐鬼)를 통해 이루어지는 경우는 극히 드물다. 나는 귀신 들린 사람을 보았으며, 귀신을 쫓아내는 극적인 현장을 직접 본 적도 있다. 나는 그 사람이 놓임을 받기 전에는 그리스도인이 아니었다고 믿는다. 성령은 그리스도가 마음에 거하시는 사람에게는 완전히 귀신의 지배를 받는 것을 허락하지 않으실 것이다. 그러나 외부로부터 사면에서 공격과 괴롭힘을 당하는 그리스도인에게는 그 차이가 별로 중요하지 않을 것이다. 전투는 치열할 수 있다. 대체로 요구되는 것은 디모데후서 2:24-26의 사역이다.

주의 종은 마땅히 다투지 아니하고 모든 사람을 대하여 온유하며 가르치기를 잘하며 참으며 거역하는 자를 온유함으로 훈계할지니 혹 하나님이 그들에게 회개함을 주사 진리를 알게 하실까 하며 그들로 깨어 마귀의 올무에서 벗어나 하나님께 사로잡힌 바 되어 그 뜻을 따르게 하실까 함이라.

온유하고 사랑하며 **진리**를 가르치는 것은 하나님이 회개와 **진리**를 아는 지식을 허락하시는 과정이며, 그 결과는 마귀의 결박에서 벗어나는 것이다. 마귀는 진리와 빛에 거할 수 없다. 그는 본질상 거짓말쟁이며 속이는 자다. 그는 어둠 속에서 활개를 친다. 그러므로 우리가 하나님의 은혜로 전력을 다해 진리를 사용하여 신자의 어둠을 비출 수 있다면, 마귀는 그 빛을 견디지 못할 것이다. 선하고 견고한 성경의 가르침은 마귀의 어두운 권세에서 벗어나는 데 결정적인 역할을 한다.[21]

자기 중심적 사고: 어둠의 먹이

가끔 우리 영혼이 어둠에 빠지는 것은, 명백하게 죄악되지는 않지만 편협하고 부주의한 생활 방식에 부분적으로 원인이 있을 때가 있다. 우리 세상은 자신과 가족에 대한 신중한 관심이 전부가 되어 버렸다. 윤리는 정의와 자비와 선교에 관한 세계적 관심사에서, 피해야 할 나쁜 것들에 대한 작은 목록으로 축소되었다. 우리는 대의를 위해 열심을 내지 않으며, 대신에 항상 자신의 여가를 극대화하고 스트레스를 피하려는 생각만 한다. 우리는 무의식적으로 지극히 자기중심적이 되었으며, 자신보다 더 못한 상황에 있는 세상의 고통과 아픔에 무관심하게 되었다.

역설적으로, 절망한 사람들은 스스로를 돌봐야 하기 때문에 세상의 문제에 신경 쓸 수 없다고 말할 것이다. 그러나 사실, 점점 더 자기중심화되어 가는 삶이 절망을 부추기고 있다. 내가 이것을 깨달은 것은 빌 레슬리(Bill Leslie)가 몇 해 전 미니애폴리스에 와서 자신의 이야기를 들려주었을 때였다. 빌 레슬리는 1961년부터 1989년까지 일리노이주 시카고에 있는 라살레 스트리트 교회(LaSalle Street Church)를 담임했는데, 1993년 61세의 나이에 심장마비로 죽었다. 그의 목회 특징은 시카고의 도시 생활 속에서 전인(全人)에 관심을 가진 것이었다. 「크리스채너티 투데이」(*Christianity Today*) 지는 "온정 전도"(Compassionate Evangelism)에 관한 글에서 레슬리를 "초기의 통전적 목회 지도자들" 가운데 하나로 꼽았다.[22]

빌 레슬리는 어떻게 물 댄 동산과 샘이 되었는가?

그는 자신이 어떻게 파멸 직전까지 갔으며, 영적 멘토가 이사야 58장으로 자신을 어떻게 인도했는지 들려준다. 그는 고갈과 소진과 사역의 막다른 골목에 다다른 듯한 느낌 등으로 특징지어지는 어둠의 계절에서 자신을 구해 낸 것은 10-11절이었다고 말한다.

네가 너의 정성을 굶주린 사람에게 쏟으며, 불쌍한 자의 소원을 충족시켜 주면, 너의 빛이 어둠 가운데서 나타나며, 캄캄한 밤이 오히려 대낮같이 될 것이다. 주님께서 너를 늘 인도하시고, 메마른 곳에서도 너의 영혼을 충족시켜 주시며, 너의 뼈마디에 원기를 주실 것이다. 너는 마치 물 댄 동산처럼 되고, 물이 끊어지지 않는 샘처럼 될 것이다. (새번역)

레슬리 목사에게 그렇게도 강한 충격으로 다가왔던 것은 우리가 다른 사람들을 위해 자신을 헌신하면 하나님은 우리를 "물 댄 동산"처럼 만들어 주시겠다고—다시 말해, 우리가 원기를 회복하고 기쁨을 얻는 데 필요한 물을 얻게 되리라고—약속하신다는 사실이었다. 그리고 더 나아가, 우리는 이렇게 할 때 물이 마르지 않는 "샘"이 될 것이다. 다른 사람들을 위해, 벅차고 소모적이며 진을 빼며 자신을 주어야 하는 도시 목회를 위해서 말이다. 그는 하나님이 어둠을 걷어 내시고 어둠을 빛으로 바꾸시는 방법은 "너의 정성을 굶주린 사람에게 쏟으며, 불쌍한 자의 소원을 충족시켜 주는" 것이라는 사실을 깨달았다. 이러한 깨달음 때문에, 그는 남은 평생 동안, 위기를 헤치고 계속 전진하는 경건한 삶을 살 수 있었다.

하나님은 우리를 지으실 때 다른 사람들을 위해 삶으로써 번성하게 하셨다. 예수님은 "주는 것이 받는 것보다 복이 있다"(행 20:35)고 말씀하셨다. 우리는 대부분 이렇게 베푸는 삶을 살지 않겠다고 **선택**하지는 않는다. 그저 이러한 삶으로부터 밀려 **떠내려** 갈 뿐이다. 사실 힘겨운 가정 생활과 직장의 스트레스 가운데 많은 부분은 굶주리고 고통당하며 죽어 가는 사람들의 필요를 채워 주는 것과는 거의 관계가 없는데도, 우리는 이것을 그리스도인의 희생과 혼동한다.

내 말을 주의 깊게 들어 주기 바란다. 이것이 모든 낙담이나 절망에 대한 진단은 아니다. 만약 그랬다면, 희생하는 삶을 사는 종들은 결코 낙담하지 않을 것이다. 그러나 이들도 낙담하며 절망한다. 나의 요점은 어떤 사람들이 어둠 속에 있는 원인 가운데 하나는 서서히 침투하는 자기중심적인 사고와 편협함 때문이라는 것이다. 우리의 현재 관심사보다 훨씬 더 큰 삶의 비전을 점차적으로 받아들이는 것이 그 치료책일 것이다. 어떤 것들은 우리의 스케줄상 받아들이기 힘들 것이다. 그러나 건강과 기쁨이 회복될 때, 우리는 꿈에도 생각지 못했을 만큼 많은 것을 할 수 있을 것이다.

85세 아버지의 조언

믿음을 말과 행동을 통해 믿지 않는 사람들과 나눌 때 나타나는, 생명과 기쁨을 낳는 결과를 구체적으로 소개하고 싶다. 며칠 전 나는 85세의 아버지에게 전화를 걸어 이렇게 말했다. "아버지, 요즘 기쁨을 위해 싸우는 법에 관한 책을 쓰고 있습니다. 아버지는 65년 동안 목회를 하셨는데, 그리스도인들이 더 기뻐하기 위해 어떤 것을 할 수 있을지 떠오르는 것이 있으세요?" 아버지는 거의 주저 없이 "자신의 믿음을 나누는 거야"라고 말씀하셨다. 그리스도를 기뻐하는 기쁨은 나눌 때 커진다. 이것이 그리스도인의 기쁨의 본질이다. 그리스도인의 기쁨은 넘쳐흐르거나 말라 버리거나 둘 중 하나다.

수많은 그리스도인들이 그리스도를 공개적으로 전하지 않는 데 대해 죄책감을 별로 느끼지 않으면서 살아간다. 이들은 도덕적으로 깨끗하게 사는 것이 그리스도를 증거하는 것이라고 스스로를 설득하려 한다. 이러한 생각은 문제가 있다. 왜냐하면 불신자들 가운데도 도덕적으로 깨끗한 사람이 무수히 많기 때문이다. 그리스도인들은 자신의 믿음을 나누지 않는 데 대해 계속해서 유감스럽게 느껴야 할 것이다. 그리스도는 세상에서 가장 영광스러운 분이다. 그분이 이루신 구원의 가치는 무한하다. 세상 모든 사람에게 그 구원이 필요하다. 예수님을 믿지 않는 자들에게는 무서운 결과가 기다린다. 오직 은혜로 우리는 그분을 보았으며, 그분을 믿었으며, 이제 그분을 사랑한다. 그러므로 믿지 않는 자들에게 그리스도를 전하지 않고, 우리가 사는 도시나 세계의 미전도 종족들에게 무관심한 것은 그리스도의 가치와 사람들의 고통과 우리의 기쁨과는 너무나 모순된다. 그리고 사실상 이러한 우리의 행동은 구원자와 구원이 우리가 말하는 것만큼 우리에게 의미가 없다는 조용한 메시지를 날마다 영혼에게 전하는 것이다. 이러한 끈질긴 메시지 앞에서 그리스도를 계속해서 크게 기뻐하는 것은 불가능하다.

목적은 기쁨이 우리의 말을 통해 흘러 넘치는 것이다

나는 이것이 절망한 사람에게 죄책감을 더하는 것처럼 느껴지리라는 것도 알고 있다. 이것은 더해진 것이 아니다. 이미 있는 것이다. 이것을 숨기는 것은 질병에 대한 진단을 일부 숨기는 것과 같다. 예수님은 충격적인 사실을 말씀하셨으며, 이것을 숨기는 것은 결국 누구에게도 도움이 되지 않을 것이다. "누구든지 사람 앞에서 나를 시인하면 나도 하늘에 계신 내 아버지 앞에서 그를 시인할 것이요, 누구든지 사람 앞에서 나를 부인하면 나도 하늘에 계신 내 아버지 앞에서 그를 부인하리라"(마 10:32-33). 예수님은 이것을 무거운 짐이나 힘든 멍에로 의미하신 것이 아니다. "수고하고 무거운 짐 진 자들아, 다 내게로 오라. 내가 너희를 쉬게 하리라. 나는 마음이 온유하고 겸손하니 나의 멍에를 메고 내게 배우라. 그리하면 너희 마음이 쉼을 얻으리니 이는 내 멍에는 쉽고 내 짐은 가벼움이라"(마 11:28-30).

복음이 좋은 소식이 되게 하는 것은, 그리스도가 텔레비전에 젖은 우리 삶에서 묻혀 버리더라도 기쁨이 사라지지 않을 수 있다는 사실이 아니다. 복음이 좋은 소식이 되게 하는 것은, 하나님이 오래 고통당하시며 우리를 기꺼이 용서하시고 우리와 함께 거듭 다시 시작하신다는 사실이다. 절망한 사람이 쉽사리 밖으로 나가 주님의 기쁨을 선포하기는 힘들다. 그러나 은혜와 용서를 통해 조금씩 변화하며, 마침내 예수님의 변호인과 증인이 되는 것이 숨 쉬는 것―그리고 생명을 주는 것―과 같아지는 데까지 이를 것이다. 우리의 싸움은 그리스도를 충만하게 기뻐하여, 그 기쁨에서 그리스도의 증거가 넘쳐흐르게 하는 것이다.[23]

당신은 그리스도를 높이는 당신의 마음에 걸맞게 살고 있는가?

평신도 선교 운동(Laymen's Ministry Movement)의 총무였던 캠벨 화이트(J. Campbell White)는 1909년에 이렇게 말했다.

대부분의 사람들은 자신들의 삶에서 도출되는 결과에 만족하지 않는다. 그분이 구속하러 오신 세상을 향한 그리스도의 목적을 받아들이는 것 외에는 그 무엇도, 그리스도의 제자들 속에 있는 그리스도의 생명을 온전히 만족시킬 수 없다. 명예와 쾌락과 부는 하나님의 영원한 계획의 성취를 위해 그분과 함께 일하는 무한하고 영원한 기쁨에 비하면 껍데기와 재에 불과하다. 모든 것을 그리스도께 맡김으로써 사람들은 삶에서 가장 감미롭고 가장 귀중한 보상을 얻을 것이다.[24]

어둠의 한가운데서, 성도들은 이러한 거시적인 꿈을 추구할 만한 힘이 없을 것이다. 그러나 하나님의 자비 가운데서, 우리는 빛이 솟기를 기다리면서 우리가 잘하고 싶은 것을 서투르게나마 할 수 있다. 우리는 중국 교회에 관한 짧은 글을 읽을 수 있다. 또는 복음 때문에 많은 고난을 겪은 선교사에 관한 테이프를 들을 수 있다. 또는 선교사 가족에게 편지를 쓰면서 자신이 은혜를 붙잡고 있다고 몇 줄 적고 그들을 위한 짧은 기도도 포함시킬 수 있을 것이다.

빛을 볼 수 없는 사람들을 사랑하기

영혼의 어두운 밤을 지나고 있는 대부분의 사람들에게 전환이 일어나는 것은, 하나님이 자신의 삶을 포기하지 않는 사람들에게 흔들림 없이 그리스도를 사랑하는 사람들을 보내 주시기 때문일 것이다. 우울증의 원인과 치료에 관한 리처드 백스터의 설교 어디서나 억눌린 자들의 짐을 지는 방법에 관해 교회에게 주는 조언을 볼 수 있다. 그는 이렇게 말한다. "그들을 위로하기에 가장 적합한 복음의 큰 진리를 그들 앞에 자주 제시하십시오. 그리고 그들에게 정보와 위로를 주는 책들을 읽어 주십시오. 사랑을 나누며 즐겁게 그들과 더불어 사십시오."[25] 절망한 성도들이 성경이나 좋은 책을 읽을 수 없다면, 우리가 그들에게 읽어 주어야 한다.

위대한 사랑으로 쿠퍼를 보살핀 존 뉴턴

절망한 친구를 위한 끈질긴 사랑을 보여 주는 좋은 예로 "나 같은 죄인 살리신"(Amazing Grace)이란 찬송을 쓴 영국의 존 뉴턴(John Newton) 목사를 들 수 있다.[26] 그는 18세기의 가장 건강하고 행복한 목회자들 가운데 하나였다. 그의 찬송은 우리에게 잘 알려진 몇몇 찬송을 쓴 윌리엄 쿠퍼(William Cowper)라는, 자살 충동에 사로잡힌 시인에게 생명을 주었다. 뉴턴은 은혜의 샘, 곧 예수 그리스도의 십자가에 심취해 있었다. 그는 기쁨에 차 있었고, 그의 기쁨은 기쁘지 않은 사람들에게로 흘러넘쳤다. 뉴턴이 어떤 사람인지 알고 싶다면 자신의 삶에 대한 그의 증언에 귀를 기울여 보라.

> 인간의 행복과 불행이라는 두 더미가 있다. 이제 내가 한 더미에서 가장 작은 조각을 떼어 다른 더미에 더할 수 있다면 나는 뭔가를 이룬 것이다. 내가 집으로 돌아가는 길에 아이 하나가 반 페니짜리 동전을 잃어버렸는데 내가 그 아이에게 다른 동전을 줌으로써 그의 눈물을 닦아 줄 수 있다면 나는 뭔가를 했다고 느낀다. 나는 더 큰 일들을 기뻐해야 하지만 이것도 게을리하지 않을 것이다. 누군가 내 서재를 노크하는 소리가 들릴 때, 나는 하나님의 메시지를 듣는다. 그것은 가르침의 수업이 될 수도 있고 인내의 수업이 될 수도 있다. 그러나 그것은 그분의 메시지이기 때문에 반드시 흥미로울 것이다.[27]

1767년 뉴턴이 올니(Olney)에서 목회를 하고 있을 때 36세의 윌리엄 쿠퍼가 뉴턴의 삶에 들어왔다. 쿠퍼는 이미 정신적으로 완전히 무너져 있었으며 세 번이나 자살을 시도한 전력이 있었다. 그는 세인트 앨번 정신 병원에 수용되었으며, 거기서 하나님은 나다니엘 코튼(Nathaniel Cotton) 박사의 애정 어린 보살핌을 통해, 그리고 로마서 3:25의 복음을 접하고 회심하는 사건을 통해 강력하게 그를 만나 주셨다.

나는 즉시 그것을 믿을 힘을 얻었고, 의의 태양 광선이 나를 비추었다. 나는 그분이 이루신 완전한 대속과 그분의 피로 인친 나의 용서와 그분의 충만하고 완전한 의를 보았다. 나는 순식간에 믿고 복음을 받아들였다.[28]

쿠퍼는 세인트 앨번 정신 병원에서 퇴원한 후 올니에서 가까운 교구에 속한 언윈(Unwin) 씨 집으로 거처를 옮겼다. 언윈 씨가 죽자, 뉴턴은 가족을 위로하러 갔다. 언윈 부인과 함께 올니로 거처를 옮겨 뉴턴이 섬기는 교회의 일원이 되도록 권유한 말은 쿠퍼에게 큰 도움이 되었다. 그 후 13년 동안, 뉴턴은 쿠퍼의 엉킨 영혼의 정원을 보살폈다. 쿠퍼는 이렇게 말했다. "그보다 더 신실하거나 더 다정한 친구는 결코 없을 것이다."[29]

그곳에 있는 동안, 쿠퍼는 영적 절망의 시기에 빠졌으며 자신은 하나님께 완전히 버림받고 잃어버린 자가 되었다고 느꼈다. 이러한 절망은 그가 1800년 죽을 때까지 계속되었다. 또다시 자살 시도가 여러 차례 반복되었으며, 그때마다 하나님이 그분의 섭리로 그를 막으셨다. 뉴턴은 내내 그의 곁을 지켰으며, 한번은 그를 혼자 두지 않으려고 휴가를 포기하기까지 했다.

1780년, 뉴턴은 올니를 떠나 런던의 새로운 목회지로 갔으며, 그곳에서 27년 동안 목회를 했다. 물론 뉴턴 자신으로서는 쉬운 일이었겠지만, 쿠퍼와의 우정을 포기하지 않았다는 사실은 매우 대단한 것이다. 두 사람은 20년 동안 열심히 편지를 주고받았다. 쿠퍼는 다른 누구에게도 그렇게 하지 못했지만 뉴턴에게만큼은 자신의 마음을 쏟아 놓았다.

쿠퍼는 마지막까지도 마음의 평안을 얻지 못했다. 그의 마지막은 행복하지 못했다. 1800년 3월, 쿠퍼는 왕진 온 의사에게 이렇게 말했다. "말로 표현할 수 없는 절망을 느낍니다." 4월 24일, 페로윈(Perowne)이 그에게 음식을 가져다 주자 그는 이렇게 말했다. "이게 다 무슨 소용이 있겠어요?" 그는 더 이상 아무 말도 하지 않았고 그 다음 날 오후에 죽었다.[30]

마지막까지 뉴턴은 쿠퍼에게 편지를 쓰고 그를 거듭 방문하면서 그의 목사이자 친구로 남았다. 그는 절망시키는 친구에게 절망하지 않았다. 1788년 어느 날, 뉴턴이 다녀간 후 쿠퍼는 이렇게 편지했다.

목사님의 방문에 위로를 얻었습니다. 이전에 정말 좋았던 우리의 대화가 조금은 되살아난 것 같습니다. 저는 목사님을 압니다. 목사님은 저를 광야에서 이끌어 내어 목자장께서 그분의 양떼를 먹이시는 풀밭으로 저를 인도하기 위해 보내심을 받은 동일한 목자라는 것을 압니다. 그리고 저는 목사님에 대해 언제나 변함없는 따뜻한 우정을 느낍니다.[31]

빛이 없는 사람들을 사랑하는 것은 결코 낭비가 아니다

절망한 사람이 스스로 버림받았다는 생각에 굳게 사로잡혀 있다면 그 사람이 버림받지 않았다는 것을 그에게 확신시키는 것은 불가능하다. 그러나 당신은 그의 곁에 있을 수 있다. 그리고 뉴턴이 쿠퍼에게 했듯이, 당신도 예수님의 "박애와 긍휼과 선하심과 불쌍히 여기심"과 "충분한 대속"과 "그리스도의 완전한 칭의"로 그를 적셔 줄 수 있다.32 그는 이것들이 놀랍기는 하지만 자신을 위한 것은 아니라고 말할 것이다. 쿠퍼가 그랬던 것처럼 말이다. 그러나 하나님의 시간에서는, 이러한 진리들이 소망을 깨우며 양자의 영을 낳을 힘을 아직 얻지 못했을 수 있다. 또는 평안의 증거가 없는 상황에서조차, 이러한 진리들은 볼 수 없을 정도로 작은 믿음의 겨자씨를 지키는 신비로운 방법으로 사용될 수 있을 것이다.

나는 기쁨을 위한 쿠퍼의 싸움이 어떻게 끝났는지 모른다. 그러나 내가 아는 것은 참된 성도들도 어둠의 시간을 맞으며 그 속에서 죽기도 하지만, 이것이 이들이 거듭나지 못했다거나 어둠 가운데서 주권적인 은혜의 보호를 받지 못했다는 확실한 증거는 결코 아니라는 것이다. 하나님이 그분의 자녀들을 자신이 그렇게도 버림받았다고 느끼도록 놓아두시는 데는 이유가 있다. 순교를 허락하신 데도 이유가 있듯이(요 21:19) 말이다. 우리가 때로는 그 이유를 볼 수 있지만, 볼 수 없을 때도 있다.

가이우스 데이비스는 다음과 같은 이야기를 들려준다.

윈스턴 처칠은 그의 "우울증"에 대해 이야기하곤 했다. 그는 생애 많은 부분을 우울증으로 고생했지만 그래도 이겨 냈다. 처칠이 60세의 나이에 나치의 위협을 느끼는 사람들을 결집시킬 수 있었던 것은 그가 어두웠던 시절을 겪었기 때문이라고들 한다. 역경의 경험이 그로 하여금 세계를 폭군의 어둠에서 구하도록 도운 지도자가 될 수 있게 했다.[33]

그러나 쿠퍼는 전쟁에서 한 나라를 승리로 이끌 만큼 위대한 업적을 남기지 못했다. 그는 불쌍하게 죽었다. 그의 "우울증"은 무슨 소용이 있었는가? 마지막 판단은 우리 몫이 아니다. 그러나 내게는 작은 증언이 있다. 그의 싸움이 없었다면, 그는 "샘물과 같은 보혈은"(There Is a Fountain Filled with Blood)이라는 찬송을 써서, 죄를 지어 스스로의 삶을 망쳤다고 두려워하는 수많은 죄인들에게 소망을 주지 못했을 것이다.

날 정케 하신 피 보니 그 사랑 한없네.
살 동안 받는 사랑을 늘 찬송하겠네.
늘 찬송하겠네. 늘 찬송하겠네.
살 동안 받는 사랑을 늘 찬송하겠네.[34]

그리고 그의 싸움이 없었다면, 그는 "주 하나님 크신 능력"(God Moves in a Mysterious Way)을 써서, 나를 비롯한 많은 사람들이 수많은 절망의 숲을 헤쳐 나가도록 돕지 못했을 것이다.

주 하나님 크신 능력 참 신기하도다.

바다와 폭풍 가운데 주 운행하시네.

참 슬기로운 그 솜씨 다 측량 못하네.
주님 계획한 그 뜻은 다 이뤄지도다.

검은 구름 우리들을 뒤덮을지라도
그 자비하신 은혜로 우리를 지키네.

주의 목적 순간마다 속히 이루도다.
싹은 쓰지만 꽃은 달콤하리라.

어둠에서 소경같이 나 헤맬지라도
주 나를 불쌍히 보사 앞길을 비추리.[35]

이와 같은 글에는 엄밀한 자비의 유산이 있다. 단어들이 매우 값지고 귀중하다. 우울증을 앓는 성도 곁에 서서 그가 기쁨을 싸우도록 돕는 모든 사람들도 마찬가지다.

윌리엄 쿠퍼는, 1633년에 39세로 죽었으며 힘겨운 싸움을 하며 살았던 시인이자 목사인 조지 허버트가 자신에게 남긴 유산에 관해 이렇게 증언했다. "그는 내가 즐겨 읽는 유일한 작가였다. 그의 글을 하루 종일 읽었다. 그러나 나는 그의 글에서 내가 발견할 수도 있었던 것─내가 앓고 있는 우울증의 치료제─을 발견하지는 못했으며 그의 글을 읽고 있는 동안에도 나의 우울증은 결코 호전되는 것 같지 않았다."36 그러므로 허버트의 시 한 편은 이 장과 이 책을 놀랍게 요약한다. 그 시의 제목은 "쓰고도 달도다"(Bitter-Sweet)이다. 이 시를 두 번 읽어 보기 바란다. 한 번은 흐름을 파악하기 위해 읽고, 한 번은 아름다움과 의미를 알기 위해 소리 내어 읽으라(시는 원래 소리 내어 읽어야 한다). 당신이 기쁨을 위한 싸움에서 이 시를 읽고 용기를 얻는다면 허버트도 아주 기뻐할 것이다.

> 나의 사랑하는 노하신 주님
> 당신은 사랑하시나 때리시며
> 내던지시나 일으키시나이다.
> 나도 이렇게 하겠나이다.
> 불평하겠으나 찬양할 것이며
> 몹시 슬퍼하겠으나 인정할 것입니다.
> 내 모든 시큼달콤한 날 동안
> 애통하며 사랑하겠나이다.37

또는 사도 바울이 타락한 고통과 고난의 세상에서 기쁨을 위해 싸운 모든 성도들을 위해 썼듯이, 우리는 "근심하는 자 같으나 항상 기뻐하고"(고후 6:10) 섬기며 살아간다.

주

1. 이 책을 쓴 이유

1) C. S. Lewis, *The Problem of Pain* (New York: Macmillan, 1962), p. 144. 『고통의 문제』(홍성사).

2) Aurelius Augustine, *Confession*, trans. R. S. Pine-coffin (New York: Penguin, 1961), p. 152(VII.17). 『고백록』(대한기독교서회).

3) John Piper, *Desiring God: Meditations of a Christian Hedonist*, 3rd ed. (Sisters, Ore: Multnomah, 2003). 이 책은 내가 이해하기로 기독교 희락주의를 가장 자세히 제시한 책이다. 『하나님을 기뻐하라』(생명의말씀사).

4) Augustine, *Confessions*, p. 181(IX. 1). 강조는 저자가 덧붙인 것이다.

5) John Calvin, *The Institutes of the Christian Religion*, ed. John T. McNeill (Philadelphia: Westminster Press, 1960), pp. 192-193(I.15.6). 『기독교 강요』(CH북스).

6) Thomas Watson, *Body of Divinity* (1672; repr. Grand Rapids, Mich.: Baker, 1979), p. 10. 『신학의 체계』(CH북스).

7) Yale University의 Kenneth Minkema가 *The Works of Jonathan Edwards*(조나단 에드워드 전집)에 싣기 위해 편집한 "Sacrament Sermon on Canticles 5:1"(1729년경)라는 미출간 설교에서 인용.

8) Jonathan Edwards, "The Spiritual Blessings of the Gospel Represented by a Feast", in *The Works of Jonathan Edwards*, vol. 17, *Sermons and*

Discourses, 1723-1729, ed. Kenneth P. Minkema (New Haven, Conn.: Yale University Press, 1996), p. 286. 『조나단 에드워즈 클래식』(부흥과개혁사).

9) Charles Hodge, "The Excellency of the Knowledge of Christ Our Lord", in *Princeton Sermons: Outlines of Discourses, Doctrinal and Practical* (London: Thomas Nelson and Sons, Paternoster Row, 1870), p. 214.

10) Geerhardus Vos, *The Pauline Eschatology* (1930; repr. Grand Rapids, Mich.: Eerdmans, 1966), p. 71. 강조는 저자가 덧붙인 것이다. 『바울의 종말론』(좋은씨앗).

11) 더 자세한 내용은 제11장을 보라.

12) C. S. Lewis, *Letters to Malcolm Chiefly on Prayer* (New York: Harcourt Brace Jovanovich, 1936), pp. 89-90. 『개인 기도』(홍성사).

13) 이것은 C. S. Lewis가 1957년 7월 18일에 그에게 편지를 보낸 Joan이라는 아이에게 쓴 답장에서 발췌한 것이다. *C. S. Lewis: Letters to Children*, ed. Lyle W. Dorsett and Marjorie Lamp Mead (New York: simon & Schuster, 1995), p. 276.

2. 갈망과 즐거움이 어떻게 다른가

1) C. S. Lewis, *Till We Have Faces* (New York: Harcourt, Brace and World, 1956), Book1, Chapter 7. 『우리가 얼굴을 찾을 때까지』(홍성사).

2) C. S. Lewis, *Surprised by Joy* (New York: Harcourt, Brace and World, 1955), p. 166. 『예기치 못한 기쁨』(홍성사).

3) Jonathan Edwards, *The Works of Jonathan Edwards, vol. 2, The Religious Affections*, ed. John E. Smith (New Haven, conn.: Yale University Press, 1959), pp. 266-267.

4) C. S. Lewis, *Surprised by Joy*, pp. 218, 220-221.

5) Jeremy Taylor의 말로, C. S. Lewis의 *George Macdonald: An Anthology* (London: Geoffrey Bles, 1946), p. 19에서 인용했다. 『조지 맥도널드 선집』(홍성사).

3. 하나님을 기뻐하기 위해 싸우라

1) Flannery O'connor, *The Habit of Being*, ed. Sally Fitzgerald (New York: Farrar, Straus, Giroux, 1979), p. 126.

2) 우리가 여기서 인위적인 역설을 만들어 낸 것처럼 보이지 않도록 성경에는 이와 같은 역설들이 더 있다는 데 주목하라. 이 역설은 우리가 책임 있는 피조물이며(따라서 하나님이 명령하신다) 하나님이 주권적이시라는(그래서 그분은 자신이 명령하신 것을 주신다) 성경 계시의 본질이다. 하나님의 주권이나 우리의 책임 그 어느 쪽도 다른 한쪽을 부정하지 않는다. 이러한 예를 생각해 보라.

책임: "마음에 할례를 행하고"(신 10:16).
선물: "네 하나님 여호와께서 네 마음과 네 자손의 마음에 할례를 베푸사" (신 30:6).
책임: "너희는…마음과 영을 새롭게 할지어다"(겔 18:31).
선물: "[내가] 새 영을 너희 속에 두고 새 마음을 너희에게 주되"(겔 36:26).
책임: "하나님을 믿으라"(막 11:22).
선물: "너희는 그 은혜에 의하여 믿음으로 말미암아 구원을 받았으니 이것은…하나님의 선물이라"(엡 2:8).
책임: "회개하…라"(행 2:38).
선물: "혹 하나님이 그들에게 회개함을 주사"(딤후 2:25).
책임: "거듭나야 하겠다"(요 3:7).
선물: "바람이 임의로 불매 네가 그 소리는 들어도 어디서 와서 어디로 가는지 알지 못하나니, 성령으로 난 사람도 다 그러하니라"(요 3:8).

3) Georg Neumark, "If Thou But Suffer God to Guide Thee"(1641). "너 하나님께 이끌리어"(새찬송가 312장). 이 부분이 한글 찬송가에는 빠져 있다.
4) Karolina W. Sandell-Berg, "Day by Day"(1855), trans. Andrew L. Skoog.

4. 기쁨은 하나님의 선물이다

1) C. S. Lewis, *Surprised by Joy* (New York: Harcourt, Brace and World, 1955), p. 18.
2) Matthew Henry, *Matthew Henry's Commentary on the Whole Bible*, 6 vols. (Old Tappan, N. J.: Fleming Revell Company, n.d.), 6: p. 744. 『매튜 헨리주석』(CH북스).
3) N. P. Williams, *The Ideas of the Fall and of Original Sin* (1926)에 나오

는 것으로 Edward T. Oakes, "Original Sin: A Disputation", *First Things* 87(November 1998), p. 24에서 재인용.
4) Aurelius Augustine, *Confessions*, trans. R. S. Pine-Coffin (London: Penguin Books, 1961), p. 236(X.31).

5. 기쁨을 위한 싸움은 보기 위한 싸움이다

1) Jonathan Edwards, "Born Again", in *The Works of Jonathan Edwards*, vol. 17, *Sermons and Discourses, 1730-1733*, ed. Mark Valeri (New Haven, conn.: Yale University Press, 1999), p. 192.
2) Jonathan Edwards의 *The End for Which God Created the World*에 나오는 말로 John Piper, *God's Passion for His Glory: Living the Vision of Jonathan Edwards* (Wheaton, Ill.: Crossway Books, 1998), p. 242에서 재인용. 『하나님의 열심』(부흥과개혁사).
3) 이 진리에 관해서는 다른 곳에서 성경 여러 곳을 인용하면서 폭넓게 다루었다. 다음 책들을 보라. *Desiring God: Meditations of a Christian Hedonist*, 3rd ed. (Sisters, Ore.: Multnomah, 2003), pp. 308-320, *Let the Nations Be Glad: The Supremacy of God in Missions*, 2nd ed. (Grand Rapids, Mich.: Baker, 2003), pp. 21-28. 『열방을 향해 가라』(좋은씨앗).
4) Jonathan Edwards, *The Works of Jonathan Edwards*, vol. 13, *The "Mis-cellanies", a-500*, ed. Thomas Schafer (New Haven, Conn.: Yale University Press, 1994), p. 495. Edwards가 이 진리를 어떻게 전개하는지 좀더 자세히 알고 싶다면 다음을 보라. Piper의 *God's Passion for His Glory: Living the Vision of Jonathan Edwards*, pp. 117-251에 실린 *The End for Which God Created the World*를 보라.
5) Edwards, in *God's Passion for His Glory*, p. 247.
6) Jonathan Edwards, "A Divine and Supernatural Light", *in The Works of Jonathan Edwards*, pp. 17, 413.
7) 같은 책, p. 413.
8) Thomas Binney의 "Sermons"에 나오는 말로 Charles Haddon Spurgeon의 *The Treasury of David*, 3 vols. (Mclean, Va.: Macdonald Publishing Company, n.d.), 1: p. 131에서 재인용. 강조는 저자가 덧붙인 것이다. Thomas Binney(1798-1874)는 영국 회중교회 목사이자 찬송가 작사자였다.
9) Edwards, "A Divine and Supernatural Light", p. 414.

6. 의롭다 함을 얻은 죄인처럼 기쁨을 위해 싸우라

1) John Bunyan, *Grace Abounding to the Chief of Sinners* (Hertfordshire: The Evangelical Press, 1978), pp. 90-91. 『죄인의 괴수에게 넘치는 은혜』(CH북스).
2) 왜 우리의 기쁨이 영원히 커지는지에 대한 설명을 원한다면 다음을 보라. John Piper, "Can Joy Increase Forever? Meditation on Ephesians 4:29 and 5:4", *A Godward Life, Book Two* (Sisters, Ore.: Multnomah, 1999), pp. 162-164. 『묵상 3』(좋은씨앗).
3) Christopher Catherwood, *Five Evangelical Leaders* (Wheaton, Ill.: Harold Shaw Publishers, 1985), pp. 170-171. 관심 있는 독자들은 Martyn Lloyd-Jones Trust Recordings 웹사이트(www.mlj.org.uk)에 가면 그의 설교를 들을 수 있다. 『5인의 복음주의 지도자들』(엠마오).
4) Jonathan Edwards, *The Works of Jonathan Edwards*, vol. 13, The "*Miscellanies*", a-500, ed. Thomas Schafer (New Haven, Conn.: Yale University Press, 1994), p. 495, Miscellany #448; #87, 251-252, #332, 410도 보라.

[하나님은] 그분에 대한 지식과 그분에 대한 사랑, [즉] 그분 안에서 만족과 기쁨을 누리는 것으로 이루어지는 자신의 영광을 무한히 귀중히 여기신다. 그러므로 피조물 속의 형상을, 즉 이러한 것들의 전달이나 참여를 귀중하게 여기신다. 하나님이 피조물의 지식과 사랑과 기쁨을 기뻐하시는 것은, 다시 말해 자신이 이러한 지식과 사랑과 만족의 대상이 되길 기뻐하시는 것은 자신을 귀중히 여기시기 때문이다.…[따라서] 하나님이 피조물의 선을 존중하시는 것과 자신을 존중하시는 것은 별개가 아니라 하나다. 왜냐하면 피조물이 추구하는 행복은 그분과의 연합에서 얻는 행복이기 때문이다. (*Dissertation Concerning the End for Which God Created the World*, in *The Works of Jonathan Edwards*, ed. Paul Ramsey, 8: pp. 532-533, 강조는 저자가 덧붙인 것이다.)

5) Jonathan Edwards, "Some Thoughts Concerning the Revival", in *The Works of Jonathan Edwards*, vol. 4.
6) Martyn Lloyd-Jones, *Spiritual Depression: Its Causes and Cures* (Grand Rapids, Mich.: Eerdmans, 1965), pp. 11-12. 『영적 침체』(복있는사람).

7) 같은 책, p. 20.
8) 같은 책, p. 21.
9) 역사적인 웨스트민스터 요리문답은 믿음만이 우리를 의롭게 하지만 믿음은 결코 혼자가 아니며 항상 사랑을 낳는다는 것을 잘 표현해 주고 있다.

> 하나님은 유효하게 부르신 자들을 또한 값없이 의롭게 하시는데, 저희에게 의를 주입하심으로써가 아니라 저희의 죄를 사해 주시고 또한 저희를 의롭다고 여기고 받아 주심으로써 그렇게 하시며, 저희에게 이루어진 무슨 일이나 저희가 한 어떤 행위 때문이 아니라 오직 그리스도 때문이며, 믿음 그 자체나 믿는 행위나 다른 어떤 복음적인 순종을 저희의 의로 저희에게 전가하심으로써가 아니라 다만 그리스도의 순종과 성화를 저희에게 전가하시고 저희가 믿음으로 그분을 영접하고 의지하게 하심으로써이니 이 믿음은 저희에게서 난 것이 아니라 하나님의 선물이다(11.1).
> 이와 같이 그리스도를 영접하고 그분과 그분의 의를 의지하는 믿음만이 칭의의 도구지만 믿음은 의롭다 함을 받는 사람 속에 홀로 있는 것이 아니라 항상 구원의 다른 은혜들과 함께 있으므로 죽은 믿음이 아니라 사랑으로 역사한다(11.2).

10) Andrew Thomson, "Life of D. Owen", in *The Works of John Owen*, ed. W. H. Goold, 24 vols. (1850-1853; repr. Edinburgh: Banner of Truth, 1965), 1:XCII.
11) John bunyan, *Grace Abounding to the Chief of Sinners* (Hertfordshire, England: Evangelical Press, 1978), pp. 55-59.
12) 같은 책, pp. 90-91.
13) John Dillenberger, ed., *Martin Luther: Selections from His Writing* (Garden City, N.Y.: Doubleday and Co., 1961), pp. 11-12. 『루터 선집』(CH북스).
14) Dietrich Bonhoeffer, *The Cost of Discipleship* (1937; repr.: New York: The Macmillan Co., 1949), pp. 47, 55, 57. 『나를 따르라』(대한기독교서회).
15) Wheaton, Ill.: Crossway Books, 2004. 『더 패션 오브 지저스 크라이스트』(규장).
16) Jim Elliot의 말로 다음에서 인용했다. Elisabeth Elliot, *Shadows of the Almighty: The Life and Testament of Jim Elliot* (New York: Harper & Brothers, 1958), p. 19. 『전능자의 그늘』(복있는사람).

7. 하나님 말씀의 가치를 알라
1) John Owen, *On Indwelling Sin in Believers*, in *The Works of John Owen*, ed. W. H. Goold, 24 vols. (1850-1853; repr. Edinburgh: Banner of Truth, 1967) 6: pp. 250-251. 『신자 안에 내재하는 죄』(부흥과개혁사).
2) 하나님의 영광을 보는 것과 하나님의 말씀을 듣는 것의 관계에 관해 좀더 자세한 논의를 원한다면 이 책 제5장을 보라.
3) Edward Welch, "Self-Control: The Battle Against 'One More'", *The Journal of Biblical Counseling* 19 (Winter 2001), p. 30.
4) Jonathan Edwards, "The Pleasantness of Religion", in *The Sermons of Jonathan Edwards: A Reader*, ed. Wilson H. Kimnach, Kenneth Minkema, and Douglas A. Sweeney (New Haven, Conn: Yale University Press, 1999), pp. 23-24. 『조나단 에드워즈 대표 설교 전집』(부흥과개혁사).
5) 신약성경에서 "복이 있다"(blessed)로 번역되는 단어는 둘이다. *eulogetos*는 대체로 "찬양을 받다"(praised)라는 뜻이며, 마태복음 5장의 팔복에 사용된 *makarios*는 "행복한"(happy) 또는 "운이 좋은"(fortunate)이라는 뜻이다. 바울은 다른 곳에서 죄를 용서받은 자(롬 4:7)나 양심이 깨끗한 자의 행복을 가리키는 데(롬 14:22) 이 단어를 사용한다.
6) 나는 다음 책에서 이 싸움이 어떻게 이루어지는지를 보여 주려고 노력했다. *The Purifying Power of Living by Faith in FUTURE GRACE* (Sisters, Ore.: Multnomah, 1995). 『장래의 은혜』(좋은씨앗).
7) John Owen, *Mortification of Sin in Believers*, in *The Works of John Owen*, 6: p. 9. 『존 오웬의 죄 죽이기』(SFC출판부).
8) John Owen, *On Indwelling Sin in Believers*, in *The Works of John Owen*, 6: pp. 250-251, 강조는 덧붙인 것이다.
9) 이 장 앞 부분에서 우리 안에 풍성히 거하는 그리스도의 말씀에 관해 말하는 골로새서 3:16과 성령이 우리 안에 거하시는 것을 말하는 에베소서 5:18-19을 비교한 부분을 보라. 이 두 구절의 유사점은 이 곳 요한복음 15:5, 7에서 보는 것과 비슷하다.

8. 말씀으로 어떻게 싸울 것인가
1) John Wesley, "Preface to Sermons on Several Occasions, 1746", *The Works of John Wesley*, vol. 1, pp. 104-106.

2) John Stott, *The Preacher's Portrait* (Grand Rapids, Mich.: Eerdmans, 1961), pp. 30-31. 『설교자란 무엇인가』(IVP).
3) 왜 이른 아침이 가장 좋은지에 대해 더 알고 싶다면 제10장을 보라.
4) 이러한 성경 읽기 계획표는 NavPress 웹사이트(www.navpress.com)에서 내려받을 수 있다.
5) 예를 들면 Back to the Bible의 여러 계획을 보라(www.backtothebible.org/devotions/journey/). 어떤 기관에서는 그날 읽을 부분을 이메일로 보내 줄 것이다(www.bible-reading.com/bible-plan.html). 인터넷 검색창에 "bible Reading Plan"이라고 쳐 넣고 당신의 필요에 가장 적합한 방법을 찾아보라. 생각해 볼 만한 또 다른 계획은 맥체인식 성경 읽기(M' Cheyne Reading Plan)인데, 이 계획을 따르면 신약과 시편을 두 번 읽고, 구약의 나머지 부분을 한 번 읽을 수 있다. 이 방법은 통찰력 있는 주석과 함께 다음 책에 실려 있다. D. A. Carson, *For the Love of God: A Daily Companion for Discovering the Riches of God's Word*, 2 vols. (Wheaton, Ill.: Crossway Books, 1998-1999). U.S. Census Bureau에 따르면 직장인의 평균 출근 시간은 25분이다(www.census.gov/acs/www/Products/Raking/2002/R04T040.htm). 이것이 평일에 평균 50분을 자동차에서 보낸다는 뜻이라면, 이 시간에 성경 CD를 들으면 3개월이면 성경 전체를 한 번 들을 수 있다. 성경 낭독 CD 전체를 한 번 듣는 데 72시간이 걸린다. 이러한 습관은 그리스도의 영광과 듣는 사람의 기쁨을 위해 마음에 깊은 영향을 미칠 수 있을 것이다.
6) George Mueller, *A Narrative of Some of the Lord's Dealing with George Mueller, Written by Himself, Jehovah Magnified. Addresses by George Mueller Complete and Unabridged*, 2 vols. (Muskegon, Mich.: Dust and Ashes, 2003) 1: p. 646.
7) 같은 책, 2: p. 732.
8) 같은 책, 2: p. 740.
9) 같은 책, 2: p. 834.
10) 같은 책, 1: p. 271.
11) 같은 책, 1: pp. 272-273.
12) Dallas Willard, "Spiritual Formation in Christ for the Whole Life and the Whole Person", in *Vocatio* 12 (Spring 2001), p. 7.
13) "[Bunyan은] 우리의 흠정역(Authorized Version)을…자신의 전부가 성경

으로 채워질 때까지 연구했다. 그리고…그의 저작들은…계속해서 우리가 '왜, 이 사람이 살아 있는 성경인지'를 느끼고 말하게 만든다. 그를 어디든 지 찔러 보라. 그러면 그의 피가 성맥(聖脈, Bibline)이며, 성경의 본질이 그에게서 흘러나온다는 것을 알게 될 것이다. 그의 영혼이 하나님의 말씀으로 가득하기 때문에 그는 본문을 이용하지 않고는 말을 할 수 없다." Charles Haddon Spurgeon, *Autobiography*, ed. Susannah Spurgeon and Joseph Harrald, 2 vols. (1897-1900; repr. Edinburgh: Banner of Truth, 1973), 2: p. 159.

14) John Bunyan, *The Pilgrim's Progress*, ed. Barry Horner (North Brunswick, N.J., 1997), p. 72.
15) John Brown, *John Bunyan: His Life, Times and Work* (London: The Hulbert Publishing Co., 1928), p. 364.
16) 우리 교회가 개발한 Fighter Verse 프로그램을 사용하는 것도 한 방법일 것이다. www.desiringgod.org/fighterverses를 방문하거나 888-346-4700으로 전화하면 된다.
17) www.fbcdurham.org의 Writings를 클릭하면 이 책 전체를 읽을 수 있다.
18) Davis는 긴 단락들을 암송할 때 장, 절의 번호를 포함시키는 것을 매우 강조한다. 여기에는 그럴 만한 이유가 있다. 그 이유들을 진지하게 받아들이되, 스스로 결정하라. 나는 한 단락이나 한 장을 암송할 때 절 앞에 절수를 붙이지 않는다. 그 이유 가운데 하나는 기도회나 예배 중에 성경을 암송하고 싶을 때 절수를 넣으면 매우 인위적으로 들리고 (나와 마찬가지로) 듣는 사람들의 주의가 흐트러질 수 있기 때문이다.
19) Wesley L. Duewel, *Let God Guide You Daily* (Grand Rapids, Mich.: Francis Asbury Press, 1988), p. 77.『일마다 때마다 하나님의 인도를 받고 싶거든』(예찬사).
20) Thomas Goodwin, "The Vanity of Thoughts", in *The Works of Thomas Goodwin*, 12 vols. (Eureka, Calif.: Tanski Publications), 3: pp. 526-527.
21) C. S. Lewis, "On the Reading of Old Books", in *God in the Dock* (Grand Rapids, Mich.: Eerdmans, 1970), p. 205.『피고석의 하나님』(홍성사).
22) 같은 책, p. 200.
23) Wayne Grudem, *Systematic Theology: An Introduction to Biblical Doctrine* (Grand Rapids, Mich.: Zondervan, 1994).『조직신학』(은성).
24) The Banner of Truth(P.O. Box 621, Carlisle, PA 17013; 전화: 717-249-

5747; www.BannerofTruth.org) 출판사를 통해 재출판된 청교도 고전들을 찾을 수 있다.
25) Michael S. Horton, "What Still Keeps Us Apart?" in *Roman Catholicism: Evangelical Protestants Analyze What Divides and Unites Us*, ed. John H. Armstrong (Chicago : Moody, 1994), p. 253.
26) C. S. Lewis, *Surprised by Joy* (New York: Harcourt Brace and World, 1955), p. 207.
27) John Piper, *God's Passion for His Glory: Living the Vision of Jonathan Edwards* (Wheaton, Ill.: Crossway Books, 1998).
28) Jonathan Edwards, *The Works of Jonathan Edwards*, vol. 16, *Letters and Personal Writings*, ed. George S. Claghorn (New Haven, Conn.: Yale University Press, 1998), pp. 753-755.
29) 같은 책, p. 801.
30) Ewald M. Plass, comp., *What Luther Says: An Anthology in Three Volumes* (St. Louis: Concordia Publishing House, 1959), 3: p. 1360에서 인용.
31) Heiko A. Oberman, *Luther: Man Between God and the Devil* (New York: Doubleday, 1992), p. 323. 『루터』(한국신학연구소).

9. 기도에 집중하라

1) Anselm, *Proslogion*, 26장.
2) E. G. Rupp and Benjamin Drewery, eds., *Martin Luther: Documents of Modern History* (New York: St. Martin's Press, 1970), pp. 72-73.
3) B. B. Warfield, "Is the Shorter Catechism Worth While?" in *Selected Shorter Writings of Benjamin B. Warfield*, ed. John E. Meeter, 2 vols. (Phillipsburg, N.J.: P & R, 1980), 1: pp. 382-383.
4) J. I. Packer, *My Path of Prayer*, ed. Davis Hanes (Worthing, West Sussex: Henry E. Walter, 1981), p. 56.
5) 왜 기쁨을 추구하는 것과 기쁨을 위해 기도하는 것이 위험한지에 관해 더 자세히 알고 싶다면 다음을 보라. John Piper, *The Dangerous Duty of Delight* (Sisters, Ore.: Multnomah, 2001). 『최고의 기쁨을 맛보라』(좋은씨앗).
6) 제12장을 보라. 거기서 나는 위선적이거나 율법주의적이지 않은 방식으로 당신의 느낌들을 거슬러 행동하는 방법을 논의했다. 핵심은 결코 느낌이 중

요하지 않다고 말하는 것이 아니다. 느낌은 중요하다. 당신은 느낌 없이도 행동해야 할 것이다. 그러나 우리의 모든 행동과 기도의 목적은 느낌이 돌아오게 하는 것이다.

7) St. Augustine, *Confession*, in *Documents of the Christian Church*, ed. Henry Bettenson (London: Oxford University Press, 1967), p. 54.
8) Robert Robinson, "Come, Thou Fount of Every Blessing" (1758). 새찬송가 28장 "복의 근원 강림하사."
9) George Croly, "Spirit of God, Descend Upon My Heart" (1854).

10. 기도를 훈련하라

1) *Autobiography of George Mueller: A Narrative of Some of Lord's Dealings with George Mueller*, comp. Fred Bergen (London: J. Nisbet Co., 1906), pp. 152-154. 『주님과 조지 뮬러의 동행 일지』(생명의말씀사).
2) 기도에 뿌리를 둔 기쁨, 바로 그 기쁨에 뿌리를 두고 열매를 맺으며 '사람 돕기'에서 나오는 동일한 생각의 흐름을 빌립보서 4:3-6에서도 볼 수 있다. "또 참으로 나와 멍에를 같이한 네게 구하노니 복음에 나와 함께 힘쓰던 저 여인들을 돕고 또한 글레멘드와 그 외에 나의 동역자들을 도우라. 그 이름들이 생명책에 있느니라. 주 안에서 항상 기뻐하라. 내가 다시 말하노니 기뻐하라. 너희 관용을 모든 사람에게 알게 하라. 주께서 가까우시니라. 아무것도 염려하지 말고 다만 모든 일에 기도와 간구로, 너희 구할 것을 감사함으로 하나님께 아뢰라."
3) 계획된 기도 훈련에 관해 더 많은 예를 원한다면 시편 55:17; 마가복음 1:35; 누가복음 22:39-40을 보라.
4) G. W. Bromiley, "Introduction", in William Law, *A Serious Call to a Devout and Holy Life* (Grand Rapids, Mich.: Eerdmans, 1966), vi. 『경건한 삶을 위한 부르심』(CH북스).
5) William Law, *A Serious Call to a Devout and Holy Life*, p. 147.
6) 같은 책, p. 144.
7) 같은 책, pp. 149-150.
8) George Mueller, *A Narrative of Some of the Lord's Dealing with George Mueller, Written by Himself, Jehova Magnified. Addresses by George Mueller Complete and Unabridged*, 2 vols. (Muskegon, Mich.: Dust and Ashes Publication, 2003), 2: p. 731.

9) 같은 책, 1: p. 273.
10) 같은 책, 1: pp. 272-273.
11) 나는 Don't Waste Your Life 8장에서 세속적인 직업들을 통해 어떻게 그리스도의 영광을 추구할 있는지를 보여 주려고 노력했다(Wheaton, Ill.: Crossway Books, 2003, pp. 131-154).『삶을 허비하지 말라』(생명의말씀사). Gene Edward Veith의 God at Work: Your Christian Vocation in All of Life (Wheaton, Ill: Crossway Books, 2002)도 추천하고 싶다.『특별한 소명』(멘토).
12) 하나님이 영생을 위해 우리를 지키려고 기도를 어떻게 계획하셨는지 보여 주는 세 가지 예가 있다. 1) 누가복음 21:36은 이렇게 말한다. "이러므로 너희는 장차 올 이 모든 일을 능히 피하고 인자 앞에 서도록 항상 기도하며 깨어 있으라"(눅 21:36). 2) 예수님은 누가복음 22:32에서 하나님이 베드로를 극단적인 배교에서 지켜 주시길 기도하셨다. "그러나 내가 너를 위하여 네 믿음이 떨어지지 않기를 기도하였노니 너는 돌이킨 후에 네 형제를 굳게 하라." 우리는 자신과 서로를 위해 이렇게 기도해야 한다. 결정적으로 지키시는 분은 하나님 아버지이시지만, 우리가 해야 하는 의존적인 역할이 있다. 기도해야 한다. 3) 요한복음 17:11에서 예수님은 이렇게 기도하신다. "거룩하신 아버지여, 내게 주신 아버지의 이름으로 그들을 보전하사"(12-15절도 보라).
13) Ed. Johannes E. Huther, *Meyer's Critical and Exegetical Handbook to the General Epistles of James, Peter, John, and Jude*, trans. Paton J. Gloag (1883; repr. Winona Lake, Ind.: Alpha Publication, 1980), p. 697, 강조는 덧붙인 것이다. 유다서 1:20에 대한 John Calvin의 탁월한 주석도 보라.

이러한 견인의 순서는 우리가 하나님의 강한 능력으로 무장하느냐에 달려 있다. 우리의 믿음이 한결같아야 할 때마다 우리에게는 기도라는 자원이 있다. 우리의 기도가 자주 형식적이기 때문에, 유다는 마치 우리가 너무나 게으르고 우리의 기질이 너무나 차갑기 때문에 하나님의 성령의 자극 없이는 그 누구도 마땅히 해야 하는 대로 기도할 수 없는 것처럼 "성령으로"라고 덧붙인다. 우리는 너무나 쉽게 낙담하고 너무나 쉽게 무관심해지는 경향이 있기 때문에 동일한 성령께서 말씀을 우리 속에 넣어 주시지 않으면 그 누구도 감히 하나님을 '아버지'라 부를 수 없다. 성령으로부터, 우리는 진정한 관심과 열정과 힘과 열망과 확신이라는 선물을 받는다. 우리는 이 모든 것을 받을 것이며, 마침내는 바울의 표현처럼 성령이 말할 수 없는 탄식으로 우리를 위해 간구하시는 것들도 받을 것이다 (롬 8:26). 유다가 성령의 인도가 없으면 어느 누구도 자신이 마땅히 기도해야 하는 대로 기도할 수 없다고 말하는 것은 참으로 당연하다. [John Calvin, *A Harmony of the Gospels Matthew, Mark and Luke and the Epistles of James and Jude*, vol. 3. trans. A. W. Morrison (Grand Rapids, Mich.: Eerdmans, 1972, pp. 334-335)].

14) 나는 이처럼 "우리에게 점점 더 생생해지는" 것이 바울이 에베소서 3:17-19에서 다음과 같이 기도하면서 우리에게 그렇게 되도록 기도하라고 가르친 것이라고 생각한다. "너희가 사랑 가운데서 뿌리가 박히고 터가 굳어져서 능히 모든 성도와 함께 지식에 넘치는 그리스도의 사랑을 알고 그 너비와 길이와 높이와 깊이가 어떠함을 깨달아 하나님의 모든 충만하신 것으로 너희에게 충만하게 하시기를 구하노라."

15) Law, *A Serious Call to a Devout and Holy Life*, p. 154.

16) 이러한 첫 번째 간구를 이렇게 확대할 수 있을 것이다. "오 주님, 당신의 영광이 높아지며…당신의 거룩이 존중되며…당신의 위대하심이 감탄을 받으며…당신의 능력이 찬송을 받으며…당신의 진리가 탐구되며…당신의 지혜가 존중되며…당신의 아름다움이 귀하게 여김을 받으며…당신의 선하심이 맛보아지며…당신의 성실하심이 신뢰를 받으며…당신의 계명이 순종되며…당신의 약속이 의지되며…당신의 공의가 존경을 받으며…당신의 진노가 두려움을 사며…당신의 은혜가 귀히 여김을 받으며…당신의 임재가 찬양을 받으며…당신의 성품이 사랑을 받게 하소서."

17) Law, *A Serious Call to a Devout and Holy Life*, p. 153.
18) 같은 책.
19) 같은 책, p. 154.
20) William Wordsworth, "The World Is too Much With Us: Late and Soon", in *An Anthology of Romanticism*, ed. Ernest Bernbaum (New York: The Ronald Press Company, 1948), p. 236. "천박한 은혜"(sordid boon)란 세상이 주는 더럽고 환멸스러운 유익을 묘사하는 아이러니컬한 표현이다.
21) 기도를 통해 기쁨을 위한 우리의 싸움이 깊이와 풍성함과 집중력을 더하게 할 수 있는 풍부한 자료를 원한다면 다음을 보라. Arthur Bennet, ed., *The Valley of Vision: A Collection of Puritan Prayers and Devotions*(Edinburgh:

Banner of Truth, 1975). 『기도의 골짜기』(복있는사람).
22) John Piper, *A Hunger for God: Desiring God Through Fasting and Prayer* (Wheaton, Ill.: Crossway Books, 1997). 『하나님께 굶주린 삶』(복있는사람).
23) Phillips Brooks도 비슷한 말을 했다. "우리는 사람들의 삶을 볼수록 사람들이 큰 생각과 관심에 사로잡히지 않는 이유 가운데 하나는 그들의 삶이 작은 것들로 넘치기 때문이라는 것을 보게 된다." Phillips Brooks, "Fasting", in *The Candle of the Lord and Other Sermon* (New York: E. Dutton and Company, 1881), p. 207.
24) Piper, *A Hunger for God*, pp. 21-23.
25) Law, *A Serious Call to a Devout and Holy Life*, p. 112. 여기서 **편안한** (comfortable)이라는 단어가 사치나 안락을 의미하는 것으로 보지 말라. **편안함**이라는 단어의 성경적 의미와 18세기의 의미는 사실 우리가 그리스도를 위하여 매우 불편한 환경을 견디도록 해주는 내적인 평안과 힘이다.
26) "서로를 위한"(for each other)이라는 말은 기쁨의 유익이 양면으로 주어진다는 것을 의미한다. 다른 사람들을 **위한** 기도가 당신 자신의 어둠을 걷어내는 데 도움이 될 수 있을 때가 많다. 우리가 절망과 어둠에 빠져 있을 때, 가장 큰 유혹은 점점 더 혼자가 되고 외톨이가 되려는 것이다. 우리에게는 줄 것이 아무것도 없다고 느낄 때라도 우리 자신을 기도 가운데서 다른 사람들에게로 향하게 하면, 영혼이 놀라운 영향을 받을 수 있으며 구름이 속히 걷힐 것이다.

11. 창조 세계를 활용하라

1) C. S. Lewis, "Meditation in Toolshed", in *God in the Dock* (Grand Rapids, Mich.: Eerdmans, 1970), p. 212.
2) Michael Ruse와 같은 과학철학자들은 도덕성이란 생물학적 생존을 위한 발전에 불과하다고 **말하지만**, 나로서는 이들이 이렇게 사는지 의심스럽다. Ruse는 이렇게 말한다. "현대 진화론자들의 입장은…도덕이란 손과 발과 치아처럼 생물학적 적응일 뿐이라는 것이다. 윤리는 객관적인 것에 관한 합리적으로 정당화될 수 있는 일련의 주장들로 여기지지만, 사실 윤리는 환영이다. 내가 보기에 누군가 '네 이웃을 네 몸과 같이 사랑하라'고 말할 때 그는 자신이 스스로를 뛰어넘어 말하고 있다고 생각하는 것 같다. 그럼에도 불구하고, 이런 말은 근거가 없다. 도덕이란 생존과 번식의 보조 수단일 뿐이

며…그보다 깊은 의미는 모두 환영일 뿐이다." *The Darwinian Paradigm* (London: Routledge, 1989), pp. 262-269.
3) C. S. Lewis, "Transposition", in *The Weight of Glory and Other Addresses* (Grand Rapids, Mich.: Eerdmans, 1949), p. 26. "저는, 하나님의 직접적인 기적이 아니고서는 영적 경험이 결코 자기 성찰을 통해 이루어질 수 없다고 생각합니다. 우리의 감정이 그렇게 하지 않을 것이라면(우리가 지금 느끼고 있는 것이 무엇인지를 발견하려는 시도는 육체적 감각을 낳을 뿐이기 때문에) 성령의 작용은 말할 필요도 없을 것입니다. 제가 보기에 내적 분석을 통해 우리의 영적 상태를 발견하려는 시도는 무서운 것입니다. 이것은 기껏해야 하나님의 영과 우리의 영의 은밀한 것들이 아니라 지성과 감성과 상상 속에서 이루어는 이것들의 전위(transition)를 드러낼 뿐이며 최악의 경우 추정이나 절망으로 향하는 가장 빠른 길일 것입니다." 『영광의 무게』 (홍성사).
4) Lewis, "Transposition", p. 24
5) 같은 책, p. 28.
6) C. S. Lewis, "Meditation in a Toolshed", in *God in the Dock*, p. 212.
7) 정확한 인용은 다음과 같다. "거의 바른 단어와 바른 단어의 차이는 실로 엄청난 문제입니다. 이것은 반딧불과 번갯불의 차이입니다." Mark Twain이 George Bainton에게 쓴 편지로(1888년 10월 15일) 다음 책에서 처음으로 소개되었다. *The Art of Authorship: Literary Reminiscences, Methods of Work, and Advice to Young Beginners, Personally Contributed by Leading Authors of the Day*, comp. and ed. George Bainton (New York: D. Appleton and Company, 1890), pp. 85-88.
8) Richard Foster, "A Pastoral Letter from Richard Foster" in the November 1996 issue of *Heart to Heart*, a publication of Foster's Ministry, *Revovaré*, pp. 1-3.
9) "예를 들면, 잔뜩 눌려 있거나 주먹을 꽉 쥐고 있거나 신경이 마비되거나 경련을 일으키거나 혼자 중얼거리는, 말하자면, 인간 폭탄 같은 미스 D가 있다. 그런데 다음 순간 라디오나 오디오에서 음악 소리를 들려주면 미스 D는 기계적인 행위에서 갑자기 풀려나 웃으면서 음악을 '지휘하거나' 일어나 음악에 맞춰 춤을 추며 그러는 사이에 모든 폐쇄적이며 폭발적인 현상이 완전히 사라지고 더 없는 편안함과 유연한 움직임이 그 자리를 대신한다." Oliver Sachs, *Awakenings*, in Robert Jourdain, *Music, the Brain, and Ecstasy:*

How Music Captures Our Imagination (New York: William Morrow and Company, 1997), p. 301에서 인용.
10) 인터넷 사이트에서 이런 연구를 얼마든지 찾아볼 수 있다. 예를 들면, 다음 사이트를 찾아보라. http://www.epub.org.br/cm/n15/mente/musical.html
11) 나는 영적인 삶에서 음악의 가능성과 위험에 관해 훨씬 더 많은 것을 말할 수 있다는 것을 알고 있다. 더 자세한 내용을 알고 싶다면 Harold M. Best의 *Music Through the Eyes of Faith* (San Francisco: HarperCollins, 1993)를 보기 바란다. 이 책은 음악의 영적 기능에 관해 내가 알고 있는 가장 유익하고 인상적인 책이다.『신앙의 눈으로 본 음악』(IVP).
12) 이 말이 어디에 나오는지는 기억나지 않는다. 그냥 내 기억 속에 있을 뿐이며, 어느 편지에서 읽었거나 수업 시간에 들었을 것이다. 이 내용이 실린 책을 본 사람이 있다면, 정확한 인용을 할 수 있도록 내게 알려 주기 바란다.
13) G. K. Chesterton, *Orthodoxy* (1924; repr. Garden City, N.Y.: Image Books, 1959), p. 12.『G. K. 체스터턴의 정통』(아바서원).
14) 같은 책, pp. 20-21.
15) 같은 책, p. 54.
16) 같은 책, p. 55.
17) 같은 책, p. 60.
18) Bertrand Russell, *The Autobiography of Bertrand Russel*, 3 vols. (London: George Allen and Unwin, 1968), 2: p. 159에서 인용.『러셀 자서전』(사회평론).
19) 그가 추상화(abstracting)라는 말에서 의미하는 것은 구체적인 예를 취해서 그것들을 일반적인 것들의 추상으로 단순화시키는 것이다. 예를 들면, 구체적인 종(種)들을 다룬다는 것은 앞뜰에 있으며 당신이 어릴 때 올라가서 놀았고 사랑에 빠졌을 때 두 사람의 이름을 새겨 놓았던 특정한 참나무를 보고 음미하는 것을 의미한다. 그러나 추상을 다룬다는 것은 이 나무를 하나의 범주로 분류하여 모든 참나무에 대해 추상적으로 말하는 것을 의미한다.
20) Lewis Caroll의 *Through the Looking Glass*의 서문에서 인용.
21) 다윈은 자신의 삶을 되돌아보고 크게 후회하면서 이런 충고를 했다. 그는 자신의 삶이 마지막에 가까웠을 때 자녀들을 위해 자서전을 쓰면서 이렇게 말했다.

30세나 또는 그 이후까지, 많은 종류의 시(詩)가…내게 큰 즐거움을 주었으며, 나는 학생 때에도 셰익스피어를 아주 좋아했다.…전에는 그림들이 상당한 기쁨을 주었으며, 음악은 매우 큰 기쁨을 주었다. 그러나 오래전부터 시 한 줄도 읽을 수 없다. 셰익스피어를 읽으려 해 보았으나 속이 메스꺼울 정도로 무미건조하게 느껴질 뿐이었다. 또한 그림이나 음악에 대한 맛도 거의 잃어버렸다.…멋진 풍경에 대한 맛은 어느 정도 남아 있지만, 이것도 예전만큼 큰 기쁨을 주지는 못한다.…나의 마음은 많은 사실의 더미에서 일반 법칙을 깎아 내기 위해 일종의 기계가 되어버린 것 같다. 그러나 나는 왜 이것이 보다 뇌의 이 부분—고상한 맛의 근간—만 위축시켰는지 알 수 없다.…이러한 맛의 상실은 행복의 상실이고, 지성을 해칠 수 있으며, 우리의 자연에서 감성적인 부분을 약화시킴으로서 도덕적 인격을 해칠 가능성은 더 높다. [Virginia Stem Owens, "Seeing Christianity in Red and Green as Well as Black and White", *Christianity Today* 2 (September 2, 1983): p. 38에서 인용.]

22) Jonathan Edwards, "God Glorified in the Work of Redemption, by the Greatness of Man's Dependence upon Him, in the Whole of It (1731)", in *The Sermons of Jonathan Edwards: A Reader*, ed. Wilson H. Kimnach, Kenneth Minkema, and Douglas A Sweeney (New Haven, Conn.: Yale University Press, 1999), p. 75.
23) Jonathan Edwards, "Miscellanies" no. 95 in *The Works of Jonathan Edwards*, vol. 13, *The "Miscellanies", a-500*, ed. Thomas Schafer (New Haven, Conn.: Yale University Press, 1994), p. 264. 강조는 덧붙인 것이다.
24) Sereno E. Dwight, "Memoirs of Jonathan Edwards", in *The Works of Jonathan Edwards*, ed. Edward Hickman (1834; repr. Edinburgh: Banner of Truth, 1974), 1:xxxviii.
25) 같은 책, p. xxxv.
26) 같은 책, p. xxi.
27) 성경적 시각에서 쓴 안내서를 보고 싶다면 다음을 보라. Elyse Fitzpatrick, *Love to Eat, Hate to Eat: Breaking the Bondage of Destructive Eating Habits* (Eugene, Ore.: Harvest House, 1999).
28) http://www.endovascular.net/EXERCIZE.html. 2004년 5월 26일 검색.
29) Charles Haddon Spurgeon, *Lectures to My Students* (1875, 1877; repr.

Grand Rapids, Mich.: Zondervan, 1972), p. 160.『목회자 후보생들에게 1, 2, 3』(생명의말씀사).
30) Eric W. Hayden, *Highlights in the Life of C. H. Spurgeon* (Pasadena, Tex.: Pilgrim Publications, 1990), p. 103.
31) Spurgeon, *Lectures to My Students*, p. 161.
32) 같은 책, p. 158.
33) 같은 책, p. 312.

12 어둠이 걷히지 않을 때

1) George Herbert, "Bitter Sweet", 그의 시집 *The Temple* (1633)에서.
2) Willem Teellinck, *The Path of True Godliness*, trans. Annemie Godbehere, ed. Joel R. Beeke (died 1629; repr. Grand Rapids, Mich: Baker, 2003); Richard Sibbes, *The Bruised Reed* (1630; repr. Edinburgh: Banner of Truth, 1998),『꺼져가는 심지와 상한 갈대의 회복』(지평서원); William Bridge, *A Lifting Up for the Downcast* (1649; repr. Edinburgh: Banner of Truth, 1979); John Owen, *The Mortification of Sin* (1656; repr. Ross-shire, Scotland: Christian Focus, 2002); John Owen, *Communion with God* (1657; repr. Edinburgh: Banner of Truth, 1992),『성도와 하나님의 교제』(생명의 말씀사); Richard Baxter (died 1691), "The Cure of Melancholy and Overmuch Sorrow by Faith and Physic", in *Puritan Sermons 1659-1689*, vol. 3, ed. Samuel Annesley (Wheaton, Ill.: Richard Owen Roberts Publishers, 1981[http://www.puritansermons.com/baxter/ baxter25.html에서 원고를 볼 수 있다]; Walter Marshall, *The Gospel Mystery of Sanctification* (1692; repr. Grand Rapids, Mich.: Reformation Heritage Books, 1999); Henry Scougal, *The Life of God in the Soul of Man* (1739; repr. Ross-shire, Scotland: Christian Focus, 1996), 『인간의 영혼 안에 있는 하나님의 생명』(생명의말씀사); Jonathan Edwards, *The Religious Affections* (1746; repr. Edinburgh: Banner of Truth, 1986), 『조나단 에드워즈 클래식 1』(부흥과개혁사); Martyn Lloyd-Jones, *Spiritual Depression: Its Causes and Cures* (Grand Rapids: Eerdmans, 1965); Gaius Davies, *Genius, Grief and Grace: A Doctor Looks at Suffering and Success* (Ross-shire, Scotland: Christian Focus, 2001); J. I. Packer, *Faithfulness and Holiness: The Witness of J. C. Ryle* (Wheaton, Ill.:

Crossway Books, 2002).
3) Baxter, "The Cure of Melancholy", p. 257.
4) 같은 책, p. 258.
5) 같은 책, p. 286.
6) Lloyd-Jones, *Spiritual Depression*, pp. 18-19.
7) Davies, *Genius, Grief and Grace*, p. 354.
8) David Powlison, "Biological Psychiatry", in *The Journal of Biblical Counseling* 17 (Spring 1999), pp. 3-4.
9) 같은 책, p. 6.
10) Edward T. Welch, *Blame It on the Brain? Distinguishing Chemical Imbalances, Brain Disorders, and Disobedience* (Phillipsburg, N.J.: P&R, 1998), p. 126. 『뇌 책임인가? 내 책임인가?』(기독교문서선교회).
11) Shankar Vedantam, "Against Depression, a Sugar Pill Is Hard to Beat", in *The Washington Post* (May 7, 2002): A01. www.washingtonpost.com/wp-dyn/articles/A42930-2002May6.html에서 인용.
12) Paul Gerhardt, "Give to the Winds Thy Fears" (1656), trans. John Wesley (1737).
13) 확신에 관한 성경적이며 균형 잡힌 글을 원한다면 다음을 보라. Donald S. Whitney, *How Can I Be Sure I'm a Christian? What the Bible Says About Assurance of Salvation* (Colorado Spring: NavPress, 1994).
14) Baxter, "The Cure of Melancholy", pp. 266, 278.
15) 절망에 관해서 그리고 힘겹게 싸우고 있는 사람들을 도울 방법에 관해 도움이 되는 두 개의 글이 있다. Edward T. Welch, "Counseling Those Who Are Depressed", and "Words of Hope for Those Who Struggle with Depression", *The Journal of Biblical Counseling* 18, no.2 (2000): pp. 5-31; pp. 40-46.
16) Baxter, "The Cure of Melancholy", p. 278.
17) C. S. Lewis, ed., *George MacDonald: An Anthology* (London: Geoffrey Bles, The Centenary Press, 1946), p. 20.
18) 같은 책, p. 36. 이 인용문을 "The Eloi"라는 설교의 문맥 속에서 보라. 설교 원문은 다음 사이트에 실려 있다. http://www.johannesen.com/SermonsSeriesI.htm
19) Baxter, "The Cure of Melancholy", p. 278.

20) 같은 책, p. 281.
21) 그리스도인의 삶에서 마귀가 어떤 역할을 하며, 예수님이 마귀와 어떻게 싸우셨고 우리가 어떻게 싸워야 하는지를 성경적으로 주의 깊고 지혜롭게 다룬 책을 찾는다면 다음을 보라. David Powlison, *Power Encounters: Reclaiming Spiritual Warfare* (Grand Rapids, Mich.: Baker, 1995). 『성경이 말하는 영적 전쟁』(생명의말씀사).
22) Joel Carpenter, "Compassionate Evangelism", *Christianity Today* (December 2003), 2004년 6월 3일 http://www.christianitytoday.com/ct/2003/012/2.40.html에서 인용.
23) 개인 전도에 관한 성경적인 도움과 독려에 대해서는 다음을 보라. Will Metzger, *Tell the Truth: The Whole Gospel to the Whole Person by Whole People*, 개정증보판 (Downers Grove, Ill.: InterVarsity Press, 2002). 『양보 없는 전도』(생명의말씀사).
24) J. Campbell White, "The Laymen's Missionary Movement", in *Perspectives on the World Christian Movement*, ed. Ralph D. Winter and Steven C. Hawthorne (Pasadena, Calif.: William Carey Library, 1981), p. 222.
25) Richard Baxter, "The Cure of Melancholy", p. 284.
26) 이 자료의 출처가 된 Cowper와 Newton에 관한 자세한 이야기를 원한다면 다음을 보라. John Piper, "'The Clouds Ye So Much Dread Are Big with Mercy': Insanity and Spiritual Songs in the Life of William Cowper", in *The Hidden Smile of God: The Fruit of Affliction in the Lives of John Bunyan, William Cowper, and David Brainerd* (Wheaton, Ill.: Crossway Books, 2001), pp. 81-122. 『하나님의 숨겨진 미소』(좋은씨앗). Newton에 관해 좀더 자세히 알고 싶다면 다음을 보라. John Piper, "John Newton: The Tough Roots of His Habitual Tenderness", in *The Roots of Endurance: Invincible Perseverance in the Lives of John Newton, Charles Simeon, and William Wilberforce* (Wheaton, Ill.: Crossway Books, 2002), pp. 41-75. 『인내의 영웅들』(부흥과개혁사).
27) Gilbert Thomas, *William Cowper and the Eighteenth Century* (London: Ivor Nicholson and Watson, Ltd., 1935), p. 202.
28) 같은 책, p. 132.
29) 같은 책, p. 192.

30) 같은 책, p. 384.
31) 같은 책, p. 356.
32) 같은 책, pp. 131-132.
33) Davies, *Genius, Grief and Grace*, p. 13.
34) William Cowper, "There Is a Fountain Filled with Blood" (1772), "샘물과 같은 보혈은"(새찬송가 258장).
35) William Cowper, "God Moves in a Mysterious Way" (1774), "주 하나님 크신 능력"(찬송가 80장). 4절만 역자가 번역하고 나머지는 찬송가의 가사를 그대로 옮겼다.
36) Davies, *Genius, Grief and Grace*, pp. 103-104.
37) George Herbert, "Bitter Sweet".

옮긴이 전의우는 연세대 철학과와 총신대학신학대학원을 졸업하고 1993년부터 번역 사역자로 한국 교회를 섬기고 있다. 2004년 기독교출판문화상 번역 최우수상(목회자료 부문)을 수상했다. 번역서로는 『하나님이 복음이다』, 『존 파이퍼의 생각하라』, 『안식』, 『이해할 수 없는 하나님 사랑하기』(이상 IVP), 『티칭 로마서』, 『욥기』, 『파란 앵무새』, 『UBC 신명기』, 『UBC 잠언, 전도서, 아가』, 『UBC 요한복음』, 『성경연구입문』(이상 성서유니온) 등이 있다.

하나님을 기뻐할 수 없을 때

초판 발행_ 2005년 8월 10일
개정판 발행_ 2020년 3월 25일
개정판 2쇄_ 2024년 9월 10일

지은이_ 존 파이퍼
옮긴이_ 전의우
펴낸이_ 정모세

펴낸곳_ 한국기독학생회출판부
등록번호_ 제2001-000198호(1978.6.1)
주소_ 04031 서울시 마포구 동교로 156-10
대표 전화_ (02)337-2257 팩스_ (02)337-2258
영업 전화_ (02)338-2282 팩스_ 080-915-1515
홈페이지_ http://www.ivp.co.kr 이메일_ ivp@ivp.co.kr
ISBN 978-89-328-1757-6

ⓒ 한국기독학생회출판부 2020

책값은 뒤표지에 있습니다.
무단 전재와 복제를 금합니다.